平等观念史论略

高瑞泉　著

上海人民出版社

序

在经过了一百多年的历史变迁以后，作为现代观念谱系中基础性的观念，“平等”似乎已经是中国人的家常便饭。除了极少数情况，“平等”是我们都赞成的，而“不平等”则是一个负面的评价。它很容易使人们误解，以为“平等”是个简单明了不必深论的话题。但是，另一方面，通观 20 世纪中国，“平等”话语本身又展开为持续的争论和辩难的平台。在什么意义和程度上承诺平等为现代价值，如何对“平等”的价值作出哲学证成，以及如何将平等原则转变为有效的制度设计和生活实践，这三个问题互相纠结，更使得这个貌似简单的问题变得相当复杂。

作为一个现代中国哲学和思想文化的研究者，我所知有涯，决不可能在一本小书中同时解决上述多个问题，而只将目标限定在研究平等观念在现代中国的嬗变及其价值。采用观念史的方式，是因为我深信，倘若不能了解一个观念的历史，难以真正理解一个观念自身。许多有教养的中国人曾经将“平等”看成是启蒙主义的舶来品，另一方面，我们在谈论平等的时候又喜欢征引古代贤哲的名言，譬如“人皆能成尧舜”“佛性平等”“不患寡而患不均”，等等。其结果，在同样的“平等”语词后面，掩藏着许多不同的（有时甚至是对立的）诉求与理论。本书的一个基本判断是：在中国，“平等”观念有一个古今之变，即从古代那种围绕着“人的相同性”出发的平等的形上学，逐渐转变为以权利为中心的平等的政治学和社会学观念；同时又有东西之别，转变过程中传统的连续性和近代以来中国社会的巨变，共同促成了中国的现代性观念有其特殊的性格。描写与西方化（譬如美国式的）有所不同的中国人的平等观念，如何在 20 世纪一连串社会革命的条件下，经历一场古今变革，构成了本书的主干。

关于平等观念的古今不同，前贤有不少论述。恩格斯的话是大家都熟悉的，西方自由主义者喜欢区别“前民主的平等”和“民主的平等”（如乔万尼·萨托利），中国学者中，严复区别了“消极平等”和“积极平等”；[1]现代新儒家则喜欢讲“内在平等”和“外在平等”。他们各有自己的标准，因而都有自己的根据。就对于社会行动的意义而言，严复区分两类平等的观念是恰当的。古代围绕着人的相同性的理论，主要演变为心性形上学或旨在追求解脱的出世观念，而不是如现今那样，从“人的相同性”出发讨论什么是平等和如何平等的理论，主要涉及建构现代社会制度、规范公民和政府的行为，有远为强烈的实践性。与观念的编年史或者实证的观念史有所不同，我将自己的工作称作批判的观念史。换言之，重要的不是满足一种单纯的历史学兴趣，更不是借以表明古代圣贤已经解决了现代人的困境。通过考察如何从传统中“转化”出具有现代意义的平等观念，有助于回答古代那样超越的平等观念，如何在现代条件下嬗变为政治、经济和社会的广泛诉求和基本价值，并进而可能有助于我们反思当代中国人平等观念的内在结构。

20 世纪 90 年代以来，“传统的创造性转化”成为一条鼓舞人心的口号。不过，就平等观念的现代嬗变而言，“传统的创造性转化”早在差不多一个世纪前就开始了。它大约可以还原为“异端翻为正统”“边缘进入中心”和“新知附益旧学”三种形态或三个渠道的综合。我们可以将此看作传统观念的转化，更应该看到“转化”的实质，是社会史突变的一部分，它包含了知识精英观念世界的一个飞跃，由此开启了现代性的传统，使古代的传统以一种新的形态与当代生活构成了连续体。说到“新知”，19 世纪末年主要来自西学，因此西方思想这个“转辙器”的作用就不能避开。换言之，像任何一项中国现代哲学或思想文化研究都不能没有起码的中西比较一样，讨论平等观念在现代中国的嬗变，也是在比较研究的视野之下。不过，我无意于争辩古代中国是否比古代欧美更平等或更不平等，因为笼统地“比较”不但是极端困难的，

[1] 严复在其《〈民约〉平议》一文中提出了“消极平等”与“积极平等”这一对概念。他说：“天然之自由平等，诚无此物，即稍变其说，而谓国发宜以完全之自由平等为期，此亦非极挚之说也……盖佛固言平等矣，而意指平等于用慈；亦言自由矣，而实明自由于解脱。即使求诸犹大之旧与夫基督之新经，因言于上帝前诸色人平等。然其平等者，平等于不完全，平等于无可比数。然则宗教之所谓平等者，乃皆消极之平等，而与卢梭民约所标积极之平等，倜乎相远，有必不可强同者矣。”（见《严复集》第二册，中华书局 1986 年版，第 337—338 页）

而且是不必要的。就与现代生活的平等状况相比，中古社会大抵属于不平等的社会，不过各有各的不平等罢了。我注意的主要是观念的古今之变，以及经过一个世纪的“古今之变”，我们依然可以发现平等观念的中西差异，或者说中西社会平等状况的差异。简单说来，作为西方主流意识形态的平等观念，即所谓“民主的平等”，是在契约论传统中，与个人主义连接在一起、以个人权利为中心的平等，而且首先是政治平等，即作为公民原则上每个人都有平等参与建构政治意志的权利。按照这一分类，中国人的平等观念似乎表征了现代性的不足。但是按照传统主义的看法，中国传统具有的超越意义的平等，虽非政治意义的平等，但却是“理性之内容的表现”；相对于西方人所有的“理性之外延的表现”，反而显出中国观念的超胜。我以为，重要的不是争论东风压倒西风还是西风压倒东风，重要的是对中国人的观念世界有一个真切的诊断。通观 20 世纪中国——她是欧洲以外第一个废除帝制的国家，又经历了激进的社会主义实验及其反思以后的新改革，并重新崛起有望再次成为强大的国家——经过那场古今之变，平等已经是一个极其有活力的现代精神，它很大程度上改塑了我们的生活世界，也很大程度上改变了我们的观念世界，包括深刻地影响了中国现代哲学的发展和价值观念的变革。在平等的诸多诉求中，经济的平等（尤其是所谓分配正义问题）最为突出，它和民族平等（独立富强）的追求一起，有时会压倒现代性的其他追求。与西方个人主义基础上的平等合作不同，中国主流意识形态中的“平等”，通常是指在一个超出社会之上的权威支配下，通过权力的垂直运用，使民众都得到平等对待的观念。无论就其是一个结构，还是就其涉及的社会心理，文化差异的存在都是显而易见的。理论界正在热烈讨论中国经验或中国道路，平等观念在 20 世纪中国也走了一条独特的道路，尽管它可以走多远，还只是中国人自己的实践所能回答的问题。

不过，平等观念的古今之变在形成了某种新的社会共识的同时，也是各种思想派别争论的历史。换言之，即使我们可以大致地描述出现代中国人的平等观念的主要面貌，也是在对人们的纷争和歧见有充分的理解的基础上做到的。像其他现代社会一样，20 世纪中国是一个各种学派纷争的时代。批判的观念史注意分析，自由主义、保守主义和激进主义在这一时代中的三角关系。粗略地说，是激进主义与自由主义的联盟，给予平等观念的现代嬗变以主要的推动，保守主义则主要对观念嬗变中传统的连续性给予了思辨的说明。激进主义与自由主义在平等问题上的联盟也时断时续，因为激进主义通常持激进的平等主义的立场，在价值排序中坚持平等优先。而中国的自由主义时而以为“一碗饭和一张票”可以兼容，即使倾向平等主义时也不失温和的态度，更多的还是坚持自由优先的价值排序，而其右翼则时时不忘对平等妨碍自由的警惕，因而可以与保守主义结盟。保守主义并不简单否定平等，但他们更看重秩序和权威，所以通常以传统主义的面相出现。采用类型学的方式，并非只求叙述的方便，而是因为，不但这种分析有其社会史的依据，而且上述三大文化的（同时也是哲学的甚至是政治的）派别，各自强调的某些价值都是现代社会所不可或缺的。对“平等”的观念史研究可以为当代社会价值的建构提供某种个案式的历史经验。

我的工作重点与观念的编年史有所不同，因为注重批判的工作；与某些单单强调“内在理路”的观念史也有所不同，因为注意观念史与社会史的结合，或者说“内在理路”与“外在理路”的结合。观念就其为语词或概念，就其表达某种义理，当然可以从结构的完善与逻辑的自洽去分析；但是观念同时还表达意蕴，表达心理，它们有来自一般文明史的动机。假如我们承认法律制度、风俗习惯和人们的行动，都是某种观念的自觉或不自觉的产物的话，社会史在这里就不仅是观念史的背景和条件，而同时是观念史的某种呈现。在这方面我更多得自于知识社会学引发的灵感。知识社会学使我们可以将“平等是一系列社会革命的产物”，视为理解平等在中国实现现代嬗变的关键和更深层的原因，而把前贤对于传统的创造性诠释与外来思想的传播视为知识生产的显性过程。在我的观念史图景中，生活世界的变化终究处于优先的地位，尽管在论述的历史中它常常隐而不彰。

在以往的研究中，纯粹哲学通常很少直接讨论平等问题，讨论它的一般是伦理学、历史哲学和政治哲学。事实上，自从现代学院制度建立以来，学院哲学通常很少正面讨论社会广泛关注的问题，而将它们留给了通俗哲学去处理。在20世纪中国，若干面对知识分子的期刊报纸在宣扬和争论“平等”方面扮演了重要角色。因此，我所采用的材料不仅来自那些被公认为20世纪的哲学经典，同时也兼采具有代表性的期刊等现代传媒之所传达。我们越来越认识到，现代传媒在表达社会情绪、诉求、爱好、心理、审美趣味等场所，远比学院哲学更敏感、更快捷（同时也可能更矛盾、更混杂），甚至可能取代学院哲学而独自充当反思中心的角色。学院哲学在承担反思中心的任务时，通常比较滞后——如果我们幸运的话，也比较深刻和系统。从时代的自我意识或者文化自觉的意义上看现代哲学—观念史的研究，将通俗哲学与学院哲学融为一体，不论伯仲，难分轩轾，希望在追求真观念的过程中能够获得一种通观。由此我可以涉足那些历史上不正常的岁月，譬如讨论“文革”时期的平等状况：在经济收入差距缩小乃至走向平均主义的同时，其实还存在着广泛的新的不平等，诸如地域、阶级、单位和或明或暗的特权所导致的不平等。它不但为我们理解从纠正平均主义出发的改革，如何收获了贫富悬殊的畸形果实，以及最近二十年来民众权利意识的上升等当代现象，提供了历史之镜，而且进一步说明，平等观念在中国的嬗变并没有终结其历史。

也许平等与其他价值（如自由、秩序）之间总是在互相讨价还价之中，不同的价值排序不但与不同的历史条件有关，而且关涉我们的信念。铲除不平等的理想是否终究只是乌托邦？合理的社会价值系统如何可能？需要我们深入思考的问题还很多，更何况中国古代丰富的观念史资源有待进一步开掘。本书对前辈和时贤的相关论著，汲取良多，也有所批评，凡自以为有所见，皆平实明言，以示敬意。“所见”是否真切，却并无保证。我深知自己所做的工作还很初步，热诚希望方家指正。

高瑞泉

辛卯年立秋后三日

目录

第一章　导论

作为一项观念史的研究，本书的主要内容将集中于平等观念在现代中国的嬗变历程，进而对作为现代性基本价值之一的平等观念本身作必要的反思与评判。它是我们关注的中国哲学与思想文化研究的一部分，也是希望以此回应来自现实——既是实践的又是理论的——挑战。采用观念史的形式，集中地讨论“平等”观念在中国的古今之变，需要对我们自身的语境、学术形态的厘定、历史总图景的描述以及研究方法的反省等问题，作一些简要的说明和阐释。

第一节　“平等”的理想与困境

平等观念史研究，虽然是学术活动，最初的动力却来自现实的关切。换言之，虽然本书以后的章节将主要讨论中国人平等观念的古今之变，但是促使人们从事此类反思活动的第一动力，或者说促使人们反思平等观念的历史及其自身的，还是环绕“平等”所呈现出的实践和理论双方面的问题，它构成了整个探讨的基本语境。

一

在以追求富强为整个社会的基本目标几乎整整一百年以后，在经济现代化取得明显进步的21世纪初，中国人开始重新主张以“和谐”作为理想社会的标准。和谐社会是古今中外人们共同的理想，但是什么样的社会是和谐的社会、如何达到社会和谐，不仅不同的时代有不同的答案，即使是同时代人也很可能大相径庭。在古希腊哲学家柏拉图所设计的理想国里，“全体公民无例外地，每个人天赋适合做什么，就应派给他什么任务，以便大家各就各业，一个人就是一个人而不是多个人，于是整个城邦就成为统一的一个而不是分裂的多个”。各个阶级的人们各尽其职，“这样一来，整个国家将得到非常和谐的发展，各个阶级将得到自然赋予他们的那一份幸福”。[1]不过，各个阶级之间却是不平等的，统治者、护卫者和工人农民之间的差距是不可逾越的，而且只有哲学王才能做统治者。更不用说古希腊是奴隶社会了。为古代中国作出大一统帝国政治设计的荀子，根据儒家传统，以礼乐作为达成社会和谐的工具。礼的意义极大，“天地以合，日月以明，四时以序，星辰以行，江河以流，万物以昌，好恶以节，喜怒以当，以为下则顺，以为上则明，万变不乱，贰之则丧也。礼岂不至矣哉!”（《礼论》）而乐能感动人的善心，“故乐在宗庙之中，君臣上下同听之，则莫不和敬；闺门之内，父子兄弟同听之，则莫不和亲；乡里族长之中，长少同听之，则莫不和顺”。(《乐论》）十分明显，像柏拉图一样，荀子的社会和谐是以保持严格的等级制度为前提的，因为“礼者，贵贱有等，长幼有差，贫富轻重皆有称也”。(《富国》）而且不平等有其形而上学的根据：“分均则不偏，势齐则不壹，众使则不齐。有天有地而上下有差，明王始立而处国有制。夫两贵之不能相事，两贱之不能相使，是天数也。”（《王制》）

只有现代社会才把平等看作达到社会和谐的必要价值。“作为一种具体的社会和政治的要求，平等是拉开现代社会序幕的一系列重大革命的产儿。”[2]洛克在他为1688年英国“光荣革命”辩护的著名论文《政府论》中，就提出了平等的口号。它以“自然状态”作为其理论的逻辑起点。在他看来，自然状态不仅是一种完备无缺的自由状态，“也是一种平等状态，在这种状态中。一切权力和管辖权都是互相的，没有一个人享有多于别人的权力。极为明显，同种的和同等的人们既然毫无差别地生来就享有自然的一切同样的有利条件，能够运用相同的身心能力，就应该人人平等，不存在从属或受制关系”。[3]如果说洛克在主张平等要求时主要指的是政治平等，同时又主张保留经济的不平等的话，那么卢梭则提出了全面的更为激进的平等要求，特别是经济平等的诉求。三百年来，作为现代社会生活的基本原则，平等在外延上已经可以分析为法律—政治平等、社会平等、作为平等利用的机会平等、表现为平等起点的机会平等，以及经济相同性等多个

[1] ［古希腊］柏拉图：《理想国》，郭斌和等译，商务印书馆1986年版，第138、134页。
[2] ［美］亚历克斯·卡里尼克斯：《平等》，徐朝友译，江苏人民出版社2003年版，第25页。
[3] ［英］洛克：《政府论》(下篇)，叶启芳等译，商务印书馆1981年版，第5页。

方面。它们是平等观念的历史进步中呈现出的多样性。不管萨托利以自由主义的标准对于其平等观的阐述有多少可争议之处，他至少正确地描述了“平等”观念那仿佛与生俱来的扩张性：

> 平等首先突出地表现为一种抗议性理想，实际上是和自由同样杰出的抗议性理想。平等体现并刺激着人对宿命和命运、对偶然的差异、具体的特权和不公正的权力的反抗。我们还会看到，平等也是我们所有理想中最不知足的一个理想。其他种种努力都有可能达到一个饱和点，但是追求平等的历程几乎没有终点，这尤其是因为，在某个方面实现的平等会在其他方面产生明显的不平等。因此，如果说存在着一个使人踏上无尽历程的理想，那就是平等。[1]

乔万尼·萨托利所说的“不知足”，其实是平等观念内在的普遍主义冲动。比他所说的“不知足”更甚的是，平等不仅从法权平等扩展到境遇平等，而且当代某些环境哲学家已经把它扩展到整个自然界，扩展为处理人类与其他生命之间关系的原则。另一方面，随着女性主义和社群主义的兴起，社会平等的诉求有明显的扩展，平等呈现的方式也有所不同。这也是众所周知的事情。

其实，即使我们作了补充，上述脉络还只是在西方思想世界来观察平等价值的普遍主义走向。随着史家所谓“地理大发现”和西方殖民主义的进程及其瓦解，随着基督教文明在全世界的传播，尤其是20世纪全球化的浪潮，“平等”的价值早就作了跨文化的传播，成为国际正义的一项基本内容。

吊诡的是，平等价值似乎不言而喻地具有普遍性，这在经验的层面，既可以得到其不断扩大的证实，又会在另一些事实中得到更大的否证。随着平等的每一个实际进展，新的平等诉求也同时觉醒了。与平等的每一个进展相伴随，新的不平等进入了抗议者的视野。它不仅存在于同一国家内部，而且存在于不同国家之间。

总之，洛克、卢梭以后的人类社会在取得巨大进步的同时，并没有完全解决

[1] [美] 乔万尼·萨托利：《民主新论》，冯克利等译，上海人民出版社2009年版，第370—371页。

平等的问题，而在贫富悬殊这个问题上尤其突出。更准确些讲，随着现代化的浪潮，越来越多的国家将“平等”作为人类的基本权利写进自己的宪章，但是贫富差距却成为当今世界越来越严重的问题。中国古人曾经用“富可敌国”来夸张富翁的财产，今天这个成语却显得何等缺乏想象力：当全世界 191 个国家联合起来承诺到 2015 年争取使每天只有 1 美元生活费用的人口——总数在 1.3 亿人——减少一半的时候，比尔·盖茨等三个最富裕的人的净资产却超过了最贫困的 41 个国家的国内生产总值！根据联合国开发计划署 1999 年的《人类社会发展报告》，占世界总人口 1/5 最富裕人口的收入，与最贫穷的 1/5 人口的收入，两者之间的比率，由 1960 年的 30 比 1，增长到 1990 年的 60 比 1，1997 年又增长到 74 比 1。这种两极分化同时也以新的形式表现在发展中国家和后工业化的资本主义国家之间，按照萨米尔·阿明的判断，以收入分配悬殊为标志的不平等，在从美国这样的发达国家到第三世界，几乎到处都是；而且全球化中已经形成了中心国与外围国家的不平等发展。即“通过西方大国五大垄断的行动，全球化的价值法则产生了新形式的两极分化，使得强大外围国家的工业居于从属地位。中国如果进一步结合进国际分工的话，也逃不脱这种演化”。[1]

[1] [埃及] 萨米尔·阿明：《不平等的发展》，高铦译，商务印书馆 2000 年版，第 8 页。该书以为全球化的过程中，存在着中心国与外围国家的不平等发展，后者又分为活跃的外围国家与贫困化的外围国家，中心国家与贫困化的外围国家之间更加不平等。这里发展出了不平等的交换关系，包括劳动生产率不同所导致的不平等；中心国家的垄断（尤其是对重要资源）和外围国家对中心国家的技术依赖。与此同时，第三世界国家中收入分配的不平等是普遍、突出、在不断增加中的。“在各个第三世界国家之间进行一下比较，表明：人均收入越高，收入分配不平等越突出。因此，整个拉丁美洲，最富有的 20%的人口得到国民收入的 65%（在美国为 45%），5%的人口得到国民收入的 33%，1%的人口得到国民收入的 17%；而在社会的另一端，占人口一半的穷人只得到国民收入的 13%。”“当我们从目前尚开发不足的一些国家的现阶段转到已经比较充分开发的那些国家，我们发现大部分人口的境况根本没有改变，他们的人均收入仍旧是 70—80 美元；另一方面，为数极少的一部分人却在增加其收入而渐渐接近发达国家的平均收入（人均 1 500 美元）。”（第 301—301 页）经济的不平等在美国等发达国家内部同样在扩大。2002 年的统计显示，大约占美国纳税人口 0.1%的人的平均年收入为 300 万美元，比 1998 年增长了 2.5 倍，速度之快是任何其他阶层所无法比拟的。20 世纪 90 年代中期以前，美国高收入家庭的财富比中低收入家庭大约高出 12 倍，但是到了 21 世纪初，已经变成 22 倍。2008 年世界性的金融危机以后，华尔街高管们高额薪金之所以触犯众怒，只是暴露了这一问题的冰山一角而已。甚至日本也不再是“全民中产社会”，不平等现象在加剧。见 [日] 佐藤俊树：《不平等的日本——告别“全民中产”社会》，王奕红译，南京大学出版社 2008 年版。

反观中国，近代以来中国社会所经历的深刻革命，某种意义上是“平等”价值的胜利。与其他古代文明形态一样，中国古代决不是一个平等的社会。从制度上说，以父系家族制度为基础的大一统皇权体系，无论是政治的还是伦理的，都以人的不平等关系为基础。为两千年儒表法里的制度奠定理论基础的荀子所谓“明分使群”，就是强调人与人之间的分际、分工。“儒家根本否认社会是整齐平一的。认为人有智愚贤不肖之分，社会应该有分工，应该有贵贱上下的分野……一切享受（欲望的满足）与社会地位成正比例也是天经地义。”[1]20 世纪中国革命颠覆了这个“天经地义”。当初，中国人以为我们可以避免资本主义贫富对立的困境，因而选择了社会主义。60 多年以前，不但马克思主义者信奉“无产阶级平等要求的真实内容，都归结为废除阶级的要求”。[2]即使是自由主义者，也大多是抱着“每人一张票，各人一碗饭”的期望走进一个新的时代。但是历史注定要走曲折的路。由于非常复杂的原因，在 20 世纪 50 年代以后相当长的一段时期内，一方面，平等的原则得到前所未有的实现；另一方面，城乡二元结构、户籍制度和被严重扩大化了的阶级斗争理论，都实际上形成了新的不平等。而在“文化大革命”中广泛流行的平均主义，不但没有解决中国社会的不平等问题，反而摧毁了平等原则的声誉。因为平均主义至少是普遍贫穷的原因之一。作为一个重要的拨乱反正，邓小平提出改革开放要“让一部分人先富裕起来，走共同富裕道路”。但是，毋庸讳言，在经济高速发展的同时，也产生并积累了新的社会问题，其中最引人注目的就是迅速扩大着的贫富差距。尽管我们的基尼系数是否已经接近临界点，学术界还有争论，但是不及时解决这一问题将危及我们的社会，是无可置疑的。近十多年来，中央政府一再表示要整顿和规范分配秩序，加大收入分配调节力度，重视解决部分社会成员收入差距过分扩大问题。

上述现状实际上使真正确认平等原则的重要性与紧迫性凸显了。十分明显，我们并没有因为抛弃了平均主义、发展了市场经济就自动地一劳永逸地从理论上

[1] 瞿同祖：《中国法律与中国社会》，中华书局 2003 年版，第 292 页。
[2] [德] 恩格斯：《反杜林论》，吴黎平译，人民出版社 1956 年版，第 109 页。

解决了平等问题。反而，随着中国现代化的进展，如何看待和处理平等问题，将更严峻地等待着我们。

二

前面所叙述的，其实还远远不足以描述当代世界——一个曾经以"平等"为社会变革和建构的旗帜的世界——所出现的平等与不平等的复杂困境。实践的困境是与理论中的纷争互相伴随的，如果不是单纯地因为观念的舛误所造成的话。

如何看待平等尤其是经济平等的问题，历来充满着争论，因为它关系到如何建构最现实的利益分配格局。所以有人将对待平等观念的看法视为区分左派和右派的标准，而且说"倘若左派不矢志于平等使命，那么就不能说它的存在有任何意义"。[1]划分左右派的说法在今天未必恰当，但是，在平等问题、尤其是经济平等问题上，20世纪走了一个大回转。《不平等的日本》的作者佐藤俊树说："19世纪末，英国有一个财政部长威廉·哈考特爵士，他因为宣称'我们现如今都是社会主义者'而闻名。一百年过后，时代的指针似乎正逆转过来，20世纪末乃'我们都是自由主义者'的时代。"[2]正是平等尤其是经济平等的理想，推动了社会主义运动。20世纪90年代，当弗兰西斯·福山断言"自由化"和"民主化"是人类最终的共同选择，因而自由主义的胜利似乎代表着历史的终结时候，忽略平等的价值，似乎越来越显现为现代性的弊端之一。

这在对于平等的价值辩护或哲学论证的状况中也有所显示。

当代自由主义哲学家以赛亚·伯林说：

> 平等是自由主义思想中最古老、最深刻的要素，而它并不比这一思想中的任何其他的要素更为"自然"或更为"理性"，也不比它们更不"自然"或更不"理性"。与所有人类目标一样，它是不能被辩护或证明

[1]［美］亚历克斯·卡里尼克斯：《平等》，第19页。
[2]［日］佐藤俊树：《不平等的日本——告别"全民中产"社会》，第15页。

为正当的，因为它本身是用来为其他行为辩护的。[1]

这个观念史的描述，肯定了平等作为现代社会一项重要的基础性价值的现实性；但同时似乎表示放弃了对于平等观念的进一步哲学探讨。我们知道，在自由主义鼻祖洛克那里，“平等”既是理性的又是自然而然的观念，他确认：

因为既然人们都是全能和无限智慧的创世主的创造物，既然都是唯一的最高主宰的仆人，奉他的命令来到这个世界，从事于他的义务，他们就是他的财产，是他的创造物，他要他们存在多久就存在多久，而不由他们彼此之间作主；我们既赋有同样的能力，在同一自然社会内共享一切，就不能设想我们之间有任何从属关系，可使我们有权彼此毁灭，好像我们生来是为彼此利用的，如同低等动物生来是供我们利用一样。[2]

我们可以将此看作平等观念的神学证明。事实上，洛克甚至在机会平等的层面上讨论了经济平等，尽管这是在为私有财产占有的不平等辩护。在他看来，上帝给了人平等地通过劳动占有土地等财产的机会和权利，这就是经济平等的形而上证明。

在现代化即理性化或“祛魅”的时代，平等原则的神学论证当然显得有些背时。在康德那里，批判哲学采取了道德形而上学的方式来论证平等、自由的价值。康德说：“这样行动，无论是对你自己或对别的人，在任何情况下把人当作目的，决不只当作工具。”这一条被视为普遍有效适用于任何经验条件的先验原理即道德律令，在其具体化的过程中必然遇到复杂的问题。康德以后，“平等”被用另一种哲学化的概念来表达，即萨特的所谓主体间性（intersubjectivity）概念：作为自为存在的人与另一作为自为存在的人的相互联系与和平共存。他说：

---

[1] 转引自［美］约翰·凯克斯：《反对自由主义》，应奇译，江苏人民出版社2003年版，第122页。

[2] ［英］洛克：《政府论》（下篇），第6页。

十九和二十世纪的哲学似乎已懂得，如果首先以两个分离的实体的角度去看待我本身和他人，唯我论就是不可避免的：这些实体的完全统一事实上应被认为是不可能的。所以我们在考察近代理论时看出一种在各种意识内部来把握与他人的基本的和超越的联系的努力，这种联系是任何意识在其自身的涌现之中的构成成分。但是即使人们看起来放弃了内在否定的公设，却还是保留了它的本质结论，就是说肯定我与他人的基本联系是通过认识实现的。[1]

随之他讨论了从胡塞尔、黑格尔到海德格尔的理论。在承认黑格尔超越了胡塞尔，克服了我为我本身的存在与我为他的存在的对立以后，又指出黑格尔的认识论乐观主义把认识和存在同一了。萨特认为"我和他人的关系首先并从根本上来讲是存在与存在的关系，而不是认识与认识的关系，如果唯我论应该有可能被摈弃的话。"[2]萨特后来在《存在主义是一种人道主义》中提出以主体间性代替为他存在，以克服人与人之间只有冲突的观点。人在我思中不仅发现自己，也发现了他人，他人和我自己的自我一样真实，而且我自己的自我也是他人所认为的那个自我。人与人相联系的这种关系构成了主体间性的世界。所以平等有存在论的根据。

对于人人平等的预设或信念，艾德勒则采取了生物学上的物种共同性的进路：

说一切人在共同人性上平等，就等于说，所有人都具有相同的物种特性。这其中的一些物种特性是与其他动物所共有的类性，而另一部分则是人所独具，它们有决定的性质，例如：人的自由选择能力和概念思维能力。

人生而平等的说法是真实的只限于能够实际证实人与人平等的这个方面。也就是说，他们都是人，都具有人种的特性，尤其是他们都具有

[1] [法] 萨特：《存在与虚无》，陈宣良译，生活·读书·新知三联书店 1987 年版，第 311 页。
[2] 同上书，第 325 页。

属于人种一切成员的特殊性质。[1]

与以上帝为根据相比，这是从平等的创生说到自生说。但是，如果将人与人的平等诉之于共同的物种特性，其实现必然是不充分的。因为体现“人的自由选择能力和概念思维能力”的意志和理性，都不是纯粹的自然物，而是随着社会的发展而发展的，否则启蒙运动就不会成为人类文明的重大里程碑了。

随着全球化的浪潮，20世纪晚期以来，至少混合型的自由主义已经成为主宰性的潮流，或者说，反对自由主义一切主张的思想派别，比起社会主义运动高涨的时代，如果不是消失了的话，至少是相当薄弱了。但是在自由主义的庞杂队伍中，还是会有左中右的分别。其标准就是对于平等主义的态度。而所谓平等主义是指将平等视为优先于其他与其相冲突的政治道德的基本价值这样一种信仰。而典型的自由主义则采取“自由优先”的原则，通常将平等规定为法权平等和机会平等，担心实质的平等、尤其是经济平等的诉求会妨碍自由。结果“平等”与“自由”的冲突，变成了自由主义的莫大困境：

> 因为平等既可以成为自由的最佳补充，也可以成为它最凶恶的敌人。平等与自由的关系是一种爱恨交加的关系，这取决于我们所要求的是与差异相适应的平等，还是在每一项差异中找出不平等来的平等。平等越是等于相同，被如此理解的平等就越能煽动起对多样化、自主精神、杰出人物、归根结底也就是对自由的厌恶。[2]

对于这样的困境，一方面有海耶克那样自由主义的右派，他认定“社会正义”根本上是个空洞的毫无意义的概念；另一方面也有丹尼尔·贝尔那样公开宣称自己属于经济上持社会主义立场的“起点平等的精英自由主义”。而在两方面之间，正是要调和自由主义内部关于自由和平等的高度紧张，罗尔斯继承了西方

[1] [美] 艾德勒：《六大观念》，郗庆华等译，生活·读书·新知三联书店1998年版，第200、202页。

[2] [美] 乔万尼·萨托利：《民主新论》，第374页。

哲学史上洛克、卢梭、康德以来的契约论传统，在其《正义论》中提出了两个著名的原则：

> 正义的第一个原则：每个人都应有平等的权利去享有与人人享有的类似的自由权体系相一致的最广泛的、平等的基本自由权总体系。正义的第二个原则：社会和经济的不平等的安排应能使它们（1）符合地位最不利的人的最大利益，符合正义的储蓄原则，以及（2）在公平的机会均等的条件下与向所有人开放的官职和职务联系起来。[1]

简要地说，罗尔斯关于正义的两条原则就是，每个个人平等地享受最广泛的基本自由权利，社会和经济的不平等，只有在它们能被合理地预期于改善最少利益者的地位的时候，才是可以容忍的。《正义论》发表以后，引起了巨大而长久的争论。考虑到当代发达资本主义巨大不平等的社会现实及其趋势，罗尔斯的平等理论显示了某些激进的特征。在自由主义内部关于平等与自由之争中，他试图协调两者的关系，而又偏向平等。不过，这样的理论并没有寻找到社会制度上的客观基础，它的实现更多地要依赖人们的道德心，因而带上了道德理想主义色彩。而中国学术界关于罗尔斯的讨论，由于没有契约论及其制度的本土传统，更凸显出学院哲学的意味。

事实上，当自由主义不再担心社会主义运动的幽灵的时候，保守主义再次崛起了，并担当起了自由主义的主要批评者角色。在保守主义看来，自由主义的问题之一，恰恰是其平等主义的倾向，特别是不同程度的经济平等的主张。“保守主义者以怀疑主义的眼光来看待平等和社会正义的神话。”[2]下面这段话非常典型地代表了他们反对平等主义的理由：

> 重要的是贫困，而不是收入的不平等；是公民权的丧失，而不是

---

[1] [美] 约翰·罗尔斯：《正义论》，谢延光译，上海译文出版社 1991 年版，第 330 页。
[2] [英] 罗杰·斯库顿：《保守主义》，王皖强译，台湾立绪文化事业有限公司 2005 年版，第 27 页。

政治家比教授拥有更多的权力；是种族偏见，而不是承认成就的不同水平；是不健全的卫生保健制度，而不是整容外科手术的偿付能力的差异。[1]

他们重视的是另一些原则或价值，譬如秩序、权威、等级和特权，在保守主义看来，秩序和权威等，关乎人类社会生活的传统、繁荣和福祉，而平等，却正好相反。

就整个世界而言，第二次世界大战以后，自由主义—社会主义体系和平等主义信念一度俨然成为潮流。而到21世纪初，在经过里根—撒切尔式的保守主义时期，和社会主义运动整体消退以后，保守主义者会倡言：

我们能期望的最好结局充其量是：自由主义者将开始严肃对待他们自己的意识形态，并因此与保守主义达成和解。他们不妨把这种和解称作罗尔斯所说的“反思平衡”（reflective equilibrium），并藉以设想它是合理的，就好像第一人称单数总是合理的一般。但是，它当然不会是合理的，人们所能期望的最好结局，不过是自由主义的理性主义者凭藉这种或类似的方法，最终能满足于一种并非出自他们的成见。[2]

三

最近三十年来，自由主义的著述在中国得到了最广泛的传译，包括海耶克那类自由主义。罗尔斯的《正义论》自然是学院哲学所热衷讨论的话题之一。但是，在影响社会舆论和心理的一般理论倾向方面，我们见得更多的是与罗尔斯相反的路径。从其强调的重点看，可以说是某种反平等的理论。在一些学者教授看来，平等似乎注定是自由的敌人，甚至是民主的敌人。因为他们认为，现代民主政治不再是平民政治而应该是精英政治；“平等”意味着弱者将强者拉低到与他

[1] ［美］约翰·凯克斯：《反对自由主义》，第127页。
[2] ［英］罗杰·斯库顿：《保守主义》，第343页。

们同等的水准。他们当然也谈平等，但是却过分强调机会平等和结果平等的对立；换言之，他们只谈机会平等或形式平等，反对认真看待实质平等的要求。他们基本无视当前中国社会贫富差距所带来的危险，无视某些人在形式平等的口号下制造出严重的实质不平等，继续大批平均主义，凡是认真思考如何缩小收入分配差距的思想，都可能被冠之以平均主义的帽子。实际上，这种视平等和自由为对立的两极的看法，正如亚历克斯·卡里尼克斯（Alex Callinicos）批评的那样，是“范畴性错误”，因为“自由属于平等之可能的运用领域，而平等则属于自由之分配的可能的模式之一”。[1]过分强调平等对于自由的消极意义与平均主义一样是不正确的。实质上，平等某种程度上是自由——即过我们所希望过的生活——之必要条件。而机会平等常常是含混不清的概念，在它的含混使用中很容易掩盖实质上的不平等。[2]

在这派人中间，市民社会曾经是一个热门的话题。按照倡导者的说法，建构市民社会是在保守主义（新权威主义）和激进主义（民主先导论）之间的第三条道路。它既要秩序、权威，又要变革、进步。但是其核心是守市场经济之成，同时与西方及东欧关于市民社会的话语相呼应。他们认为，市民社会能培育市场和发展商品经济，养成市场经济的主体；同时能有效地制约威权政治。简而言之，是以市场经济的发展为基础，通过“公共领域”的建设，达到民主政治的目标。而且完全以被理想化的西方现代社会的发展为取向，即国家和市民社会二元发展的模式。这是一个功用主义的效益优先模式，但是却没有共同富裕的目标。而且他们所注重的“个人独立”“自由”，基本上是企业家和知识分子的独立自由——其经济利益的政治体现和保证。非常明显，这种市民社会理论，不仅没有汲取马克思的资本主义批判，甚至没有考虑黑格尔市民社会理论的复杂性。因为黑格尔曾经反复强调现代社会的特征是特殊性的肯定，市民社会表现出的一大特征是分化（differentiation），即在市民社会中人与人分离，彼此竞争逐利。这种设计根本没有谈到市民社会的分化和矛盾——贫富的分化；没有顾及“企业家

[1]［美］亚历克斯·卡里尼克斯：《平等》，第71页。
[2] 同上书，第46—47页。

阶层”利用其经济政治力量占有社会资源和财富所导致的严重不平等；更没有考虑到市民社会内部（严格说，随着全球化和市场经济的发展，而广泛出现的）道德分化和价值冲突。不幸的是，我们确切地知道，在当今中国，特殊性已经事实上得到高度的肯定，社会分化是有目共睹的事实；被期望成为市民社会中坚的富人有些就是依靠巧取豪夺国有资产暴富起来，出现了远超出法权平等以外的不平等。

以上所说，只是描写20世纪90年代曾经一度呈现为强势的一种理论倾向。在这种与社会结构性变迁相呼应的强势话语后面，注意到平等问题的严肃研究也不断出现。人们的注意力集中在中国经济的事实上的私有化进程和社会财富分配的严重不公的现状，以及由此带来的其他社会问题，包括贫富悬殊导致社会怨愤情绪的积压、官黑结合造成地方恶势力的形成，都会阻碍改革的进一步深化。这类论著表达的“经济发展与社会发展的均衡”观，大致是知识分子的理想，也是对中国现代化道路的一种确认：经济发展优先于社会发展，因为它是解决落后的中国各种社会问题的前提，把铲除阻碍经济发展障碍称之为社会发展，而不是把社会发展或多或少地看成经济发展的自然结果。其中就包含了对当代中国经济变革的伦理批判。换言之，她所注重的公平和正义，不仅是中国经济继续发展的条件，更是中国经济改革和发展的目标。在这样一个评价系统中，贫富急剧分化的非正义性就更加鲜明突出。显而易见，这本书的畅销和某种程度上的轰动效应，确实反映了社会普通人群所关心的腐败蔓延、少数权力的不法使用者利用权力系统的机制缺陷达到的资本原始积累、国有资产的巨额流失、社会保障系统的阙如等严重的社会问题，需要超越单纯经济的手段才能解决。

总之，中国经济起飞带来了空前的繁荣和增长，同时也带来了不平等状况急剧扩大的社会隐患。从某种意义上说，20世纪90年代以后，许多重大的争论，包括所谓“人文精神”的讨论、自由主义与“新左派”的争论，事实上都与如何看待中国社会的平等与不平等有关；更与人们的一般平等观念有关。反思中国人的平等观念的历史，由此获得了一个现实的动力。

前述有关“平等”问题的实践与理论的困境，只是说明作者意识到该问题的重要与困难，不过它们也反过来对从事哲学和思想文化史研究的作者产生一种推动。龚自珍说“欲知大道，必先为史”。对于“平等”的观念史作一番认真的梳理和反思，应该有助于我们推进对上述现代性困境的认识。

第二节　为什么是“观念史”

以各种不同的方式、不同程度地讨论过中国人的平等观念的著作，其实不在少数。在本书以后各章具体展开时将陆续对它们有所讨论；但是，独立的平等观念史研究，却并不多见。因此，采用观念史的形式展开的讨论，需要对“观念史”本身有所澄清和说明。

一

普通可见的观念史著作，最少可以分两类，一类是广义的观念史，常常也被翻译为思想史，与西文 history of idea 或者 intellectual history 对应；还有一类是狭义的观念史，类似范畴史或者概念史。著名哲学家张岱年先生的《中国哲学大纲》，是近代中国第一部专门讨论中国哲学范畴的专著，和他的另一部著作《中国古代哲学中若干基本概念的起源与演变》，都属于较早出现的典范。这类著作以中国哲学经典中某些语汇或术语为对象，集中研究它们所表达或蕴涵的思想，这些语汇或术语就成为理解中国古代哲学的核心概念或基本观念。此中也不乏一些著述将观念指认为实体，那是与人们用观念论（idealism）的方式来研究观念史有关。

张岱年先生那样的著作可以叫做解释的观念史，其特点是着重在对于古代观念的哲学解释。新近渐渐出现另一类观念史研究，着重研究近代以来的新术语、新概念，譬如冯天瑜先生的《新语探源》和金观涛先生的《观念史研究：中国现代重要政治术语的形成》，相对于解释的观念史之偏重哲学，我以为它们可以说是实证的观念史，偏重历史。

同样是研究近代以来中国人的新观念，业师冯契先生的《中国近代哲学革命进程》则可以说是沿着实践的辩证法理路研究观念史的著作。虽然《中国近代哲学的革命进程》与其先前发表的《中国古代哲学的逻辑发展》在方法论上有其一致，即自觉地运用历史与逻辑的统一的方法研究哲学史。这当然与黑格尔的哲学史和方法论有关，但是《中国近代哲学的革命进程》实际上对于黑格尔主义有很大突破。因为他不再看重哲学家的体系（事实上也不可能），以及这些体系之间如何构成认识的“圆圈”；不再是范畴史或概念史的写法，而是看近代哲学家和思想家在近代中国特殊的历史条件下，“提出了什么新观念来反对旧观念，从而推进了中国近代哲学的革命进程”。[1]冯先生着眼于从历史观和认识论的统一来总结近代哲学变革，同时也注意到这场革命在逻辑学和价值观方面的不足，还是在哲学的不同门类中描写观念变迁。我后来认为可以从更广泛的视阈来考察这场精神变革及其成果，包括从跨学科的研究中探讨它最后积淀下的一套现代性观念，它们仿佛一套现代精神的光谱，而且事实上已经成为现代社会的公共意识。

观念史研究在西方也是比较后起的，按照罗杰·豪舍尔的说法，起源于18世纪后期的“观念史”是“发达文明的一个较为晚近而又复杂的产儿”，是多学科、跨学科研究的活动：

> 它的核心关注点是“了解你自己”这一古老格言向群体的历史整体、文明或文化的广泛延伸，个体的自我便包含在它们中间，在很大程度上是它们的产物。它尤其关心向我们说明我们是谁，我们是什么，我们经历了哪些阶段和十分曲折的道路才变成现在这个样子。它强调各种观念和情感、思想和实践行为、哲学、政治、艺术和文学的互通性，而不像人类研究中更为专业化的分支通常所做的那样，人为地分别对它们做出评价。它的研究焦点，是某个文化或时代特有的那些无所不在、占支配地位的形成性观念及范畴，当然也包括某个文学流派和政治运动、某个艺术天才或原创性思想家，只要这些事和人最早提出了问题，发展出了成为后来数代人的共同世界观之一部分的观念。
>
> 观念史力求找出（当然不限于此）一种文明或文化在漫长的精神变

[1] 冯契：《中国近代哲学的革命进程》，华东师范大学出版社1997年版，第726页。

迁中某些中心概念的产生和发展过程，再现在某个既定时代和文化中人们对自身及其活动的看法。[1]

对观念史的这一学科定位，似乎得到著名哲学家以塞亚·伯林的肯定，与其他一些西方观念史家（如阿瑟·洛夫乔伊、昆廷·斯金纳等）对于观念史的跨学科研究性质的定位也有很大的相似性，尽管他们内部对于观念史到底是哲学家运用理性的结果，即由于他们围绕着某个观念前赴后继地进行推理活动，因而获得了既有逻辑根据又有进一步扩展理论的启发性结果；还只是为非理性的欲望、冲动、感情或兴趣所塑造；或者“观念单位”（unit idea）是否可以化约为永恒的超越时空的实体？在这类问题上，观念史领域像其他人文领域如历史学或哲学一样充满着争论。不过，就其共同的兴趣而言，观念史研究都突破了曾经占据主流地位的哲学史叙述的脉络，将一些以往不被人们注意的，或者多少显得费解的隐逸之士或异端思想，纳入阐发的视野。他们本来多少有些零碎、不成体系的观念，获得了研究者的共鸣，被追认为某些“中心概念”的先知。

二

从更深的层面说，“观念史”当然与对于“观念”的理解和使用有关。

现代汉语的一个常用词汇或术语“观念”，与近代日本人用汉字翻译英文 idea 有关，前辈学者如王力先生等将其归类为“来自西洋，路过日本”的新语，大致线索是正确的，[2]但是在哲学著述中的界定却尚不清晰。现代汉语“观念”

---

[1] ［英］伯林：《反潮流：观念史论文集》，冯克利译，译林出版社 2002 年版，第 13、5 页。

[2] 王力：《汉语史稿》，中华书局 1980 年版。转引自冯天瑜的《新语探源》，该书没有详细描写作为现代汉语外来词的“观念”（idea）一词被引入汉语的具体过程，共有三处提及“观念”（idea）一词。除了前面王力先生的一条以外，尚有：第 452 页和第 454 页，引余又荪的《日译学术名词沿革》（《文化与教育旬刊》1935 年第 69、70 期）。此文分为甲（学科名目）、乙（学术名词）、丙（论理学名词）三部。其中，乙部将 idea/Idee 译为“观念”；丙部将 idea 译作“想念”。第 482 页，引高名凯、刘正埮的《现代汉语外来词研究》（文字改革出版社 1958 年版）。此书将入华日语新词分为三类，其中第三类指的是先由日本人以汉字的配合去意译或部分音译欧美语词，随后中国人将其引进改造而成现代汉语的外来词。“观念”属第三类外来词，源自日语的 kannen，后者又译自英语的 idea。

（idea），与英文concept的中文译名“概念”，虽然同样表示意识的形式而又在使用上有所不同。我们把概念界定在理性思维的形式，通常是认识论和逻辑学研究的对象；而观念的用法要宽泛得多，可以表示概念，也可以泛泛而论地表示意见、思想、观点、看法等复杂的意思。与“观念”一词相关的，还有一个“观”，即我们常常见到有“某某观”的说法，如人生观、价值观、历史观和世界观，都是十分常见的用法。“观”可以指系统的理论形态的学说，也可以指比较零散的、未加充分反思的看法（观点）或看法（观点）的综合。

作为哲学概念的idea在西方哲学家那里也有多种多样的理解。

强调它的抽象性而被看作客观唯心论的是柏拉图的哲学（Theory of Ideas），idea在柏拉图哲学中是超感性的、永恒不变的、普遍的和绝对的实在。比抽象的意象更真实，是真正的实在，是我们的知识的源泉。中文的翻译有观念、理念、概念、理型。老一辈的希腊哲学专家陈康先生主张翻译为“相”，[1]而现在西方人比较倾向于将柏拉图的哲学叫作：Theory of Forms。所以一般说来，在普通的语用中，“观念”并不单单指那些纯粹抽象的概念，虽然它经常可以同时包含概念。

按照陈康先生的说法，英文idea本来是英国经验主义哲学家的术语之一，譬如休谟说：

> 进入心灵时最强最猛的那些知觉，我们可以称之为印象（impressions）；在印象这个名词中间，我包括了所有初次出现于灵魂中的我们的一切感觉、情感和情绪。至于观念（idea）这个名词，我用来指我们的感觉、情感和情绪在思维和推理中的微弱的意象。[2]

对于英文idea的汉译，在中国现代哲学家那里其实也颇费斟酌。金岳霖先生当初把休谟的idea翻译为“意象”，因为上述引文足以说明，休谟的idea是类似

---

[1] 汪子嵩等：《希腊哲学史》第2卷，人民出版社1993年版，第653—675页。

[2] [英] 休谟：《人性论》，关文运译，商务印书馆1994年版，第1页。

具体的，而不承认有抽象的意念。[1]所以冯契先生也批评说："休谟讲的 idea，主要是模糊的印象，实际上也就是意象。而不是抽象的概念。"[2]按照金先生的翻译，idea 应该翻译为"意念"。[3]

在理解中国人的观念史中的"观念"一词的时候，参考我们的翻译史是必要的，但是并不表示我们所用的汉语"观念"一词一定要与西文的某种翻译对应。因为经过差不多一个世纪，汉语"观念"已经是一个中国哲学所熟用的语汇或概念了，所以对"观念"一词的释意更多的应该从汉语的语用中去确认。我们不妨检索几部著名的中国哲学史著作，看汉语著述中"观念"的使用与意义。

张岱年先生继 20 世纪 30 年代《中国哲学大纲》对于中国哲学的概念范畴所做的讨论之后，20 世纪 80 年代又撰写了《中国古典哲学概念范畴要论》一书，分自然哲学、人生哲学和知识论三类讨论中国哲学的概念和范畴。对于概念和范畴他有所界定："概念是表示事物类别的思想格式。而范畴则指基本的普遍性的概念。即表示事物基本类型的思想格式。"[4]张先生没有给观念下规定。但是很有意思的是，在具体展开其讨论的时候，张先生多半会将它们同时称为观念，如理、太极、一、体用、几、变化，等等。

劳思光先生的《新编中国哲学史》中"观念"使用得最为频繁和宽泛，甚至有专门一节讨论"古代中国思想的重要观念"，诸如"命"观念、"天"观念、"鬼神"观念、天命观念、宇宙秩序观念、民本观念、人才观念、原始观念；似乎包括了概念、范畴、观点、思想（系统的或者零碎的）、想法（成理论形态的或散见在许多向度而未加反思的）、态度，等等。牟宗三先生也是既区别了"观念"和

[1] 金岳霖：《知识论》，商务印书馆 1985 年版，第 298 页。
[2] 冯契：《认识世界和认识自己》，华东师范大学出版社 1997 年版，第 169 页。
[3] 这与罗素的说法颇不相同，后来罗素则顺着休谟的理路，把"观念"归结为意识的诸形式中的比较狭义的"思想"："这里的'观念'不是柏拉图所说的观念，而是洛克、巴克来（通常译为贝克莱——引者注）及休谟所说的观念，并且在这后一种意义上的观念，是与'印象'相对的。你或者可以通过看到或者可以通过'想到'而意识到一个朋友；而且通过'思想'，你能意识到像人类或生理学这样不能看见的对象。"参见［英］罗素：《心的分析》，贾可春译，商务印书馆 2009 年版，第 4 页。
[4] 张岱年：《中国古典哲学概念范畴要论》，中国社会科学出版社 1987 年版，第 2 页。

“概念”，又常常将两者混用。[1]

冯友兰先生的《中国哲学史新编》中用“观念”一词甚少，有时只是用“某某观”，如历史观、自然观。与20世纪80年代学术界通用的方式比较接近。但是他在20世纪30年代所作的《新理学》，却将“观念”作为更为基本的哲学工具或哲学研究之对象。他说：

> 哲学中之观念、命题及推论，之系形式底、逻辑底者，其本身虽系形式底、逻辑底，但我们之所以得之，则靠经验。我们之所以得之虽靠经验，但我们既得之之后，即见其并不另需经验以为证明。其所以如此者，因此种观念、命题及推论，对于实际并无所主张、无所肯定，或最少主张、最少肯定。[2]

与一般人说哲学研究概念、命题和推理不同，冯友兰先生说哲学研究观念、命题和推论；十分明显，冯友兰先生这里的“观念”相当于一般人所谓概念，而之所以用“观念”，却是大有深意的——为了强调哲学（概念）与经验之间可以有“过河拆桥”的关系。“哲学对于其所讲之真际，不用之而只观之”：

> “观”之一字，我们得之于邵康节，邵康节有《观物篇》。他说“夫所以谓之观物者，非以目观物也。非观之以目，而观之以心也；非观之以心，而观之理也。”以目观物，即以感官观物，其所得为感。以心观物，即以心思物。然实际底物，非心所能思。心所能思者，是实际底物

[1] 牟宗三说：“中国哲学由尧舜夏商周开始，模糊地能发出一些观念，这些观念就有相当的普遍性。由游离不明确的观念（idea），而至转成确定的概念（concept），就有其普遍性。观念大都是不十分明确的，明确化就成概念，一成概念就有普遍性。但此种普遍性，就中国而言，由尧舜夏商周开始就有其特殊性。换言之，中华民族的活动有一个观念在指导，有观念就有普遍性，但这个观念却要通过具体的生命来表现，也即由中华民族这个特殊的民族生命来表现。”（牟宗三：《中西哲学之会通十四讲》，上海古籍出版社1997年版，第37页）

[2] 冯友兰：《新理学》（绪论），收录于《贞元六书》（上册），华东师范大学出版社1996年版，第13页。

之性，或其所依照之理……知物之理，又从理之观点以观物，即所谓以理观物。此所谓解释，或非康节之本意。不过无论如何，心观二字甚好。又有所谓静观者，程明道诗："万物静观皆自得，四时佳兴与人同。"静观二字亦好。心观乃就我们所以观说，静观乃就我们观之态度说。[1]

这与金岳霖先生从概念的双重作用来讨论知识的能动性大为不同，概念可以得自所与而还治所与。而冯先生主张哲学家取隔岸观火的态度，用纯思（理性）去把握物理。但是他的"观念"与我们普通的理解不同。作为一个日常语汇的"观念"，乃复合词。查《说文解字》："观，谛视也；又见《小雅》：观，多也。此亦引申之义，物多而后可观。故曰观多也，犹灌木之为聚木也。"表示仔细地看，所以中文有所谓"审视"。"念"，照《说文解字》，"念，常思也"。尽管我们可以说"念头""一闪念"等，似乎表示的是比较短暂的或偶然的意识活动，但也说"思念""纪念""意念"等，以示更为持续的、频繁的和专注的意识活动。所以"观念"应该既有理性的"思"又有感性的"视"，可以既用"目"视、又用"心"地视——与"思"结合地看。这与金先生对 idea 的解释比较接近，虽然金先生用了另一个词"意念"：

意念是相当于英文中的 idea，而又限于以字表示的。英文中的 idea 不限制到以字表示的，我们这里所谓意念是以字表示的 idea，例如红、黄、四方等等。这里所谓概念相当于英文中的 concept，可是，也是限于以字表示的。意念与概念底分别，从心理状态说，是前者比较模糊，后者比较清楚。从思议底内在结构说，前者可以有矛盾虽然不必有矛盾，后者不能有矛盾。[2]

他进一步区别概念和意念，"意念图案是静的思议。推动它的也许是思议活动，

[1] 冯友兰：《新理学》(绪论)，第 14—15 页。
[2] 金岳霖：《知识论》，第 335 页。

思议历程，而在典型上支配它的，仍是概念底结构。概念底结构，是意念图案底典型，它是历程所要达到的极限。这极限果然达到，意念图案就成为概念结构”。[1]概念结构所表示的就是理。

所以，我觉得，在理解“观念”之为观念的时候，既然有“审视”“缔视”，又是与“思”密切关联的活动，所以实际上涉及心的“视域”（Visual field），它指一个人在特定时刻的全部视觉印象或直接知觉。某个观念之有特定的视域，我们通常就说是某某观，表示人的意念有一个相对集中的方向和范围，其间一定运用概念思维，但是却不一定经过严格的推理和论证（虽然未必就不能论证）。因此，就其抽象的程度或理性的程度而言，观念与概念有所区别，可以包含更多的感性的内容。

观念和概念的另一个重要区别是，概念就其是一结构而言，它没有矛盾。但是我们用“观念”来表示的“思想”却可以有矛盾。事实上我们常识中的那些重大观念经常是充满矛盾的，不但单个观念内部有矛盾，而且人们同时相信并使用的若干观念之间也常有矛盾。具体的人的心灵一定不是单一的演绎系统，我们的主观诉求起源于某些幽暗未明的欲望、意愿，很可能本身就是互相冲突的。一个社会的价值观念有一些由公认的观念组成，但是它们之间却常常闹出诸神纷争的戏剧。对于这些矛盾或观念的复杂性，以及导致矛盾的原因，“百姓日用而不知”，非加以反思，不可能被揭示出来，更不能得到澄清。

从纯粹哲学或知识论的角度看，哲学就是概念化安排的理论。思维要达到概念，概念要经过厘清，使之清晰、排除矛盾。从这点说，“观念”所代表的心理状态比较模糊和可能有矛盾，是一种不足。但是这两点，反过来，却可能正好是“观念史”研究存在的理由和自身的特点。连黑格尔都说哲学的特点就是要研究那些一般人平时自以为很熟悉的东西。“一般人在日常生活中，不知不觉间曾经运用并应用来帮助他生活的东西，恰好就是他所不真知的，如果他没有哲学的修养的话。”[2]换言之，“观念史”可以扩大哲学史研究的范围。事实上，20世纪

[1] 金岳霖：《知识论》，第351页。
[2] [德]黑格尔：《哲学史讲演录》第一卷，贺麟等译，商务印书馆1983年版，第25页。

后半叶中国学术界的主流，通常是在非常宽泛的意义上运用“观念”的。它常常包括：（一）表象或印象；（二）作为与客观世界相对的东西，泛指人们对于事物的看法和认识；（三）社会意识。如果我们进一步探究，在具体的观念后面通常还包含有人的情感、意志、利益诉求；纠缠着信念或信仰等未必能单纯依靠概念分析等知性活动来把握的要素。而正因为具体的观念包含了如此丰富的内容，包含着感性与理性的活生生的联系，观念的兴起和自身发展的动力、包括知识社会学讨论的观念的“变形”，以及观念何以具有改变世界的力量，才是可以理解的。这一点，冯契先生在关于“观点”的论述中有多说明：

> 说某人有某种观点，是说他老从某种角度、老用某种态度来对待和处理问题。观点是带一贯性的看法，是贯穿于意见之中，统率着各种意见的。观点当然也是观念，是由概念所构成的结构，是对对象的认识。但观点又总是具有社会意识的性质。人作为意识的主体，不仅是认识的主体，而且是意志、情感、欲望、习惯等等的主体，即人还有意欲、情感等心理活动，并且还有统一的人。所以人们的观点不仅反映人们的认识水平，而且反映人对社会关系的意识，反映人们的社会存在。[1]

在某一个语汇或术语所表达的“观念”后面，可以包容上述多方面内容。人类在其悠长的历史中逐渐繁衍出复杂的精神现象，尤其是现代社会发展出如此多的人文社会科学的学术分支，人的观念世界不断有新的物种出现。这些新的观念未必已经达到思议历程的极限（其实是否一定需要达到那个“极限”也在未定之天），但却是活生生具有推动世界的力量。

由此，观念可以呈现为观点、理论和视域等不同的形态：观点是某个观念的集中展示，因而亦是某种观念的特殊性表达，具体的观念者对于某观念可以有一个或多个观点，在未经反省的条件下，这些观点之间未必有合乎逻辑的关系，如果围绕某一观念的若干观点形成了自身的条理，那就表示该观念获得了理论表

[1] 冯契：《逻辑思维的辩证法》，华东师范大学出版社 1996 年版，第 83—84 页。

达。对于自觉或不自觉的理论表达，我们当然可以加以哲学分析，或者它们会被——许多情况下是同时——安置在历史主义的平台上，使其内在理路更趋完善；同时（甚至是更多的）也许会被揭露出理论自洽性的缺陷。视域则是观念的深层背景或更一般的语境，是可以通过分析围绕某观念的观点所涉及的问题领域或意向来把握的，它们可能向我们呈现某观念的心理学或知识社会学的内容。对于它们的研究，同样是“认识世界和认识自己”的一部分，因而应该成为哲学关注的对象。

三

从哲学的任务来说，要认识世界和认识自己；这个世界包括人文世界，所以至少就认识社会和认识人生的任务而言，观念史研究的目标都应该是追求真观念。这个“真观念”与斯宾诺莎的 true idea 有所不同，斯宾诺莎的真观念是指理性对认识对象本质的直觉。在观念史研究中所谓观念的真，包含三层意蕴：

一是与“假”相对的真，从传统的符合论的意义上说，就我们的认识与对象是否符合而言，我们说观念有真假，符合的我们说正确，所以这一向度的观念之真可以叫“真确”；这涉及所谓是否有“真实的观念史”的问题，作为书写的观念史不能保证其是真实的历史，并不等于观念史可以是任意书写的。假如我们用科学的标准去要求观念史的书写，至少我们可以减少错误的书写。譬如说孔子具有现代人的权利平等的观念，这样的观念史显然是假的。它与因为孔子没有权利平等的观念而责备孔子，一样都是范畴误置；因为在先秦的历史条件下，孔子那样的哲人不可能具有那样的观念。

二是与“伪”相对的真，是就言说者或书写者对这一观念的信念状况而言的。持有某观念者主观上认为该观念是真的，并且将其言说为真，虽然该观念是否确实是真和真的程度，以及他是否能够充分地证成其真，都未必有保证；只要言说者的“心思”与“言说”是一致的，我们会承认他是真诚的。否则就是虚伪的，所以与“伪”相对的“真”是真诚。

三是与“虚”相对的真，虚也可以说是空或幻。逻辑学上有所谓“虚概念”（false concept）或“虚幻概念”（illusive concept），那是指外延为零的概念。观念史研究所关注的观念之真或虚（幻），不是从逻辑学意义上讲的，而是从实践论意义上讲的。一观念是真还是空（幻），是指该观念是止于言说或书写的观念，还是可以发为行动的观念。如果我们认为言说和书写也是一种行动，那么我们这里的“行动”是指超出仅限于对个人有意义的范围的社会实践。

观念具有内在的动力性是一般的观念史家都注意到的事情。“观念并非一种纯粹的智力上的构想；其自身内部即蕴涵着一种动态的力量，激发个体和民族，驱使个体和民族去实现目标并建构目标中所蕴涵的社会制度。”[1]但是并非所有的观念都能够实现为驱动的力量。这里涉及观念史研究中的一系列困难问题：人们是如何在观念驱使下行动？何种观念才真正具备社会行动的动力性？观念所表示的义理与观念者的心理是什么样的关系？或者说，驱使人们行动的是观念的理性力量，还是观念之后（之内）的非理性诉求？这些问题都是真正的哲学问题，我们在这里不能详细展开讨论。而首先明确一点，在与社会行动相关这个意义上，真观念是会指导人行动、给予我们动力的观念，是足以转变为实践力量而不是止于书写或止于论说的观念，后者即儒家所批评的仅仅停留在“口耳四寸之间”的“戏论”。实践的力量不仅是个人的或道德修养的力量，更重要的是从社会意义上说的，“行动”也不止于宣传，而应该深入存在论的基础。总而言之，它不是空谈而是实行，观念者同时是行动者，不仅坐而论道，而且起而行之。脱离了现实的人的活动的观念，常常是典型的形而上学。正如批评者说的那样：“无论是过去还是现在关于社会现实的理论，如果忽视了人这一能动的因素，就永远不能超出纯粹的思辨，而属于形而上学。”[2]形而上学以玄虚为骄傲；与“虚”相对的“真”是真实。所以这一向度的真观念，可以叫真实的观念。

真正真实的观念对于观念者而言，通常又是真诚的观念，即它同时表达了观念者的信念，是认识与信念的统一。其真实性不仅表现为个人的行动，更体现在一个社会的政治法律制度和风俗习惯。换言之，真实的观念一定深入到社会存在并成为社会存在的不可分割的部分，因而在其限度之内有其真确性。它们被那个

[1] [英] 约翰·伯瑞：《进步的观念》，范祥涛译，上海三联书店 2005 年，第 1 页。
[2] [美] 里亚·格林菲尔德：《民族主义：走向现代的五条道路》，王春华等译，上海三联书店 2010 年版，第 25 页。

社会认为是真理，被认同为规范社会生活的原则。

所有这三层意蕴的划分，即真和假、真和伪和真和虚，都并不容易断然地划分，其间会有许多过渡，因而有相对性。一个观念的真，通常是一种效果历史的产物，即我们是从某观念在以后的历史阶段中被发扬光大而追述其起源，从而建构起历史的。我们不可能理解我们根本不能具有的观念。这句话似乎是同义反复。它以其批评的价值提醒我们应该避免“范畴错置”的错误。

从观念史研究的论域看，注意观念之“真确”“真诚”和“真实”，都是为了正确地描写观念的历史并进而正确地了解观念和观念者自身。观念史着重研究的不仅仅是人们应该如何思考，而是人们事实上是如何思考的。通常所见的“范畴错置”，犯错误的不是历史上的观念者，而是观念史家，他们误将一个历史上未曾出现的观念强加给历史。在中国古代观念史研究中我们通常可以见到两类“范畴错置”：一种是用古代人因为历史条件的限制而没有具备某种观念，去责备古人；另一种是将古人根本不会具有的某种观念强加给他们。这两种倾向其实都是厚诬古人而已。不过厚诬古人的行为其意义通常反而是现实的，它既可能表达了对这个观念的主观肯定，也可能是隐蔽在这个观念之后的另一类观念的曲折表达。从这个意义上说，那些误解古人最典型的著作本身却可以有观念史的意义。因此，反思和批评永远是观念史研究所必不可少的工具。

第三节　“平等”有古今之变

本书采用观念史的形态来研究“平等”，是注意到它在今天已经是现代文明的核心观念，是数代人的共同世界观和价值观的一部分，同时又呈现为充满着纷争的话语，因而讨论平等观念在现代中国的嬗变与价值。不难发现，这一讨论的前提，是承认“平等”作为一个历史的范畴，经历了“古今之变”。换言之，现代人视为基本价值之一的“平等”，并不是现代人所独有的观念，但是古代人的“平等”与现代人的“平等”却又是有区别的。这种区别已经达到如此程度，以至于我们可以说有两种不同的“平等”。简言之，像其他许多重要的观念一样，平等观念有其古今之变，这构成了平等观念史最基本的脉络或阶段。

一

在汉语文献中，“平等”作为一个重要的词汇，一般认为是随着佛教的传播而出现的。其实本土的类似词汇譬如“齐”“同”等出现得更早。更往前追溯，自从有了“人”或人类的概念，就意味着人的相同性观念的诞生。这反映出中国人与其他古老的民族一样早就具有了人类的普遍相同性意识。正如恩格斯说的那样：

> 一切人，作为人来说，都有某些共同点，在这些共同点所涉及的范围内，他们是平等的。这样的观点自然是非常古老的。

不过，恩格斯接着又说：

> 但是现代的平等要求与此完全不同；这种平等要求更应当是从人的这种共同特性中，从人就他们是人而言的这种平等引申出这样的要求：一切人，或至少是一个国家的一切公民，或一个社会的一切成员，都应该有平等的政治地位和社会地位。要从这种相对平等的原始观念中得出国家和社会中的平等权利的结论，要使这个结论甚至能够成为某种自然而然的、不言而喻的东西，必然要经过而且确实已经经过了几千年。[1]

恩格斯对于平等观念的历史所作的古今之分在宏观上是正确的（当然我们也知道，由于种族主义的存在，黑人也是人类成员这样的观念，在现代西方是相对后起的事情）。古今“两种平等观念”，被乔万尼·萨托利说成是“有着两副面孔的平等”，即平等既表达了人的相同性的概念，又包含着公正的要求。前者是单数的平等(equality)，后者是复数的平等（equalities），因为它衍生出多样性的平等要求。复数的平等当然包含着单数的平等，并且在许多时候依然以人的相同性为基

[1]《马克思恩格斯选集》第三卷，人民出版社1995年版，第444页。

础。从政治哲学的视野看，前者是“前民主的平等”，后者是“民主的平等”，作为“一个由于自然法观念在十七世纪得到复苏而获得力量的原则”，“平等”在民主政治体制中获得了普遍的扩展和成就。[1]

当然，对于平等观念的古今之变，西方学者还有另一种历史的解释方式。不止一人提示西方宗教的平等观念与如今世俗流行的平等观念的差别。这一方面关乎平等观念起源的问题，“平等观大概是犹太宗教对西方文化独一无二的贡献。我们从柏拉图、亚里士多德甚至从希腊文化时期那里了解到的希腊伦理学中，并没有普遍的人人平等的概念。平等的思想在犹太人的《圣经》中表现为所有人都是以上帝的样子被创造这种思想”。[2]按照普特南的说法，从犹太宗教而来的平等观念，提供了如下的原则：由于我们都是上帝的孩子，都具有相同的人性—神性的本质，因此，不管人们的天赋、成就和社会贡献如何的不同，就个人应该受到尊重而言，是人人平等的。更进一步，每个人的幸福或痛苦有着同样的道德重要性。另一方面，是像弗洛姆那样的批评家指出现代性的平等观念与宗教的平等观念，还有一个类似“群己关系”的不同。当代资本主义社会中的平等，被理解成是自主者（Automaten）的平等，建立在原子主义个人的基础上的平等，变成了“千人一面”的单向度的平等；而不是如宗教中的那样，每个人虽然都是独一无二的造物，却又同时与其他人“同为一体”，处于个体与群体的统一关系之中。[3]

全面地讨论西方平等观念的古今变迁不是本书的任务，这里要说的是上面提及的诸多论述，虽然可以对于最初的分类有所补充使之更臻丰富，但是将平等区别为“相同性的平等”和“权利的平等”还是大致成立的。更进一步，我们可以发现，“相同性的平等”或建立在这样的基础上的理论，基本上属于描述性的概念；而“权利平等”或“公正的平等”，更多的则是规范性的概念。因为，所谓权利，通常就是指个人不受他人或政府干预而能自由从事正当行为的资格。权利平等意味着规定人们怎么“做”的普遍准则。

---

[1] [美] 乔万尼·萨托利：《民主新论》，第370—378页。

[2] [美] 希拉里·普特南：《实在论的多副面孔》，冯艳译，中国人民大学出版社2005年版，第38页。

[3] [美] 埃利希·弗洛姆：《爱的艺术》，张依依译，工人出版社1986年版，第17页。

二

有漫长历史的中国文化，与犹太—基督教文化自然有许多差别。今天，中国文化的独特性正在重新受到高度的评价。不过，这并不等于我们赞成在“平等”这类现代社会的基本价值上，中国有完全不同于西方的路径。事实上，即使最粗略的比较，也不难看到，除了没有被一个类似犹太—基督教那样的宗教独占以外，中国历史上同样也出现了“相同性的平等”与“公正的平等”两类平等观念。

这里有一个观念史与社会史的关系需要澄清。承认古代社会不是一个现代意义上的平等的社会，并不是同义反复。而是说古代社会和现代社会在这一点上有确定的界限：古代社会没有把“平等”作为谋划和改变社会制度和生活的基本政治规范，只有现代社会才把每个人都平等地享有其权利视为基本的伦理和政治原则。这里所说的古代社会和现代社会，都是总体性的判断，并且是就其差别而言。这并非为了给所谓全盘反传统提供理据，承认这一事实恰恰可能避免“范畴错置”——用古代不可能具备的现代观念去责备古人——的问题。另一方面，古代和现代之间并无不可跨越的鸿沟，而一个不平等的社会里依然可以保留以异端和边缘的方式存在的抗议性观念；或者说在不平等制度的具体实现形式之中，可以包含其否定的因素。正如在以平等为原则的现代社会，在其制度的具体实现中依然存在着各种各样的不平等；而且在以平等为价值的现代社会，有着各种各样的“平等”观念。因此，我们不能因为划分古今之变，就因为类型化的方法而将问题简单化。另一方面，“平等”观念虽然可以从哲学义理上探究，但是它与纯粹哲学范畴或概念并不相同，带有丰富的经验内容。作为一个历史的范畴，它总是与实践、生活联系在一起。

回到中国观念史的古今之变，当然首先会讨论儒家观念。从观念与生活的综合来讨论所谓“儒家”，就不但指孔子所开创的整个学派之思想，而且包括以儒家思想为主导价值的文化以及一套社会制度。这样，在方法上注意观念史和社会史的结合成为我们的另一个前提。为了讨论的深入，我们应该作必要的分疏。首先，自汉代以后的两千年中国社会可以总体上称作“儒家社会”，讨论中国古代社会的有关（“平等”）观念，主要是通过社会政治制度所体现出来的观念。换言之，我们不能离开社会制度的现实来抽象地讨论平等抑或不平等。其次，中国传统社会虽然可以笼统地称为“儒家社会”，但是实际上在社会生活、制度、习俗等中间，法家和佛教、道教（家）也都有自己的角色。儒表法里和三教融合都是人们对“儒家社会”复杂性的认知。用学术史的方式对它们的单独考察，不能取代整体性的综合——我把它叫做通观。再次，即使是儒家，也有高度的复杂性，既有儒学经典义理的系统，特别是经学系统；又有儒家文化的系统。由于“经学必专守旧，世世递嬗，毋得改易”[1]的特性，经学家对于与今人所谓“平等”相关的命题的解释，尽管也有各种歧说，但会有比较大的连贯性。而在历代文学家、历史学家、甚至政治家的表述之所体现（即广义的儒家文化），就可能包含在其长期发展中儒家不同的演进路向，以及和其他来源有异的思想（譬如佛教、道教甚至基督教的早期传播）的融合。对历史的通观即总体性的判断不应牺牲历史的丰富性，同时也不应对边缘性和异端性的文献作过度诠释。

与现代社会相比，中国古代像其他古代文明形态一样，决不是一个平等的社会。从制度上说，以父系家族制度为基础的大一统皇权体系，无论是政治的还是伦理的，都以人的等级关系为基础。“儒家根本否认社会是整齐平一的。认为人有智愚贤不肖之分，社会应该有分工，应该有贵贱上下的分野……一切享受（欲望的满足）与社会地位成正比例也是天经地义。”[2]礼教或者名教，是以保持严格的等级制度为前提的。尽管中国古代与西欧封建社会有所不同，贵族的地位和特权并非是完全世袭的，尽管科举考试似乎给庶人上升到士大夫提供了平等的条件，[3]但是君子小人的秩序终究是不可动摇的，更不用说“三纲”所表示的君臣、父子、男女之间的关系了。“三纲”所代表的不平等关系并非只是中国独有，

[1] 皮锡瑞：《经学历史》，中华书局 2004 年版，第 93 页。

[2] 瞿同祖：《中国法律与中国社会》，第 292 页。

[3] 刘师培曾作《论中国阶级制度》，论述了中国历史上等级制度的沿革之大概。先秦、魏晋、异族入主中原时期，阶级制度尤其鲜明。特别指出，即使到了晚清，还有以民族区分贵贱。而且科举考试也并非一律平等：“凡应科举者，必身家清白者，乃克应选，若倡优隶卒之家，无应试之权利。”而“凡执贱役者，固多行雇工之制，但鬻身于人而终身为仆役者，亦占国民之一分子”。至于重文轻武、重士轻商，划分上流社会和下流社会等，都是“不平等之制”。（《刘师培论学论政》，复旦大学出版社 1990 年版，第 346—350 页）

它是前现代社会共有的现象，欧洲也一样不能幸免。这是历史的常识。另一方面，与西方至少从亚里士多德开始就对“平等”作了专门的学理的探讨不同，中国先秦文献中，与“人的相同性”意义接近的语词有“平”“一”“同”等，但是更为接近的是“齐”。按照《说文解字》的解释，“齐”这个象形字自身似乎已经包含了平等与不平等的矛盾：“（齐）禾麦吐穗上平也。象形。从二者，象地有高下也。禾麦随地之高下而高下，似不齐而实齐。参差其上者，盖明其不齐而齐也。引申为凡齐等义。”[1]某种程度上可以说，先秦时期已经形成了关于“齐”与“非齐”的讨论。关于这一点，本书第二章会作比较仔细的检讨，这里只是作一个最基本的概括。

三

作为高度入世的学派，儒家有着道德理想主义的传统，不能不注意到人类社会的不平等问题和人的平等要求。儒家经典中包含着与此相关的多方面思想资源，包括孔子的“仁”的学说。最被后人看重的是，从孟子性善说到后儒关于人人能成为圣人的说法，蕴涵着将其诠释为人格平等的可能性。而在处理现实的不平等状况的层面，儒家的主流观点反而是荀子“维齐非齐”，即如何在一个贵贱分殊的等级社会去追求和实现和谐的理想。它既包含了对等级制度的辩护，又包含了对它的限制；同时更探讨了与此社会存在相关联的人的存在。从这样一个基点出发，后人从儒家系统中发掘出若干可予以思考的向度：第一，从人的相同性出发的人性论建构。其主流是强调人有相同的本质，并且都有接受教育（修养）的可能性与必要性，进而成就理想的人。第二，古代中国虽然有贵贱之分，但是却没有欧洲中世纪那样的贵族和平民的分隔。孔子“有教无类”的理想，历史上诸多改朝换代的事实和儒家社会某些制度（譬如科举）设计，给后人就社会结构作阶层间纵向流动的解释提供了争论空间。面对秦始皇的威权，项羽说“彼可取而代之”，陈胜说“王侯将相宁有种乎”！第三，儒家通常注意避免贫富悬殊，这一经济主张的一大特点是与农民的平均主义倾向之间有近乎天然的联系。第四，

[1]《说文解字段注》，成都古籍书店1981年版，第336页。

三纲五常整体上固然饱受诟病，但是就儒家伦理学而言，至少在孔孟对于“朋友”一伦的论述中，平等**事实上**成为一个重要的原则。儒家强调夫妇、父子和兄弟之间某种“对等”（parity）关系令后来的社群主义者引为知音。

如果说儒家对于人的社会存在采取“维齐非齐”的态度的话，那么墨子和韩非等法家的态度就是不同规定的“齐不齐”。墨子的“兼爱”理论，不但在先秦时代就被看出与儒家等级观念的差别，所以荀子批评他“僈差等”；在近代中国更是不断被解释成“平等”观念的先驱。事实上，被认为是儒家经典的《礼运》和张载所著的《西铭》，都被许多人认为渗透了墨家理想。从康有为梁启超谭嗣同到刘师培章太炎，几乎都把墨子的“兼爱”看做现代平等论的先声。法家通常在“恶”的意义上肯定“人的相同性”，因而对平等作消极意义的肯定。与原始儒家强调的“刑不上大夫、礼不下庶人”相反，法家强调法律的普遍有效性。坚持君主以明文法同等地对待所有臣民，而不管他们的地位高低。在普遍的、非人格化的刑法面前，人与人是平等的。另一方面，但决不是最次要的一面，就法家思想中与“平等”观念相关的“人的相同性”理论而言，有一点与现代平等观念最相冲突，即其明确的权威主义。掌握法术势的君主的权力是不受挑战的，君主“平等”地对待所有人，而不是所有人都互相平等相待，也不是所有人平等地参与政治（权力）。这在墨家思想中同样存在着，不过是以另一种方式存在。墨子讲“天志”讲“尚同”，都强调世俗的权力（王权）来自超越的权威（天意），并且是社会秩序与是非的唯一来源与标准。所以虽然其学说“僈差等”，但是所有人都无条件地服从一个权威，这与现代意义的平等就有了根本的区别。

在这两种显学之间，是道家。以庄子为代表，道家也讨论平等问题。这一派人的立场是“物无贵贱”，因而应该“不齐而齐”。按照庄子的说法，道乃无所不在，甚至在蝼蚁、在稊稗、在瓦甓、在屎溺，真是“每下愈况”，“周、遍、咸三者，异名同实，其指一也”。（《庄子・知北游》）我们可以从中推论出所有的人都具备得道的内在根据。不过庄子所描写的神人、圣人和真人，大多是形体支离、长相怪异的人，他与儒家肯定人的等级关系不同，追求的是逍遥；因此对现实政治的批评后来曾发展到某种乌托邦。它也表现为道教经典中混杂的农民对平均主义的渴望。[1]在庄子思想中与平等有最密切关系的是他的齐物论，而对于等级、地位、特权和权威等的抗议和批评，主要发表在《庄子》的杂篇中。《庄子》一书内在地包含着的政治批评和哲学创造双重意蕴，并非互相分离的两个不同向度。其“物无贵贱”说提供了理解这一内在关系的文本。就思想的秩序而言，庄子对于以“贵贱”对立呈现的等级制度的抗议，优先于认识论的“是非”之辩；而通过后者所达到的境界，为解构“贵贱”对立开启了来自主体的可能性。但其实现，尚需要将对“贵贱”的解构，从认识活动转变为实践活动。以农业经济为基础、通过血缘纽带组织起来的宗法社会，不可能超越“人的依赖”关系，不可能出现类似现代平等的社会理想。因此，庄子“物无贵贱”说，虽然也保留着微弱的乌托邦倾向，但其主流不是通过“齐其不齐”去改变客观世界，而是改变主观世界，进达“不齐而齐”。即一方面抑制物质欲望和追逐名利地位的冲动，修养以改变自身；另一方面通过创造活动，将“物无贵贱”发展为诗性表达的系统理论。前者是道德，进一步通达生死智慧，所以又接通宗教；后者是哲学，借助“寓言、重言和卮言”等诸种修辞方式的交错，开启如何“以道观之”的前景。

以上所说，是中国先秦时代诸子的观念以及由此影响到的本土传统。我们可以“维齐非齐”“齐不齐”和“不齐而齐”三种类型来概括它们。汉代以后，更为直接地讨论“平等”范畴的是佛教。佛教在其开初阶段，就是因反对当时印度极端不平等的种姓制度而出现的一个重要思潮派别。释迦牟尼在他创立的僧团中间，与婆罗门教的种姓制度不同，实行“众生平等”，容纳各种种姓出身的人，接受各种人的供养。佛教的根本教义“四谛”说将世界解释为一个痛苦和解脱痛苦的过程，生、老、病、死和怨憎会、爱别离、求不得、五阴盛这“八苦”是人生在世无法逃脱的痛苦。因此，佛教说的“佛法平等”首先是在痛苦面前人人平

[1] 如初期道教重要经典《太平经》就包含了这样的平均主义画面：“天有倡乐乐诸神，神亦听之，善者有赏，音曲不通亦见治。各自有师，不可无本，末不成。皆食天仓，衣司农，寒温易服，亦阳尊阴卑，粗细靡物、金银彩帛、珠玉之宝，各令平均，无有横赐，但为有功者耳，不得无功受天衣食。”（俞理明：《〈太平经〉正读》，巴蜀书社2001年版，第429页）行善功者可以进入的天国里，实行的是有平均主义色彩的制度。又说：“天道无亲无疏，付归善人……天地施化得均，尊卑大小皆如一，乃无争讼者，故可为人君父母也。”平均主义有宇宙论的根据。（见前书，第500—501页）

等。作为宗教，佛教最终关心的是“救赎”即人的解脱。缘起和业感的理论只是对世界之痛苦的解释，痛苦之解脱即“成佛”，才是它的目标。成佛需要有内在的根据，那就是“佛性”。大乘佛教与早期佛教不同，提出了“一切众生皆可成佛”的理论，这意味着“佛性平等”。佛教经历了中国化的过程，华严、天台、禅宗等典型的中国佛教，都主张人人能成佛，因为人人都有佛性。佛教在其中国化的过程中不但发展了与儒家性善说同构的佛性和成佛理论，也在适应中国本土条件而生存的过程中，形成了自己的传法世系、丛林制度、宗教伦理与寺院经济。西来的佛教以对种姓制度的抗议始，而其在中国之一度繁盛却多少是因为它适应了中国的宗法制度。

简而言之，儒家的性善论和“成圣”说；道家追求得“道”；佛教说“成佛”，都包含了某种“平等”的形而上学。在后面的第二章我们将更详细地讨论这个问题。这里我们将古代儒释道的观念与现代观念做最简单的比较，就可以发现两者的区别：无论成圣、成佛还是得道，都意在追求绝对的存在，因此是泯除一切差别的超越的境界。就其超越的境界而言，我们可称之为高调的平等理论——与人类社会的现实存在着巨大鸿沟的理论。但是，这种高调的平等论有它的另一面：它们都以承认社会不平等为前提。对于实际生活中种种不平等，佛教用因果报应来解释：现世的苦乐贵贱都是前世的行为决定的，因而是不可更改的。儒道两家则用“命”来解释。庄子不但告诉我们如何用相对主义消解贵贱差别所带来的怨愤和痛苦，而且直接说“知其不可奈何而安之若命”。儒家更是关心人的德行与穷达之间的不相应关系。在成就人的道德方面，儒家充分肯定人的自主性；但是地位、特权、财富等，却与道德修行无关。“才高行洁，不可保以必尊贵；能薄操浊，不可保以必卑贱。”[1]关于这些问题，儒家也有相当复杂的“力命之争”，以及关于偶然性与必然性的讨论。在社会上占主流地位的见解，还是寿夭死生、贵贱贫富的差别都有“命”。结果，“平等”作为超越的境界，在儒佛道诸家主要不是如现代平等观念那样用以改变不平等现实的实践，因而不是规范性的原则，而停留在对社会不平等现实的观念论消解。它可以有两个走向：潜在地可

[1] 王充：《论衡·逢遇篇》，上海人民出版社 1974 年版，第 1 页。

能用以表达对不平等的精神抗议，更多的或实际上却是对不平等的解释甚至文饰。它特别显示出人意识到他不能改变世界的时候，如何通过哲学改变我们自身。

当然，完全否认古代平等观的实践性是不正确的，当它被用来表达对不平等现实的精神抗议的时候，已经多少指向了改变现实的目标。当初佛教讲“四性平等”，除了因果报应的平等，还指四种性之人出家修行的平等，即在僧团内部实行平等的制度。而“佛法平等”对于虔信佛法的佛教徒，也可能变成通过个人修行来改变人际关系的道德律令。僧团组织中的人际关系，毕竟不同于儒家伦常。在儒家我们也发现类似的情况：孔子讲自己“有教无类”，虽然不是所有的人都得到平等的教育，到底也是所有受教育的人都得到平等的教育。王门后学如泰州学派中容纳了不少平民、盐工，这类相当边缘甚至有异端色彩的学派，是以“性善论”和“人皆可以为尧舜”为信仰的。但是，这种“平等”终究是非常有限的、暂时的、非制度化的。简言之，尽管现代人可能从古代儒释道经典中发现与现代性之间的某种连续性，古代的观念终究不是“公正的平等”。因为现代社会所注重的法权平等，特别是平等的政治参与、广泛的社会平等，以及经济平等诸问题都在其视野之外。平等作为现代社会基本价值，并不仅仅停留在“玄谈”和个人的精神修养，而已经成为改变现代社会生活的重要原则，具有强烈的实践性。

因此，研究平等观念在现代中国的嬗变与价值，必然需要回答的问题就是：一个描写性的概念，如何转变为规范性的概念？“平等”如何从古代的形上学论证，演变为现代的平等的政治学和社会学？关于人的相同性的古代理论，何以嬗变为现代的“公正的平等”？

第四节　方法论的若干思考

观念史研究与哲学史或一般的思想史研究，既然有相似性又有差别，那么在方法论上也应该有某种程度的自觉。这里不能全面地讨论这些问题，只以“平等”观念这个特定对象的研究为例，思考其中涉及的方法论诸问题。

一

黑格尔在他的《哲学史讲演录》中一开始就说，哲学史的对象本身就包含了矛盾。因为哲学的目标在认识真理或道，像古代中国儒家说的那样，“天不变，道亦不变”，真理是永恒不变的、自在自为的。从这个意义上说，真理没有历史。由于黑格尔引入了“发展”和“具体”两个概念，才使哲学和哲学史得以成为“发展中的系统”。所以，哲学史研究的学科意义与历史主义意识是不能分离的。与哲学史或思想史研究一样，观念史也要处理的“思”与“史”的关系。所以不仅有特定观念（“思”）自身的发展历史，而且有该观念与人的一般观念世界的关系史，更有观念与社会史的关系。前者可以说是横向的关系，后者则是纵向的关系；前者是思与思在特定的“史”中的关系，后者是“思”与“史”的关系史。通过处理这两种关系，我们尝试着用谱系学的方法来说明某些尚未得到充分澄明的观念如平等，是如何兴起的。

从纵向的关系看观念史的“思”与“史”的关系，是从基础和社会存在的根本来理解特定观念之生成和演变。特定观念之所以表现为历史，乃是因为它本身是历史的一部分。冯契先生在给陈旭麓先生的遗著《近代中国社会的新陈代谢》所作的序言中，这么表达两位先生在学术旨趣上的契合：“我认为哲学演变的根源要到社会史中去寻找，他（指陈先生——引者注）认为历史演变的规律要借助哲学的思辨来把握。”[1]所以思想观念的历史，尤其是那些表现为广泛的社会思潮形态的观念运动，或者说通过广泛的思潮运动以后积淀下的观念成果，都应该在与社会史结合的方向上加以研究。从这个意义上说，观念史的研究可以作必要的社会史还原。本书对于平等的观念史考察，就是注意到“平等”观念有古今之变，变迁的根本原因乃是近代以来一系列重大的社会变革。古代社会以“人的相同性”为基础的观念，之所以没有发展为“公正的平等”，是由于古代社会条件给它划定了基本的限度。所以“王侯将相宁有种乎”之类，从来只是最少数大胆的叛逆者才敢于发出的疑问。类似《庄子》那样对于等级制度、特权和地位崇拜

---

[1] 冯契：《智慧的探索》，华东师范大学出版社1997年版，第578页。

的抗议与批评，除了走向“物无贵贱”之“道”以外，最多也就是流为桃花源式的乌托邦。不是古代圣贤的智慧不够高明，而是古代社会生活限制了智慧之光照亮的方向。我们承认由于现代社会的变革，中国人的观念世界才有了一个跳跃，这种跳跃，在价值世界中，尤其显著。由于有了这一跳跃，古代中国才成为现代中国；才有所谓现代中国人的观念世界。

强调观念随社会历史变迁而变革，并非否定思想传统的力量，因此尚需要辩证地理解历史的连续性与非连续性（断裂)。换言之，我们承认现代思想与传统之间既有非连续性又有连续性。不过对于历史的亦断亦常应该做何解释，并非易事。作为一个过渡性的历史人物，亲身经历过观念的古今之变的梁启超，曾经用群体意识（民族心理或社会心理）的遗传和变异来解释历史的演化。之所以有“遗传”，是因为群体意识被认定为实体；而之所以有变迁，是因为观念本身的能动性，而且社会环境的改变会导致心理的变化。前者可以被发展为理解观念演变历史的“内在理路”，通过它们甚至可以揭示观念之间的必然性联系，对于“平等”这样的现代性观念，其仿佛与生俱来的普遍主义冲动，也可以用观念的能动性来获得解释。后者则可以接上知识社会学的脉络，即从特定的历史条件，根据特定的社会环境尤其是社会结构去理解思想观念的兴起与演化。意识形态理论、利益冲突所决定的阶级意识、知识分子在知识生产和传播中作用，等等，都可以成为我们研究“平等”观念史的分析工具。

无论我们如何处理观念的“遗传”和“变异”，在讨论具体的观念的古今之变的时候，并非只要抽象地谈论连续性与非连续性的辩证法，既不能走观念论的路径，也不能机械地套用知识社会学的结论。无论是马克思、韦伯，还是曼海姆，都只是给我们一种方法论的启发，借以考察观念的社会植根性问题。为此，我们首先得从历史事实出发，通过描述和分析观念史的事实，来说明观念是如何变、何以变的。就“平等”观念的古今之变而言，熟悉近代中国哲学史和思想文化史的人们，都可以发现一个事实：19 世纪末 20 世纪初交界的短暂时期，中国知识界突然如此频繁地谈论“平等”(当然连带地谈论“自由”“民主”等观念)；而且此时的“平等”已经不同于古代儒释道所论之“平等”。于是，传统与现代之间的联系是如何建构起来的呢？

对于事实的进一步勘明，会发现三种现象，我把它归结为：异端翻为正统、边缘进入中心、新知附益旧学。

所谓“异端翻为正统”，是指古典时代的观念世界，并非单一的推理系统，而有正统异端之别。即就中国古代社会的传统而言，我们通常会说儒释道；但是就其主流意识形态说，却是儒家为正统，而佛道为异端；儒家追溯先秦诸子的谱系，将墨家法家一并归为异端。就儒家内部言，也有正统与异端之争。譬如晚明的王门后学就被正统理学目为异端，更不用说反叛农民的原始意识了。

不过正统与异端之分，本来是儒家以文化权力与政治权力结合为目标的一种叙事策略。在先秦即所谓“哲学的突破”时期，诸子竞出，百家争鸣，意味着华夏文明已经达到通过互相批判和讨论理性地处理先人面临的基本问题——天人、群己（人我）、义利、身心——的高度。这些原本同是人类普遍共有的基本问题的解决，从原先的依靠“术数”，到依靠理性的思考和建立在相互批评基础上的讨论，表明中国哲学从其诞生之日起，就包含了多种传统的源头。不过由于历史的诸多限制，汉代以后，儒家以外的诸子如道家、墨家、法家，无法再像先秦时代那样与儒家展开正面的平等的讨论（汉以后传入中国的佛教，情况有所不同）。不过它们并没有在传统中消失，它们连带着儒家发展过程中产生的叛逆性思想一起，都只是以异端或边缘的方式存在。

但是进入近代的社会变革时期，原先的正统如程朱理学受到空前的攻击，而原先的异端，譬如佛老、晚明那些被称为早期启蒙思想家的人物，乃至墨子、法家，都以不同的途径翻转为现代观念的来源。作为一种先声，清代朴学发展中引来的诸子学的复兴，都不单纯是名物考据的兴趣所致，而蕴涵着对于正统的批判。近代人物中具有异端色彩者如龚自珍，在戊戌时代也与明清之际启蒙思想家一起，被知识界所推崇。在儒家理性主义的传统之内，自由意志论，尤其是唯意志论，一直是少数异端，但是在现代中国中，它却在实际上支配着中国人的观念世界。[1]“异端翻为正统”的现象与历史上改朝换代所导致的思潮变迁有相似的

[1] 拙著《天命的没落——中国近代唯意志论思潮研究》（上海人民出版社1992年初版，2006年增订版），可以看作以个案的方式呈现了近代中国观念变迁中原先的“异端”如何翻为“正统”。

一面，即后起的时代常常以批判前一时代的主流思想来开辟自己的道路，以至于我们为了充分理解某个时代，先得将其理解为前一时代的反题。但是两者又有根本上的差异，即现代观念是以整个古代社会和观念作为其反题，它所导致的价值真空，可能成为以往的一切异端试图转为正统的诱因。

所谓“边缘进入中心”，是在两个意义上说的。第一，作为古代社会的意识形态的儒学，是由一套经典及其解释构成的，经学从“五经”到“十三经”和官方理论从“五经”到“四书”，都说明中心与边缘是变动的。就与“平等”观念相关的而言，《礼记》中的《礼运》在经学中是边缘，而且没有被选入“四书”之类的官学，属于经典中的边缘性资源。但是近代由于其大同说而成为典型的意识形态中心。第二，作为知识生产的主体，知识分子与政治权力的关系，有边缘、中心的区别。19 世纪末 20 世纪初，传统的士大夫与新型知识分子在与政治权力的关系上有明显的远近之分。但是巨大的社会变革使得新型知识分子可能因其掌握的文化权力而获得政治权力，进入社会的中心。换言之，价值观念的新旧交替通过从传统士大夫蜕变而来的知识分子而实现，与儒家原先比较边缘性的知识转入意识形态的中心一样，都使得观念史的变迁中保有历史的连续性。

所谓“新知附益旧学”，本来是梁启超的话，用来描述他们那一代思想家解释传统学问的路径，但正可以让我们看到现代与传统之间观念联系是如何被建构起来的。在实现的路径上，“新知附益旧学”可以表现为两种：一是所谓“新瓶装旧酒”；而是所谓“旧瓶装新酒”。新与旧的复杂交叠成为观念更替的常态。本书在讨论传统的儒释道的观念作为古典时代的思想遗产时，注意到它们并非作为一个不变的实体流传后世，而是被新型知识分子附加上他们通过其他来源获得的“新知”而获得了新的意蕴，形式上仿佛是原先隐藏着的意义被突然发现，如打开一口尘封已久的箱子看到祖宗留下的宝物，而在观念的发展史上，也许就是解释学所谓“视界融合”的开始。

所有这三种形式，都只有在与社会史的结合中才真正呈现观念变迁亦断亦常的辩证法，而它之所以能够真正解决其社会植根性问题，还要经过“因政教则成风俗，因风俗则成心理”的历程。章太炎所说的政教、风俗、心理三项的递进关系，尤其能用以说明像中国这样后起的现代国家所经历的观念变革过程。一种新的观念，它真正具有改变世界的力量的时候，并非只停留在哲学家或思想家的书本里或讲义中，而要通过社会政治法律制度和教育活动，进入社会风俗，并最后积淀为社会心理。只有到达这种状况，即“虽瑰意琦行之士，鲜敢越其范围”之时，政教、风俗和心理所构成的社会生活的整体才共同体现了某种价值的有效性。[1]同时也说明观念史研究的对象何以应该扩大至那些似乎晦暗未明的论域。

二

从纵向的角度说“思”与“史”的关系，是解决观念的发生学和社会植根性问题；从横向的角度说“思”与“史”的关系，则要回答特定观念在同时代观念世界中的位置、观念史与其他学术研究形态之间的联系。

就观念史是哲学史研究的一种扩大的形态而言，观念史研究不能脱离哲学研究的基本方法，即需要对观念史包含的概念、命题和推理做必要的逻辑分析，揭示观念之间的逻辑联系或者逻辑矛盾。不仅揭示思想家或哲学家之间仿佛遵循着逻辑规律的前后相继，而且注意揭示同时代思想家、哲学家之间的争论——逻辑标准依然是用以衡量他们的有效尺度。

不过，逻辑分析的方法不是观念史研究的唯一方法，有时甚至不是主要的方法。就研究观念的共时性关系而言，它实际上是在一个特定时代的观念光谱中研究对象。因此，逻辑学只是谱系学方法的辅助方法之一。一个观念在逻辑上获得论证的严密程度，与同一个观念在推动人的行为和改变社会生活中的作用大小，并没有必然的关联。当我写作《现代精神传统——中国现代性观念的谱系》一书的时候，已经意识到现代之所以是不同于古代社会的“现代”，某种意义上说，就是因为它具有不同于古代社会的一套信念和预设。作为现代观念，它们固然与古代观念有某种联系，但是从根本上说，不是依靠通过古代观念的逻辑推论来证明其自身。作为共时性的观念结构，这套预设或信念彼此之间存在的某种逻辑联系，也不是彼此之间的唯一联系。换言之，我们不能用一套演绎体系的要求去看待一个时代的观念世界，在这个世界中，观念之间的关系常常不是“此生故彼

[1]《章太炎全集》(四)，上海人民出版社 1985 年版，第 445 页。

生”，而是“此生彼亦生”。它们共生于同一个现代社会的历史条件之下。通过这类共生关系，构成了观念的家族，或观念的谱系。就现代社会的“平等”观念而言，其远古世系和外来血缘固然都值得研究，但是它在现代观念家族中的位置，尤其是它与诸如“民主”“自由”“竞争”“进步”等观念的意义关联的复杂性（复杂的原因之一是它们在事实上可以互相冲突），更值得关注。不光如此，“平等”的诉求还与人们关于福祉、等级、地位、特权等的观念有关，更严格地说，与现代人对于它们的诉求有关，离开了其他相关的现代观念，“平等”难免是个空洞的抽象。

从哲学史研究的向度说，用谱系学的方法研究观念世界的整体性，需要恰当处理学院哲学和通俗哲学的关系。黑格尔曾经区分过（学院）哲学和“通俗哲学”，在《哲学史讲演录》中，他把类似西塞罗、巴斯卡那样的哲学归结为“通俗哲学”。但是按照哈贝马斯的描写，作为开创了现代性话语的哲学家，黑格尔第一个把带有时代诊断特征的哲学通俗概念与学院概念融为一体：

> 康德把哲学的“通俗概念”（涉及的是人人都感兴趣的东西）与作为理性认识系统的“学院概念”区别了开来。而黑格尔第一个把带有时代诊断特征的哲学通俗概念与学院概念融为一体。我们或许也可以从以下事实当中意识到哲学的变化：黑格尔死后，学院哲学与通俗哲学又一次分道扬镳了。作为一种专业的学院哲学，与通俗哲学并肩发展，而后者在制度当中再也没有了明确的地位。从此，学院哲学就不得不全力应付被赶出校门的私人讲师、作家以及个体写作者的竞争，比如费尔巴哈、卢格、马克思、鲍威尔和克尔凯郭尔，甚至还有放弃巴塞尔教授职位的尼采。大学里的学院哲学把明确现代性自我理解的理论使命转让给政治科学和社会科学以及文化人类学。此外，像达尔文和弗洛伊德的名字，以及像实证主义、历史主义和实用主义这样的潮流，都充分证明，物理学、生物学、心理学以及历史学在十九世纪释放出了世界观的主题，而且，第一次在没有哲学作为中介的情况下，对时代意识施加了影响。[1]

---

[1] [德] 于尔根·哈贝马斯：《现代性的哲学话语》，曹卫东译，译林出版社2004年版，第60页。

哈贝马斯所说的，正是西方学院哲学在应对现代性观念中曾经发生的历史。[1]它同时也是现代中国哲学史的一面镜子。对20世纪中国哲学发生巨大影响的许多新思想、新观念，最初都没有进入学院哲学的小圈子。不但达尔文、马克思、叔本华、尼采如此——最早运用唯物史观的，除了社会革命家以外，就是一批历史学家，即使本土的现代新儒家也是如此。梁漱溟的《东西文化及其哲学》当初是一个哲学界之外的学人的应时性讲演，而熊十力在北大借讲唯识学之机讲自己的"新唯识论"时，一再抱怨难逢知音。热情拥抱现代观念的还有大批文学家，无论是激进的左翼革命文学，还是前卫的"摩登"——在革命文学家看来是"颓废"的——文学家，不过是各自呈现着现代性的不同面孔。这些在学院哲学看来只是"前哲学"状态的东西，通常还以社会思潮的形式出现。由于那些最重要的社会思潮的广泛覆盖面——通常它们都决不局限于某一个学科，其影响也不局限于某一种职业中人——包含在思潮中的新观念由此成为"人人感兴趣的东西"。"学院哲学"过分醉心于纯学术的研究，或者由于一个时代哲学的创造力的限制，就无法敏捷地感应观念世界的变化，因而不得不让位于社会科学和文学艺术。以研究新观念的发生和发展为己任的观念史，也不得不把视线转移到更广阔的视域。我们不单单考察那些著名的哲学家、思想家的著述，而且需要考察那些最普通的报刊文章，假如有足够的精力，还应该考察那些观念在文学艺术形式中的表现。因为我们需要认真地回答：人们实际上是如何"思想"和"运用"那些观念的。

在这个意义上我们会赞成人们对于黑格尔"历史的和逻辑的统一"的方法的批评，因为它过分强调哲学史研究中的思想的必然性，阉割了历史的偶然性。持类似批评的文德尔班就说，哲学的发展"不是单独依靠'人类'或者'宇宙精神'的思维，而同样也依靠从事哲学思维的个人的思考、理智和感情的需要、未来先知的灵感以及倏忽的机智的闪光"。除了这种个人的因素以外，更重要的是，哲学"从时代的一般意识的观念和从社会需要获得问题，也获得解决问题的资料。

---

[1] 在《反潮流：观念史论文集》中受到伯林关注的哲学家，譬如维科、赫尔岑、赫斯、威尔第、狄斯累利、乔治·索雷尔差不多都是哲学正史中名不见经传的人物，但是他讨论的科学和人文学科的分离、非理性主义对理性主义的反抗，却是现代社会中可以普遍感受到的观念现实。

各特殊科学的重大战果和新产生的问题，宗教意识的发展，艺术的直观，社会生活和政治生活中的革命，——所有这些都不定期地给予哲学以新的动力，并限制哲学兴趣的方向”。[1]即还有所谓“来自文明史的因素”，共同塑造了一个时代的观念世界。

三

植根于与社会史相结合、将特定观念置身于观念谱系的观念史研究方法，客观上要求观念史研究者应该具备的若干能力，根据豪舍尔分析伯林的时候从理想角度所提出的，它涉及“批判观念时所需要的概念分析的严格逻辑方法，博学多闻，与创造性艺术家相似的移情与再现的巨大想象力——即‘进入’与自己完全不同的生活形态，‘从内部’对其加以理解的能力——以及出于本能的几乎神秘莫测的预见力”。[2]这与观念史处理的对象与乐于自奉甚简的纯粹哲学不同有关。因为观念史作为“史”，不但要回答人们应该如何“想”，而且首先要回答人们实际上如何“想”。观念史作为“理”论，不仅处理观念世界的“义理”，而且关心其“心理”；不仅将观念的历史视为理智史的一部分，而且还看到在它的理智表达后面有庞大的非理性的内容。我们不得不承认，这是非常困难的任务。为此我们需要更多的工具，需要向社会学、政治学、人类学、心理学等学科学习。在我自己的研究中，深深感到社会科学知识的欠缺将如何束缚我们的视野。

理想化的要求决定了某些困难的存在，不仅因为它要求我们突破专业分割所导致的局限、要求我们具有那些不能完全将之简单归结为习得的“洞见”，还因为它同时包含了“同情的理解”与“客观的批评”之间的紧张。不幸的是它们同样为观念史研究之所必需。

所谓“同情的理解”已经被许多人所重复。在豪舍尔那里是指通过移情和想象，使研究者与对象直接同一，它与形而上学中的直觉主义有某种相似性。当代中国学者则更愿意引用著名历史学家陈寅恪先生说的，“所谓真了解者，必神游

[1]［德］文德尔班：《哲学史教程》，罗达仁译，商务印书馆1989年版，第20—22页。
[2]［英］伯林：《反潮流：观念史论文集》，第6页。

冥想，与立说之古人，处同一境界，而对于其持论所以不得不如是之苦心孤诣，表一种之同情，始能批评其学说之是非得失，而无隔阂肤廓之论”。[1]陈先生本来有感而发，是对于实证主义和一度主导中国史学的“疑古”思潮的反驳。这被认为是人文学科与自然科学在方法上的最大不同。

诚然，理性不是干燥的光，研究者总是具体的人，包含了知情意。“同情的理解”意味着把传统史学的“知人论世”发展为一般方法论，要求研究者设身处地地再现历史上思想者的语境，或者仿佛与对象一起思想。于是历史在理解和想象的过程中被重新建构起来。不过，我们永远不能忘记这只是书写的历史，是否是“真实的历史”是没有保障的。假如将“同情的理解”理解为“同情优先的理解”，并将其视为唯一的不受限制的方法，那么我们将听凭历史成为纯粹主观的产物。哲学以追求真理为目标，长期的哲学研究应该培养出人们对真理的爱好，它使得我们可以超越对于具体对象的主观感情。前人说“吾爱吾师，吾更爱真理”。情感的投入不应该成为否定客观的态度的理由。因此，“同情的理解”是否可以在观念史研究中普遍化，并非毫无疑问。哲学就是在争论中进展的，同一个问题不同的学派和人物可以有截然相反的解答，研究者之同情寄托在何方？所以，就哲学史研究而言，“同情的理解”之运用，必须配之以其他原则。在这里，底线的态度是“平等的眼光”，较高明的标准是“批判的头脑”。

所谓“平等”的眼光，借用波普尔在一个地方曾经说过的那样，“为了寻求真理和摆脱我们的错误，我们必须训练自己以看待我们所反对的观念的同样的批评态度看待我们自己喜爱的观念”。在此前他写道：“通过知识获得解放的观念是启蒙运动的基本观念，它本身是狂热的劲敌，因为它使我们努力把自己与我们自己的观念分离甚至相脱离（以便批评地看待它们），而不是把自己与他们相同一。对于观念的有时势不可挡的历史力量的认识应使我们领会到，使自己摆脱虚假或错误观念的难以抗拒的影响有何等重要。”[2]这里并不应该否定“同情的理解”，

---

[1] 陈寅恪：《冯友兰中国哲学史上册审查报告》，收录于《金明馆丛稿二编》，上海古籍出版社1980年版，第247页。

[2] ［英］卡尔·波普尔：《通过知识获得解放》，范景中等译，中国美术学院出版社1996年版，第193页。

事实上，对于研究对象，研究者最初的注意和兴趣通常都已经包含了主体的情感、意志、直觉等非理性的因素在内，不管我们的注意和兴趣本身的性质或倾向如何，都不应该成为对研究对象施以理性分析的主观障碍，也不应该成为反对抱有相反倾向的研究者进行理性分析的理由，只要所有的分析都遵循同样的论辩逻辑。它要求我们对自己的“情感”有某种程度的悬置，加上一个括弧。并且以平等的态度看待不同的结论，承认研究工作本身是一场讨论，通过与前贤及时人的讨论，很可能我们会乐意修正我们的“同情”，包括修正我们原先所有的预设、前见等。某种意义上，这也是一种“反思的平衡”(reflective equilibrium)。

以力求探询在漫长的精神变迁中我们文化的某些中心观念的产生和发展过程为己任的观念史研究，由于其批判的讨论活动，而成为认识社会和我们自己的一种途径，并进而可能变成改变社会的力量。

第二章　古典时代的遗产

与某些泛论古代中国平等思想的著述不同，[1]本书讨论的基点，是从“平等”之在中国，有一个“古今之变”的论断出发。而这项研究的重要前提之一，又反过来要求对古代中国的遗产有一个整体性的考察。它不但理所当然地包含着对于作为思想遗产的古代中国观念世界的解释，而且包括对于“古”与“今”之间历史边界的厘清。我们在处理第一个任务即对于古代思想资料的解释中，不能详细展开儒释道各自的思想学说发展史，也不去详细描述“三教融合”的复杂过程，而只是从其“嬗变”的现象出发。换言之，“平等”在中国有一个“古今之变”的断语是建立在对这样一个确定的历史现象的洞察之上的：19 世纪晚期开始，中国思想家不断从古代典籍中发掘“平等”观念的传统资源。因而，至少是在思想史的书写中，这些文献中的“平等”观念呈现出一种连续性。另一方面，不管它们是否和多大程度符合现代平等的真义，19 世纪晚期以来，对于古代经典从“平等”的意义上所做的诠释之数量，及其不断进入主流话语，都是前所未有的。它本身就证明了观念的突变。

思想史和社会史的重大分期的重合，并非纯粹的巧合。在平等的观念史视域，“古”与“今”的历史界线可以大致地划定在 19 世纪中叶。正是在 19 世纪中叶以后，真正意义上以“权利平等”为中心的“公正的平等”，才在一系列重大的社会变革和思想争论中呈现为主流话语。与此相应的是中国社会从制度到文化都发生了“三千年

[1] 此类著述包括钱穆的《中国文化史导论》，该书论断秦汉以后，不但古代的封建贵族没有了，军功贵族也渐渐消退，由于重农抑商的政策，商贾富人也无法因资产而成贵族。“无论在政治社会上，以及经济权力上，全社会常渐渐走向平等的道路，这是中国人的传统理想……中国人此种理想，不在只求经济生活之平等，而在此有限的平等的经济生活之上，再来建造更高的文化人生。”（商务印书馆 1994 年版，第 123—124 页）韦政通的《中国思想史》，以为“平等的思想，在先秦诸子时代几乎各家都有”。包括《论语》《礼记》《荀子》《庄子》《商鞅》《管子》等，而“以墨子对平等的观念发挥最多，也就是他社会改造的重点”（上海书店出版社 2003 年版，第 84 页）。以及周仲秋的《平等观念的历程》（海南出版社 2002 年版）。该书则以编年史的方式大致地介绍了中西思想史上诸家的平等观念。

未有之大变局”。而在此以前，中国人所持有的，基本上是以“人的相同性”为中心的平等观念，这与自秦汉到晚清的社会制度总体上因袭大于变革相类似。不过，不但描述性的概念“相同性的平等”和规范性的概念“公正的平等”之间，并不存在不可逾越的界线；而且古代人的平等观念主要是围绕人的相同性展开，也不等于没有包含社会抗议原则和公正要求的其他多种解释向度。随着平等的普遍主义冲动的实现，随着现代社会对于不平等状况的不断改写，我们也许会发现古今之间在人的实存方面有着更多的连续性。非断非常或者亦断亦常的观念辩证法并非遁词，而是用来理解古代社会与当代中国之间，在社会结构和人伦关系以及观念世界等诸多方面，既有明显的断裂又有深刻的连续，这样一种历史复杂性的智慧。不过，我们不能满足于将它当成现成的套子使用，而应尽力展示历史辩证法的丰富内涵。

如本节标题所示，我们把它们当作“古代中国的思想遗产”，已经意味着所讨论的是现代人视野中的观念，而不是所谓“真实的文本”。事实上，正如我们下面将要展开的，它们是经过现代解释的结果。而在最初，则是梁启超所谓“以新知附益旧学”的产物。被附会而有所增益的“旧学”，同时就具有了若干新的规定。因此，我们在考察这一嬗变现象的同时，也不得不注意到在古代语境或历史脉络中，这些文献与现代平等观念之间的距离。

第一节　在“满街人都是圣人”与“维齐非齐”之间
——“平等”在儒家系统的诠释向度

一

与现代社会相比，古代社会是双重意义上的不平等社会。政治平等“这个‘所有成年人类在政治上都应该被平等对待’的理念，广泛地被很多人认为是不言而喻的无稽之谈，更甚者，被许多统治者认为是危险且具破坏性的主张，而必须加以镇压。”[1]不但其政治经济和社会制度有严格的等级限制，而且以名教为

[1] ［美］罗伯特·道尔：《论政治平等》，张国书译，台湾五南图书出版有限公司2009年版，第17页。

中心的道德规范也着力维护不平等的制度，而没有受制于抗议不平等现象的思想原则。历史上，从孔子开始，儒家一贯注重亲亲尊贤之道，强调贵贱、尊卑、长幼、男女、亲疏有别。“欲达到有别的境地，所以制定有差别性的规范。‘名位不同，礼亦异数’，(《左传》庄公十八年）贵贱、尊卑、长幼、亲疏各有不同。此种富于差别性的规范即儒家所谓礼。亦即儒家治平之具。”[1]儒家进而将“礼”的精神注入帝国法律之中。瞿同祖的《中国法律与中国社会》描写了作者称之为“中国法律的儒家化”的历史脉络。先秦的儒法之争，本质上就是差别性的规范和同一性的规范之争论。秦汉之法律为法家所拟订，体现的是法家精神；但是，从攻击贵贱同刑的法律，经过为法律章句、注释法律，将礼的准则注入法典的内容，或使用经义决狱的方法，使其为儒家伦理思想所支配，法律的儒家化在汉代已经开始。而曹魏以后，法律更经过儒家有系统的修改。法律的儒家化完成于北魏、北齐，隋唐以后更成为中国法律的正统。此书的结论是清晰的：“家族和阶级是中国古代法律的基本精神和主要特征，在法律上占极为突出的地位。”[2]秦汉以来大一统的帝国，并不只是一个高高在上的君主与同样服从其权威的千万臣民。“普天之下，莫非王土，率土之滨，莫非王臣”并不表示“王臣”间是平等的。法律规定了贵族、官吏、平民和贱民的不同身份，以及随之而来在适用法律时的不同。除此法律上的等级分别以外，我们还知道，良民或平民，又称齐民，但“齐民”本身却并不“齐”，因为平民又分为士农工商四等。“耕读传家”的理想和重农抑商的国策，都表示了古代社会成员之间实际上的不平等，其广度和力量恐怕要超过法律之所明文规定。

进入近代以后，儒家伦理的不平等原则受到了严重的挑战，或者说“不平等”成为近代以来儒家尤其是名教遭受强烈批判的焦点。类似谭嗣同那样的激进主义者批评“名教”为“数千年来，三纲五常之惨祸烈毒”，并且用唯名论来消解等级、特权和权威的合理性，以“通”来解释“仁”因而主张全面、彻底的平等，[3]并非古代儒家在有关平等问题上招致批评的开始，更不是其终结。从戊戌时期开始，不仅激进主义和自由主义以此批评礼教，即使熊十力这样的文化保守

[1] 瞿同祖：《中国法律与中国社会》，第355页。
[2] 同上书，第353页。
[3] 谭嗣同：《仁学》，收录于《谭嗣同全集》，中华书局1981年版，第289—300页。

主义重镇，也批评说：

> 古代封建社会之言礼也，以别尊卑、定上下为其中心思想。卑而下者以安分守志、绝对服从其尊而上者。虽其思想、行动等方面受无理之抑制，亦以为分所当然、安之若素，而无所谓自由独立。（《十力语要·示菩儿》）

更早些，梁漱溟也批评古代的礼教“全成了一方面的压迫”，并说这是中国文化“一个最大的不及西洋之处。”[1]

对儒家的这类批评，组成了中国现代性话语的重要部分，它凸显出“平等”在20世纪早期就已经成为中国知识界新的价值观念这样一个思想史的事实。不过，20世纪中国的“平等”话语本身又是一个展开为持续争论和辩难的平台。在什么意义和程度上承诺平等作为现代价值，和如何对“平等”价值作哲学之证成，以及它如何转变为有效的制度设计和生活实践，这三个问题互相纠结，更使它变得极端复杂。

这里的讨论采取观念史的进路，暂时悬置价值的评判和哲学论证充足与否的讨论，而只是集中于分析平等观念在儒家系统中的若干向度，以及在此向度上如何形成现代性的诠释。事实上，早在一百多年前的康梁谭严等，在宣传平等观念的时候，从来不忘从儒家发掘其资源。甚至道光年间的俞理初，就已经从《白虎通》中的“妻者，齐也，与夫齐体”来证明儒家原本应该主张夫妻之平等。太平天国那样的异端，曾经将上帝面前人人平等和儒家“理一分殊”捏在一起。在考察中国社会的经济平等或者平均主义的时候，许多人都会注意孔子“不患寡而患不均”的命题。西方的汉学家更有些独特的视角。孟旦用“自然平等”（natural equality）来概括古代儒释道的共识，不过它是一个在描述意义上使用的概念，因而并未成为价值，尽管它对中国人重视教育的无比热情等等产生了持久的影响，它同时也是西方式的民主何以没有在中国发生的原因之一。[2]而现代新儒家梁、

[1] 梁漱溟：《东西文化及其哲学》，收录于《梁漱溟全集》第一卷，山东人民出版社1989年版，第479页。

[2] Donald J.Munro, *The Concept of Man in Early China*, Center for Chinese Studies, The University of Michigan, 2001.

熊诸先生在谈论“平等”观念的时候，总是最为强调儒学的源头，譬如熊先生在接着上面的话以后说：

> 然则平等之义安在耶？曰：以法治言之，在法律上一切平等。国家不得以非法侵犯人民之思想、言论等自由，而况其他乎？以性分言之，人类天性本无差别。故佛说一切众生皆得成佛。孔子曰：“当仁不让于师”（言仁德吾所固有，直下担当，虽师之尊，亦不让彼之独乎人也。）孟子曰“人皆可以为尧舜。”此皆平等义也。（《十力语要·示菩儿》）

这是将儒家性善论视为现代平等价值的天然根据。还有的就是后面会提及的，对儒家伦理作社群主义的阐发。

诸如此类的现象提示我们，在考察“平等”观念在现代中国的嬗变和价值的时候，不能只看到传统与现代之间的断裂，而看不到两者间的连续。换言之，我们既承认儒家与现代平等之间的距离，又承认现代中国人的平等观念是古代观念某种形式的转化——它既是在儒家思想中寻找平等观念的传统资源的过程，又是平等在儒家系统中获得现代诠释的过程。不过，由于它们是如此紧密地结合在一起，只有注意被解释的本文产生于与现代社会不同的社会形态，才能避免将一个描述性的活动混同于评价性的活动。

无论我们是否用“封建”一词来称呼古代中国社会，它都不是现代意义的平等社会。无论其土地制度还是宗法关系，都反映了马克思所谓“人的依赖”的特征。现代社会当然并没有消除一切不平等，资本主义造成了新的不平等，尤其是与“物的依赖”相关联的贫富悬殊；但是它是一个以“平等”为价值的社会。“平等”不仅是现代社会的理想，而且是用以改革社会的普遍规范。正如丹尼尔·贝尔说的那样：

> 政治的轴心原则是合法性，在民主政体中它表现为被统治者授权于政府进行管理的原则。这种合法统治的暗含条件是有关平等的思想，即认为所有人在政治问题上都有发言权。可是过去一百年里，最初体现这

一原则的公民概念不断扩展，不但要求公共事务方面的权力，也包括了社会生活方面的权力——如法律面前人人平等，民权平等，机会平等，甚至结果平等——以便让每个人都能作为完全公民参与社会。[1]

承认古代儒家社会与此不同，或者说承认古代中国与现代中国在平等问题上有巨大的断裂，几乎是一个直观上可以获得的结论。在古代中国，君子和小人、上智和下愚、劳力和劳心、君主和臣民、男人和女人等等的不平等关系，曾经是天经地义的。荀子所谓“少事长，贱事贵，不肖事贤，是天下之通义也。”（《荀子·仲尼》）所以向古代儒家追寻个人权利为基础的现代平等观念，似乎是一种时代误置。在最显性的层面上，儒家所拥有的是有关人的性分平等，或者成圣的可能性的平等，它不但停留在形上学领域，而且没有把平等上升为概念来讨论。因此，考察平等在儒家系统的各种解释向度，最重要的不是满足一种单纯的历史学兴趣，更不是借以表明古代儒家已经解决了现代人的困境；而这种倾向在当下的儒学研究中似乎成为不受质疑的现象。我以为，通过考察“儒家传统如何转化出具有现代意义的平等观念”，有助于回答古代那样一种超越的平等观念，如何在现代条件下嬗变为政治、经济和社会多方面的普遍平等诉求和基本价值，并进而可能帮助我们反思当代中国人的平等观念自身。

不过，“平等”观念虽然可以从哲学义理上探究，但是它与纯粹哲学范畴或概念并不相同，带有丰富的经验内容。作为一个历史的范畴，它总是与实践、生活联系在一起。从观念与生活的综合来讨论所谓“儒家”，就不但指孔子所开创的整个学派之思想，而且包括以儒家思想为主导价值的文化以及一套社会制度。这样，在方法上注意观念史和社会史的结合成为我们的另一个前提。因此，为了讨论的深入，不妨将儒家看成一个整全而复杂的大系统，它内部包含三个互相联结又互有分殊的子系统。第一个是儒学经典义理的系统，特别是经学系统。由于“经学必专守旧，世世递嬗，毋得改易”[2]的特性，经学家对于今人所谓“平等”

[1] [美] 丹尼尔·贝尔：《资本主义文化矛盾》(导论)，赵一凡等译，生活·读书·新知三联书店 1989 年版，第 57 页。
[2] 皮锡瑞：《经学历史》，第 93 页。

的相关命题的解释，尽管也有各种歧说，但会有比较大的连贯性。第二个是儒家文化的系统，这主要是指在那些文学家、历史学家，甚至政治家的表述之所体现，它可能包含了在其长期发展中儒家自身不同进路的演进，以及和其他来源有异的思想（譬如佛教、道教甚至基督教的早期传播）的融合。第三个是儒家社会系统，主要是通过社会政治制度所体现出来的观念。[1]中国传统社会虽然可以笼统地称为“儒家社会”，但是实际上在社会生活、制度、习俗等等中间，法家和佛教、道教（家）也都有自己的角色。儒表法里和三教融合都是人们对“儒家社会”复杂性的认知。不过，我并不准备也不可能从这三个子系统分别去讨论儒家视阈中的“平等”问题，而只是在综观的研究中注意到同一个观念在这三个子系统中可能具有的差别与联系，从而不至于将丰富的内容过分简约化。同时也将实然和应然作必要的区别，防止过度诠释；在与社会史的结合中研究观念的历史，注意到概念的提炼和推论与对于重大社会问题的关注之间的某种平衡。

总之，在本节中我们要讨论的实际上是，儒家沿着“人的相同性”所作的仁学追求，与维持以纲常名教为中心的等级制度之间，有一个什么样的复杂的空间。换言之，如果将儒家看成一个复杂的整体的话，有关平等或不平等的话语可以说是在“满街都是圣人”和“维齐非齐”之间展开的。前者是将“人皆可以为尧舜”一类性分平等的理论发展到极致（同时也可能成异端），也是我们在下面会着重讨论的理论。后者是荀子的论断。作为孔子后学的另一重要分支，荀子讲

[1] 关于“儒家”概念的所指，刘述先教授有另一种三分法，即所谓精神的儒家（spiritual Confuucianism）、政治化的儒家（politicized Confucianism）和民间的儒家（popular Confucianism）。还是从现代新儒家的道统意识出发的分类。（刘述先：《儒家思想开拓的尝试》，中国社会科学出版社 2001 年版，第 16 页）我的分类方式与其有些相似，但是还是不同，因为我的分类包括：（1）以注释经典为主要方式，儒家是包含有其核心义理的一套话语；（2）儒家也是一套特殊的观念谱系，扩张到文学、史学、艺术，乃至今天许多人文社会学科关涉的领域，所以是一种观念文化；（3）儒家也是一套特殊的社会政治制度，所以人们会说有所谓儒家社会。荀子的性恶主张，表示在“性”的问题上，人类有其相同性。但是这样一种人性论并没有像孟子的“性善论”那样，被后学发展为可以解释成人格平等的理论。所以抽象的“相同性”并不注定与“平等”构成内在的连接。或者说，“性”概念的提出意味着人对自身以“类”的方式存在的自觉。

"性恶"，是另一种"人的相同性"理论。[1]所以他虽然也同意"人皆可以为尧舜"，但是严格区分了抽象的可能与现实性。人的同一性原则，在抽象的可能性上，这个命题成立。但是抽象的可能性并不等于现实的可能性。[2]而在政治生活的现实中，一定是"维齐非齐"：

> 分均则不偏，势齐则不壹，众齐则不使。有天有地而上下有差，明王始立而处国有制。夫两贵之不能相事，两贱之不能相使，是天数也。势位齐，而欲恶同，物不能澹则必争，争则必乱，乱则穷矣。先王恶其乱也，故制礼义以分之，使有贫富贵贱之等，足以相兼临者，是养天下之本也。《书》曰："维齐非齐"。此之谓也。（《王制》）[3]

---

[1] 不过，荀子关于人的相同性的论述还有另一个向度："水火有气而无生，草木有生而无知，禽兽有知而无义，人有气、有生、有知，亦且有义，故最为天下贵也。力不若牛，走不若马，而牛马为用，何也？曰人能群，彼不能群也。人何以能群，曰分。分何以能行？曰义。故义以分则和，和则一，一则多力，多力则强，强则胜物……"（《王制》）这样，人的相同性就不仅有欲望好恶，而且有更高的物的统一性"气"，有生物的统一性，有动物性，除了第一项是形上学的论断，归之于"气"的统一性外，后面两项都是经验的说明。这也符合其认识论的原则："故善言古者必有节于今，善言天者必有征于人。凡论者，贵其有辩合、有符验。故坐而言之，起而可设、张而可施行。"（《性恶》）但是，问题是人"亦且有义"在逻辑上就有了问题，即与性恶论当然是冲突的。所以杨倞在"亦且有义"之后要加注为"言其中亦有无义者也"。正是在"义"以及"礼"即社会规范或道德的层面，人的统一性分化了，因而有了善恶的区别。善恶的区别同时也给了等级和政治权力的区别以根据。"尚贤使能而等位不遗。"（《王制》）

按照荀子的性恶论之具体展开，人性就其本然方向而言，将导致恶的发生。因而可以说人性是恶的可能性。"故必将有师法之化，礼义之道，然而出于辞让，合于文理，而归于治。"（《性恶》）政治权力和道德教化于是就有了足够的根据。"礼起于何也？曰：人生而有欲，欲而不得，则不能无求，求而无度量分界，则不能不争，争则乱，乱则穷。先王恶其乱也，故制礼义以分之，以养人之欲，给人之求，使欲必不穷乎物，物必不屈于欲，两者相持而长，是礼之所起也。故礼者，养也……君子既得其养，又好其别。曷为别？曰：贵贱有等，长幼有差，贫富轻重皆有称者也。"（《礼论》）值得注意的是，荀子的"养"既有物质生活之养，又有文化修养之养。后面的"别"也使得其等级差别是整体性的，包括了政治、经济、文化。

[2] 荀子说："故涂之人可以为禹，则然；涂之人能为禹，未必然也。虽不能为禹，无害可以为禹。足可以遍行天下，然而未尝有能遍行天下者也。夫工匠农贾，未尝不可以相为事也，然而未尝能相为事也。用此观之，然则可以为，未必能也；虽不能，无害可以为。然则能不能之与可不可不同远矣，其不可以相为明矣。"（《性恶》）

[3] 荀子所引乃出自《尚书》之《吕刑》。原文为"刑罚世轻世重，维齐非齐，有伦有要"。意思是刑罚要随世之不同而有轻重。"刑新国用轻典，刑乱国用重典，刑平国用中典。"

对于现实世界的“维齐非齐”，儒家的态度其实在原则上是高度一致。但是，不仅具体的“处国之制”是丰富的变动的，而且世俗的制度虽然给“人的相同性”思想划定某种实践的界限，但是却不能不带来一种内在的紧张，由此“仁学”也就蕴涵着超越此边界的可能。因此，在“满街人都是圣人”与“维齐非齐”之间，后来的儒家展开了多向度的解释活动。

二

我们知道，恩格斯所说的“相对平等的原始观念”，是一个非常古老的观念，但是这样古老的观念之获得，也必然经历了文明进步的历史。虽然我们现在无法确切地考查其起点，但是我们可以设想，大约从有了“人”的普遍观念就开始了。换言之，只要人有了将自己与其他一切人得以和“非人”的外在世界区别开来的“类”的意识，人的相同性就已经内在地包含其中。在中国，剥离了人的族群、地位、性别等区别而抽象的“人”的观念，大约开始于春秋时代。按照傅斯年的说法，“古者本无人之普遍观念，但有人之类别观念。至于如何由此阶段进为墨子、孟子之普遍的人伦，必非一蹴而就，其步步形态今已不可知矣”。[1]作为普遍观念的“人”就意味着人的相同性成为了思想的对象。它与现代政治哲学和社会规范的平等观念，两者之间不仅有长达几千年的时间距离，更有在这几千年中陆续出现的对于人的“共同点”或“相同性”的认识与呈现。

简要说来，迄今为止，平等观念在儒家系统中获得的解释——从相同性出发的理论展开到现代性的多样性平等要求——主要集中在下述四个向度：

第一，从人的相同性出发的人性论建构。

我这里说的是从“相同性出发”，而不是“指向”或“论证”相同性的人性论。我们知道，汉语中的语词“平等”是比较后起的。在先秦文献中，与“人的相同性”意义接近的语词有“平”“一”“同”等，但是更为接近的是“齐”。按照《说文解字》的解释，“齐”这个象形字自身似乎已经包含了平等与不平等的矛

[1] 傅斯年：《性命古训辨证》，广西师范大学出版社 2006 年版，第 110 页。此书以为孔子尚未有“普遍的人”的观念，此论自然不能不引起极大的争议。

盾："（齐）禾麦吐穗上平也。象形。从二者，象地有高下也。禾麦随地之高下而高下，似不齐而实齐。参差其上者，盖明其不齐而齐也。引申为凡齐等义。"[1]先秦诸子，某种程度上可以说展开过关于"齐"与"非齐"的讨论。譬如《庄子》有名篇《齐物论》，他从"道"的普遍性讲"齐万物"，其实是主张"不齐而齐"；墨子讲兼爱、尚同，所以倾向于"齐不齐"；荀子讲"明分使群"，所以主张"维齐非齐"。不过，似乎只有荀子才在最接近于社会政治地位平等这个意义上使用"齐"字。[2]在先秦儒家内部，等级制度的合法性是不言而喻的，所以从"人的相同性"出发的讨论，更多的不是政治地位或社会、经济平等与否的争论，而是导向了人性理论的分化：孟子的性善说与荀子的性恶论。尽管在具体内容的解释上似乎泾渭分明，但是孟荀两家都承认，在人之为人的本性或本质上，所有的人都有其相同性。

换言之，尽管现代社会的价值基础之一的"公正的平等"不是古代儒家所讨论的问题，这也是时代使然，但是其人学却不得不考虑到道德的普遍性问题。于是我们看到的是"仁"与"礼"的紧张。"礼"意味着对于不同的人有不同的行为规范，更不用说是"刑"或"法"了，因为"礼不下庶人，刑不上大夫"；但是当他们讲"仁"的时候，尽管也有"君子之德"与"小人之德"的区别，但更多的会注意德性的平等向度。我们可以看孔子的三段话：

子贡曰："我不欲人之加诸我也，吾亦欲无加诸人。"子曰："非尔所及也。"（《论语・公冶长》）

子曰："夫仁者，己欲立而立人，己欲达而达人。"（《论语・雍也》）

子贡问曰："有一言而可以终身行之者乎？"子曰："其恕乎！己所不欲，勿施于人。"（《论语・卫灵公》）

---

[1]《说文解字段注》，第336页。

[2] 荀子说：分均则不偏，势齐则不壹，众齐则不使。有天有地而上下有差，明王始立而处国有制。夫两贵之不能相事，两贱之不能相使，是天数也。势位齐，而欲恶同，物不能澹则必争，争则必乱，乱则穷矣。先王恶其乱也，故制礼义以分之，使有贫富贵贱之等，足以相兼临者，是养天下之本也。书曰："维齐非齐。"此之谓也。（《王制》）这里的"势"和"势位"无疑都是指涉社会地位或政治权力的概念，是有关"贵贱"之区分的。

这里是后来儒家反复强调的“忠恕”之道。这个道德的黄金律，其实根本上说的是“我”与“人”的对等关系。“忠恕”之道作为普遍伦理，已经包含了某种程度的“非特指的个人”的性质（Impersonality），它表示我们的行为与具体的对象（个人）无关，因而远离我们的偏私。它隐含着人应该普遍地得到尊重，因而和现代平等观念所说的同一社会的人平等地享有人格尊严的要求，有某种内在的联系。从认识论的角度看，儒家在考察“人我”关系时，由于通常不离开人伦关系来谈论认知，所以该类关系颇接近萨特所说的：“我和他人的关系首先并从根本上来讲是存在与存在的关系。”人与人相互联系的这种关系构成的是“主体间”的关系，所以平等有存在论的根据。

从这个向度发展出感动了无数儒生的“民胞物与”情怀，尤其是下面这一段：

> 民吾同胞，物吾与也。大君者，吾父母宗子；其大臣，宗子之家相也。尊高年，所以长其长；慈孤弱，所以幼吾幼。圣其合德，贤其秀也。凡天下疲癃残疾、惸独鳏寡，皆吾兄弟之颠连而无告者也。[1]

在宗法关系中包含了某种普遍的、具有宇宙论根据的仁爱。但是，由于它终究是在遵从一个高高在上的“大君”，而且对于世间不平等境遇只顺受而不思改变（“富贵福泽，将厚吾之生也；贫贱忧戚，庸玉汝于成也。存，吾顺事；没，吾宁也”），所以，虽然这种“民胞物与”情怀也表达了类似平等的道德判断，但是它并没有真正达到现代意义上的本质平等的假设，即“认为所有人生而平等，没有人在本质上比别人更优越，以及每个人的善和利益都该被赋予相等的考虑”。[2]不但“大君”独一无二的权威是天生的因而是不可挑战的，而且“鳏寡孤独”等“无告者”只是同情的对象，而不是可以平等参与社会生活的政治主体。在这种参与中他们本来会自己争取合法的权利，而不是仅仅被同情与怜悯。事实上，特权阶级从来没有真正从弱势群体出发充分保护他们的利益。

---

[1]《张载集》，中华书局1978年版，第62页。

[2]［美］罗伯特·道尔：《论政治平等》，第23页。

所以，儒家思想中，与存在论的平等更接近的，不是政治平等，而是从儒家人性论出发的理想人格理论。与现代社会平等原则相应的是平民化的人格追求不同，儒家，不管其人性论的分歧如何，大致是以圣贤人格为理想，而思孟一系尤其如此。因为性善论与圣贤论之间有直观上的直接联结，天性作为统一的出发点，指向的乃是成就圣贤的目的。孟子说：

> 乃若所忧则有之：舜，人也；我，亦人也。舜为法于天下，可传于后世，我由未免为乡人也，是则可忧也。忧之如何？如舜而已也。（《孟子·离娄下》）
>
> 尧舜之道，孝弟而已矣。子服尧之服，颂尧之言，行尧之行，是尧而已矣。子服桀之服，颂桀之言，行桀之行，是桀而已矣……夫道若大路然，岂难知哉？人病不求耳。子归而求之，有余师。（《孟子·告子下》）

由于人的本质（性）是相同的，通过与圣人相同的道德实践和生活，就可以保证普通人与圣人一样得“道”。换言之，性善论已经提供了人在存在论上平等的前提，道德实践则使得这种前提从可能转变为现实，因而成为德性的存在（圣人）。

与孟子同为孔门后学中的显学但在人性论上持有反对之论的是荀子。荀子的性恶论被后儒所抛弃，其实无论是性善论还是性恶论，就其承认人类有本质（nature）上的同一性而言，并没有真正的区别，而且就其对人必须并且可能在道德实践中来成就德性（virtue），也是没有异议的。所以荀子也说：

> 凡人之性者，尧舜之与桀跖，其性一也；君子之与小人，其性一也。“涂之人可以为禹。”曷谓也？曰：凡禹之所以为禹者，以其仁义法正也。然则仁义法正有可知可能之理，然而涂之人也，皆有可以知仁义法正之质，皆有可以能仁义法正之具；然则其可以为禹明矣。（《荀子·性恶》）

因此，人不仅在天性上是相同的，而且可以因为德行或德性而平等。

无论孟子还是荀子，在肯定人都有因为修行而成为圣人的可能性上是一致的，但这种可能性依然是潜在的可能性，因而也可以说是抽象的可能性。为此，荀子特别强调：

> 故涂之人可以为禹，则然；涂之人能为禹，未必然也。虽不能为禹，无害可以为禹。足可以遍行天下，然而未尝有能遍行天下者也。夫工匠农贾，未尝不可以相为事也，然而未尝能相为事也。用此观之，然则可以为，未必能也；虽不能，无害可以为。然则能不能之与可不可，其不同远矣，其不可以相为明矣。（《荀子·性恶》）

儒家从“人的相同性”出发而形成的圣贤话语，包含了不同的倾向。性恶论者荀子显然更强调圣贤虽然是人的共同的理想，但是现实中的人却是局限于其严格的等级之中，因而运用富于差别性的规范“礼”来治理社会，就是非常必要的和自然的。换言之，在荀子这里人的相同性的理论（性恶论和人皆可以为尧舜）并没有通向权利平等，而是通向了不平等的规范。

在主张性善论的一派儒家中，“人皆可以为尧舜”的讨论虽然未必直接通向了不平等的社会规范，但是也注意到不能因此而逾越了“礼”的原则。我们可以看某些经学家的注经如何反映了其恪守原始儒学的立场。在前引孟子“尧舜之道，孝弟而已”以下那一段话后面，清代经学家焦循注曰：

> 孝弟而已，人所能也。尧服，衣服不能逾制也。尧言，仁义之言。尧行，孝弟之行。桀服，谲诡非常之服。桀言，不行仁义之言。桀行，淫虐之行也。为尧似尧，为桀似桀。[1]

焦循的这一注解很有代表性，在细节上说明儒家“人皆可以为尧舜”，只是在成就道德的可能性，同时也是道德修养的必要性上，所有的人都是相同的。而

---

[1] 焦循：《孟子正义》，中华书局 1987 年版，第 816 页。

决不能过度诠释为儒家主张所有的人在实际生活中可以超越等级和政治权威。所以“尧服”不是尧所穿的衣服，而只表示“衣服不能逾制也”。在日常生活中遵循名分等级正是成圣功夫的原则。对于“人皆可以为尧舜”的命题，朱熹的态度更可以玩味。他对于赵岐的注（“人皆可以为尧舜，疑古语，或孟子所尝言”）未加任何评论。却在上述段落后面，注云：

> 详曹交之问，浅陋粗率，必其进见之时，礼貌衣冠言动之间，多不循理，故孟子告之如此两节云。

在整段文章的结尾又加注云：

> 曹交事长之礼既不至，求道之心又不笃，故孟子教之以孝弟，而不容其受业。盖孔子余力学文之意，亦不屑之教诲也。[1]

这至少暗示了朱熹并不重视孟子的这一段对话，因而对于“人皆可以为尧舜”的命题采取姑妄言之、不加深究的态度。因为在儒家看来，虽然理想的政治应该是道德权威与政治权力合一，这是儒家德治主义的政治哲学的基本原则。但是现实的政治并非如此；不但孔子只是素王，并不实际掌握政治权力；而且等级名分是不可逾越的，决不能因为人在成德的可能性上具有相同性的平等，而转变为参与或掌握政治权力上的平等要求。这种在名分之外不求干禄的态度，已经被儒家道德规定在其自身。所以孟子说：

> 有天爵者，有人爵者。仁义忠信，乐善不倦，此天爵也。公卿大夫，此人爵也。古之人修其天爵，而人爵从之。今之人修其天爵，以要人爵，既得人爵，而弃其天爵，则惑之甚者也，终亦必亡而已矣。（《孟子·告子上》）

---

[1] 朱熹：《四书集注》，中华书局1983年版，第339—340页。

理想的人修其天爵而人爵从之，现实的人为了政治地位而修养德行，获得政治地位就抛弃了德行。从其德治理想而言，有德者应该（自然）有权，有权以后不能抛弃德行。但是孟子没有讨论，如何看待修“天爵”而不能得到“人爵”这样一种更为常见的现象。按照朱熹的批评：“修天爵以要人爵，其心固已惑也。”（《四书集注》）道德的自主性和尊严，并不指向政治上的特权和地位，尽管我们取法的楷模是道德权威和政治特权合一的圣贤（尧舜）。换言之，“人皆可以为尧舜”说明人在也只在成就道德主体这一点上是相同的，就其普遍性为道德实践所决定而言，它强调了道德主体具有独立的内在的价值，因而自身规定了其尊严；就决定同时即限定而言，它强调了道德实践的边界，“人皆可以为尧舜”并不能直接转变为政治实践的平等诉求。

儒家从性善论走向“人皆可以为尧舜”的进路，在王学尤其是王门后学如泰州学派那里获得了激进的发展。王阳明承接陆象山，强调“人胸中各有个圣人，只自信不及，都自埋倒”。（《传习录》卷三）其《语录》中有这么一段话：

> 先生锻炼人处，一言下之，感人最深。一日王汝止出游归，先生问曰：“游何见？”对曰：“见满街人都是圣人。”先生曰：“你看满街人都是圣人，满街人到看你是圣人在。”又一日董萝石出游而归，见先生曰：“今日见一异事。”先生曰：“何异？”对曰：“见满街人都是圣人。”先生曰：“此亦常事耳，何足为异？”盖汝止圭角未融，萝石恍见有悟，故问同答异，皆反其言而进之。洪与黄正之、张叔谦、汝中丙戌会试归，为先生道途中讲学，有信有不信。先生曰：“你们拿一个圣人去与人讲学，人见圣人来了，都怕走了，如何讲得行。须做得个愚夫愚妇，方可与人讲学。”洪又言：“今日要见人品高下最易。”先生曰：“何以见得？”对曰：“先生譬如泰山在前，有不知仰者，须是无目人。”先生曰：“泰山不如平地大，平地有何可见？”先生一言剪裁，剖破终年为外好高之病，在座者莫不悚惧。[1]

[1]《王阳明全集》，上海古籍出版社1992年版，第116—117页。

我们当然可以对整个对话做多方面的解释，譬如它包含着对于人的悟性的高度信赖，[1]思孟到陆王一系的直觉主义倾向更便于发展儒家人人能成圣的理论。不过，从研究平等观念的历史出发，我们注意此条的意义在于：在王阳明和他的众多弟子那里，“满街人都是圣人”似乎已经成为一个熟习的命题。更重要的是，人与圣贤之间不仅仅是本质的相同，而是由“性”“心”而“身”，到日常生活的内在一致，达到了存在论的平等。所以王艮说：

> 圣人之道，无异于百姓日用，凡有异者，谓之异端。
>
> 百姓日用条理处，即是圣人条理处。圣人知，便不失，百姓不知，便失。（《遗书》卷一）

韩贞说：

> 人人天地性，个个圣贤心。原不少些子，何须向外寻。（《韩乐吾集》《自在吟》）

泰州学派所谓“满街人皆是圣人”的命题，反映了一种平民化的倾向。近代学者中人将泰州学派视为“左派王学”，不但因为这个学派中有樵夫、盐工、陶匠、农民等成分，而且在于它的异端色彩，即黄宗羲所谓“复非名教之所能羁络矣”。名教的核心是等级制度，王艮说“百姓日用即道”，虽然还是“极高明而道中庸”的路数，但是把“道”从圣人之行下降为“百姓日用”，对于名教的危险性是不言而喻的。李贽的“圣凡平等”，则是通过自然平等的逻辑来证明人与人的道德平等。至于李贽反对以男女来划分见识之短长，更是超出了儒家在人性论上讨论平等的藩篱，发提倡男女平等之先声，带有明显的异端色彩了。所以20世纪的学者们有一种看法，即以对待平等的态度为划分左派和右派的标准，实际上反映的是一种现代观念。[2]

[1] 钱钟书：《管锥编》第四册，中华书局1979年版，第1333页。

[2] 譬如美国学者亚历克斯·卡里尼克斯就持这样的观点，并且说：“倘若左派不矢志于平等的使命，那么就不能说它的存在有任何意义。”见氏著《平等》，第18页。

王门后学的“满街人皆是圣人”论，与隋唐以后中国佛教诸宗派纷纷抛弃原始佛教中与印度种姓社会相适应的“一阐提人不能成佛”的理论，主张人人能成佛，有很大的关系。以“顿悟成佛”和“放下屠刀，立地成佛”为标志的禅宗，对他们影响更大。王门后学被批评为“狂禅”，与他们主张成圣功夫的过分简易直截不无关系。关于佛教平等论如何成为现代平等论的资源，我们留待本章第四节去讨论。这里只是注意到，在明代形成的三教融合中，包含了佛性论和儒家性善论的互相融合，人皆能成圣与人人能成佛的互相融合。而且，在近代中国，王学和佛教都曾共有一个复兴的高潮，其中的原因之一，应该就是它们被视为道德重建尤其是道德自律的传统资源。当章太炎强调“革命道德”的关键是“依自不依他”的时候，赞美的是王学和禅宗等：“王学岂有他长？亦曰‘自尊无畏’而已。”禅宗则更简易，要点是“自贵其力，不依他力。”[1]在强调道德自律的同时高度肯定了“自尊”的意义，而“自尊”本身是现代平等观念的重要内容之一。

但是，传统儒家的“自尊”或“道德自主”，与现代“政治平等”的原则，依然存在需要转化的空间。因为，从政治平等出发的自尊，之所以不同于单纯的道德评价上的平等，是前者内在地包含了平等地参与社会政治事务的权利意识和政治实践，而不仅是私人性的道德实践。用传统的表达方式，后者是“修身养性”，前者是“治国平天下”。章太炎对此有所意识，他很明确谈“平等”的目的是为了启蒙并实现社会动员。他说：

> 今则不然，六道轮回、地狱变相之说，犹不足以取济。非说无生，则不能去畏死心；非破我所，则不能去拜金心；非谈平等，则不能去奴隶心；非示众生皆佛，则不能去退却心；非举三轮清净，则不能去德色心。[2]

这与古代一般儒家的取向有明显的不同，只有到了近代，即进入了一个“反叛的

[1]《章太炎全集》(四)，第369页。
[2] 章太炎：《建立宗教论》，收录于《章太炎全集》(四)，第418页。

时代”，人人能够成圣贤才一变而为反叛意识的觉醒。关于这一点，我们要留待第四章去讨论。

三

第二，对于儒家社会某些制度设计做政治平等向度的解释。

在“儒家系统”中讨论有关平等的问题，必定要注意到儒家一方面肯定人在道德（成圣）的可能性上是平等的，一方面又肯定人的现实的等级关系。这中间的紧张在社会政治法律制度上也有曲折的体现。按照瞿同祖的研究，“儒家思想以伦常为中心，所讲在贵贱、尊卑、长幼、亲疏有别。欲达到有别的境地，所以制定有差别性的行为规范。‘名位不同，礼亦异数’。贵贱、尊卑、长幼、亲疏各有不同。此种富于差别性的规范即儒家所谓礼，亦即儒家治平之具”。这种规范进而扩展到国家权力的运用，则是家族和阶级成为中国古代法律的基本精神和主要特征，一方面父权等家族伦理在法律上占据重要地位，另一方面，“法律承认贵族、官吏、平民和贱民的不同身份。法律不仅明文规定生活方式因社会和法律身份不同而有差异，更重要的是不同身份的人在法律上的待遇不同。贵族和官吏享受法律上的特权，而贱民在法律上则是受歧视的阶层，处于最低下的地位。他们不能与良民通婚，也不能应试做官”。[1]在等级制度和“人的依赖”方面，中国古代从秦汉到明清时期的社会状况，与西欧的“封建社会”有高度的相似性。

但是，主张社会变革的中国思想家一开始就注意到问题的另一面：孔子开始实行“有教无类”，后来发展起来的科举使得“任贤举能”的理想似乎获得了实现的制度保障，官职向社会开放的程度又是中世纪的西欧所不能比拟的。“君子之泽，五世而斩”，至少宋以后就很少有世袭的贵族。譬如康有为当初就说：“孔子首扫阶级之制，讥世卿，立大夫不世爵、士无世官之义。经秦汉灭后，贵族扫尽，人人平等，皆为齐民。”尤其是唐代以后的科举取士，完全唯才是举，“有才则白屋之子可至公卿，非才则公卿之孙流为皂隶”。[2]梁启超也说，“中国可谓

[1] 瞿同祖：《中国法律与中国社会》，第353—355页。
[2] 朱维铮编：《康有为大同论二种》，生活·读书·新知三联书店1998年版，第7页。

无贵族之国，其民可谓无阶级之民”。所以先秦时代就有养士、用士之风，历代君王可以起于草野，更无论科举取士的不论出身。[1]康梁为了从传统社会中接续出平等的观念，[2]给我们一种印象，古代选举所提供的政治机会分配似乎体现了一种平等精神。

康有为对于古代平等观念的这一论断，与他对《礼运》的解释有直接的关系。他说：

> 天下为公，选贤与能者，官天下也。夫天下国家者，为天下国家之人公共同有之器，非一人一家做得私有，当合大家公选贤能，以任其职，不得世传其子孙兄弟也。（《礼运注·叙》）
>
> 公天下者莫若尧舜，选贤能以禅让，太平大同之民主也。（《孟子微·总论》）

在“民主”的视域中解释《礼运》，很容易把“天下为公”“选贤与能”解释为“公正的平等”，或者“权利的平等”。

对于中国古代社会政治的类似判断还有的出自历史学家如钱穆。他不但断定，天下太平世界大同的基本理想，在先秦时代已经建立起来，而且认为在汉唐，“民治精神的文治政府，经济平等的自由社会，次第实现”。不但宋代以下的历代政治社会，未脱汉唐成规，而且“今后中国的政治社会，恐怕依然逃不掉汉唐规模。如政治的一统性，社会的平等性，便是汉唐的大规模”。钱穆先生所谓社会平等，大致是说由于选举制度（包括察举和唐以后的科举）可以平衡而不分贵贱地从各地选拔官吏，而且宋以后的中国人，“始终维持着一种务农为主的经济，常使社会平等，不再有阶级悬殊”。即它与一贯推行的重农抑商的国策有关，也与注重贫富差距不能过分的观念有关。[3]

---

[1] 梁启超：《饮冰室合集》文集之四，中华书局1989年版，第65页。

[2] 在权利平等的问题上，康有为的一个特点是一开始就注意到女性在政治参与方面的权利诉求，即妇女在仕途、科举、充当议员（这是指欧美）、不得为公民、不得予公事等方面的问题。同时注意到教育、人格独立、自由等权利的平等。见《康有为大同论二种》，第16页。

[3] 钱穆：《中国文化史导论》，第203—248页。

康梁和钱穆等的论述，各有所指。前者为了接续起西方平等观念，后者也许是为了抵抗马克思主义的阶级斗争理论。意图有所不同，结论却大致相似。不过，这样一种现代解释，与古代历史之间，存在着明显的差别。第一，所谓“天下为公，选贤与能，讲信修睦”，在一些经学家看来，它指的是古代政权“禅让”的形式。郑玄就注曰：“公犹共也。禅位授圣，不家之，睦亲也。”孔颖达的疏则说：“天下为公，谓天子位也。为公，谓揖让而授圣德，不私传子孙，即废朱均而用舜禹是也。选贤与能者，向明不私传天位，此明不私世诸侯也。国不传世，唯选贤与能也。”（《礼记正义》卷二十一）“禅让”虽然不是世袭那样的“私天下”，但是与现代民主有天壤之别。因为权力的授予和获得的方式完全不同，政治的合法性也就不同。禅让与世袭一样都只是垂直地授受权力，而不是如民主政治那样依靠平等地享有政治权力的人民的选举。从禅让是推导不出平等之义的。第二，康梁和钱穆等在强调中国古代有不同于西方封建社会的特殊性的时候，未免都忽略了历史学家所批评的传统中国政治系统决定权力、特权和荣誉的非常不平等分配的“官本位”特色。即所谓文官的级别变成了几乎全社会的等级划分的标准，变成了社会身份的标尺。[1]这种官本位的制度，虽然不同于西欧中世纪的世袭制度，即虽然官员本人官职不是世袭的，但是社会实行严格的等级制度并无根本的不同。而更为许多人乐道的“有教无类”与今天的教育公平也不尽相同。它实际上是指“平等地对待所有**受教育的人**”，而不是“**所有的人**都有平等的受教育的机会”（equal educational opportunity for all）。“学而优则仕”则是指所有受儒家教育的人都有竞争仕途的机会。儒家成圣理论面对的就是“士”以及更高阶层的人。只有这些受教育的士类，才可能理解深密的存在论和高严的道德哲学论证，才可能走上从知识精英通达政治精英之路。更不用说贱民是完全没有应试的机会的，实际上在重农抑商的政策之下，普通商人与士子也不在一个等级上。

与相当长时期内对科举的严厉批判不同，最近的研究倾向于正面的肯定。何

---

［1］阎步克说：“发达的农业社会通常都存在着巨大的不平等，并且‘权力、特权和荣誉的非常不平等的分配是从其政治系统的作用中产生的’。传统中国尤其如此……虽然各个传统社会的森严等级大抵都来源于政治系统，但‘中国特色’尤其在于，文官级别变成了社会分层尺度，行政管理体制与社会身份高度重合，‘官本位’给了旁观者强烈印象。”（《从爵本位到官本位：秦汉官僚品位结构研究》，生活·读书·新知三联书店 2009 年版，第 26 页）

怀宏提出，在中国，走向社会平等的进程与西方相当不同，中国并非遵循首先实行普遍的“权利平等”然后再尝试“状态平等”的进路。古代中国人在政治上所关注的平等问题，不是普选权，而是选举制度所体现的“入仕机会的平等”，结果，“中国古代选举所带来的社会发展，是一种朝向‘单一的最大（政治）机会平等’的发展”。由此使得政治精英的垂直流动保持着相当高的速率，不过这并没有改变中国社会是一个英才统治的等级社会。来自平民的官员同时就远离了平民，他们实行的始终是少数人的统治，并且享受了平民所望尘莫及的特权。[1]

这种制度设计所包含的平等与不平等的关系，总体上还有待于更深入的研究。特别是考虑到中国庞大的人口数量和极少数官吏之间的比例，官职在形式上向科举中胜出的士子开放，与现代社会的公民有平等参与政治的权利，两者有多少相似性，还在未定之天。而且，后来科举中盛行以八股取士，那样一种文化专制主义，与政治平等在基本气质上就是格格不入的。明清之际就已经有不少类似的批评，近代人批评科举实行愚民政策的更不在少数。不过，在此以前，我觉得注意史华慈的谨慎论断是恰当的：

> ……儒家对于等级、身份和权威的观念与其对于精英治国原则强烈肯定互相兼容，尽管我们必须补充说这一原则在儒家传统中并没有像古代墨家和法家实施得那样彻底。后世那并非完全起源于儒家的科举制度到底多大程度促进了社会阶层之间的流动，仍然有待于讨论，但忠臣的传统始终未断，造成了儒家长期的忠烈史。“唯才是举”的强烈观念并不排斥对等级、身份和权威的持续强调。[2]

另一方面，在直观上，上述现象与儒家所讨论的成圣的可能性之平等与实际

---

[1] 见何怀宏：《选举社会及其终结：秦汉至晚清的一种社会学阐释》第四、五章，生活·读书·新知三联书店 1998 年版。此书更提出了一个大胆的论断：中国历史发展的大势似已表明：中国的社会上更多地是朝向扩大平等的方向发展的。或者说，从一个王朝之内的多趋势来说，由于自然兼并和两极分化，后期往往要比前期差别大，但从这两千多年的整个长趋势来说，几乎每一循环的打破都使中国离平等更近一步，历史的总趋势是朝向平等发展的。（第 122 页）

[2] Benjamin I.Schwartz, “Hierarchy, status, and authority in Chinese culture” (1991), *China and Other Matters*, Harvard University Press, 1996, p.134.

生活中的不平等（穷达），似乎构成了互相呼应的关系，如果不是后者折射出了前者的话。虽然理论上“人皆可以为尧舜”，但是圣人总归是极少数。孔子没有自称是圣人，他之成为圣人是其后学推举的，孟子也只是“亚圣”，并非真正的圣人。正如现实中，总是君主才可以被称为“圣上”，而在“王位之下的众人平等”丝毫不会影响“圣上”的崇高性。

基于人在本性和成圣的可能性上的“相同性的平等”，与现实政治生活中的不平等这两者间的紧张，历代儒家发展起了相当繁复的理论。

它的一个论证就是分别“天命之性”和“气质之性”。譬如，朱熹就说：

> 盖自天降生民，则既莫不與之仁义礼智之性也。然其气质之禀或不能齐，是以不能皆有以知其性之所有而全也。一有聪明睿智能尽其性者出于其间，则天必命之以为亿兆之君师，使之治之而教之，以复其性。此伏羲、神农、黄帝、尧、舜，所以继天立极，而司徒之职、典乐之官，所由设也。（《大学章句序》）

人与人个体之间在身体、智力、品行、禀赋等多方面存在差异是显而易见的，但是朱熹所要解释的是政治地位和权力关系中的不平等的合理性，即虽然人的本质（性）是同一的，但是气质不同，其实就是天命有所选择，而所有社会政治的设置、权力的分配都由此决定：不平等是天然的。它同时也说明了“天命论”内在地保有某些神秘主义色彩，是儒家政治哲学的原则之一。因为朱熹没有告诉我们，为什么“天”在赋予我们每一个人“天命之性”（善的本质）的同时，却给人类以不同的“气质之性”？在现代人看来，后者只是一个经验的事实：人的自然禀赋并不相同，不过自然禀赋的差别既无关乎神圣价值（是否得到天命），也并不是“治”与“被治”的根据。

另一个论证方向是关于“命运”的理论。儒家的德治理想虽然主张的是道德楷模同时是政治权威，换言之，有德者应该有位。但是现实并非如此。因而个人的自主性主要局限于道德实践，而不是政治生活。在关乎政治地位、特权的获得上，他们更多地归结为“命”或“命运”。由此形成儒家最基本的共识“死生有命，富贵在天”。譬如《白虎通义》把个人的命运划分为三种，即“随命”“受命”和“遭命”。王充则更简捷地只承认后两者，并且推而广之：

> 凡人遇偶及遭累害，皆由命也。有死生寿夭之命，亦有贵贱贫富之命。自王公逮庶人，圣贤及下愚，凡有首目之类，含血之族，莫不有命。命当贫贱，虽富贵之，犹涉祸患矣。命当富贵，虽贫贱之，犹逢福善矣。故命贵，从贱地自达，命贱，从富位自危。（《论衡·命禄篇》）
>
> 操行有常贤，仕宦无常遇。贤不贤，才也；遇不遇，时也。才高行洁，不可保以必尊贵；能薄操烛，不可保以必卑贱。或高才行洁，不遇退在下流；薄能烛操，遇在众上。（《论衡·逢遇篇》）

这是生于寒族的士人对政治不平等的一种责疑。不过在“命运”的信仰中，它并没有转变为对制度本身的否定。王充并非性善论者，因而其宿命论显得更有理论的一贯性。他说：

> 实者，人性有善恶，犹人才有高下也。高不可下，下不可高。谓性无善恶，是谓人才无高下也。秉性受命，同一实也。命有贵贱，性有善恶。谓性无善恶，是谓人命无贵贱也。（《论衡·本性篇》）

虽然一般的性善论者未必如王充那样（可能因为极度的愤激）走向典型的宿命论，但是都没有因为对于人的相同性的信仰，而从德性平等的假设而走向权利平等的诉求。换言之，他们的差别只在于对命运与个人行为之关系（力命之争）作不同的解释，而不在于要求社会制度的设计提供平等的机会，更没有要求社会保障每一个人实质上的平等。

把观念史和社会史结合起来看，难免会提出一个问题：儒家性分平等或“人皆可以为尧舜”的理论为什么没有对社会关系与政治制度的不平等现实提出挑战？或者说，一个可以被现代人理解为普遍平等的存在论命题，为何没有转变为像现代平等论那样改变现实世界的规范？这个问题，我们留到后面去讨论。

四

第三，对儒家经济主张做平均主义向度的解释。

儒学经典所表达出来的高度政治性和非功利主义倾向，常常使人们以为儒家远离经济活动。事实上，作为一个高度关注世俗事务的学派，儒家不可能对经济生活完全无动于衷。儒家重在“教养”，其正常的理路是“教”在“养”中，“养”而后“教”。以为“养生丧死无憾，王道之始也”。相反，“富者田连阡陌，贫者无立锥之地”的贫富两极分化，是一种社会危局，因而通常都予以道德的谴责。孔孟此类言论是大家耳熟能详的：

> 丘也闻有国有家者，不患寡而患不均，不患贫而患不安。盖均无贫，和无寡，安无倾。（《论语·季氏》）
>
> 庖有肥肉，厩有肥马，民有饥色，野有饿殍，此率兽而食人也。（《孟子·梁惠王上》）

不少人从此对儒家思想生发出经济平等甚至平均主义向度的解释。譬如史华慈就认为：“……儒家（至少20世纪以前的儒家）毫不犹豫地接受等级、身份和权威的存在，并将之视为人类文明秩序中根本的乃至可能是有益的因素。”另一方面，“在正统儒家思想中有一种强烈倾向，把满足民众的基本经济需要放在绝对首要的地位，甚至试图在各阶层的农民大众之间实现某种程度的经济平等”。[1]

但是，在这个向度看问题，这种单一的解释是远远不够的，不足以认识儒家的复杂性。

以孔子“不患寡而患不均，不患贫而患不安”为例。它是理解孔子是否有所谓“平均主义倾向”的关键，在经学家和一般文人乃至官僚中间，有着不同的解读。已经有人指出：与一些文学家乃至政治家可能具有的反对贫富悬殊的解读不

[1] Benjamin I. Schwartz,“Hierarchy, status, and authority in Chinese culture”(1991), pp.131、135.

同，经学家的解释依然在维持政治的等级和权威。朱熹在《四书集注》中的解释为："寡，谓民少。贫，谓财乏。均，谓各得其分。安，谓上下相安。"这和康熙时期儒臣所作帝王教科书《日讲四书解义》中的有关解释相同，这类解释不仅比较符合孔子的原意，而且代表了正统。"其共同的特点是，他们所言的'寡'是土地和人民的寡少，而其不均，是君臣之间的不能各安其分，违背了礼之大法。这是中国古代解释孔子语最正统的一条思维路径。"[1]注重等级秩序的正统儒家坚持贵贱、富贫的二元对立，当然难以与经济平等或平均主义兼容。同时还有另一种解释，即相对来说比较远离孔子的语境，不注重训诂学的方法，更多地从解决社会实际问题的需要出发，将孔子的这一政治性命题，改造成以平分财富为基本内涵的经济思想的命题。这成为中国近代以来平均主义思潮的传统资源。

与此相似的是对于"大同"理想的解释。"大同"作为被现代人所发挥的儒家传统之一部分，来自儒家经典《礼运》：

> 大道之行也，天下为公，选贤与能，讲信修睦。故人不独亲其亲，不独子其子，使老有所终，壮有所用，幼有所长，矜寡孤独废疾者皆有所养。男有分，女有归。货，恶其弃于地也，不必藏于己；力，恶其不出于身也，不必为己。是故，谋闭而不兴，盗窃乱贼而不作，故外户而不闭，是谓大同。

这一段描写"大同"理想、在今人眼里带有强烈的平等倾向的文字，它在思想史上的实际地位古今不同。我们知道《礼运》被单独作为一篇重要的经典，自康有为始。在康有为以前，已有洪秀全和太平天国将《礼运》上述经典论述解释成平均主义和农业社会主义，他们的路数是将此与基督教的上帝面前人人平等的教条结合。而康有为则与其今文经学路数有关，借《礼运》的大同、小康之说和公羊三世说，康有为发挥了其社会改革的理想。而普遍的平等，尤其是经济平等是其大同理想的最重要原则。作为中国现代平等观念的重要传播者，康有为的平等

[1] 李振宏：《"不患寡而患不均"的解说》，《二十一世纪》（香港）2005年6月号。

思想我们后面还会比较详细地讨论，所以这里可以不加展开。但是把《礼运》与经济平等甚至社会主义联系起来，却是相当常见的现象。甚至像钱穆这样的学者，也称之为“理想社会主义”，并说，“这一种理想，在中国儒家思想里，本有一贯甚深之流衍”。而其要旨在于既不是绝对平均、又不是贫富悬殊的“均产论”。[1]

近代以前，《礼运》在经学中地位一向甚低。自汉代独尊儒术，“五经”一直为官方意识形态的依据，但是自朱熹开始，以“四书”取代“五经”的地位。虽然“四书”中的《大学》《中庸》都出自《礼记》，但是朱熹对于《礼记》的整本书却是贬抑的。[2]在《礼记》诸篇中，《中庸》在汉代、《大学》到宋代，就开始有单行本。而按照汉唐经学家的看法，《礼运》只是一篇很普通的文献，没有什么特别值得注意之处。更有意思的是，吕东莱、朱熹、李邦彦等古代经学家根本否认《礼运》出于孔子，甚至认为它不是儒家经典，而是表达了庄子或老子的旨意，“其意以为圣人所以持万世与天地长久不变者，君臣父子而已，不认大同”。[3]至于“天下为公”与“天下为家”涉及王权禅让还是世袭的争议，“大道之行”而下一段，作为政治理想，就更不能为正统儒家所容受。

所以我们不妨说，如果说儒家有所谓经济平等或平均主义的话，在古代儒家系统中至多是边缘性的观念。换言之，所谓儒家有经济平等的思想，实在与后学的解释，尤其是现代解释有脱不了的关系。

五

第四，在伦理学向度上做社群主义式的新诠释。

从根本上说，平等属于伦理学的范畴。传统儒家伦理的一大特点是将等级、权威、特权等维护社会固有秩序的原则，与“仁”“诚”“信”等规范相结合；将

[1] 钱穆：《中国文化史导论》，第120页。

[2] 《周予同经学史论著选集》，上海人民出版社1983年版，第251—252、162页。按照周予同先生的论断，“《礼记》一书，实自郑注行世以后，而始与《仪礼》、《周礼》并称三礼，在汉代诸经中，最无学派可说……清代汉学以考据为主，《礼记》的研究不及《仪礼》、《周礼》之盛”。（见前书，第251—252页）

[3] 转引自《梁漱溟全集》第一卷，第463页。尤可注意的是，梁先生引用的恰恰是吴虞给胡适之的信中的材料。他们两个人都赞成朱熹的判断，但是出发点却也许正好相反。

建立在权威主义和精英主义基础上的等级制度，与强调伦理关系的相互性甚至互补性结合起来，并且投射上一脉“和谐”的理想之光。近代以来一个颇为奇特的现象，却是“仁”“信”“诚”等儒家规范，反转来成为颠覆等级制度和权威主义的范畴。首先就是将“朋友”一伦解释为“平等”的关系。最早如晚明耶稣会传教士利马窦作过《交友论》，从基督教神伦视野解读兄弟关系和朋友关系，曾经影响了一批士大夫。他们的诠释策略似乎是：在上帝面前，五伦平为兄弟，而兄弟关系的原则是友道。后来说出类似话的人也许不少，但是声名最卓著的却是谭嗣同，他严厉地批评“三纲五常”，以为五伦中只有朋友一伦可取：

> 五伦中于人生最无弊而有益，无纤毫之苦，有淡水之乐，其惟朋友乎？顾择交何如耳。所以者何？一曰“平等”，二曰“自由”，三曰“节宣惟意”。总括其义，曰不失自主之权而已。[1]

这里的“平等”，已经不是抽象意义上的相同性，谭嗣同显然用权利平等的观念来界定朋友之道，并且将其上升为普遍的原则：“夫惟朋友之伦独尊，然后彼四伦不废自废。”在谭嗣同以后，不满于人们对儒家纲常的批评，有些社群主义者从 parity 的意义上肯定古代中国的平等观念，同样诉之于朋友之间的关系。这可以郝大维和安乐哲为例。按照他们在《先贤的民主》中表达的观点，中国传统思想中平等的观念与民主社群主义有关。[2]这本书借用杜维明先生的论断，以为“古典儒学界定君臣关系不是简单地如同父子关系，而是将父子关系与朋友关系结合的一种关系”。[3]这大概是指如下的论述：士大夫“能够以教师、顾问、批评者或朋友的身份对帝王保持一种独立人姿态，他们从来就不是妾妇”。[4]这样一个全称判断中的士大夫与君主的关系，直观上给人们一种传统人伦的诗意图景，但是我们一般会将它归结为儒家的理想，如果不考虑历史学家会指责它没有

---

[1]《谭嗣同全集》，中华书局 1981 年版，第 349—350 页。
[2]［美］郝大维、安乐哲：《先贤的民主》，何刚强译，江苏人民出版社 2004 年版，第 99 页。
[3] 同上书，第 86 页。
[4]《杜维明文集》第三卷，武汉出版社 2002 年版，第 523 页。

真实地描述历史的话。

无论是从有争议的“儒家一神论”理解的《交友论》、激进主义和平等主义的《仁学》，还是从美国式的民主社群主义出发，选择“朋友”一伦来解释他们视阈中的儒家平等观念，都是利用了儒家文献中存在着的大量关于“交友之道”的论述甚至箴言。这里确实深藏着儒家平等观念的解释空间。

这提醒我们需要考察一下，古代儒家对于朋友一伦的价值论证。

先看《论语》，大约有下述数条：

(1)“有朋自远方来，不亦乐乎?”(《学而》)

(2)“与朋友交而不信乎?”(《学而》)

(3)“与朋友交，言而有信。”(《学而》)

(4)“主忠信，无友不如己者，过，则勿惮改。”(《学而》)

(5)“朋友死，无所归，曰‘于我殡’。”(《乡党》)

(6)“君子敬而无失，与人恭而有礼。四海之内皆兄弟也——君子何患无兄弟也。”(《颜渊》)

(7)“子贡问友，子曰：‘忠告而善道之，不可则止，毋自辱也。’”(颜渊)

(8)“曾子曰：‘君子以文会友，以友辅仁。’”(《颜渊》)

(9)“居其邦也，事其大夫之贤者，友其士之仁者。”(《卫灵公》)

(10)“君子矜而不争，群而不党。”(《卫灵公》)

(11)“益者三友，损者三友。友直、友谅、友多闻，益矣。友便辟，友善柔，友便佞，损矣。”(《季氏》)

其中，涉及交友的意义既有功用的又有道德的。从功用的向度说：如多闻，救助关系，但是比较弱；更多的是道德的意义，则很强。从孔子论友道，就将朋友一伦的美德规定为“信”，对于信的重要，孔子有若干说法：“信近于义，言可复也。”(《学而》)“人而无信，不知其可也。”(《为政》)作为美德之一的“信”是一种约定的关系，它的前提之一应该是缔约的双方至少在约定的当下是平等的。但是，孔子又说，“无友不如己者”。(《学而》)对于这句话，历来注家有所争论，但是就孔子要以友辅仁的目标，而不是如流俗常见的那样交朋友是为了有利或有用，那么，孔子避免与道德水平比自己低下的人交朋友，完全可以成立。因此在这里隐含了个人的选择自由。

其中，有一条“四海之内皆兄弟”虽然不是直接说朋友，但是此处的“兄弟”当然不是家族关系，通常是指亲密的朋友关系。不过，无论是家族性的兄弟，还是江湖的朋友，在古代社会的条件下，都未必是平等的关系。[1]

我们再看孟子如何论友道：

孟子那里，朋友一伦与其他伦理关系是联结在一起的，友道重信，而仁义礼智信本来是一整体。当然最重要的是要“反身而诚”。《万章下》中有特别的友道：

> 万章问曰：“敢问友。”
>
> 孟子曰：“不挟长，不挟贵，不挟兄弟而友。友也者，友其德也，不可以有挟也。孟献子，百乘之家也，有友五人焉：乐正裘，牧仲，其三人，则予忘之矣。献子之与此五人友也。无献子之家者也。此五人者，亦有献子之家，则不与之友矣。非惟百乘之家为然也，虽小国之君亦有之。费惠公曰：‘吾于子思，则师之矣；吾于颜般，则友之矣；王顺、长息则事我者也。’非惟小国之君为然也，虽大国之君亦有之。晋平公之于亥唐也，入云则入，坐云则坐，食云则食；虽蔬食菜羹，未尚不饱，盖不敢不饱也。然终于此而已矣。弗与共天位也，弗与治天职也，弗与食天禄也，士之尊贤者也，非王公之尊贤者也。舜尚见帝，帝馆甥于贰室，亦飨舜，迭为宾主，是天子而友匹夫也。”(《孟子·万章下》)

这里一段，大约是把不同地位的人之间的朋友关系平等化了。它的意义，在

---

[1] 美国人类学家鲁比·沃森的《兄弟并不平等》(时丽娜译，上海译文出版社 2008 年版)一书，通过对香港新界一个村落有着 600 年历史的中国世系群的考察，说明了虽然父系世系群的意识形态高唱手足情谊和兄弟平等的赞歌，在祖先眼光中可能是平等的世系群成员，但在涉及土地所有和政治权力的日常生活中根本无平等可言。

于强调了虽然朋友的政治地位不同，地位的贵贱之别不应当影响到朋友私人交往之间个人的尊严，在“自尊”这一点上，相互之间没有差别。不过，这并不等于现代意义的权利平等，尤其是完全没有现代社会所说的政治平等。因为孟子同时又说，朋友的关系是道德的关系，这是一种私人交往关系，不参与政治活动，不改变社会地位的分化状况。“弗与天共位也，弗与治天职也，弗与食天禄也。”回到政治关系中，不平等立刻显现。

而且在下文中又说不同政治地位的人不能成为朋友。

> 鲁缪公亟见于子思，曰：“古千乘之国以友士，何如？”子思不悦曰：“古之人有言曰，事之云乎，岂曰友之云乎。”子思之不曰也，岂不曰，“以位，则子，君也；我，臣也；何敢与君友也？以德，则子事我者也，奚可以与我友？”（《孟子・万章下》）

从正面说，朋友必须是道德上同一层次的人：

> 一乡之善士斯友一乡之善士，一国之善士斯友一国之善士，天下之善士斯友天下之善士，以友天下之善士为未足，又尚论古之人。（《孟子・万章下》）

我们当然可以寻找出儒家关于朋友一伦的更多论述。即使以孔孟的论述为限，我们也可以看到值得深入讨论的问题。如果将孔孟等的“友道”与亚里士多德在《尼各马可伦理学》中对朋友关系的讨论相比，孔孟所说的朋友关系大致接近于“基于德性或优点的平等”，他们注重朋友之间的“信义”，但是“信”的现实基础包含着交换关系，平等正是基于自由身份的个人之间的契约之所以成立的条件。在孔孟对于朋友一伦的论述中，平等**事实上**成为一个重要的原则。我这里用**事实上**这个词。是为了说明即使在孔孟那里，平等还不是一个**自觉的价值**。因为孔孟并没有将“平等”上升为一个独立的概念来讨论。而且儒家对于不同地位和身份的人（尤其是君主与臣民）之间是否可以成为朋友，有很大的争论。我们固然可以发现不少士大夫有此梦想；但是事实上，其实现是极其偶然和罕见的。我们都知道，将少数人的理想混同于历史的真相，是学术研究最应该避免的谬误之一。

更进一步的解释是将儒家伦理在 parity 而不是在 equality 的意义上予以解释。[1]它的重要性在于反对将儒家等级制度如“三纲五常”简单地视为单向度的责任或服从关系，而是一种既是等级的又是双向的、近乎对称的相互性关系。梁漱溟就是从这个向度来解释儒家伦理，认为孔子所谓父慈子孝、兄友弟恭，是相互性的规范，而不是单方面的压迫。它体现的是虽有等差、却“互以对方为重”的伦理。在承认古代中国社会人的不平等的历史的同时，又对儒家“人我关系”或“群己之辩”作一体性互补的等差关系之解释：

> 按中国人的道理，大家在团体中的地位应当一律平等；可是有两个天然不可少的等差；一种是看重理性、尊尚贤智而来的等差；一种是从尊敬亲长而来的等差……中国人之尚平等与西洋也不同；西洋人之要求平等是从个人出发，都是说我应当和你平等，你不能不给我某种地位、某种权利等等，中国人则掉过来，平等从大家说，不从自己主张。在中国人自己没有我与你平等的意思。[2]

在这个向度上的解释，虽然与某些比较宗教学的观察类似，[3]但是，像梁漱溟这

[1] 美国学者郝大维、安乐哲用 parity，而不是 equality 来翻译“齐”字，“指明‘parity’比‘equality’能更好地表达‘齐’的意思……‘齐’这词并不是表示同一性的概念，在对 equality 的常见的理解中包含着这一概念。根据《说文解字》，‘齐’是指谷物之穗长得一样高。根据伯恩哈德·卡尔格伦，‘齐’与‘妻’同音又同词源，‘妻’指‘配偶’。或‘合法婚姻之妻’，只有一个。并且享有与其丈夫同样的社会地位。与‘平等’（equality）不一样，‘齐’具有‘地位相同’、‘关系密切’、‘相似’等意义，所有这些似乎都比较好地表达了‘齐’的意义，因为它们承认了不同系列事物之间的明显的差别，尽管它们相互平等地共存着”。（[美] 郝大维、安乐哲：《汉哲学思维的文化探源》，施忠连译，江苏人民出版社 1999 年版，第 61 页）不过他们对于“妻”与“齐”的解释，没有注意到古代中国人并不认为丈夫和妻子这两个“人”是平等的，“妻”之所以与“夫”“齐”，乃是夫家和妻家是对等的，即只有在“妻”代表着婚姻中的另一方这个意义上，才是与男家对等的。

[2] 《梁漱溟全集》第二卷，山东人民出版社 1990 年版，第 296 页。

[3] 譬如谢和耐的观察是：“基督教的伦理则是平均主义和抽象的，认为所有的人在上帝面前都平等。中国的伦理则仅仅关心既是等级的又是互为补充的关系，而宇宙本身则似乎为此提供了例证：阴和阳、天和地、男和女、君和臣……之间的关系也相似。”（[法] 谢和耐：《中国与基督教——中西文化的首次撞击》（增补本），耿昇译，上海古籍出版社 2003 年版，第 143 页）

样的现代新儒家观点，其核心在于拒绝西方原子主义的个人和个人权利的平等。这样的观点在现代新儒家中并不是少数，现代新儒家的另一个重要代表徐复观也以为梁漱溟说的“互以对方为重”式的平等，因为避免了个人主义的陷阱，总体上“要比西方的文化精神高出一等”。[1]所以他们大约会赞成这样的论断：“一个有活力的儒家民主必须提倡一种建立在个人的公共源头基础上的平等，而不是建立在个人主义概念基础上的平等。”[2]

六

上述四个向度大致包含了近代以来平等观念在儒家系统中的复杂解释。它们当然不是同时或者平行地发生的，而是经历了一个与社会变迁互动的历史过程。它大致可以分为如下三个阶段。

如果我们承认现代平等观念的确立是一系列社会革命的结果，那么现代平等观念在中国的历史，一开始就是以否定的形式出现的，即如查尔斯·泰勒说的那样，平等尊重的原则首先是“通过现代早期阶段作为等级制的社会观念的否定的历史起源中得到界定”。[3]因此，第一个阶段，平等（尤其是权利平等）主要是作为抗议性原则出场。它与如下的历史现象相匹配：19 世纪末到 20 世纪初，以名教纲常为焦点，儒家——从经学、专制皇权、家族制度扩展到一般儒家文化——受到全面的批判。随之而起的第二个阶段，“平等”在与实践的不即不离关系中展开自身，表现为平等的理想渐次影响到政治、经济和社会生活的全面改革，包括制度设置和民众心理。因而开始了章太炎所谓“因政教而成风俗，因风俗而成心理”的过程。近代中国的政治法律和包括婚姻、教育等社会制度所经历的整体性变革可以证明：平等从原先的抗议性原则已经转变为现代社会的建构性原则。此过程又与第三个阶段衔接：一方面“平等”受到普遍主义冲动的驱使，不断地发现其新的应用范围；另一方面又在政治民主和经济生活中遭遇到文化的

[1] 李维武编：《徐复观文集》第一卷，湖北人民出版社 2005 年版，第 120 页。
[2] ［美］郝大维、安乐哲：《先贤的民主》，第 14 页。
[3] ［加］查尔斯·泰勒：《自我的根源：现代认同的形成》，韩震等译，译林出版社 2000 年版，第 97 页。

制约，因而呈现出现代性的困境。

在历史过程中来考察平等观念在儒家系统中的现代诠释，可以帮助我们比较深入地理解和恰当地评价上述四个诠释向度的意义。

在 19 世纪晚期的中国，平等作为“等级制的社会观念的否定”的“抗议性原则”出现的时候，它同时也是儒学的自我批判。在儒家系统内的诠释，是将政治化的儒学剥离开去，将最具有人道主义精神的儒家人性论与传统的礼教相分离。不但表现为将“性善论”直接解释为权利平等的根据，而且呈现为将传统儒学中处于边缘性（甚至是异端性）的观念诠释为中心的乃至支配性的观念，譬如《仁学》以“通”（平等）为其中心，康有为则将《礼运》中的寥寥数语改造和发挥为以“平等”作为基本原则的《大同书》。在随之而来的“平等”不断发现其运用范围的阶段，从儒家系统内部所做的诠释，中心在证明儒家文化可以是促成中国现代化的有效资源。不但包含有“性分平等”的儒学心性论在现代新儒家的哲学创造中获得了可观的成绩，而且历史学也意在描写政治、经济和社会平等与古代传统的某些连续性。现代性的困境是现代新儒家崛起的根源之一，为了应对这一困境，平等观念在儒家系统的诠释不但意在说明儒家文化与现代化之接榫，更在于提出儒家文化可以诊治现代性的弊病，包括用社群主义的平等观替代个人主义的平等观。

由此看来，19 世纪晚期以来，通过这四个向度的诠释，已经形成了儒家平等论的现代性话语。但是正如我们前面分析的那样，其中不但存在着历史与价值的紧张，对于历史事实的描述与对于儒家价值的肯定之间充满着争论；而且儒家资源如何接续（或“开出”）现代平等观念，也尚在未定之天。从比较单纯的学理讨论来提问，儒家性分平等或“人皆可以为尧舜”的理论，当初为什么没有对社会关系与政治制度的不平等现实构成实际的挑战？或者说，一个可以被现代人理解为普遍平等的存在论命题，为何曾经长达几千年之久都没有转变为像现代平等论那样改变现实世界的规范？从文化心理说，为什么所谓“内在平等”并没有实际地转变为传统士大夫追求“外在平等”的精神动力？近代激进的平等主义者批评这是儒家理论的虚伪性，或者说是儒家政治的“阴阳之道”（所谓乡愿与大盗的结合）。马克思主义者认为必须对平等这一历史的范畴做阶级的分析，

"平等"观念的确立根本上取决于"交换价值的交换",所以应该从社会生产方式去说明。取"同情的理解"的自由主义者的解释是:儒家通过其不断的道德说教给专制政治以种种限制,同时也未尝没有起到某种"软化"批评对象的作用。

从知识社会学的视角看,另一个可以成立的解释是:当我们将它作为现代平等论理解的时候,实际上已经将其抽象为普遍的命题了。而从来不离开人伦关系来讨论认知的儒家,其学说面对的并非所有人,而只是"士"以上的阶层。这甚至延伸到孔子著名的"有教无类"命题。在这个向度上,古代儒家发展出"天命之性"和"气质之性"、工夫和本体、道问学和尊德性等一系列复杂理论。而为了回答实际生活穷/达的不平等,又有"力命之争"和"命遇之辩"的种种理论。但是,性善论以及人皆能成圣的理论无论如何繁复都只能走向人作为道德主体是平等的结论,而不能直接跳跃到现代民主所需要的人作为政治主体是平等的原则。换言之,在政治、宗教和道德分离的现代社会,哲学对于道德理想主义的贡献,并不能自动地担保政治和社会的广泛平等得以证成。

关于这一点,儒家中人不乏明智之士,譬如徐复观虽然也曾把孔子描写成"平等"的先知,但是他对于古代儒家在政治哲学方面的缺陷却深有察觉,尤其注意到以个人对他人的义务为限度的"平等",与以个人权利为基础的平等,两者间的裂隙,正是现代民主所不可或缺的政治主体意识之阙如造成的。[1]因此特别强调必须改变儒家"德治"理论垂直运用政治权力的固有理路,使民众通过启蒙获得政治自觉,因而从道德的主体转变为政治主体。为此他批评先秦以后一般儒家总是站在统治者一面为解决政治问题寻找出路,"而很少以被统治者的地位,去规定统治者的政治行动,很少站在被统治者的地位来谋求解决政治问题"。"因为总是站在统治者一面设想,总是君道、臣道、出处之道,并未成就政治学。"[2]至于启蒙的途径,不仅要通过教育平等来实现社会平等或者政治平等,而且与维系和发展自由竞争的资本主义相联结。这就使得对孔孟"平等"观念的诠释越出了儒家的系

[1] 李维武编:《徐复观文集》第一卷,第120页。
[2] 同上书,第117页。

统，而带有明显的自由主义色彩。

与在经济平等问题上儒家的诠释只是重复了多少有些笼统的原则（对于古代选举制度的新兴趣似乎也没有提出解决现代教育平等和政治平等的新思路）不同，更具有理论创造性与实践挑战性的是在解释儒家平等观的时候凸显的社群主义平等观念：在一个没有以个人主义为基础发育出西方式民主政治的国家，“建立在个人的公共源头基础上的平等”是否是更为合理的选择？它后面不仅包含了对于儒家传统的认识与取舍，而且涉及我们在追求平等的同时，也在追求秩序、繁荣、福祉和进步，因而都需要恰当地处理等级、特权和权威，而不是完全取消它们。换言之，既然绝对的平等将既不可欲也不可能，那么，是继续以普遍主义的方式推进平等的扩张，还是将垂直运用的政治权力与一体互补的社会伦理互相结合？它是否可能以及如何可以帮助我们成功地走出独特的政治现代化之路？所有这些，都给理论研究和实践活动留下了巨大的空间。

第二节　“僈差等”与“刑无等级”
——墨家与法家的观点

作为一个具有多种向度的观念，从对人的相同性的不同向度的肯定，到范围广泛的“公正的平等”的诉求，平等不断展现着其自身的复杂性。因此，我们在追溯古代思想的遗产时，在典型的中国思想中，可以发现包含着被现代人视为具有某种“平等”意味的理论，并不只有儒家一脉。道家、墨家和法家，各自也曾经在不同的向度上表达过自己的观念。本节只是扼要地讨论墨家和法家的问题，而把对于道家的讨论放在第三节。这是因为，从研究平等观念在现代中国嬗变的角度，我们似乎应该更多地注意对于中国知识分子产生过持续和深刻影响的老庄，和对中国民间社会和民众心理具有广泛影响的道教。墨家和法家，在儒术独尊的中国古代，前者几近绝学，后者也只是以隐身的方式存在，所谓儒表法里、王霸道杂用，庶几近之。所以作为古老的学派，它们对于中国社会影响的程度，与儒道都有相当距离。

一

孟旦的《早期中国“人”的观念》，认为先秦时期开始，有一个中国的自然平等观念的兴起，而后中国人就广泛地共有这个“自然平等”的观念，而它之产生，应该从春秋时代对于世袭制度的否定这一历史性转变中寻找原因。虽然“自然平等”（natural equality）这个概念，能否表达先秦时代中国人关于人的相同性的认识，可谓大有争议，[1]但是注意在和社会史的结合中去描写平等的观念史，这个方法是可取的。在那个“王纲解钮”的时代，“礼崩乐坏”——原有的等级制度已经崩溃，百家争鸣的中心是以什么样的制度去取代已经失效的制度。孔子意

[1] 孟旦说先秦时期，有所谓“The emergence of the idea of natural equality in China”。在他那本 *The Concept of Man in Early China* 中，“natural equality”（中文版的译者将其翻译为“自然平等”）几乎成为他描写中国古代平等观念的关键词。而这恰恰是十分可疑的。作者一方面在书的“前言”中承认，“‘平等’，当其运用于人类的时候，具有两种截然不同的广泛的意义。其一，它暗示了一切人，具有类似的价值（‘价值’的意义各不相同），应该以同样的方式来对待：他们应该接受平等的政治或经济权益，以及在法律面前受到公正的对待等等。在这个意义上，中国主流的关于人类平等的立场是，相信人（作为成人）具有不平等的德性，因此不平等的对待是合理的”。另一方面，又把一切人的“自然平等”（natural equality）作为研究主题。他把“自然平等”规定为一个描述性的术语，仅仅指人类生而具有的共同的属性或者特性。这对于中文读者，也许不是太严重的问题（尽管按照我的研究，它不是一个正确的判断），对于英文读者也许就是另一回事了。natural equality 这个概念在英文文献中，就平等论的经典而言，我们可以在霍布斯的《利维坦》（Thomas Hobbes, *Leviathan*, Andrew Crooke, 1651）、卢梭的《社会契约论》英译本（Jean Jacques Rousseau, *The Social Contract*, trans. by Maurice Cranstion, Penguin, 1980, p.68）等书中看到，而在洛克的《政府论》（John Locke, *Two Treatises of Government*, C.and J.Rivington, 1824）中看到类似的概念。因为前两本书直接用了 natural equality 这一概念，而洛克则有“the natural liberty and equality of mankind”（p.55），“Children, I canfess, are not born in this state of equality, though they are born to it”（p.161），“But though men, when they enter into society, give up the equality, liberty, and executive power they had in the state of nature”等说法。无论哪一种，所谓“自然平等”在上述三人的文本中都与“自然状态”“自然法”等联系在一起，而且重点在于与生俱来的个人权利。所以这个“自然平等”是后来“权利平等”的逻辑起点，虽然被说成仿佛是历史的起点。这是 natural equality 这个概念在英文文献中的含义，而中文的“自然平等”，给人的印象更多的是“生而平等”。但是，儒家恰恰说的是人生来并不平等，有上智下愚、君子小人、男女之别。相同的只在“性”。性是人之所以然，而不是自然。另一方面，人的目标也是相同的：成圣。圣人是人之应然，而不是实然（自然）。道家如庄子的智慧在于如何将不相同的人、事、物看成是相同的，这就是所谓“齐物论”。所以也不能说道家以为人是自然平等的。最重要的是，古代中国无论儒释道法墨诸家，基本上都不是从个人权利平等的基点来讨论人的相同性的。对于古代中国人而言，“权利平等”绝非一个真实的观念。

识到新的制度必定对旧制度有所损益，不过，他又说自己“从周”，所以有明显的传统主义倾向。

从反对世袭制度和贵族特权而言，墨家和法家的主张比儒家远为强烈。墨子说：

> 故古者圣人之为政，列德而尚贤，虽在农与工肆之人，有能则举之，高予之爵，重予之禄，任之事，断予之令……官无长贵，而民无终贱，有能则举之，无能则下之。（《尚贤上》）
>
> 古者圣王甚尊尚贤而任使能，不党父兄，不偏富贵，不嬖颜色，贤者举而上之，富而贵之，以为官长；不肖者抑而废之，以为徒役。（《尚贤中》）

对于墨子的理论，侯外庐先生曾经从“国民阶级”的政治诉求来予以评价：

> 我们以为他的理论的政治要求是企图得出古代社会的人类之平等义（兼＝平等）罢了。无可否认，这是形式的平等观，而且本质上是另一种不平等观，即墨子所谓的富之贵之和贫之贱之的对立，然而在民族贵族的旧制束缚下的当时，他敢于非“别”（反对阶级制度），这却是伟大的发现，可以说是古代社会的光辉的知识……他不但把历史的现实矛盾揭开，而且把当时的人类区别为一个“别”人阶级和一个“兼”人阶级，主别者客观上就是民族贵族，主兼者客观上就是国民阶级，所谓“兼以易别”，就是社会阶级颉颃的表现。[1]

侯外庐先生的这一评价，将墨子在对待等级、特权和地位（贵贱）上的观点，提升到自觉的阶级意识的高度，而所谓“国民阶级”是现代民族国家内部的阶级。在先秦时期，中国“人”的观念的兴起，固然都与世袭贵族制度的瓦解即所谓

[1] 侯外庐：《中国思想通史》第一卷，人民出版社1957年版，第203—204页。

“礼崩乐坏”有关，未有民族国家以前恐怕无所谓“国民阶级”。事实上，墨子所要求的“富之贵之和贫之贱之的对立”，与秦汉以后中国社会实际实行的等级制度，即按照功绩来获得特权、地位的制度，并没有根本的区别。在这方面，墨子和法家的意见也大致相同。因此，墨家后来长期成为绝学，与法家屡屡受到“刻薄寡恩”的批评一样，都不能在这里寻找原因。

与正统儒家相左的，是墨子政治学上反对世袭、主张智贤精英的政治路线，与其伦理学上的“兼爱”说相匹配：

> 天下之人皆相爱，强不执弱，众不劫寡，富不侮贫，贵不敖贱，诈不欺愚。凡天下祸篡怨恨可使毋起。以相爱相生也。（《兼爱中》）

墨子的“兼爱”理论，不但在先秦时代就被看出与儒家等级观念的差别，所以荀子批评他“僈差等”；在近代中国更是不断被解释成“平等”观念的先驱。从康有为梁启超谭嗣同到刘师培章太炎，几乎都把墨子的“兼爱”看作现代平等论的先声。[1]以梁启超为例，他屡次将墨学与西方社会契约论相比较，尤其是与霍布斯相比较。1921年他撰写了《墨子学案》，表达了早年在《霍布士学案》中相似的意见，即将墨子的兼爱、尚同等观念置于西方契约论的话语中。《墨子·尚同上》云：

> 古者民始生，未有刑政之时，盖其语“人异义”，是以一人则一义，二人则二义。十人则十义，其人兹众，其所谓义者亦兹众。是以人是其义，以非人之义，故交其非也。是以内者兄弟父子作恶怨，离散不能相和合。天下之百姓，皆以水火毒药相亏害，至有余力不能以相劳，腐朽余财不以相分，隐匿良道不以相教。天下之乱，若禽兽然。夫明乎天下之所以乱者，生于无政长。是故选择天下贤良圣知辨慧之人，以为天

[1] 见谭嗣同：《仁学》；梁启超：《墨子学案》（收录于《饮冰室合集》专集之三十九）；刘师培：《攘书·罪纲篇》。

子，使从事乎一同天下之义。

梁启超将这段话解释成墨子的国家起源理论，认为它与欧洲霍布斯、洛克乃至卢梭等的社会契约论十分相似。他进一步发挥说：

> 甚么人明？自然是人民“明”，甚么人“选择”？自然是人民选择。甚么人“立”？甚么人“使”？自然是人民“立”人民“使”。这种见解和那说“天生民而立之君”的一派神权起源说，和那“国家本在家”的家族起源说，都不相同。他说国家是由人民同意所造成的，和“民约论”同一立脚点。[1]

20世纪60年代以来通行的中国哲学通史著作也多会注意到此一问题。有的认为墨子的兼爱，是在承认贫富贵贱的差别的前提下，而不是试图消灭等级差别的意义上讲“爱无差等”；[2]也有认为墨子的“兼爱”意味着“把每一个人都看作是同自己一样的主体，而不是像牛马那样仅仅是供人使用的工具。这就更明确地表达了人道原则（肯定人的尊严，人的价值）”。同时也表达了对于“一个没有矛盾的平等社会”的梦想，后来则屡次复活在历代农民起义的口号中。[3]

人道原则的具体指向既可以是如儒家那样的理性原则，即孟子所谓人之异于禽兽者几稀；也可以是墨家所更重视的人的感性需要。出于人的理性或感性需要的共同性这样一个事实，所有的人应该被平等对待。如果说，儒家人性论蕴藏了从人性的相同性走向公正的平等的可能的话，那么，因为儒家的“仁义”以“克己复礼”为规定，即它在历史中具体展开为纲常名教，这种可能性不能不停留在抽象的领域，甚至可以出现后来戴震所批评的“以理杀人”。与儒家那样用人的

[1] 梁启超：《墨子学案》。不过梁启超似乎意识到墨子与自由主义的国家理论的差别。由于墨子“尚同”，“墨子的新社会可谓之平等而不自由的社会，揣想起来，和现在俄国的劳农政府很有点相同。劳农政府治下的人民，平等算平等极了，不自由也不自由极了”。（《墨子学案》）这与梁启超的自由主义立场是不相容的。

[2] 任继愈主编：《中国哲学史》第一册，人民出版社1963年版，第102页。

[3] 冯契：《中国古代哲学的逻辑发展》（上），华东师范大学出版社1996年版，第106—108页。

理性的相同性来证明伦理理性的至上性和等级制度的先验性不同，墨家对于人的感性需求的重视，使得其思想带有朴素的平均主义倾向："有力者疾以助人，有财者勉以分人。"（《尚贤下》）反叛的农民复活墨子的理想，就有了更合理的解释。

二

同样是反对世袭制度和社会特权，法家是另一种理路。

法家也承认"人的相同性"，但是他们通常是在"恶"的意义上肯定"人的相同性"，所以可以说是对平等作消极意义的肯定。以集法家之大成者韩非为例，他认为"自为"即趋利避害乃是人的天性：

> 夫安利者就之，危害者去之，此人之情也……人焉能去安利之道而就危害之处哉？（《奸劫弑臣第十四》）
>
> 利君死者众则人主危。故王良爱马，赵王勾践爱人，为战与驰。医善吮人之伤，含人之血，非骨肉之亲也，利所加也。故舆人成舆则欲人之富贵，匠人成棺则欲人之夭死也。故后妃、夫人、太子之党成而欲君死也。君不死则势不重，情非憎君也，利在君之死也。故人主不可以不加心于利己死者。（《备内第十七》）

韩非并不是第一个阐明人性恶的哲学家，他所师法的荀子早就说过：

> 今人之性，生而有好利焉，顺是，故争夺生而辞让亡焉；生而有疾恶焉，顺是，故残贼生而忠信亡焉；生而有耳目之欲，有好声色焉，顺是，故淫乱生而礼义文理亡焉。（《性恶》）

同样是主张性恶论，即同样在消极的意义上肯定人的相同性，却出现了两种不同的对待之道。

作为儒家，荀子的性恶论是其成人之道的一部分，另一部分是其人为

（“伪”）的理论。综合言之，为“性伪合”。但是这种综合是逆向的合。换言之，人的自然本性表现出种种恶的倾向，如果顺着这种倾向，不但无所谓道德，不能将“天之人”改变为“人之人”，无法成人；而且，“顺人之情，必出于争夺，合于犯分乱理而归于暴”，政治社会将归于瓦解。所以应该以礼法来加以矫治，通过教化人呈现出通向圣贤的相同的可能性（平等）。

作为法家，韩非的性恶论是其治国之道的一部分，而不必像儒家那样要通过道德的环节来运用其治平之具（德治）。按照太史公的说法，韩非追求“修明其法制，执势以御其臣，富国强兵而以求人任贤”。（《史记·老子韩非列传》）为此，需要的不是对于人性的矫治，而是顺乎人性的本然趋向而实现人主的功利性目标。所以韩非说：

> 凡治天下，必因人情。人情者有好恶，故赏罚可用。赏罚可用则禁令可立，而治道具矣，君执柄以处势，故令行而禁止。

这被西方汉学家评论为“一个主要以痛苦与快乐为基本导向、以简单的人性模型为基础的行为主义的方案”。[1]因为它基本上只是用人们可见的行为或行为倾向来说明人心或人性，而排除了更复杂的精神现象如情感、情绪和信念等因素。按照这样的假设，人们在每一种环境条件下都总是追求能产生最大快乐（最少痛苦）的行为。

法家所持也是一种“人的相同性”预设。尽管其“霸道”后来不是一种正统的意识形态，但是对于实际的政治生活依然持续地发生了作用。数千年来地方官僚被冠之以“牧民”的头衔，就是一个凭证。但是，韩非乃至整个法家更值得注意的是另一方面的问题；与原始儒家强调的“刑不上大夫、礼不下庶人”相反，法家强调法律的普遍有效性。“能去私曲就公法者，民安而国治；能去私行行公法者，则兵强而敌弱。”（《韩非子·有度》）从商鞅强调“刑无等级”，因而可以

---

[1] [美] 本杰明·史华慈：《古代中国的思想世界》，程钢译，江苏人民出版社 2004 年版，第 345 页。

惩罚犯法的太子开始，法家就坚持君主以明文法同等地对待所有臣民，而不管他们的地位高低。在普遍的、非人格化的刑法面前，人与人是平等的。

较早指出先秦法家这类观念的是胡适。他不但认为与儒家的“亲亲主义”不同，韩非等法家已经是一种“平等主义”，具备了“法律平等的基本观念”，同时似乎也包含了一种客观主义。[1]与此相联，胡适认为从孔子到韩非，表明中国古代“法治逻辑”的一大进展：

> 法治逻辑的首要因素是普遍性原则。法不再是“象”，甚至不再是为供世人向往而提出的理想关系，而是特殊事物的同一种类必然由之产生的标准的“法”或“模范”。
>
> 与普遍性原则紧密相联的是客观性原则……法要使贤、庸之主都能用以进行统治。此外，法治使统治者从个人统治的重大责任中解脱出来。[2]

这不但与胡适的自由主义立场有关，而且与某些西方汉学家的观点非常相似。这些汉学家从中看到的是马克斯·韦伯工具理性意义上的理性主义，看到的是当代西方社会科学在古代中国的“萌芽”。[3]在20世纪中国人看来，法家严厉推行过、但在汉魏以后法律儒家化中逐渐丧失的法的精神，需要在民主政治的框架中重建。其中最重要的原则之一，就是在法律面前人人平等。

然而，法家对于法的推崇，并非现代法治意义上的“法律面前人人平等”，因为它不是对于个人权利的普遍肯定，个人没有因为同为政治主体而平等，正如墨子的“兼爱”乌托邦也不是现代意义上的平等关系。因为实际上他们都承认一个基本的预设：君主是政治权力包括法律的唯一来源，他的权威毋庸置疑。所以墨子主张“尚同”：

---

[1] 《胡适全集》第5卷，安徽教育出版社2003年版，第512—513页。
[2] 同上书，第180页。
[3] [美]本杰明·史华慈：《古代中国的思想世界》，第342—347页。

闻善而不善，皆以告其上，上之所是，必皆是之；所非必皆非之，上同而不下比者，此上之所赏，而下之所誉也。意若闻善而不善，不以告其上，上之所是，弗能是，上之所非，弗能非，上有过，弗谏规，下有善，弗傍荐，下比不能上同者，此上之所罚，而百姓所毁也。（《尚同上》）

而法律在法家那里不过是君主用以驾驭群臣和人民的工具，换言之，他们都承认君权具有凌驾于臣民之上的特权，除了实际的成败和效用考虑，它几乎是不受限制的。而现代社会的"法权平等"，是民主政治的一部分，它所要求的"法治"，其要义在于以法律来限制权力，建立在人人平等的合作基础之上，而不再是由一个垂直的权力驱使，或者由于接受自上而下的指令才得以实现。这一点即使在 20 世纪 70 年代赞扬法家及其"法治"的时候，也还没有得到必要的澄清。[1]

[1] "文革"中曾经有过一场"评法批儒"的政治运动，报刊上发表了相当一批表彰法家尤其是韩非的文章，其基本标准当然是过度夸大和泛化了的阶级斗争理论，包括暴力革命的学说和无产阶级专政的理论。但是这些文章通常会提到法家反对世袭制度，主张"废公族疏远者"（吴起）、"内不私贵宠，外不偏疏远"（商鞅）；在选拔官吏时，"内举不避亲，外举不避仇"，"因任（能）而授官"。（《韩非子·说疑》）同时不少文章表彰韩非"'以法治国'的政治路线"："所谓'废先王之教'，就是要废除旧的'礼治'，打破奴隶制尊卑贵贱的等级秩序。所谓'以法治国'，就是要实行'法治'的政治路线，凡国家居民，无论尊卑、不分贵贱，都必须把国家的法作为言行的准则，有功者赏，违法者罚，不能例外。"（刘文英：《战国新兴地主阶级的思想家——韩非》，《兰州大学学报》人文科学版 1974 年第 3 期）另一篇文章则如此说："韩非认为，政权的巩固，必须坚持'公法'。他说：'当今之时，能去私曲就公法者，民安而国治；能去私行行公法者，则兵强地而敌弱。'他认为为了保证国家不被腐蚀，不被仍然保存着强大势力的'私家'（奴隶主贵族）所推翻，'人主'必须坚决贯彻'法'的原则：'使法择人'，'使法量功'。一切以法来校定……他指出，'当今'的法，和'先王'（奴隶制）的'法'的最大的不同，就是'法不阿贵'。'法之所加，智者弗能辞，勇者不敢争'。韩非这里所说的'贵者'、'智者'、'勇者'，都是指奴隶主贵族的势力。他针对着保护奴隶主特权的所谓'刑不上大夫，礼不下庶人'的统治原则，提出了'刑不避大臣，赏善不遗匹夫'的原则，坚决打击奴隶主所享受的特权。""必须通过审察和选贤，把地位还不显贵的地主阶级选进政权里来。他说，审察吏才，应该'听其言必责其用，观其行必求其功'，通过'任之以事'来考察他们的智愚。韩非认为，只要是'贤能'的，不管地位怎样卑贱也应该选拔上来。"（孙长江、乔长路：《法家的杰出代表——韩非》，《北京师范大学学报》1973 年第 1 期）与此类似的文章还有：王兴旺的《略论韩非的法治理论》（《西北师范大学学报》社会科学版 1974 年第 3 期）、巩政的《韩非——先秦法家思想的集大成者》（转下页）

总之，就法家思想中与“平等”观念相关的“人的相同性”理论而言，有一点最与现代平等观念相冲突，即其明确的权威主义。这在墨家思想中同样存在着，不过是以另一种方式存在。墨子讲“天志”讲“尚同”，都强调世俗的权威（王权）来自超越的权威（天意），并且是社会秩序与是非的唯一来源与标准。所以虽然其学说“僈差等”，但是所有人都无条件地服从一个禀受了“天意”或“王命”的世俗的权威，与现代意义的平等就有了根本的区别。

第三节　“以道观之，物无贵贱”——道家政治抗议与玄学创造的双重意蕴

在先秦诸子中，道家尤其是庄子及其后学，对于政治和社会生活的贵贱分殊和等级伦理，提供了最具深度的批评性理论，展开为现代人可以从存在论、认识论、伦理学和人生哲学等多个向度加以理解的丰富思想。从其历史影响看，近代以来中国思想家试图用道家尤其是庄子学说去接续西方平等观念，有某种程度的合理性。因为，平等就其包含着抗议性原则而言，它是对于等级、地位和特权这类社会差别的否定。这与先秦时代特殊的语境有关。在“古今礼法”之争的总题

(接上页)（《北京大学学报》哲学社会科学版 1974 年第 3 期）、伍戈的《新兴地主阶级反复辟斗争的思想武器——谈韩非的“法治”理论》（《陕西师范大学学报》哲学社会科学版 1975 年第 3 期）、旭远的《读韩非的〈定法〉篇——兼论新兴地主阶级的“法治”思想》（《中山大学学报》社会科学版 1974 年第 4 期）、《韩非的思想及其历史作用》（《人民日报》1974 年 4 月 21 日）、梁凌益的《先秦法家思想的集大成者——评〈韩非子〉》（《人民日报》1974 年 9 月 11 日）、石仑的《论尊儒反法》（《人民日报》1973 年 10 月 25 日）、洪蛟的《韩非的思想及其历史作用》（《解放日报》1974 年 4 月 21 日）。所有这些文章几乎众口一词，都属于表达“左”政治意志和意识形态的官方标准文本。文章都没有将“平等”赋予韩非和其他法家，但也在某种程度上曲折地表达了那个时代占据主流地位的平等观念。第一，政治参与和获得官职的机会，在同一个阶级中是平等的。那类文章的叙事策略是借在地主阶级中“选贤任能”来表达“无产阶级”的“组织路线”。第二，政治是阶级间的斗争，所以“法律面前人人平等”就转变为“同一个阶级的人在法律面前是平等的”。第三，“法治”的意义不是用法律来限制权力，而是用法律来统治国家与人民。不是从权利平等的角度来讨论法律如何保护人民的合法权利，而主要是强调法律将同样地惩罚违反法律的人们。“文革”中的“评法批儒”作为一个政治事件，很快就被“彻底否定”；但是，对于“法治”的权威主义的解释，直到“文革”结束以后相当长的时间里，依然是一种主流的意识形态。它与经济上的平均主义构成了那个特殊时代平等观念的主体。

目之下，围绕着政治社会中等级、地位、特权等差序关系及其制度设置的合理性，先秦诸子展开了激烈的关乎“贵贱”的争论。如果说儒家的宇宙就是一个划分出等级然而又是和谐的组织，因此贵贱之分有先天的根据；墨家和法家以功业来决定贵贱，并且主张服从一个具有高度排他性的权威作自上而下的管制；那么，道家的立场是从根本上否定贵贱分殊及其制度化安排（礼乐）的。这从老子首开其绪，在庄子及其后学那里，它进而分化为：一，激进的一翼表达出强烈的批判意识及其客观化意图；二，转变主观世界因而持相对温和的否定性立场。后者占据主流地位，由此将一个高度实践性的问题内转为认识问题。它可以归结为一个经典命题：“以道观之，物无贵贱。”

一

道家对贵贱分殊和等级伦理的批评，其最直接的目标是儒家学说，因为儒家历来坚持宇宙本身是有等级的，人类社会是宇宙等级的一部分，伦理关系乃是宇宙秩序的缩影。而道家坚持宇宙服从的只是自然原则。老子所主张的“无为”，已经用一种抽象的方式否定了儒家伦理政治。老子说：

> 大道废，有仁义。智慧出，有大伪。六亲不和，有孝慈。国家昏乱，有忠臣。（《老子》十八章）
>
> 失道而后德，失德而后仁，失仁而后义，失义而后礼。夫礼者，忠信之薄，而乱之首。（《老子》三十八章）

在老子看来，体现儒家伦理政治基本原则的“仁”“义”“礼”，都是对于统一的大道的破坏。作为世界统一原理和发展法则的“道”，“道法自然”，因而是万物的根源和动力，是绝对的存在：

> 故道生之，德蓄之，长之育之，亭之毒之，养之覆之。生而不有，为而不恃，长而不宰，是谓“玄德”。（《老子》五十一章）

从统一的大道到万物的产生与发育，遵循的是自然原则，所以万物虽然从“道”分化而来，但是“万物莫不尊道而贵德”，尚未被“人为”所破坏，不但体现了而且可以复归于“道”。“朴散为器”意指着未经人为的万物同等地分有着“道”，因而蕴涵着道家学派用自然原则来界定人的相同性。近代自由主义者以为它可以与民主的理念曲通。所以严复曾经说：“夫黄老之道，民主之国之所用也。故能‘长而不宰’，‘无为而无不为’。君主之国，未有能用黄老者也。汉之黄老，貌袭而取之耳。君主之利器，其惟儒术乎？而申韩有救败之用。”[1]它与儒术不同，儒家的仁义礼是人为的分化，用荀子的话说是“明分使群”。以道家看，则它既然破坏了自然原则，就必然导致混乱：

> 大道甚夷，而人好径。朝甚除，田甚芜，仓甚虚，服文采，带利剑，厌饮食，财货有余，是谓盗芋。（《老子》五十三章）

老子将“天之道”与“人之道”对立起来。“天之道”的规定是“自然无为”，因而是平易的，而“人之道”破坏了本来平易的“天之道”，就一定带来邪恶和不公：

> 天之道，其犹张弓与？高者抑之，下者举之；有余者损之，不足者补之。天之道，损有余而补不足，人之道则不然，损不足，奉有余。孰能有余以奉天下，其唯有道者。（《老子》七十七章）

比起儒家对于贫富悬殊的谴责，后来的解释者从老子这里看到了更多的平均

[1] 严复：《〈老子〉评语》，收录于《严复集》第四册，中华书局1986年版，第1079页。案《〈老子〉评语》最初出版于1905年，此时的严复对于传统文化的总体观点已经发生了变化。在稍早一些的1902年，严复曾说过：“夫自由、平等、人权、立宪、革命诸义，为吾国六经历史之不言固也，然即以其不言，见古人论治之所短。”（《主客评议》，收录于《严复集》第一册，中华书局1986年版，第115页）这种变化在其《〈庄子〉评语》中亦可发现。（见《严复集》第四册，第1147页）

主义倾向，其核心是“损有余而补不足”，包含了实践的冲动；而不仅是像儒家那样对“为富不仁”作道德的批判。

总之，通过“天之道”和“人之道”的对立，老子否定了义礼即社会等级秩序有自然的基础，它开启了一种解释的向度：在“道”的视域中呈现人乃至万物的相同性，由此向真实的存在回归。但是，为它提供更为繁复的论证并且有方法论自觉的，却是庄子。

二

《庄子》一书中包含了对于“仁义礼智”的批评，是所有读庄者无法回避的现象。但是最早意识到在《庄子》中可以发掘出与“人的相同性”连接的“平等”意义的，是20世纪初的一批现代思想家，如严复、谭嗣同、章太炎诸人，他们都有相似的论述。

谭嗣同将庄子当作现代平等论的先驱，他的《仁学界说》提示，“仁以通为第一义”，“通之义，以‘道通为一’为最浑括”。“通之象为平等。”[1]他为庄子的“道通为一”提供了“平等”的形而上论证，并且把“平等”从庄子的形上世界直接下降为现代性观念谱系中的权利平等。

严复则直截了当地说：

> 挽近欧西平等自由之旨，庄生往往发之。详玩其说，皆可见也。[2]
>
> 平生于《庄子》累读不厌，因其说理，语语打破壁垒，往往至今不能出其范围。其言曰：“名，公器也，不可以多取；仁义，先王之蘧庐也，止可以一宿，而不可以久处。”庄生在古，则言仁义，使生今日，则当言平等、自由、博爱、民权诸学说也。[3]

差不多是对严复、谭嗣同的直接反驳，章太炎在其晚年自视甚高的著作

[1] 《谭嗣同全集》，第289页。
[2] 严复：《〈庄子〉评语》，第1147页。
[3] 严复：《与熊纯如书（三十九）》，收录于《严复集》第三册，中华书局1986年版，第648页。

《〈齐物论〉释》的序言中说《庄子》:

> 维纲所寄，其唯《逍遥》、《齐物》二篇。则非世俗所云自在平等也。体非形器，故自在而无对；理绝名言，故平等而咸适。

不过他很快就做了修正和补充，在这篇论文的正文开头又说:

> 《齐物》者，一往平等之谈，详其实义，**非独等视有情，无所优劣，**盖离言说相，离名字相，离心缘相，毕竟平等，乃合《齐物》之义。此即《般若》所云字平等性，语平等性也。其文皆破名家之执，而乃兼空见相，如是乃得荡然无阂。若情存彼此，智有是非，虽复泛爱兼利，人我毕足，封畛已分，乃奚齐之有哉？……齐其不齐，下士之鄙执；不齐而齐，上哲之玄谈。自非涤除名相，其孰能与于此？[1]

我们不难发现，《〈齐物论〉释》是一部典型的哲学论文，而主要的不是政治学著作。其论述的中心在于“不齐而齐”的“玄谈”，而不是如何“齐其不齐”的实践。不过我们不应该误以为该文只是谈论抽象的玄理，与其政治思想无关。因为他毕竟承认《齐物论》有“等视有请，无所优劣”的观念。[2]而且章太炎事实上是将两个层面的“平等”(“等视有情”与“毕竟平等”)看成是互相联结的，“毕竟平等”兼容并提供了实现“等视有情”的世界观和方法论。因此，《〈齐物

[1] 章太炎:《〈齐物论〉释》，收录于《章太炎全集》(六)，上海人民出版社 1998 年版，第 4 页。文中黑体字为引者所标。

[2] 章太炎对于《齐物论》的重视包含了其政治理想的成分，20 世纪初在讨论无政府主义等政治思想的时候，常常引《齐物论》为重言。如为张继所翻译的意大利人马剌跌士达的《无政府主义》所作的序言中就说：无政府主义可以“堕高堙卑，丘夷渊实，荡覆满盈之器，大庇无告之民”，即实现平等尤其是经济平等。“若能循齐物之妙义，任夔蚿之各适，一人百族，势不相侵，井上食李之夫，犬儒裸形之学，旷绝人间。老死自得，无宜强相凌逼，引入区中，庶几吹万不同，使其自己，斯尤马氏所未逮乎?”(《章太炎全集》(四)，第 2385 页)所以，玄学的《齐物论》与政治批评的《齐物论》在章太炎那里始终是结合在一起的。

论〉释》可谓是中国现代哲学家从庄子的路径来论证“平等如何可能”的最有代表性的著作。[1]它同时也提示了《庄子》平等观念的双重意蕴。

总之，《庄子》给近代中国哲学家提供了诠释平等观念的一份古典时代的遗产。

按照章太炎的提示，我们“细玩”《庄子》其说，首先当然是道论。按照庄子

[1]《庄子》一书中的政治思想与哲学创造两者之间的关系，原是庄子研究中一个颇有歧见的问题。激烈的政治批评更多地出现在外篇。从儒家的立场看，《庄子》一书对于儒家的批评其实都带有政治的意味，不过内篇中政治批评没有影响其哲学的创造。譬如王夫之说《庄子》“《内篇》虽轻尧舜，抑孔子，而格外相求，不党斜以丑正；《外篇》则忿戾诅诽，徒为轻薄以快其喙鸣。《内篇》虽与《老子》相近，而别为一宗，以脱卸其矫激权诈之失；《外篇》则但为《老子》作训诂，而不能探化理于玄微”。（王夫之：《庄子解》，收录于《船山全书》第十三册，岳麓书社 1996 年版，第 184 页。）《庄子》外篇中那些抗议性文字，包括对于“贵贱之辩”的否定和道德谴责，似乎都只是出于个人的怨愤，图一时之嘴巴痛快，自然没有什么价值。而魏晋玄学家如郭象等却意在发挥其“内圣外王之学”，按照汤用彤先生的研究，《庄子注》的主旨“内圣外王之义，乃向郭解《庄》之整个看法，至为重要。且孔子贵名教，老、庄崇自然。名教所以治天下，自然所以养性命。《庄子注》之理想人格，合养性命、治天下为一事，以《逍遥游》、《齐物论》与《应帝王》为一贯。于是自然名教乃相通而不相违”。（《汤用彤全集》第四卷，河北人民出版社 2000 年版，第 90 页）近代思想家会比较注意《庄子》的政治思想，譬如严复有《〈庄子〉评语》，按照曾克专的序言，严复“其言曰，庄知义命之不可违，则述人间之世，待群己之已体，则有德充之符，处则为大宗师，《周易》见龙之在田也，达则为应帝王，《周易》飞龙之在天也”。（《严复集》第四册，第 1148 页）好作高明玄思的哲学史学者，大多忽略那些政治抗议（尤其是出现在外篇的言论），因为它们似乎太缺乏理论深度。在《〈齐物论〉及其影响》这本精湛之作中，陈少明教授则采取一种兼容的态度，他指出：“庄子所辩论的对手是儒与墨，批判的内容是由仁义之争引起的是非问题，是由反仁义上升到泯是非的。”“哲学批评同政治抗议在庄子那里，本来是相表里的事情。但庄子后学中的不同派别，却从不同角度发扬其不同层次的思想。”（北京大学出版社 2004 年版，第 48、49 页）这些对于我思考该问题都有帮助。不过，他同时又认为，那些政治抗议性的文字，意义很明确，几乎不需要进行任何诠释。在我看来，围绕着“贵贱之辩”所出现的抗议性文字，单独地看，似乎意义很明确。但是这些意义明确的表述如何与那些玄远难解的哲思构成“表里”关系，恰恰是需要通过诠释来揭示的。不过这种诠释并不局限于玄思的逻辑分析和语言分析，而更多地要从其政治抗议的意图及其具体诉求在何种社会条件下发生，以及一并发生了某种变形来理解。换言之，在我看来，《庄子》一书，政治批评具有逻辑上的优先性。虽然其玄思妙理进入了独立的哲学创造领域，并让后人赞叹不已，但是对于庄子而言，没有那些愤世嫉俗的政治批评，很难想象是否还会有那些高明的玄谈。在本研究的主题看，没有对于“贵贱”分化和制度设置的否定，就没有“以道观之，物无贵贱”的系统理论。因此，庄子思想的政治批评和哲学展开之间的关联性是如何构成的？出于这种关联性的哲学理论在其展开中是否以及如何改变了政治批评的方向，并因而发生了什么样的形态转变与意蕴扩展？都是很有意义的问题。总之，玄学虽然可以被称作“悬学”，但是隔离经验的纯思如何获得悬空的动力，并非“悬学”自身可以单独回答。

的说法："万物一齐，孰短孰长？"（《秋水》）道乃无所不在，甚至在蝼蚁、在稊稗、在瓦甓、在屎溺，真是"每下愈况"，"周、遍、咸三者，异名同实，其指一也"。（《知北游》）我们可以从中推论出所有的人都具备得道的内在根据。

不过，如果仅仅如此，那么庄子与孟子等儒家就差别甚微了。因为孟子的性善论就其承认人成就德性的普遍性上，与庄子的思想没有区别。但是事实上，《庄子》一书，像老子一样，乃是出于对儒家学说的反动而创作的。庄子对儒家的攻击集中在礼乐以及为此辩护的仁义学说。极而言之，似乎放大为对文明的攻击。不过，我们不可忽略庄子对儒家的批评有更具体的内容：它首先就是庄子不满于贵贱、贫富的差别，以及保护人际不平等关系的制度设计，但是又意识到不平等关系的现实性。《庄子》在此作出了一个柏拉图式的精神转向：如果不能改变世界，就应该改变自己——改变自己看待世界的方式。因而把政治诉求和政治思想（如何处理贵贱、贫富等的权力关系），转变为从认识论和价值论入口的人生智慧。简言之，就是"不离是非而无是非"。"是非"包含着双重意蕴：从认识的向度包含着真实与虚假、正确与错误的区别；从价值的向度包含了肯定与否定、承认与排斥的区别。通过认识和价值双重意义上的"是非"之辩，要达到的并非世俗智慧的"是其所是而非其所非"，而是"不离是非而无是非"的逍遥境界。此一境界内在地包含了三个相关的环节：第一，对于区分"是非"本身的否定和批判；第二，对于"是非"作有保留的肯定和容受，即"安时处顺"；第三，"游心于物"而达到"以道观之"的"齐物论"。

所有这三个环节，指涉到的具体的"是非"之区别，有"大小""有用无用""对错""美丑""贵贱""贫富"，以及"荣辱"等多方面的内容。分析这些所指将呈现出"是非"之辩的最终目标，并非单纯的认识之真伪，而更多的是价值的判断。因为如果我们作基本的社会史还原，它们就都可以被看作围绕着以"贵贱"为中心的社会等级差别而展开的。"大小""有用无用""贫富""荣辱"甚至"美丑"，在某种意义上都可以归结为"贵贱"差别。在一个不平等的社会中，"贵贱"是对等级、特权、地位等诸多差别的抽象和概括，具有根本的意义。即使是现代人更重视的"贫富"差别，在古代社会也远远没有贵贱差别重要。贵贱和贫富虽然常常相联结，成为富贵和贫贱的对立，但是在古代社会，还是两个不同范畴的社会差别。“贫富”主要是经济地位的差别，涉及人的物质生活的富裕程度，与人的承认的要求和“自尊”，虽不无关系但关系相对较弱。在儒家的价值系统中，“富”并不天然具有正面的价值。孔子说：“不义而富且贵，于我如浮云。”（《述而》）这里的“富且贵”，恐怕主要说的是“富”，以及因富而贵，如果它们不符合“义”，就决非真正的尊贵。真正的“贵”是合乎礼义地享有高出常人的身份、特权与地位，即“名分”和因为“名分”而带来的财富、特权等，而不会单纯因为“富”而“贵”。这就是为什么商人在中国古代社会被排在“四民”之末的原因。“贵贱”之分则指政治权力的占有不同，它包含了特定的“人的依赖”关系。贫者未必依附于富人，“贱”者一定臣服于“贵”者。在一个差序结构的社会中，贵贱凸显了身份、地位、特权等的差别，不但是权利，而且是承认和尊严的差别。对于古代社会的政治经济学分析可以说明，贵贱的差别是首要的，通常主导了贫富差别。因此，围绕着“贵贱”（以及由此而来的“有用无用”“荣辱”“大小”“贫富”等）所发生的争论，可以说是庄子对于社会不平等批判的本然形态和具体展开。

围绕着“贵贱”，在第一个环节，《庄子》一书包含了两个层面的批判。从世俗生活的层面，对包含在“礼义”之中的权威、特权、等级、地位等施以尖锐的批判；从哲学认识论的层面，则是以相对主义批评孟子式的绝对主义，从而提供一种否定性的理论方法。

对于“是非”的批判，在庄子那里首先表现为对儒家等级制度的基础——君子小人之分——施以攻击：

> 天之小人，人之君子；天之君子，人之小人。（《大宗师》）
>
> 自三代以下，天下莫不以物易其性矣。小人则以身殉利、士则以身殉名，大夫则以身殉家，圣人则以身殉天下……其殉一也，则有君子焉，有小人焉，若其残身损性，则盗跖亦伯夷已，又恶取君子小人于其间哉！（《骈拇》）
>
> 夫至德之世，同与禽兽居，族与万物并，恶乎知君子小人哉！……夫残朴以为器，工匠之罪也；毁道德以为仁义，圣人之过也。（《马蹄》）

庄子的类似批评，让20世纪初期刚刚接触到卢梭的中国人，看到了两者间极大的相似性。从不平等的发生史看，理想的时代是浑朴而未加分化的时代，所以“至德之世”没有贵贱等级之分；贵贱分化导致不同等级的人各有所“殉”，但是在“残身损性”上，所有的人实际上又都相同。人们既然已经丢失了本性，就只能在时势变迁之流中随着世俗而沉浮：

> 由此观之，争让之礼，尧桀之行，贵贱有时，未以为常也。……帝王殊禅，三代殊继。差其时，逆其俗者，谓之篡夫；当其时，顺其俗者，谓之义徒。默默乎河北，汝恶知贵贱之门，小大之家！（《秋水》）

这就是《秋水》中所批评的“以俗观之，贵贱不在己”，而且按照《庄子》的观点，区分贵贱根本就是认知的谬误，恰如我们喜欢区分是非、大小、高低等等。值得注意的是，汉语中“是非”“大小”“高低”等，在汉语的实际使用中时常并非只限于事实判断，而常常同时带有或本身就是价值判断。《庄子》一书通常将上述“是非”“大小”“高低”等连用，形成修辞学上的排比方式，表达的还是“贵贱”——价值的高低——的区别。因而否定“贵贱”之分，可以具有普遍的方法论意义：

> 以道观之，物无贵贱；以物观之，自贵而相贱；以俗观之，贵贱不在己。以差观之，因其所大而大之，则万物莫不大；因其所小而小之，则万物莫不小；知天地之为稊米也，知毫末之为丘山也，则差数睹矣。（《秋水》）
>
> 是故大人之行……世之爵禄不足以为劝，戮耻不足以为辱，知是非之不可为分，细大之不可为倪。（《秋水》）

这反过来也证明，哲学家通常在玄理的层面所欣赏的庄子所谓“以道观之，物无贵贱”，其最初的动机与在经验世界对应的问题，正是对“贵贱”即社会等级的否定。因此，在庄子的思想世界中，政治抗议在事实上应该优先于哲学玄思。正如在《庄子》一书中，政治抗议在逻辑上优先于哲学创造。不过庄子的天才使得他不会只停留在主观的诉求或道德的谴责，而将其上升为普遍的世界图景与生存智慧。这种令后来的哲学家激赏的“上升”，同时也是知识社会学所说的“知识的变形”，因而构成了某种古代的乌托邦，其成因则应该从主观诉求与社会条件之间的紧张去获得解释。这一点我们后面再加以讨论。

在主观诉求和道德谴责方面，《庄子》一书包含了非常激进的倾向，不但认为社会划分为等级是出于虚假意识，而且愤怒地揭露“贵贱”之分的虚伪和反道德：

> 无耻者富，多信者显。夫名利之大者，几在无耻而信。故观之名，计之利，而信真是也。若弃名利，则士夫之为行，抱起天乎！
>
> 小盗者拘，大盗者诶诸侯，诸侯之门，义士存焉。昔者桓公小白杀兄入嫂而管仲为臣，田成子常杀君窃国而孔子受币。论则贱之，行则下之，则是言行之情悖战于胸中也，不亦拂乎！故《书》曰：“孰恶孰美？成者为首，不成者为尾。”（《盗跖》）
>
> 尧杀长子，舜流母弟，疏戚有伦乎？汤放桀，武王杀纣，贵贱有义乎？王季为适，周公杀兄，长幼有序乎？儒者伪辞，墨者兼爱，五纪六位将有别乎？（《盗跖》）
>
> 彼窃钩者诛，窃国者为诸侯，诸侯之门而仁义存焉。（《胠箧》）

对于礼乐仁义的批评，由于比较集中于《庄子》外篇，所以被认为是庄子后学中的一支。它们蕴涵着与权力与体制的不合作态度，甚至可能发展为某种程度的政治反抗。

庄子后学的这一倾向，在魏晋时代曾一度有过显著的表达，但是总体上处于伏流或者支流状态；其主流则是沿着生存智慧的方向作哲学理论的建构：最重要的则为带有泛神论色彩的“道”论，与相对主义的认识论。[1]

---

[1] 关于这两个问题，业师冯契教授有精到的论述，见冯契：《中国古代哲学的逻辑发展》（上册）。我对它们的新解释，主要之点不在庄子“道”论和“认识论”本身，而在于注意从知识社会学看，庄子对于儒家礼乐的批评，如何在展开为形上学理论时有所变形。而庄子的相对主义也并不局限于知识论的论域，他所主张的同时是价值评判的相对性。

三

庄子的“道”论与其关于“贵贱”问题的政治诉求之间的关联，其实是非常明晰的。尤其因为其“每下愈况”的论说方式，这种关联被明确地显示出来。他说：

> 夫昭昭生于冥冥，有伦生于无形，精神生于道，形本生于精，而万物以形相生。（《知北游》）

一切有形之物，无不生于道；尽管有形之万物形式上存在诸多差别，包括人类的社会差别（伦理），但就其真实的存在（“道”）而言，却是统一的。因为道“无所不在”。如果一定要追问“道”在何处，那么庄子就用“每下愈况”来回答。通常的解释是庄子以此表达了道“无所不在”，或者“道通为一”的玄理。不过，这只是对这一段“谬悠之说，荒唐之言，无端崖之辞”的意义之界说，而没有更深入地揭示它的意蕴。郭象对“每下愈况”一句的注，却多少揭示了这一点：“今问道之所在，而每况之于下贱，则明道之不逃于物也必矣。”“下贱”两字最是要紧。案庄子所用的蝼蚁、稊稗、瓦甓、屎溺都是实物，由此构成一个逐步下行（下贱）的等级：动物、植物、器物，最后是秽物。庄子所试图言说的“道无所不在”的道理，是通过上述四类“物”被人为安排的秩序图案之“荒唐”，来传达和反证的：所有人为安排的秩序、等级即“贵贱”，都是荒唐的。换言之，具体的叙事秩序除了表达“道无所不在”的抽象道理（意义）以外，也传达了否定该秩序本身合理性的意蕴。

从其“道”论出发，“以道观之，物无贵贱”，首先就是人无贵贱。在中国古代哲学中，“圣人”是智慧的人格化身。庄子描写的圣人（或者神人和真人），大多是形体支离、长相怪异的人。这与儒家的圣人近乎完人的形象大异，由此构成的强烈反讽，颠覆了圣人与常人之间的神圣性差距。其次，庄子的有用无用之辩（后面有更玄学化的“有无之辩”）、大小之辩等，都可能包含着某种宗教性的隐喻：在道德的重要性方面，人类是平等的，最没有天赋、成就最少的人都是值得尊敬的。再次，则是后人可能体会到的“万物平等”，包括现代环境保护主义者认同的那种视角。[1]最后，建立在“道”论基础上的相对主义，则从认识论的向度提供了通达智慧的途径。

四

关于庄子的相对主义，人们已经做了足够多的诠释。不过，人们大多是在认识论的论域中加以讨论。简言之，庄子不但认为感性认识是主观的，概念不能把握真理，而且“此亦一是非，彼亦一是非”，从根本上说，没有什么足以衡量真理的普遍性标准。所以《齐物论》里王倪对于别人的提问，一问三不知，但又吊诡地说：

> 庸讵知吾所谓知之非不知邪？庸讵知吾所谓不知之非知邪？
>
> 且吾尝试问乎女：民湿寝则腰疾偏死，蝤然乎哉？木处则惴栗恂惧，猿猴然乎？三者孰知正处？民食刍豢，麋鹿食荐。蝍蛆甘带，鸱鸦嗜鼠，四者孰知正味？猿猵狙以为雌，麋与鹿交，蝤与鱼游。毛嫱丽姬，人之所美也；鱼见之深入，鸟见之高飞，麋鹿见之决骤。四者孰知天下之正色哉？自我观之，仁义之端，是非之涂，樊然肴乱，吾恶能知其辩！（《齐物论》）

这里讨论的是对正处、正色、正味的判断，此处的“正”与其说是“正确”的正，不如说的是“正当”的正。它不是在客观知识或知识与对象符合的意义上的真伪，而是与适宜、有利、有益、或审美偏好相关的判断，几乎毫无例外的都是价值性的判断。从认识论的角度看，确实可以说庄子主张主观感觉只有相对的意

[1] 韦政通称：“庄书有《齐物论》一篇，所谓齐物，即万物平等，万物一体之义。这方面的思想含有一种普遍尊重生命的伟大伦理精神。”与孟子由人禽之辩发展起来的万物等级的观念不同，“庄子的《齐物论》，其旨就在打破这种区别，要人了解宇宙万物是平等的，一体相关的，一切人为的区分都纯是主观的，人类没有权利可以任意去摧残其他的生物”。（《中国思想史》，上海书店出版社 2003 年版，第 127 页）这多少有些诠释过度。其实这也是一种“谬悠之说，荒唐之言”。庄子所论终究在人事，在人生智慧。而在下面这一点上，作者确有所见：“庄子对现实世界的态度是厌而不离，厌，是因为他洞察到现实世界人们所追求的富贵权力背后隐藏着人生陷阱……不离，是因为他与孔子同样热爱生命，但对生命的意义的了解，以及如何安顿生命的态度又不同。”（见前书，第 11 页）

义，但是认识论的相对主义也是通过价值的主观性，而通达“以道观之，物无贵贱”。在传统认识论或认识论中心主义的框架中，被解读为相对主义认识论的《庄子》，其最直接的论断是一切价值评判的相对性。而《齐物论》后面的讨论，其实就是正面讨论如何面对“利害”，进一步揭示了价值的主观性是如何发生的。庄子洞察到“利益”会如何有力地影响到人的价值判断，利害莫过于生死，最大的利益是生存。对于圣人而言，“死生无变于己，而况利害之端乎?”至于常人，正是对利益的追求和生死问题上的困惑，会扭曲他们对于事物价值的判断，所以：

圣人不从事于务，不就利，不违害，不喜求，不缘道，无谓有谓，有谓无谓，而游乎尘垢之外。夫子以为孟浪之言，而我以为妙道之行也。（《齐物论》）

它与“不离是非而无是非”的宗旨是一致的，所以其精神乃成玄英《庄子疏》所谓：“和光同尘，处染不染，故虽在嚣俗之中，而心自游于尘垢之外者矣。”

在此我们看到了庄子哲学理论方向的转变，通过其相对主义论式，由解构“贵贱”而从认识论主题转变为实践论或存在论主题。在“以道观之，物无贵贱”的总命题下，将“贵贱”区别的不合理，转变为“贵贱”本身之虚妄，因而蕴涵着改变主体自身的必要。

在批评世俗“贵贱”区隔的同时，庄子警告人们远离权力、财富和地位的诱惑，描绘“虽在俗之中，而心自游于尘垢之外”的乌托邦，原因之一是他深刻地洞察到人性对于身份地位的强烈趋向，因而正面地塑造能够拒绝特权、地位和财富，追求内心自由的理想人格：

夫希世而行，比周而友，学以为人，教以为己，仁义之慝，舆马之饰，宪不忍为也。（《让王》）

行修于内者无位而不怍。（《让王》）

或聘于庄子。庄子应其使曰：“子见夫牺牛乎？衣以文绣，食以刍叔，及其牵而入于大庙，虽欲为孤犊，其可得乎?”（《列御寇》）

庄子钓于濮水，楚王使大夫二人往先焉，曰："愿以境内累先生矣。"庄子持杆不顾，曰："吾闻楚有神龟，死已千岁矣，王巾笥而藏之庙堂之上。此龟者，宁其死为留骨而贵乎，宁其生而曳尾于涂中乎?"二人曰："宁生而曳尾于涂中。"庄子曰："吾将曳尾于涂中。"(《秋水》)

《秋水》中的这一节，与《史记》对于庄子生平的记载相类似：

楚威王闻庄周贤，使厚币迎之，许以为相。庄周笑谓楚使者曰："千金，重利；卿相，尊位也。子独不见郊祭之牺牛乎？养食之数岁，衣以文绣，以入太庙。当是之时，虽欲为孤豚，岂可得乎？子亟去，无污我。我宁游戏污渎之中自快，无为有国者所羁。终身不仕，以快吾志气焉。"(《史记·老子韩非列传》)

不过，这段让世世代代失意的知识分子引为自慰的文字，却被怀疑为文学虚构，按照钱穆考自《黄氏日抄》的说法："楚聘庄周为相，史无其事。凡方外横议之士，多自夸时君聘我为相而逃之，其为寓言未可知。又时君尚攻战权术，未必有礼聘之事。虽孟子于齐梁，亦闻其好士而说之，非聘也。纵其聘之，何至预名为相而聘之?"而钱穆的解释是，后人很可能把庄周混为同时代的庄辛了。文见《庄周生卒考》。[1]

不过，《庄子》一书中的庄子本人的形象，并非一贯的如此超然和潇洒，对于新贵常常表现出更为复杂的感情。如对于因为得宠而夸耀的宋人曹商，庄子说：

秦王有病召医。破痈溃痤者得车一乘，舐痔者得车五乘，所治愈下，得车愈多。子岂治其痔邪？何得车之多也？(《列御寇》)

---

[1] 钱穆：《先秦诸子系年》，商务印书馆2002年版，第312页。不过崔大华以为钱穆的说法也不能成立，因为钱穆似乎将寓言当作信史来考辨了。崔大华推断："庄子的一生是在穷困艰难的逆境中度过的。庄子对现实的政治和社会生活都是极度不满的、失望的，认为自己上生活在一个'士有道德不能行'的'昏上乱相'的社会里。"(见崔大华：《庄学研究》，人民出版社1992年版，第14、26页)是比较合理的。

与庄子一贯的幽默相比，譬如与他对惠施的揶揄相比，这简直可以说是恶毒了。其实，按照庄子道无所不在、“每下愈况”的逻辑，“舔痔者”与“破痈溃痤者”也并无区别。论者常常把《秋水》和《列御寇》的这两段文字相提并论，说他们都表现了庄子的鄙弃荣华，似乎有些粗糙。其实，人们在《列御寇》所塑造的庄子清高的形象后面不难感受到的一种强烈的情感——妒忌。

正如罗尔斯在《正义论》所讨论的，与平等的要求相关联的妒忌与作为道德感觉的不满，其实并不容易区分。[1]我们在《庄子》一书中看到的对于权贵、既得利益者的讽刺与抨击，也同样混杂了这两种情感。对它们的详细分辨不是本文可以完成的任务，而且在研究《庄子》“物无贵贱”论时，也并非完全必要。因为，无论是妒忌还不满，都是对于实质不平等的否定。从这个意义上，我们现在可以肯定的是，在《庄子》中并不缺乏追求平等的情感动力。事实上，这也很可能是本节开始时引用的近代哲学家之所以会从《庄子》中引申出平等观念的原因。

然而《庄子》的“物无贵贱”论毕竟没有走到现代平等观念，他的相对主义的价值观缺乏普遍主义的冲动，其实践性只停留在主观修养的领域，而没有导向“齐其不齐”的社会行动。这一点决定了《庄子》中蕴涵的“平等”没有最终越过以“人的相同性”为中心的古典含义。同时也使得其人生智慧和修养理论在回应古代“力命之争”时，与源远流长的宿命论形成了某种交叉。

庄子在抨击“贵贱”分殊，否定特权、地位和等级的同时，又主张“虽在俗之中，而心自游于尘垢之外”，即身处“贵贱”，而心无贵贱。心与身的紧张，反映的是“物无贵贱”的观念与贵贱分殊的坚硬现实之间的紧张。换言之，“物无贵贱”是“以道观之”以后实现的“心无贵贱”。而对于个人现实处境、具体的贵贱际遇之性质，尚需要进一步澄明。《庄子》就用有关“命”的理论来回答。

庄子之论“命”，已经被无数人讨论过。当然可以被解释为对于人生遭遇，或者更扩大为人生论中的“力命之争”的一般回答：

孔子曰：“来！吾语汝。我讳穷久矣，而不免，命也；求通久矣，而

[1]［美］约翰·罗尔斯：《正义论》，第576—589页。

不得，时也。当尧舜而天下无穷人，非知得也；当桀纣而天下无通人，非知失也，时势适然。”（《秋水》）

仲尼曰：“天下有大戒二：其一，命也；其二，义也。子之爱亲，命也，不可逃于心。臣之事君，义也，无适而非君也，无所逃于天地之间。是之为大戒。是以夫事其亲者，不择地而安之，孝之至也；夫事其君者，不择事而安之，忠之盛也；自事其心者，哀乐不匽施乎前，知其不可奈何而安之若命，德之至也。”（《人间世》）

死生，命也，其有夜旦之常，天也。人之有所不得与，皆物之情也。彼特以天为父，而身犹爱之，而况其卓乎！人特以有君为愈乎已，而况其真乎！（《大宗师》）

吾思夫使我至此极者而弗得也。父母岂欲吾贫哉？天无私覆，地无私载，天地岂私贫我哉？求其为之者而不得也。然而至此极者，命也夫！（《大宗师》）

人生遭际中举凡一切人力所不能达、智力所不可明的事件或现象，都应该归结为“命”。不过，如果我们做必要的社会史还原，那么不难发现，庄子所谓“命”，除了死生以外，更多的是士人的穷达、贵贱、贫富等实际的生活际遇。穷达或穷通，关乎的是贵贱；而贫富，如前文已经分析过的，在庄子的时代，主要也取决于“贵贱”。换言之，个人的社会等级如何、是否获得特权和显赫的地位，在合乎社会规范的评价中是否比其他人更卓越，其实都并不决定于个人自己。这就叫“以俗观之，贵贱不在己”。[1]尽管每个人都以为自己应该超过他人（“以物观

[1] “以俗观之，贵贱不在己”中的“俗”字应作何解，成玄英的《庄子疏》在这一句后说：“夫荣华戮耻，事出傥来，而流俗之徒，妄生欣戚。是以寄来为贵，得之以为宠；寄去为贱，失之所以为耻，斯乃宠辱由乎外物，岂贵贱在乎己哉！”“俗”似乎是流俗之徒，但是“流俗之徒”，也应该是“自贵而相贱”。不过其标准是“寄”之来去。案“寄”乃寄托、寄居之意。所以杨荣国的翻译差强似之：“从俗流的观点来看，贵或贱是为社会的制度所支配，并不在乎各个人的自己的。”（杨荣国：《中国古代思想史》，人民出版社 1954 年版，第 247 页）所以“俗”就是抽象的“世俗的观点”或“世俗的眼光”。而世俗的观点和眼光，就是合乎社会制度的正统规范，（在成玄英看来，即人们之所寄）。还原为“贵贱”问题的讨论，就是划分贵贱的社会标准，就体现在制度和风俗中。所以“以俗观之，贵贱不在己”意味着以社会通行的标准为标准。

之，自贵而相贱”），却并不能因此而改变现实。所以，我们可以说，庄子有关“命”的讨论，实际上是其“贵贱”之辩的延续与扩展。随之而使其政治批评弱化为对于现实的消极接受。最极端的一面即所谓安时处顺，庶几近之。并把对于人生际遇的“顺受”上升为存在论的真理。由此才使得其“不离是非而无是非”成为“两行之理”，即既是世俗的又是超越的智慧。不能安分认命，就不成“不离是非”；缺少价值相对主义的政治批评，就谈不上“无（否定）是非”。

五

如此吊诡的理论激发起我们探讨其成因的兴趣。换言之，对于如此吊诡的理论，如果我们不能对其成因做出比较充分的解释，那么对理论本身的整体解释就可能是很不充分的。

对于庄子思想的发生学研究，以往一度流行的社会存在决定社会意识的解释，由于其公式化和教条化，现时被判定为已经过时。但是，如果我们希望更深入地理解庄子“以道观之，物无贵贱”的思想洞见，就不应该停留于分析庄子学说的静态结构。因此，把传统学术研究所讲究的“知人论世”发展为一般的方法论是必要的。首先，我们不应忽略庄子从事哲学创造时的实际意图，包括其思想必定发源于某些实际关怀，其著述当时面对何等样的读者（或听众）或讨论的对手，由此构成的一个特殊的群体和历史文化脉络如何。那么我们可以大致想象，正像被史家称“傲吏”的庄子本来就是下层贵族的“士”，他所面对的听众，无论是辩论的对手还是聆听其教诲的学生，多属于这一个阶层。而不像孔孟面对的除了学生外，还常常是国君、卿大夫。儒家积极用世的态度，与其言说对象主要是士大夫以上的精英是有关联的。《庄子》大致上是由一群当时处于权力边缘的“士”所作。春秋战国时期，社会各个阶层之间的重组，没落的贵族与新兴地主权贵之间的地位交替和权力再分配，其激烈的程度是前所未有的。当时的“士”是最有流动性的阶层，不但上层贵族下降为士，庶人也可以上升为士。庄子教养丰赡、为人清高，生活却十分贫困，使人们推测他很可能是没落贵族出身。有学者推断：“庄子的一生是在穷困艰难的逆境中度过的。庄子对现实的政治和社会生活都是极度不满的、失望的，认为自己是生活在一个‘士有道德不能行’的

‘昏上乱相’的社会里。”[1]注意这些，是因为我们同意“只有当横向的运动伴随有强化的纵向运动，亦即在社会地位的上升或下降的阶层之间的迅速变动时，人们对于自己的思维方式的普遍的、永恒的有效性的信念才会动摇”。[2]因此，《庄子》“物无贵贱”论的出现决不能仅仅归结为庄子的哲学天才这一历史偶然性。它在历代知识分子尤其是失意士人群体中不断引起复杂的共鸣，也说明“心理发生的方法”强调的含义触动因素可以在怀有同情心的情况下被体验，因而我们可以根据动机的结构和经验的背景来深入理解这些含义。[3]

这种心理的发生学尤其有助于我们探讨如下的问题：庄子及其后学中激进的一脉，抨击“贵贱”区分的不合理性，从知识走向实践，其自然的走向应该包括改变世俗的“贵贱”区别，包括地位、等级、特权等制度的设置，而不仅是改变自身。无论是道德的不满还是更有破坏性的嫉妒，都提供了走向这一实践方向的动力。但是庄子（包括其后学）为何没有走向这一自然方向？却通过其价值相对主义转变了政治批评的自然走向，从那里出发的理论建构，发展出了与儒家有别却同样具有中国特色的纯粹哲学。历史是胜利者的记录，哲学却常常为逸出历史的人所创造，假如哲学家不全是政治斗技场上的败者的话，他们的胜利通常也不是在当下。庄子似乎早就为后人的责难预先准备好了答案：哲学家能提供的是“无用之大用”。不过，从现代平等论的标准看，庄子通过“以道观之，物无贵贱”的经典论述，并没有在根本上超出古代其他哲学家关于“人的相同性”的理论，即并没有基于“人的相同性”提出以“权利平等”为中心“公正的平等”的观念。尽管他们批评甚至抨击地位、等级和特权这些实际的不平等现象，但是就政治哲学所要求的理想政治及其原则之辩明而言，通过“贵贱”的讨论，除了类似老子的“无为而治”乌托邦以外，庄子并没有多少超出主张地位、等级和特权的儒家。因为他在否定地位、等级和特权的价值的同时，又肯定了它们存在的必然性。对于庄子及其后学，在实际生活中“和光同尘”与“知其不可奈何而安之若命”，是“不离是非而无是非”的另一种表达。但后一表达同时也揭示了庄子的

[1] 崔大华：《庄学研究》，第26页。
[2] [德] 卡尔·曼海姆：《意识形态与乌托邦》，李步楼等译，商务印书馆2014年版，第7页。
[3] 同上书，第27页。

真实困境：他对政治上“贵贱”分殊的所有批评乃至抗议，就其本然方向而言，其实并没有真正的理论出路。君臣大义，“无所逃于天地之间”。如果说政治社会是一项人类设计的话，那么在整个古代世界，没有一个哲学家可以设计出与以“人的依赖”为根本特征的等级制度及伦理不同的政治社会。庄子“物无贵贱”论本然所具有的双重意蕴，不能不结出畸重畸轻的两个果实。这种状况，在被称作新道家的魏晋玄学中，有新的展开。《庄子》政治批评的向度，被演绎为“越名教而任自然”，而更强大的另一翼，则主张“名教出于自然”，而且以安分自得为人生宝笈。他们关于“分”的宿命论，完全可以被理解成为等级差别严格的社会现实之哲学辩护：

> 天性所受，各有本分，不可逃，亦不可加。
>
> 夫世之所贤者为君，才不应者为臣。若天之高，地之卑，首自在上，足自在下，岂有递哉。（《庄子注》）

因此，在魏晋玄学中，《庄子》“物无贵贱”说所包含的双重意蕴之间的关系，似乎更加彰显了。[1]令人称奇的是，同样是后一派人，在纯粹哲学上的贡献更为

---

[1] 关于魏晋玄学的政治关怀问题，汤用彤先生的《魏晋玄学论稿》及《魏晋玄学讲演提纲》有较多的讨论（《汤用彤全集》第四卷，下引页码均出自本书）。特别是对于《庄子》内部所包含的政治抗议与哲学创造两个向度的分化，作了比较清晰的划分。他在《魏晋玄学讲演提纲》中提出，当时除了鲍敬言的无君论有后人归结为无政府主义的倾向，“魏晋名士大概均以‘由自然堕落为名教’为政治组织之起因”。（第 298 页）“大概玄学家对此问题总以为：①名教是自然之演变，或没落，或堕落。故名教出于自然。虽为遗憾，但是必然的、必要的。②如免去流弊，则亦为应存在的……王弼：‘圣人因其分散，故为之立官长。’‘始制官长，不可不立名分，以定尊卑’‘过此以往，则争锥刀之末’。（政治之兴，理有固然。）”其中，“其形上之学主独化，其人生之学主安分”的《庄子注》在哲学上成就最著，但是依汤先生的判断，却同时是为儒家政治辩护的著作。“内圣外王之义，乃向郭解《庄》之整个看法，至为重要。且孔子贵名教，老、庄崇自然。名教所以治天下，自然所以养性命。《庄子注》之理想人格，合养性命、治天下为一事，以《逍遥游》、《齐物论》与《应帝王》为一贯。于是自然名教乃相通而不相违。”（第 90 页）

对于政治抗议的一翼，汤先生特别讨论到阮籍的两个说法，分别对应于甲、超世之大人先生，和乙、世间的君子小人之道。前者如《达庄论》所云：“无君而庶物定，无臣而万事理”。“君立而虐兴，臣设而贼生。坐制礼法，束缚下民。”（《大人先生传》）后者则可以归结为“礼外乐内”，这是魏晋名士的生存策略。“尊卑有分，上下有等，谓之礼。（转下页）

卓越。这种情况一直延续到近代的章太炎，他也认为“等视有情”是《庄子》(《齐物论》) 中比较粗浅的观念，而“毕竟平等”才是其思想的精华。醉心于“毕竟平等”，忽略“等视有情”之如何可能，表示对于20世纪初年的国人来说，从古典时代的“人的相同性”观念，转变为以权利平等为中心的现代观念，还有一段路要走。

第四节 “诸法皆是佛法”和“众生皆有佛性”——“平等”观念在佛教及其诠释中的历史走向

古代儒释道等思想派别中，更加直接地论述“平等”观念的是佛教。在中国，最早从“等视有情”即“同等对待所有的人”，和“毕竟平等”即包含了人的相同性的“世界统一性”原理这双重意义上讨论“平等”问题的，似乎也是佛教。[1]

(接上页) 人安其生，情意无哀，谓之乐。”(《乐论》) 但是我们可以很清楚地看出，魏晋名士所讨论的礼，代表的就是地位和等级的关系，是权力分配的不平等关系。特别有意思的是汤先生注意到，超世大人先生之道对于礼教是一种反动，但却是“有嫉而然”。(见第299页) 嫉，无论是妒忌，还是憎恨，都是一种情感使然，而且恐怕还是前者居多。权力的不平等关系最容易引起的也许就是嫉妒。或者说，因为嫉妒而使人们对于不平等的关系发出一种批判。但是未必就是从根本上主张取消不平等的关系，更不是说因而可以做出了包含平等原则的新的政治设计。关于这一点，鲁迅的《魏晋风度及文章与药及酒之关系》倒是洞见到当时“越名教而任自然”的一派，其实并无超越儒家政治的新的理想，说“魏晋的破坏礼教者，实在是相信礼教到固执之极的”。(《鲁迅全集》第三卷，人民文学出版社1989年版，第515页) 所以，虽然五四时代人们容易用同情的态度看待魏晋风度与文章，但是魏晋名士的批评名教与五四时代对名教的批判，属于两个不同的思想系统。

汤先生的上述观点在他后来与任继愈先生合作的《魏晋玄学中的社会政治思想略论》(上海人民出版社1956年版) 中有了进一步的展开，该书与两位先生发表于《历史研究》1954年第3期上的《魏晋玄学中的社会政治思想和它的政治背景》一文，在内容上没有差别。从马克思把知识安置于阶级的基础上这样的概念出发，该文相当深入地讨论了魏晋玄学的发生学问题，并且明确了在对等级制度的肯定上，魏晋玄学家本质上是一致的，而且在程度上比《庄子》更甚。

[1] 2009年，我曾邀请几位宗教研究的朋友就“世界诸宗教的平等观念”为主题，在华东师范大学举行小型讨论会，华东师范大学的刘仲宇教授、张晓林副教授、唐忠毛副编审，和上海社会科学院夏金华、葛壮两位研究员分别就道教、基督教、佛教和伊斯兰教的平等观念作了专题发言。嗣后，我主事的《华东师范大学学报》(哲学社会科学版) 2009年第3期以笔谈的形式，刊登了他们的发言。我以为它们丰富了本项研究的内容，同时也展示了对于古代宗教的观念世界，人们需要深入研究的空间甚大。其中包括如何区分宗教思想研究的两种虽有联系却有差别的目标：描述与理解古代宗教学说的视角，和发掘该宗教理论在现代社会的意义。因此，就其扩展的要求而言，它们都可以成为本项研究继续进行的内容。

不过，佛教是出世法，其“等视有情”的理论转变为实践、特别是政治实践的原则，有其固有的限度。同时其世界统一性的理论，也有其宗教的特殊视角。我不能全面地讨论该问题，尤其是对于其诸多细节，更不遑探究。本节只能从近代思想家试图从佛教中发掘现代平等观念的传统资源这一角度，反观佛教的理论与宗教实践所包含的“等视有情”与“毕竟平等”观念的历史轮廓，思考它在什么条件下方才被组合进现代性观念的嬗变历程。

一

晚清以降，中国有过一个佛学复兴的潮流，它与近代中国的价值迷失及其重建的曲折过程有关，更与近代中国的社会变革有关。梁启超曾经说，当时“学佛既成为一种时代流行”，“故晚清所谓新学家者，殆无一不与佛学有关系”。[1]周作人曾经用是否读佛书作为评判人物的两个标准之一，另一个标准是如何看待女人。大意是，一个人如果不读佛书、重男轻女，则一定不足观。可见许多追随时代潮流的知识分子希望从佛教中寻觅思想出路。这就很容易理解，为什么近代追求社会变革的思想家，最初都会从佛教中“发现”了平等的观念，虽然他们自己也对于这种“以新知附益旧学”（梁启超语）的理路有所自觉，但是古老的佛教被“附益”上何等“新知”？“旧学”何以能被“新知”所“附益”？却依然是值得研究的。

以戊戌人物为例，康、梁、谭就有大量的相关论述。

康有为是戊戌运动的领袖，不但其《大同书》——近代中国最重要的原创性著作之一——可以说完全以“平等”原则为纲领，《大同书》就是用佛教的“苦缔”为其阿基米德点；而且其早期的著作中已经将佛教的“平等”直接等同于权利平等的现代观念：

中国之俗，尊君卑臣，重男轻女，崇良抑贱，所谓义也……习俗即

[1] 梁启超：《清代学术概论》，收录于《梁启超论清学史二种》，复旦大学出版社1985年版，第81页。

既定以为义理，至于今日，臣下跪服畏威而不敢言，妇人卑抑不学而无所识。臣妇之道，抑之极矣，此恐非义理之至也，亦风气使然耳。物理抑之甚者必伸，吾谓百年之后必变三者，君不尊，臣不卑，男女轻重同，良贱齐一。呜呼！是佛氏平等之学矣！[1]

如果说，康有为有很大的原创性的话，梁启超则是绝好的宣传家。关于佛教，梁启超有不少著述，其中有一篇论文为《论佛教与群治之关系》，第五节说的是“佛教之信仰乃平等而非差别”：

他教者，率众生以受治于一尊之下者也，惟佛不然。故曰“一切众生，皆有佛性”。又曰“一切众生，本来成佛，生死涅槃，皆如昨梦”。其立教之目的，则在使人人皆与佛平等而已。夫专制政体固使人服从也，立宪政体亦使人服从也。而其顺逆相反者，一则以我服从于他，使我由之而不使我知之；一则以我服从于我，吉凶与我同患也。故他教虽善，而不免为据乱世小康世之教。若佛教则兼三世而通之者也。故信仰他教或有流弊，而佛教决无流弊也。[2]

在戊戌诸人物中，持最激进的平等观念的是谭嗣同。他以为基督教、儒教和佛教虽然有差别，但三者还是有相同之处：

其变不平等教为平等则相同，三教殆皆源于婆罗门乎？以同一言天，而同受压于天也。天与人不平等，斯人与人愈不平等。中国自绝地天通，惟天子始得祭天。天子既挟一天以压制天下，天下遂望天子俨然一天，虽胥天下而残贼之，犹以为天之所命，不敢不受。民至此乃愚入膏肓，至不平等矣。孔出而变之，删《诗》《书》，订《礼》《乐》，考文

[1] 康有为：《康子内外篇·人我篇》，收录于姜义华、张荣华编校：《康有为全集》第一集，中国人民大学出版社 2007 年版，第 108 页。
[2]《饮冰室合集》文集之十，第 49 页。

字，改制度，而一寓其权于《春秋》。《春秋》恶君之专也，称天以治之，故天子诸侯，皆得施其褒贬，而自立为素王。又恶天之专也，称元以治之，故《易》、《春秋》皆以元统天。《春秋》授之公羊，故《公羊传》多微旨，然旨微犹或弗彰也；至于佛肸、公山之召而欲往，孔子之心见也。后儒狃于君主暴乱之法，几疑孔为从逆，而辍遗经大义而不讲，彼乌知君者公位也。庄子曰"时为帝"。又曰"递相为君臣"。人人可以居之。彼君之不善，人人得而戮之，初无所谓叛逆也。叛逆者，君主创之以恫吓天下之名。不然彼君主未有不自叛逆来者也……夫佛肸、公山之召而欲往，犹民主之义之仅存者，此孔之变教也。耶出而变之，大声疾呼，使人人皆为天父之子，使人人皆为天之一小分，使人人皆有自主之权，破有国有家者之私，而纠合同志别立天国，此耶之变教也。印度自喀私德之名立，分人为四等，上等者世为君卿大夫士，下等者世为贱庶奴虏，至不平等矣。佛出而变之，世法则曰平等，出世法竟愈出天之上，此佛之变教也。三教不同，同于变；变不同，同于平等。（《仁学》二十七）

惟佛独幸，其国土本无所称历代神圣之主，及摩西、约翰、禹、汤、文、武、周公之属，琢其天真，漓其本朴，而佛又自为世外出家之人，于世间无所避就，故得毕伸其大同之说于太平之世而为元统也。夫大同之治，不独父其父，不独子其子；父子平等，更何有于君臣？举凡独夫民贼所为一切钳制束缚之名，皆无得而加诸，而佛遂得以独高于群教之上。时然也，势不得不然也，要非可以揣测教主之法身也。（《仁学》二十八）

谭嗣同甚至从佛教经典中发掘某些边缘性的论述来论证男女平等的诉求：

佛书虽有"女转男身"之说，惟小乘法尔。若夫《华严》、《维摩诘》诸大经，女身自为女身，无取乎转，自绝无重男轻女之意也。苟明男女同为天地之菁英，同有无量之盛德大业，平等相均，……去其粉黛服饰，与我何异？（《仁学》十）

这种情况甚至延伸得更长，在与保皇党人论战中的革命党人章太炎则认为佛教完全可以用于中国人参与民主革命的政治动员：

> 今则不然，六道轮回、地狱变相之说，犹不足于取济，非说无生，则不能无畏死心，非破我所，则不能去渣滓心，非谈平等，则不能去奴隶心，非示众生皆佛，则不能去退屈心，非举三轮清净，则不能去德色心。[1]

大段地摘引戊戌前后引领中国思想潮流的人物的言论，并非要证明古代佛教正是他们之所描写的，包含着“平等”的观念；而是要说明，戊戌时期的一个突出现象是：在19世纪末的中国，佛教被“发现”为包含着某种“平等”观念。[2]更重要的，是我们要考察他们通过佛教经典讨论的是何种“平等”？其实人们不难发现，康有为等人并非在抽象地谈论佛理，即并非只是捡拾佛家的“话头”，泛论佛法平等或佛性平等。而是借诠释佛学来表达以权利平等为中心的现代平等诉求。在康有为那里就是以佛法来否定“三纲”；在梁启超那里就是借“一切众生，皆有佛性”来表达宪政民主下的平等关系；在谭嗣同就是复活原始佛教的精神并进而发展为平等地行使政治权利。而章太炎似乎已经将佛教平等论可以直接运用于民主政治作为一条不言而喻的共识了。

如此，我们处理的实际上是平等观念在现代中国嬗变历史中的佛教义理解释的向度。需要进一步讨论的则是，康梁谭章等人所发现的是否真实，以及在何种

---

[1] 章太炎：《建立宗教论》，收录于《章太炎全集》（四），第418页。

[2] 其实当时的人们对于佛教之“平等”与现代性的平等之间的距离也有所论断，譬如严复后来说过：“盖佛固言平等矣，而意指平等于用慈，亦言自由矣，而实明自由于解脱。即使求诸犹大之旧与夫基督之新经，固言于上帝前诸色人平等。然其平等者，平等于不完全，平等于无可比数。然则宗教之所谓平等者，乃皆消极之平等，而卢梭民约所标积极之平等，倜乎相远，而必不可强同者矣。”（《严复集》第二册，中华书局1986年版，第338页）这当然和我们后面将要论述到的严复后期的观念变化有关，但是他指出宗教所有的是“消极平等”的概念，确实与现代“平等”观念具有的改变社会结构的动力性甚为不同，这在卢梭那里因为其平均主义而尤其显著。他把这种具备动力性的平等观念称为“积极平等”，是一种概念的创造。

意义或程度上是真实的。假如他们依然是“以新知附益旧学”，那么佛教旧学如何开启了被有关“权利平等”的新知所附益的可能性？换言之，我们需要追溯佛教“平等”的观念原先处于何等样的学理脉络中，它本身所包含的不同向度，及其如何在古今展现为不同的走向。

二

按照一般佛教史的说法，佛教之产生，与古代印度不平等的社会制度有非常密切的关系。这种不平等的社会制度得到当时居于统治地位的婆罗门教的理论辩护。正如柏拉图的《理想国》中的“建国神话”将社会等级归结为神创造人们时所使用的质料不同，婆罗门的经典《吠陀》将印度社会四大等级的产生和社会贵贱的种性差别，归结为“梵”在不同的部位生出他们：从口中生出婆罗门，从肩膀生出刹帝利、肚脐生出吠舍、脚下生出首陀罗。所以祭司、武士、农民手工业者和商人，以及最下等的奴隶，天然地构成四个不可改变的等级。佛教最初本是反对这种极端不平等的种姓制度及其理论的一个重要派别。释迦牟尼在他创立的僧团中间，打破了婆罗门教的种姓制度，实行的是“众生平等”，容纳了各种种姓出身的人，并且接受各种人的供养。与此相应，在原始佛教的宗教哲学中本来就有种姓平等的观念。根据《中阿含经》《长阿含经》等经典，佛教创始人提出了新的种姓说，种姓的区别不是因为他们出自“梵”的身体的不同部位，而是由于世界形成时，人们为了解决互相之间出于争夺食物和田地而发生的争斗，推举“田主”维持秩序，“田主”就是刹帝利，是最高贵的种姓；从事“学禅”“博闻”者则是婆罗门，从事农业的是吠舍，从事工艺技巧的是首陀罗。[1]“他们把种姓看做是后天的社会分工，从而也就驳斥了婆罗门教的神造理论。佛教的兴起不是一个社会革命运动，他们的种姓理论主要是为他们的宗教实践服务的，他们所宣扬的平等也主要是在宗教生活和精神生活中的平等。这正如他们自己所说的：‘汝今当知，今我弟子，种姓不同，所出各异，于我法中出身修道。若有人问，姓谁种姓，当答彼言，我是沙门释种耶。’（《长含经・小缘经》）又说：‘四姓平等

[1] 任继愈主编：《中国佛教史》第二卷，中国社会科学出版社 1985 年版，第 315 页。

是出世间法的施设'。(南传《中部经典》)"[1]

种姓平等的诉求一开始就需要佛教哲学宇宙论和人生论的辩护。因此，它在佛教理论中转变为"佛法平等"或"佛性平等"的教义。佛教的根本教义"四谛"说将世界解释为一个痛苦和解脱痛苦的过程，"八苦"是人生在世无法逃脱的痛苦。因此，"佛法平等"首先是在痛苦面前人人平等。它用缘起说来解释人生的痛苦。"十二因缘"起于"无明"：常人不懂缘起即因缘和合的真理，执着于"我"，引起贪瞋痴慢愚等烦恼，由此造成种种善业和恶业，这就是起惑、造业、受苦。四性平等即体现了因果报应是普遍的法则。

佛教作为宗教，最终关心的是"救赎"即人的解脱。佛教以普度众生为目标：

> 佛告须菩提：诸菩萨摩诃萨应如是降伏其心：所有一切众生之类，若卵生、若胎生、若湿生、若化生，若有色、若无色，若有想，若无想，若非有想，若非无想。我皆令入无余涅槃而灭度之。(《金刚经·大乘正宗分第三》)
>
> 是故，如来说一切法皆是佛法。须菩提，所言一切法者，即非一切法，是故名一切法。(《金刚经·究竟无我分第十七》)
>
> 诸法本性与佛法等，是故诸法皆是佛法。(《大宝积经四》)

痛苦之解脱即"成佛"，才是它的目标。成佛需要其内在的根据，那就是"佛性"。大乘佛教与早期佛教不同，提出了"一切众生皆可成佛"的理论，这意味着"佛性平等"。所谓"一切众生皆有佛性，如来常住无有变异"。(《涅槃经二十七》)典型的印度佛教在这个问题上并不统一。佛教经历了中国化的过程中，华严、天台、禅宗等典型的中国佛教，更是都主张人人能成佛，因为人人都有佛性。对以上诸宗派佛学思想曾经起过重要作用的《大乘起信论》倡言"真如平等"，认为"一切法真如平等不增不减故"。这个绝对的、真实的存在，是宇宙万

[1] 黄心川：《印度佛教哲学》，收录于任继愈主编：《中国佛教史》第一卷，中国社会科学出版社1981年版，第519—520页。

物的本原，实际上就是“一心”：

> 是故一切法从本以来，离言说相，离名字相、离心缘相，毕竟平等，无有变异，不可破坏，唯是一心，故名真如。[1]

“一心”即“众生心”。《大乘起信论》有一心开二门之说，既开“心真如门”，又开“心生灭门”。因此，众生心本身不仅生出现象世界，而且也可以开出佛的境界的缘起，一切众生本来具有无量成佛的功德。

简言之，正如儒家有性善论和“成圣”说；道家追求得“道”那样，佛教说“四缔”，说“成佛”，说“佛性”，都包含了某种“平等”的形而上学。因为无论成圣、还是成佛、得道，都是追求绝对的存在，因此是泯除一切差别的超越的境界。在这个意义上说“平等”，本质上没有超过“人的相同性”。因此，儒家“人皆能成尧舜”、道家的“以道观之，物无贵贱”与佛教的“佛性平等”，不仅意义相类似，而且几乎是同构的。因为，它们都属于高调的平等论，在讨论终极的意义上人如何是相同的时候，它们是以默认现实社会的不平等为前提的。显而易见的历史事实是，儒释道的成圣、成佛和得道理想，在古代的历史条件下，没有转变为改变不平等的社会制度的精神动力，更没有转化为平等社会的设计原则。对于实际生活中种种不平等，儒道两家用“命”来解释；佛教则用因果报应来解释：现世的苦乐贵贱都是前世的行为决定的。结果，“平等”作为超越的境界，在儒佛道诸家都主要成为对不平等社会现实的观念论消解，它可以有两个走向：在比较特殊的语境中用以表达对不平等的精神抗议，更多的却是对不平等的适应、默认、逃避，甚至遮蔽。由于佛教本质上是出世的，后一个走向在佛教那里就更为彰显。

三

对于佛教“平等”观念的上述判断，只是在与作为启蒙的基本价值之一的

---

[1]《大乘起信论校释》，中华书局1992年版，第17页。

"平等"相比较中得到的。要得到更为合理的理解，包括恰当地理解其之所以会如此的原因，避免过分简单化的结论，还必须放到历史的脉络中。因为只有回到历史的脉络中，才能展开其丰富性和复杂性。

首先，当我们说佛教"平等"观念依然属于古典的"平等"，而不是现代性的"平等"时，不等于我们完全否认其实践性。事实上，当它被用来表达对不平等现实的精神抗议的时候，已经多少指向了改变现实的目标。当初佛教讲"四性平等"，除了因果报应的平等，还指四种性之人出家修行的平等，即在僧团内部实行平等的制度。佛祖已经成为实行平等的楷模。而"佛法平等"对于虔信佛法的佛教徒，也可能变成通过个人修行来改变人际关系的道德律令。但是，由于佛教作为一种出世的宗教，其出离现实的指向根本上限制了其改造现实的能动性。

其次，佛教作为最初产生于印度，在中国得到极大发展的宗教，其观念世界也在中国化的过程中发生了复杂的变化。这种变化，既体现在与儒学的关系，也体现在与中国社会的关系。集中到一点，是佛教逐渐与中国的伦理政治传统相融合。

佛教东传，至魏晋时代获得大的发展。同时佛教的中国化倾向在慧远等名僧那里已经呈现。任继愈先生认为下列论述是东晋名僧慧远的中心宗旨，它表明"慧远把佛教同中国传统的政治伦理观念完全糅合在一起"：

> 佛经所明，凡有二科，一者处俗弘教，二者出家修道。处俗则奉上之礼、尊亲之敬、忠孝之义表于经文，在三之训彰于圣典，斯与王制同命有若符契。此一条全是檀越所明，理不容异也。出家则是方外之宾，迹绝于物。其为教也，达患累缘于有身，不存身以息患；知生生由于禀化，不顺化以求宗。求宗不由于顺化，故不重运通之资；患息不由于存身，故不贵厚生之益。此理之与世乖。道之与俗反者也。[1]

因为在慧远看来，佛教徒"处俗弘教"就要尊崇儒家伦理，即"奉上之礼、尊亲之敬、忠孝之义"。换言之，佛教不仅不反对世俗的等级制度，而且原本就符合

[1] 慧远：《答桓太尉书》，转引自任继愈主编：《中国佛教史》第二卷，第634页。

这种制度与理论。这就是所谓“与王制同命有若符契”。

佛教与儒学相结合，同时也与礼教相融合，是一个长期的过程。赖永海认为佛教中国化，很大程度上是佛教儒学化，譬如禅宗的“六祖革命”把传统宗教对佛的崇拜，变成了对“心”的崇拜，结果将一个“外在的宗教”变成了“内在的宗教”。而宋元佛教的儒学化，突出地表现为佛教的伦理化，包括推崇“孝”道，把佛教的戒律与儒家的仁义忠孝统一起来。[1]余英时先生则判断佛教在北宋发生了一个新动向。“这个新动向，最简单地说，便是转而重视世间法，关怀人间秩序的重建。”[2]所谓“佛学儒学化”，或者“秩序的重建”，具体的意义可能有所不同，但是其核心恐怕是相同的，即都在于对于儒家伦理政治的认同。以宋代名僧契嵩的论述为例：

> 儒佛者，圣人之教也。其所出虽不同。而同归乎治。儒者，圣人之大有为者也；佛者，圣人之大无为者也。有为者以治世，无为者以治心。治心者不接于事，不接于事则善善恶恶之志不可得而用也；治世者宜接于事，宜接于事则赏善罚恶之礼不可不举也。其心既治，谓之性情真正，性情真正则与夫礼仪所导而至之者不亦会乎？（《寂子解》，《镡津文集》卷八）
>
> 佛之道岂一人之私为乎？抑亦有意于天下国家矣！何尝不存其君臣父子邪？岂妨人所生养之道邪？但其所出不自吏而张之，亦其化之理隐而难见，故世不得而尽信。（《辅教编上》，《镡津文集》卷一）

在契嵩看来，儒佛两家的政治宗旨是相同的，佛教虽然不像儒家那样直接治理世界，但是通过治心，结果和儒家的“礼仪”完全相合，与君臣父子、生养之道，丝毫也不矛盾。因此，无论是佛学的儒学化，还是秩序的重建，实质上都表达了佛教对于名教有保留的肯定。佛教在中国传播和中国化的过程，某种意义上就是与一个

[1] 赖永海：《佛学与儒学》，浙江人民出版社 1992 年版，第 64—66 页。

[2] 余英时：《朱熹的历史世界——宋代士大夫政治文化的研究》，生活 · 读书 · 新知三联书店 2004 年版，第82 页。

高度入世的文化（包括与中国固有伦理）结合的过程。但是它始终仍然保持了佛教的特点。譬如就对儒家伦理最核心的“三纲五常”而言，佛教长期有“沙门不拜王者”的抗议，也有如契嵩那样用佛之五戒通儒家之五常，即将儒家的“仁、义、礼、智、信”分别解释为佛教的“不杀、不盗、不淫邪、不饮酒、不妄语”。[1]

再次，佛教在中土传播和逐渐中国化的过程中，其宗教生活即丛林制度也处于历史变迁之中，因而显示出某种异化。“佛教在中国并不是一种思想模式或哲学体系，而首先是一种生活方式，和一种高度纪律化的行为方式，它被认为能藉此解脱生死轮回，适合于封闭而独立的宗教组织即僧伽的成员信受奉行。”[2]一方面，尽管佛教不像中世纪的天主教那样有服从统一的教会组织，各个宗派或有不同，而且在不同的历史时期丛林制度也有变化，但是佛教徒称为“出家人”，表示他们超脱了社会伦理关系。理论上，一般也应该超脱与社会等级有关的私人财产制度。佛教戒律允许寺院多拥有的，只是僧团的公共财产。在寺庙中，佛教徒过着相对平等的团体生活。在各个宗派内部，遵守相同的戒律，包括相同的起居制度。比较典型的如临济宗的《百丈清规》所规定的僧人共同劳动即“普请”制度。余英时先生以临济宗的百丈清规和丛林制度所提倡的“一日不作，一日不食”为纲，说明“‘节俭’和‘勤劳’是禅宗新经济伦理的两大支柱”。如果从僧众之间的关系而论，他注意到的“普请之法，盖上下均力也。凡安众处，有合资众力而办者……并宜齐趋”；以及“师（怀海）凡作务，执劳必先于众”等等历史记载，同时也可以说明在临济宗的丛林制度中，僧众的关系是相当平等的。[3]当然，余著运用的是理想类型的方法，从余著中我们还没有获得临济宗丛林制度的普遍化程度的知识。

另一方面，我们知道，北魏以后，历代就都有僧官制度，包括中央的僧官和地方僧官，管理宗教事务。历史上曾经有过相当长期的“沙门不敬王者”的争

[1] [日] 忽滑谷快天：《中国禅学思想史》，朱谦之等译，上海古籍出版社 2002 年版，第 435 页。

[2] [荷] 许里和：《佛教征服中国》，李四龙等译，江苏人民出版社 1998 年版，第 431 页。在这本有社会史视角倾向的佛教史著作中，我们也没有发现更多关于早期佛教僧众团体生活的历史描述。

[3] 余英时：《士与中国文化》，上海人民出版社 1987 年版，第 452—461 页。

论，但是六祖惠能的弟子令韬“在上疏中再次称‘臣’，其后该称呼便成为一般的惯例，至宋代，在沙门的奏章中出现了‘臣顿首’等字样”。[1]寺院或丛林制度的发展，也使得佛教与原始佛教的僧团组织有所不同。这里不仅有一般意义上团体生活的分工，还保留了等级的关系。即寺院里除了僧尼以外，还有童子、沙弥和奴婢。僧尼也是分等级的，一般说僧的地位要比尼高。而庙宇由于与朝廷的关系不同（譬如是否有敕赐匾额，或是否是功德坟寺）而享有不同的地位与特权。寺庙通常有庙产，即寺田和寺庄，它们不仅来自布施，在唐代等佛教繁盛的时期，也来自寺院僧侣的积极扩充活动。唐武宗废佛，《旧唐书》称收寺产上等田地数千万顷，将十五万原先是庙宇的奴婢转变为交纳地税户税的所谓“两税户”。[2]寺田和寺庄大部分是由庄户即佃农耕种，所以也同样属于地主经济的范畴。在这样的基础上，受中国本土传统的影响，佛教在传入不久作为方便法门的对儒家“孝”的赞同，成为佛教宗派自身带有家族色彩的先声：“师徒视同父子，传授系统称作‘血脉’等等，尤其是所谓‘子孙寺’更是在社会上被当作一个家庭共同体。”[3]总之，典型的中国佛教，不但在义理方面中国化了，譬如在佛性和成佛等基本信仰问题的理论，与儒学有某种同构的倾向；[4]而且在制度和伦理上也或多或少地宗法化了。这一点，经过平等观念洗礼的近代思想家已经了然，认为佛教已经降伏于传统中国的家族制度之下。甚至著名佛教领袖太虚法师也说：“佛教的僧伽制度，本为平等个人和合清众的集团，但到中国亦成中层家族的大寺院及下层家族的小庵堂；这有家族的派传，无复和合的清众。此可见家族化之普及与深入。”[5]

---

[1] [日] 镰田茂雄：《简明中国佛教史》，郑彭年译，上海译文出版社 1986 年版，第 185 页。

[2] 同上书，第 205—206 页。

[3] 严耀中：《佛教戒律与中国社会》，上海古籍出版社 2007 年版，第 450 页。

[4] 与我们讨论的主题相关，佛教中国化过程中另一个值得注意的现象是：法相宗拒绝一切众生皆有佛性的学说，坚持所谓善根丧尽的人不能成佛，不但与天台、禅宗等中国佛教发生了争论，也与儒家“人皆能成尧舜”的理论相冲突。这被认为是法相宗在中国未能长久流传的原因之一。

[5] 转引自梁漱溟：《中国文化要义》，收录于《梁漱溟全集》第三卷，山东人民出版社 1990 年版，第 42 页。梁先生是为了论证中国社会是“伦理本位，职业分途”，应该有不同于西方的现代道路，但是他对佛教在传播过程中，其原先有的观念中国化的过程中发生变形，却作了真切的观察，梁还引用了历史学家雷海宗的论述，认为佛教中国化的结果之一是“把一种反家族的外来宗教，亦变成维持家族的一种助力”。（见前书，第 42 页）

佛教对等级制度的肯定，甚至在寺院庙宇中殿堂的建筑和供奉佛像的装置等等，都直观地表现出来。通常在正殿中供奉的佛总是位置正中、形制最大，然后其弟子和其他菩萨再按照与佛的关系之远近或道行之深浅，在佛的两边排开，在距离与形制的大小上恰恰与其等级相应。它与《西游记》那样的神魔小说所反映的是类似的心理：神话世界同样是等级世界。

四

把佛教有关“平等”的形上学理论，即“诸法皆是佛法”和“众生皆有佛性”等等，与佛教对于中国传统的儒家伦理和政治秩序的认同，两者结合起来，人们就不难看到，中国佛教对于古代不平等的制度的理论抗议，远远不如他们对于现存制度的实际肯定。事实上，在现代民主政治未被发明以前，各种不同形式的等级制度几乎是不可避免的宿命。换言之，无论什么古代佛教高僧大德，都不可能设想出今天作为民主政治范畴的公正的平等，或权利平等的观念。更何况佛教作为出世的智慧，本来并不是一种政治哲学，即并不着意于辩明理想政治的原则。佛教出世的性格，决定他们走的是改变自己的观念世界，而非改变人间社会制度这样一个路径。恰如严复所说的，佛教所有的是“消极平等”的观念，在其本然状态下，与现代性的平等观念所追求的改造世界的“积极平等”并不相同。一个追求出世的宗教，要在等级制度下的现实世界存在与发展，就不可能不与现实做某种妥协，包括寺院经济的出现，本身就与某些戒律冲突。如果我们不犯时代错置的错误，原本不会向古代佛教徒去追问现代平等观念。从这个意义上说，其关于“平等”的理论，也属于知识的变形，这一点与道家如庄子有极大的相似之处。

不过，这一切都没有妨碍19世纪末的中国思想家将佛教作为接纳现代平等观念的传统资源，正如他们同时还运用了儒家和道家等传统思想中相关的元素。正是在这一过程中，古代“平等”的观念开始嬗变为现代观念；它后面更大的力量是正在发生的社会变革。所以马克思的论述依然有他的意义：“我们不把世俗问题化为神学问题，我们要把神学问题化为世俗问题。”[1]

[1]《论犹太人问题》，《马克思恩格斯全集》第一卷，人民出版社1956年版，第425页。

更进一步，从社会史或知识社会学的视野看，我们对于佛教对现实生活的意义可以有更深的理解。佛教所谓佛法平等或佛性平等，与现代平等的另一个重要差别，在于“平等者”的不同。现代平等当然也有许多复杂的向度，但是首要的“权利平等”意味着处于平等关系之中的是独立的个体，即权利的主体是个人或个体。按照经典的契约论思想，“平等”即意味着各自享有自由、生命和财产权利的个人之间，没有什么因为“神授”或血缘而产生互相隶属的关系，它与原子式的个人主义相耦合。而佛教三法印“诸行无常、诸法无我、涅槃清净”，根本否认个人是一种实在。尽管中国佛教的空有各宗，在形上学领域发展了繁复的学说，也进行了堪称烦琐的争论，但是现象世界是虚幻不实的，这一点在他们之间没有异议。在启蒙价值所注重的以“个人权利”为中心的平等诉求，按照佛教的教义，大多应该以“我执”“法执”而破除之。为了让人们了悟佛教的智慧，佛教各宗发展了自己的认识论和修行方法。因此，同样有某种“平等”的话语，但是，佛教的“平等”论与现代权利平等的根本取向并不相同。

如此说来，佛教“平等”观念的意义似乎更多地在于：在“平等”观念于现代中国的嬗变过程中，“诸法皆是佛法”和“众生皆有佛性”等提供了一种论证权利平等“言说”上的根据或叙事策略，类似庄子所谓“重言”。形式上，仿佛千年以前就隐蔽在佛典中的“平等”观念一旦豁然呈现，随着时世的变化，还不断有新的发现。[1]它在多大程度上，以及如何改变了中国人的“平等”观念，依然需要在“言说”方式和叙事策略之外去寻找。

[1] 譬如当代环境保护主义从佛教经典中寻找的是所谓“护生”的理论，后现代主义也认为佛教为反人类中心论提供了智慧。

第三章　自西徂东的观念脉络

在观察中国人的观念世界之近代转变的时候，以往我们常常会说这一时期西方传来了自由、平等、博爱等等观念。深入的考察会告诉我们，这样的判断虽然并无大错，但是对于要说明中国人的现代观念之形成而言，尚失之笼统。以“平等”为例，现代人视为基本价值之一的“平等”并不是现代人所独有的观念，尽管古代人的“平等”与现代人的“平等”可以说是两种不同的平等。事实上，“平等有许多形式，而平等主义也有程度的不同”。[1]在汉语文献中，“平等”是一个古已有之的词语。这反映出中国人与其他古老的民族一样早就具有了人类的普遍相同性意识。正如恩格斯说的那样：“一切人，作为人来说，都有某些共同点，在这共同点所涉及的范围内，他们是平等的。这样的观点自然是非常古老的。但是近代的平等要求与此完全不同；这种平等要求更应当是从人的这种共同特性中引申出这样的要求，一切人，或至少是一个国家的一切公民，或一个社会的一切成员，都应该有平等的政治地位和社会地位。要从这种相对平等的原始观念中得出国家和社会中的平等权利的结论，要使这个结论甚至能够成为某种自然而然的、不言而喻的东西，必然要经过而且确实已经经过了几千年。”[2]用现代人的权利平等的要求去看古代中国，当然不能说是平等的社会，但是，在一个不平等的社会里，依然存在着承认一切人都有某种共同点或齐一性，因而在此向度上是平等的这类观念。譬如儒家一贯有对社会财富分配贫富悬殊的批评，和基于性善论的“圣凡平等”论。后者与道教认为“普得济度”、佛教的人人能成佛一样，都包含了某种“平等”的形上学。因为无论成圣、还是得道、成佛，都意在追求绝对的存在，因此是泯除一切差别的超越的境界。就其超越的境界而言，我们可以称之为高调的平等理论。而现代平等观念的最基本的面相是基于个人权利的法权平

[1]［美］约翰·罗尔斯：《正义论》，第 585 页。
[2]《马克思恩格斯选集》第三卷，人民出版社 1995 年版，第 444 页。

等，是平等的政治学和平等的社会学。它们就其成熟的形态而言，最初出现在西方，属于西方近代社会原生的思想观念。中国人之形成此类平等观念，确实在“西学东渐”之后。但是我们还是不清楚两种方向不同的平等观念何以在不长的时间中就完成了更替或者嬗变的过程。

这里有某些应当注意的方法论问题。研究中国现代观念世界，通常会发现三个基本的来源或脉络，第一个自然是中国传统的观念，第二个是中国人在现代语境下的思想创造，第三个是西方思想即现在说的“西学东渐”。作为现代价值系统中重要一环的“平等”亦复如此。像本章这样讨论近代中国人的平等观念与西方思想的关系，属于广义的比较研究。前面之所以说近代中国的启蒙主义者（以戊戌时期为高峰）接受了西方的自由、平等、博爱等价值，其说法失之笼统，是因为这种判断带有很大的直观性。思想的演变和发展并不是若干要素之间的算术法则可以处理的。诚然，中国思想先驱的平等观念之形成过程中的一个重要环节，是他们接受了西方思想的影响。但是要成为可以清晰而精确地描写的历史，却并不容易。因为“影响”一词其实是比较研究中最困难的论域之一，要精确地描写出甲受乙的某种“影响”，按照昆廷·斯金纳（Quentin Skinner）说的那样，在逻辑上至少要满足三个条件：一，我们知道甲读过乙的著作；二，排除了甲读过和乙类似的其他著作；三，甲不可能在没有受到其他作者的影响下，自己提出相关的学说。在我看来，最后一个条件尤其重要，也尤其困难：因为一般说来，人们在类似的语境下可能产生类似的思想，古话所谓人同此心，心同此理，认识论上的反映论坚持的这一点只要不强化成必然性，就并不能被完全忽视。而人类追求平等的心理是如此深厚，“亚里士多德原则”是从积极的方面说明人类心理服从进化论的法则的，弗洛伊德则早就用嫉妒心理来解释主张人人平等的正义感的起源，把平等待遇的要求解释成对于嫉妒心理的一种妥协。[1]当然，观念虽然也属于思想，但是单个的观念与成系统的思想还是大有区别。“平等”观念作为

[1] 许多人会赞成平等诉求是妒忌的伪装的结论，但是不平等的制度不会消除而只能更多激发人的嫉妒心。正如长期得不到尊重、自尊心一再受挫的人很难真正尊重他人。另一方面，平均主义是否会纵容人的嫉妒心理，同时也使得社会丧失发展的动力，也是一个并不容易回答的问题。根本的问题是如何区别嫉妒心与正义感，以及它们与合理的社会制度之间的关系，即什么样的社会制度最宜于养成平等待人的美德。这些似乎都尚未澄明。

一个历史的范畴，与对此观念的系统论证以及由此推动的哲学争论，更是大有区别。因此，我在这里初步描写的，只是中国人的现代平等观念形成过程中的西学东渐这一脉络而已，以前人们早有论列，但是我觉得今天依然可以去探视观念史研究中更深刻的层面。因此，我们的问题就变为：在中国人的平等观念的现代嬗变过程中，西方思想的传播是如何发生的，发生了何等作用？本章将着重通过在平等观念“自西徂东”的过程中，对基督教传教士活动的考察来回答上述问题。

第一节　耶稣会传教士传播的观念

我们讨论平等观念的“自西徂东”，已经包含了对平等观念加以分类的预设：平等观念不仅有古今之分、东西之别，还有宗教的和世俗的分别。当我们将中国人的现代平等观念的形成与西学的传播联系起来的时候，需要考察的既有西方的宗教，又有西方哲学和政治伦理思想。而中国人最初接触到的西方平等观念，是由耶稣会传教士带来的宗教观念，它与我们现在视为基本价值的个人权利的平等，既有联系，又有很大的不同。

按照普特南的说法，平等观念是犹太宗教对西方文化的独一无二的贡献，它甚至与犹太法典的某些特征有关。而现代人的平等观念乃是从宗教根源中分离出来的东西。从《圣经》中可以获得如下三方面的平等观念：(1) 在道德的重要性方面，人类是平等的；(2) 最没有天赋、成就最少的人都是值得尊敬的；(3) 每个人的幸福和痛苦有着同样的道德重要性。与此相承，康德则以为“我们都处于同样的困境，我们都有如何生活这个问题反思我们自身的潜能”。因而人在自由思想上是平等的。[1]类似的意思弗洛姆也说过：

宗教意义上的平等，不仅意味着我们都是上帝的孩子，人人都具有

[1] [美] 希拉里·普特南：《实在论的多副面孔》，冯艳译，中国人民大学出版社2005年版，第44页。

相同的人性—神性的本质，我们大家都是一体的（eins）；而且还意味着，个体之间的差异恰好应得到尊重：我们虽是一体的，可我们每一个人同时也是独一无二的造物，是一个自为的宇宙。[1]

普特南还正确地指出，从柏拉图、亚里士多德甚至从希腊文化时期那里了解到的希腊伦理学中，并没有普遍的人人平等的概念。这一点，是与中国古代儒家伦理非常类似的。不过，亚里士多德已经将平等作为一个概念来讨论，我们在第二章中已经讨论过，中国儒家则以另一种方式讨论人与人的同一性，以及某些可能与现代平等诉求相似的观念。[2]

基督教在中国的传播，16世纪晚期的耶稣会传教士到来以前，虽然历史已经有两次重要的记载，但只是晚明的这一段，有重要的思想史意义。对于基督徒而言，这不是一场成功的传教，尤其在有关平等的问题上。这一点是很容易理解的，因为不管我们可以如何对儒家系统作若干向度的诠释，古代儒家社会是一个等级社会，不但把“三纲五常”视为所谓无所逃于天地之间的秩序，而且是将劳心与劳力、君子与小人、男人与女人的等级分别看做天经地义的。所以基督教传入中国之初必然造成伦理冲突，对此法国人谢和耐已经说过：

由于基督教伦理把永恒拯救所依靠的宗教义务与世俗义务对立了起来，所以它必不可避免地会成为冲击的根源。但从中国人一方来看，不可想象会有任何根本矛盾：在义务方面的任何冲突都可能会解决，因为它们属于同一种天理。

基督教的伦理则是平均主义和抽象的，认为所有的人在上帝面前都平等。中国人的伦理则仅仅关心**既是等级的又是互为补充的关系**，而宇宙本身似乎为此提供了例证：阴和阳、天和地都互相结合并互为补充。

[1] 转引自刘小枫、陈少明主编：《荷尔德林的新神话》，华夏出版社2004年版，第147页。
[2] 亚里士多德的平等概念，是和交换关系相联系的，他区分了（几何）比例的平等和算术（比例）的平等，前者是基于德性或优点的平等，是贵族以及寡头制的平等；后者是基于自由身份的平等，是民主制的平等。这也是古代儒家所未正面论及的。

阴和阳、天和地、男和女、君和臣……之间的关系也相似。[1]

在同一本书中，作者引用了若干材料，说明，像当初与佛教的冲突一样，主要在忠孝这一传统伦理的核心问题上，基督教与中国人的观念格格不入。譬如当时中国人批评基督教：

今玛窦独尊天主为世人大父、宇宙公君，必朝夕慕恋之、钦崇之。是以亲为小而不足爱也，以君为私而不足敬也。率天下为不忠不孝者，必此之言夫。（《破邪集》卷五）

据彼云，国中人父母死，不设祭祀，不立宗庙。惟认天主为我等之公父，薄所生之父母，而兄弟辈视之，不然则犯天主之教诫。将斩先王之血食，废九庙之大飨，以诏民从之耶？（《破邪集》卷五）

当时中国人对于基督教传教活动中妇女与男子共同参与也颇为反感，以为有伤风化。这一点甚至为孟德斯鸠所觉察：

贞女誓言、妇女在教堂集会、她们和神职人员必要的往来、她们参加圣餐、秘密忏悔、临终的涂油式、一夫一妻——所有这一切都推翻这个国家的风俗，同时也触犯它的宗教和法律。[2]

外国研究者注意到的是中国社会整体性的反应，同时也是正统儒家的反应。基督教原来有所谓“上帝面前人人平等”的观念，这是普遍的平等又是灵性的平等，就其普遍平等而言，不同于中国儒家的三纲五常；就其灵性平等而言，又是

[1] [法] 谢和耐：《中国与基督教——中西文化的首次撞击》（增补本），耿昇译，上海古籍出版社2003年版，第143页。在这里有一些与普通指责儒家伦理的不平等有所不同的解释，是所谓儒家伦理“既是等级的又是互为补充的关系”的说法，这与后来郝大维等对儒家伦理的平等要素作社群主义的解释，即强调平等是parity，似乎有某种关系。

[2] [法] 孟德斯鸠：《论法的精神》，张雁深译，商务印书馆1961年版，第314页。

指它的平等观念有一个超越的神学的根据，这种神学根据与儒家性善论所认定的性分平等在超越的层面其实并没有根本的差别。近代中国人很容易就将这两者等同起来，但是似乎有些费解的是，当时中国社会主流明显拒绝了这种解释。这种现象需要一种知识社会学的解释[1]。

耶稣会传教士的传教活动似乎还有另一面的结果，即在某些儒学异端中，基督教的平等观念发生了某种程度上可以称作迂回的影响。这主要在对于朋友一伦的新解释中出现的。

前面我曾经论述过，检索先秦儒家文献，可以看到，至少在“朋友”一伦中，平等**事实上**成为一个重要的原则，却还不是一个自觉的价值。这一点我们可以通过与亚里士多德友谊论的比较来显明。在《尼各马可伦理学》中，亚里士多德用两章来谈论“具体的德性”之一的“友爱”，在朋友一伦中更多地讨论了平等：作为一个伦理原则来讨论，它包含在“公正”之中。作为工商业社会的哲学家，亚里士多德已经注意到“平等”与交换有关，所以他说：“货币是使得所有物品可以衡量和可以平等化的惟一尺度。因为若没有交易就没有社会，没有平等就没有交易，没有衡量尺度就没有平等。”[2]他区分了算术（比例）平等和（几何）比例平等，在他的语言中，几何比例的平等或基于德性或优点的平等，是贵族制或寡头制的平等，算术（比例）的平等，即基于自由身份的平等，是民主制的平等。[3]在这个基础上他来讨论朋友之间的平等关系。孔孟所说的朋友关系大致接近于“基于德性或优点的平等”，他们注重朋友之间的“信义”，但是“信”的现实基础应该是交换关系，平等正是基于自由身份的个人之间的契约之所以成立的条件。孔孟并没有将“平等”上升为一个概念来讨论。特别没有将处理朋友关系的原则上升优先的准则。对于儒家来说，朋友一伦无论如何也不可能超过亲亲、

[1] 熊十力那样的文化保守主义者也说：“以性分言之，人类本性本无差别。故佛说一切众生皆得成佛。孔子曰‘当仁不让于师’，（言仁德吾所固有，直下担当，虽师之尊，亦不让彼之独乎仁也。）孟子曰：‘人皆可以为尧舜’，此皆平等义也。而今人迷妄，不解平等真义，顾乃以灭理犯分为平等。人道于是乎大苦矣。”（《十力语要》卷三）这说明，在超越的意义上承认平等，对于一般近代中国人而言，原则上并没有困难，但是第一，它不在上帝的信仰之下，第二，它不能自动转变为社会平等的规范。

[2] [古希腊] 亚里士多德：《尼各马可伦理学》，廖申白译，商务印书馆 2003 年版，第 143 页。

[3] 见《尼各马可伦理学》译者廖申白的注解，商务印书馆 2003 年版，第 148 页。

尊尊的原则成为首要的原则。

明白这一点，我们可以进而明白明代来华传教士利用“友道”的阐发，获得的某种成功，既有中国传统基础，又对此作出了突破。利玛窦曾经撰写《交友论》，并获得李贽等中国士大夫的赞赏，后者甚至手抄若干份，分发他人阅读。[1]按照传统的理解，“君臣、父子、夫妇、昆弟、朋友，虽是总属人伦，而主敬、主恩、主别、主序、主信，其间各有取义”，“信”可能转变为契约关系，即平等的关系。少数接受基督教传教士“友道”的士大夫，用“友道”来总领五伦，实际上用平等颠覆了传统伦理。冯应京《刻交友论序》说：“嗟夫，友之所系大矣哉。君臣不得不义，父子不得不亲，夫妇不得不别，长幼不得不序，是乌可无交?”[2]冯应京的这种思路，在其他中国文人的议论中得见，如陈继儒说：“人之精神，屈于君臣父子夫妇兄弟，而伸于朋友，如春行花内，风雷行元气内，四伦非朋友不能弥缝。”[3]清初学者张安茂则以友道为五伦之“经纬”：“君臣父子与夫妇昆弟之道者惟友也，得友而四伦以正，失友而四伦以乖。故五伦之有友，犹星辰之有经纬，素质之有彩绘，名由之成，事由之立，所系不綦重哉!”[4]这里我们可以听到戊戌志士谭嗣同以朋友一伦代替五伦的先声。

不过，我以为，晚明儒学异端的平等观念，很难完全归结为基督教的东传。当时社会生活的巨大变迁，实际上已经处于“王纲解钮”的边缘，晚明文学和戏曲可以告诉我们这一点。李贽多少已经有男女平等的思想，泰州学派将孟子“人皆可以为尧舜”发展为“满街皆是圣人”的断语，性分平等已经从成圣的可能性，演化为存在的真实性。从孔子开始，儒家对朋友之道有比较多样化的论述，“以文会友，以友辅仁”规定了朋友之道不仅有理智的意义，更有道德的价值。孔孟所说的朋友关系大致接近于“基于德性或优点的平等”，儒家德治和为帝王师的理想，使得甚至君臣之间也可以被理想化为某种朋友关系。所以，也许比较

[1] 许苏民：《李贽评传》，南京大学出版社2006年版，第55—56页。
[2] 冯应京：《刻交友论序》，收录于朱维铮主编：《利玛窦中文著译集》，复旦大学出版社2007年版，第116页。
[3] 陈继儒：《友论小叙》，收录于朱维铮主编：《利玛窦中文著译集》，第119页。
[4] 张安茂：《述友篇序》，转引自李志军：《西学东渐与明清实学》，四川出版集团、巴蜀书社2004年版，第204—205页。

稳健的说法更为可取：在传统纲常发生危机的情况下，西方基督教的观念与中国儒家本来有相当弹性的“友道”的结合，使得“平等”在少数士大夫中获得了前所未有的优先性。思想世界的这一转变尚需要我们对那个时代更阔大的思想谱系的研究来进一步探索。

第二节　太平天国的乌托邦

在近代中国，最早试图用“平等”作为价值去改变现存秩序的，是洪秀全和太平天国。如果说在明代耶稣会传教士的传教活动中，某种“平等”观念激发了儒家异端的话，晚清时代基督教的“平等”观念则给儒家社会的叛逆提供了灵感。因为洪秀全从基督教那里借来一个天父上帝，它是一切价值的源泉：

> 天下总一家，凡间皆兄弟。何也？自人肉身论，各有父母姓氏。似有此疆彼界之分，而万姓同出一姓，一姓同出一祖，其源亦未始不同……从何以生？从何以出？皆禀皇上帝一元之气以生以出，所谓“一本散为万殊，万殊总为一本”。……此圣人所以天下一家，时廑民吾同胞之怀，而不忍一日忘天下。[1]

这使我们想起洛克《政府论》的论证策略，强调人类作为上帝的创造物所处的“自然状态”，本是一种平等状态。洪秀全同时还利用了中国本土的传统资源，既包含儒家民胞物与的人伦情怀，又运用了传统哲学的“理一分殊”说。不过，洪秀全平等论毕竟与古代平等观不同，不仅是因为他使用了基督教的创世说，用一种外在超越的方式使“平等”获得了终极关怀上的根据，而且是因为他并没有仅仅停留在抽象的领域。正如恩格斯说的那样，古代基督教曾经是社会不平等的某种形式的辩护：“基督教认为一切人只有在一点上是平等的——

[1] 洪秀全：《原道觉世训》，收录于《太平天国印书》第一册，江苏人民出版社 1962 年影印本。

同是生于原始罪恶中的那种平等——这是与它曾经作为奴隶和被压迫者的宗教之性质完全适合的。"[1] 佛道和儒家都主要停留在存在论层面论证"平等"。而洪秀全则要利用"平等"来改变世界的现存秩序，提出了其社会行动纲领《天朝田亩制度》，要建立以平均分配田地为基础的绝对平等的社会。即实行按人口平均分配田地，好坏各半、全国统筹、丰荒相通。其最终目标是"务使天下共享天父上主皇帝大福，有田同耕，有饭同吃，有衣同穿，有钱同使，无处不均匀，无处不饱暖"。

太平天国的"平等"乌托邦在双重意义上失败了：在理论上，借助神学的方式来论证平等之价值，不能被中国士绅所接纳；在实践上，不仅《天朝田亩制度》从来没有真正实现过，而且其领导层的特权和腐败，制造了包括神权政治在内的新的不平等。太平天国借助外来宗教的形式，应该是包裹在基督教外衣下的平等观念不能迅速被中国人接受的原因之一。譬如曾国藩《讨粤匪檄》所谓太平军引起"开辟以来名教之奇变"，相当部分即指"自其伪君伪相，下逮兵卒贱役，皆以兄弟称之；惟天可以称父"这种人伦的平等观念。而这恰恰正是在上帝面前人人平等这种神学平等观念的实践尝试。而冯友兰先生在写作《中国哲学史新编》第六册的自序中也说：

> 中国所要向西方学习的是西方的长处，并不是西方的缺点，洪秀全和太平天国所要学习而搬到中国来的是西方中世纪的神权政治，那正是西方的缺点。西方的近代化正是在和这个缺点的斗争中而生长出来的，中国所需要的是西方的近代化，并不是西方中世纪的神权政治。洪秀全和太平天国如果统一了中国，那就要使中国倒退几个世纪，这是我对洪秀全和太平天国的评价。这个评价把洪秀全和太平天国贬低了，其自然的结果就是把它的对立面曾国藩抬高了。曾国藩是不是把中国推向前进是可以讨论的，但他确实阻止了中国的倒退，这就是一

[1] [德] 恩格斯：《反杜林论》，第106页。

个大贡献。[1]

冯友兰先生的假设有多少历史的真实性，是可以讨论的。在他的问题后面，文化保守主义排斥基督教的倾向也是明显的。不过这不应该成为我们根本否定太平天国时期“平等”观念本身之意义的理由。特别是我们注意到平等观念本身是近代一系列革命的结果，革命的价值歧义与此历史现象的客观结果的复杂关系，都决定我们应该将一种理论的内在价值与其当下的实践效果做必要的分离。事实上，对于太平天国在观念世界引起的变化，另一类人物却给予了高度的肯定。在谈到其三民主义的平等内核的时候孙中山先生说：

> 吾人今欲改造新国家，当实行三民主义。何谓三民主义？即民族、民权、民生之主义是也。民族主义即世界人类各民族平等，一种族不能为他种族所压制。……民权主义即人人平等，同为一族，绝不能以少数人压制多数人。人人有天赋之人权，不能一君主而奴隶臣民也。民生主义，即贫富均等，不能以富等［者］压制贫者是也。但民生主义在前数十年，已有人行之者，其人为何？即洪秀全是。洪秀全建设太平天国，所有制度，当时所谓工人为国家管理，货物为国家所有，即完全经济革命主义，亦即俄国今日之均产主义。[2]

在太平天国那里失败了的经济平等的诉求，又在孙中山这样的后继者那里复活了。考虑到孙中山本人是基督徒，他对于洪秀全从洋上帝那里获取的平等观念，应该是不陌生的。对于中国现代平等主义者而言，他们通常都会将自己的思想谱系上溯至洪秀全。孙中山先生是一个代表，毛泽东是另一个代表，他们都不会赞成冯友兰先生的论断。

当然，冯友兰先生又说曾国藩的过失在于开创并推行了以政带工的近代化方

[1] 冯友兰：《中国哲学史新编》第六册，人民出版社 1989 年版，自序。
[2]《孙中山全集》第六卷，中华书局 1985 年版，第 56 页。

针，而不是西方的以商带工的现代化道路，结果又延迟了中国的近代化。这在另一个角度说明，即使不是神权政治的外衣，就以个人权利为核心的现代平等观念之产生所需要的社会条件来说，曾国藩的时代也并不具备。马克思说过：“作为纯粹观念，平等和自由仅仅是交换价值的交换的一种理想化的表现；作为在法律的、政治的、社会的关系上的发展了的东西，平等和自由不过是另一次方的这种基础而已。”[1]因此，从根本上说，19世纪中叶，时代还没有提供“平等”观念的现实基础，“交换价值的交换”尚未得到必要的发展。这恐怕是西来的“平等”观念尚为中国人所严厉拒斥的根本原因。

第三节　《万国公报》与《佐治刍言》

历史就是如此吊诡。镇压太平天国的曾国藩、左宗棠、李鸿章诸人推动了最初的现代化进程，30多年以后，它收获的结果之一却是“平等”观念的胜利。平等不仅于戊戌变法时期在知识精英中广为流布，而且辛亥革命后开始转变为部分法律制度，并在“五四”启蒙运动中渐渐进入更多人的日常生活，以后又成为社会主义运动的核心价值之一。这证实了亚历克斯·卡里尼克斯所说的，“作为一种具体的社会和政治的要求，平等是拉开现代社会序幕的一系列重大革命的产儿”。[2]我们同时又可以说：平等是近代一系列社会革命的动因。因此，平等与革命心理学和大众心理学有关，可以从它去研究平等观念的产生和衍变，此处不能赘述。

从西学东渐的层面考察，基督教的传播依然是重要的环节。中国人对中西文化的关注，在鸦片战争以后大约经历了一个由“师夷之长技以制夷”，经过“中学为体，西学为用”，到要求进行全盘性社会变革的过程，所以像“平等”这样涉及政治、伦理的基本价值的观念，只在19世纪末才比较集中地进入中国人的视野。换言之，就西方平等观念的传播而言，有一个从西方宗教到“西学”即广义的西方政治文化的演变过程。根据对《万国公报》不太完全的考察，可以大致描

[1]《马克思恩格斯全集》第四十六卷，人民出版社1965年版，第197页。
[2]［美］亚历克斯·卡里尼克斯：《平等》，第25页。

绘出这一历程的轮廓。西方传教士中的自由派从比较单纯的传教，转变为更多地参与到中国政治经济和社会的变革中，以及更倾向与传播与此相关的“西学”。[1]在“平等”这一涉及中国传统伦理最敏感、最核心的部分，呈现出逐渐扩展的过程。

最初，传教士大致从批评中国的恶俗陋习开始，传播男女平等的观念。所以，就平等的具体形式而言，男女平等一开始就是传教士所极力主张的善目。他们常常说的有：“一夫一妻之为正理”[2]“泰西之制，男女并教”“即今泰西诸国，女学与男学并重，女教与男教兼行”。[3]值得特别提出的是花之安的《自西徂东》。这是一本由外国传教士撰写、在当时有很大影响的书。它的英文书名为 *Civilization, China and Christian*，最初连载于《万国公报》（自 1879 年到 1883 年），1884 年在香港正式出版单行本。作为一个德国传教士。花之安虽然没有在书中直接地论证平等的原则和价值，但是他对 19 世纪中国社会和文化弊病的批评，尤其是在“严禁买卖奴婢”[4]“禁溺女儿”[5]等章节，常常贯彻着“平等”的原则。他已经相当全面地提出了男女平等的主张，包括一夫一妻制下的夫妻平等[6]、男女受教育的机会平等、反对妇女缠足的陋习，以及男女平等地享有财

[1] 《万国公报》于 1868 年创刊时曾名为《中国教会新报》，1872 年更名为《教会新报》，1874 年方更改为《万国公报》，英文为 *Globe Magazine*。朱维铮先生认为，“从刊物编撰者的主观意向来看，则所更刊名的非宗教化，所署名衔的纯中国化，又无疑是在传递一个明白的信息，即未来的《万国公报》，将越出‘宣教’的领域，更多地向中国的公众，尤其是面向中国的士大夫”。（《万国公报文选》，生活・读书・新知三联书店 1998 年版，导言，第 3 页）经过 1883 年以后约六年的停刊，于戊戌变法高潮中复刊的《万国公报》的英文名字变为 *The Review of the Time*，在其三十余年的印行过程中，对中国士大夫产生了重要的影响。

[2] 艾约瑟：《泰西妇女备考》（光绪四年六月十四日），引自《万国公报文选》，第 458 页。

[3] 张书绅：《中西书院之益》（光绪八年正月二十二、二十九日），引自《万国公报文选》，第 498—508 页。

[4] “四海无非兄弟，万民均属连枝，推爱人如己之深心，不啻身臂之一体，又安忍奴婢视之乎？”（《自西徂东》，上海书店出版社 2002 年版，第 72 页）

[5] “夫生男生女，事本寻常，固不必轻男重女，望作门楣，亦不可轻女重男，忍戕生命”。（《自西徂东》，第 78 页）

[6] “溯夫开辟之初，上帝造一男一女，置为夫妇，是既示以夫妇之正道，匹偶之正理矣。修身者果能准上帝立夫妇之义，则修之于家而夫义妇顺，行之于身而夫唱妇随，天伦真乐，甘苦同之，不亦于夫妇之伦两得哉？是故夫妇为体之敌，为身之对，古人云‘妻者齐也。’思其义，察其理，则男之不当有二色，亦犹女子不当有二夫，其义本自昭然矣。”（《自西徂东》，第 128 页）

产继承权，[1]所有这些，在19世纪七八十年代的中国，一定给传统士大夫以很大的冲击。

平等观念是现代政治和伦理的基本原则，《万国公报》一开始就把它与民主政治联系在一起。光绪元年五月，《万国公报》发表林乐知的《译民主国与各国章程及公解堂议》，文章称：

> 按泰西各国所行诸大端，其中最关紧要而为不拔之基者，其治国之权属之于民，仍必出之于民，而究为民间所设也。推原其故，缘均是人也。仰观于天，俯察于地，其有待于日以暄之者同此日也。其有待于风以散之，雨以润之同此风同此雨也。即寒必需衣，饥必需食，温饱之情无贵贱一也。不观人之耳目手足乎？或为君，或为臣，耳目手足无所加焉。降而至于小民，耳目手足无所损焉。因恍然于治国之法亦当出之民，非一人所得自主矣。[2]

在这里，人的相同性是诉之于常识和直观的。这与他们原先或者本来应该运用的从"上帝面前人人平等"的神学原则做出的政治推论似乎颇有不同。不过如果我们进一步考察，就会发现那只是一种宣传的策略。这在傅兰雅所翻译的《佐治刍言》中呈现出十分有趣的面貌。

《佐治刍言》于1885年首次出版，作为一本根据自由资本主义原理出发编纂的政治经济学初等教科书，[3]十分自然地贯穿了与其原理相匹配的平等观念。洛

[1] "故西国法律，妻可以告夫，而夫亦可告妻，以夫妇无分上下，但当问其合理与否耳。且官府更宜保护妇女，以女子软弱，易被凌虐也。凡父母有产业者，女子虽出嫁，日后亦得与兄弟均分家财，此父母至公之心，不若中国重子而轻女也。至于寡妇虽有子，亦能有权料理家业，子贤则与之，不肖则制之，以免其败家破产也。"（《自西徂东》，第81页）

[2] 原载《万国公报》第340卷，引自《万国公报文选》，第437页。

[3] 《佐治刍言》的英文底本是英国人钱伯斯兄弟（W. & R.Chanbers）编辑的教育丛书的一种，名为 *Political Economy*，即政治经济学，1852年出版。（W. & R.Chambers：*Political Economy*，William and Robert Chambers，1852）根据编者的自述，因为是面对初等教育的对象，"在这里，政治经济学从一门学科被简化为一些原理，其中涉及的各社会组织的定义，并不十分严密"。(叶斌的《点校说明》，见《佐治刍言》，上海书店出版社2002年版）

克是出发点："一国之人无论贵贱皆当视为平等，故个人生命与其自主自重，及所管产业，国家皆应一体保护，其理然也。"[1]而在其第二章"人生职分中应得应为之事"，一开头就说：

> 第九节　**天**既赋人以生命，又必赋人以材力，使其能求衣食以自保其生命。顾人既有此材力，必当用力操作，自尽职分。若不能自主作事，则材力仍归无用，大负**上天**笃生之意矣。故无论何国、何类、何色之人，各有身体，必各能自主，而不能稍让于人。苟其无作奸犯科之事，则虽朝廷官长，亦不能夺其自主之本分。即如平等人与他人立一合同，议定若干时为之服役，或帮作工艺，其所议年限亦不得故违常例。且限内虽不得不帮人操作，然其身体仍归自己作主，其所得工资必归本人享用，即其家事亦仍归本人经理，雇工人皆不能与闻。是以国家所定律法、章程，具准人人得以自主，惟不守法者，始以刑罚束缚之。[2]

如果我们将它与其英文原著对照的话，可以很容易看到，译者不但将从洛克以来的自由主义的政治学说——人是生而平等地享有自由、财产权和自尊的——用全面但却比较委婉的方式做了表达，而且将中国士大夫最敏感的"上帝""自由"等改变成"天""上天""自主"等中国人比较习惯的词语。[3]

下面的引文同样告诉我们，傅兰雅在那个时代，在传播平等观念的过程中，

---

[1]《佐治刍言》，第 11 页。

[2]《佐治刍言》，第 5 页。

[3] 这一节的英文底本为：While *God* has given man the gift of life, he has also given him the capacity to support that life, provided he duly employs the means. This capacity for exertion, however, *would be useless without liberty to use it*. Accordingly, every human being, of whatever colour or country, has, by a law of nature, the property of his own person. He belongs to himself. In ordinary language, *man is born free*. *This freedom he is not at liberty to sell or assign*. *Neither*, *in justice*, *can any one take away his personal freedom*, *so long as he conducts himself properly and does not injure his neighbours*. A man may enter into a contract to serve another for a reasonable length of time, for hire; but in doing so he still retains the property of his own person, enjoys the fruits of his own industry, and no one is entitled to intrude on his domestic arrangements. In law, this degree of freedom is *il liberty* —— that is to say, liberty secured by the laws and subject to the regulations of the civil government。

有意无意地将“平等”的概念用中国人可能接受的方式解释：

> 第十节　凡国内设立律法，欲令众人皆得益处，则必使国内之人**上下一体**，始能无弊。故婴儿丐子之生命，必与壮年富贵之人一样慎重，则贫家最少之产业，亦当与高爵人之产业，同为国家所保护，而不容分轻重于其间也。故无论何种人皆应自立主见，作何种事业可以度日，作何种乐事可以养身，而为之上者亦当听其自然，使人人各得自主之益。虽天之生人，其才智与际遇不能一概而论，或为富贵，或为贫贱，或有权柄而治人，或无权柄而受治于人，然其所以治人与受治于人者，仍是**君民一体之理**，其于人之生命，与夫自主、**自重**，及所管产业等事，均无妨碍也。[1]

所谓“国内之人上下一体”，英文是 all men are to be regarded as upon one level，后面一个“君民一体之理”，不过是 equality of consideration 的曲译。[2]同样的，与平等价值相关的诸如“自由公民的联合”这样的观念，也必须弱化，所以 The idea of *a perfect society supposes an assemblage of free citizens*, each contributing his labours for the benefit of the whole, and receiving an appropriate remuneration, and each respecting those laws which have been ordained for the general benefit 这样的段落被翻译成了“今有若干人聚成一会，或成一国，欲其兴利除弊，诸事完善，则必使人

[1] 《佐治刍言》，第5页。

[2] 这一节的英文底本为：In the formation of laws for the general good, *all men are to be regarded as upon one level*. The life of the youngest infant and the humblest beggar is alike sacred with that of the strongest and the richest man. The smallest piece of property of a poor man is not less entitled to protection than the estate of the noble. All men are also entitled to freedom of personal movement, to freedom in the choice of an occupation, to freedom in the choice of amusement. That self-respect or self-love with which all for wise purposes are inspired, is likewise to be protected equal. Men, indeed, by reason of their very diverse endowments and opportunities, naturally fall into grades, some attaining to a great influence over others. But this does not in the least interfere with that *equality of consideration* which is due to the life, liberty, self-respect, and tangible possessions of all。

人俱能自主，人人俱能工作，方能十分富庶”。[1]

随着中国社会政治格局和思想潮流的变迁，戊戌变法前后，《万国公报》开始用平等的价值公开批判中国传统的政治、伦理：

> 是故儒教之所以为历世所崇奉，而不至于废斥者，根据莫先于三纲。一君为臣纲，关系于国者也。一父为子纲，关系于家者也。一夫为妻纲，关系于男女者也。是三纲取政治法律风俗伦理，而一概包举之，以陶融中国于专制之国，专制之家。重重积压之下，至成一种有君无民，有长无幼，有男无女，至不平等，至不自由，永无释放，永无进步之教化。[2]

它们甚至讨论到经济平等的问题：

> 当今之患，不在不足而在不均。至究其所以不均者，则由于富者占地太多，彼贫无立足之小民，非向乞怜不能存活。
>
> 夫天之生人也，无厚无薄，无贵无贱，要皆一视同仁，不使有一夫之失所。是以日月之照临也，雨露之滋润也，太空之气之与人呼吸也，自然之利之任人所求也，皆无有阻止占据于其间也……均则皆无大富。生斯世者皆得含哺鼓腹于光天化日之中，岂非太平气象哉？[3]

总体说来，19世纪晚期传教士在传播西方平等理论的时候，是将它与民主、自由等现代性价值一并介绍的，但是就其主流而言，西方传教士，即使是自由派的传教士通常也反对激进的政治革命，而主张渐进的社会改良。戊戌时期深受康

[1] 《佐治刍言》，第6页。

[2] 范纬：《论儒教与基督教之分》，收录于《万国公报》第182册，光绪三十二年，引自《万国公报文选》，第167页。

[3] 马林、李玉书：《富民策》，收录于《万国公报》第114册，光绪二十四年六月，引自《万国公报文选》，第598—602页。

梁等人重视的李提摩太就是代表。与此成为对照的是，卢梭和法国革命所代表的激进的平等派，也开始传入中国，不过它除了曾经影响到谭嗣同那样的个别激进主义者以外，主要的影响是发生在20世纪初。由于它已经超出了单纯的传教士之所为，同时，对于当时的中国士大夫而言，平等是一个崭新的政治原则，他们尚未认识到平等有诸种不同的形式和程度。囿于篇幅，这里就不再详论。

第四节　观念变革的社会期待

在考察平等观念“自西徂东”的历史时，我们不能忘掉中国人并不是以洛克式的“白板”去接受洛克式的平等的。正如明代耶稣会传教士利用交友之道在儒家传统中所具有的根基，来曲折地传达其宗教平等观念，洪秀全等将基督教的平等观与“大同”“理一分殊”等儒家思想元素结合，来建立其乌托邦；戊戌期间，主导当时思想主流的人物，通常都是将中国古代文化中所可能作现代平等论诠释的因素，不仅有儒家的思想，更包括佛教和道家、道教的思想，与包括基督教在内的西学所诉求的平等观念，做一种巨细无分的综合。康有为、梁启超和谭嗣同，当时接受平等观念的中国士大夫大抵都是如此。

前文已经说过，基督教称“上帝面前人人平等”为西方人世俗的平等所提供的神学根据，与儒家性善论所认定的性分平等，在超越的层面其实并没有根本的差别。儒家不但有王门后学“满街皆是圣人”那样激进的圣凡平等，而且一向包含着某种平均主义的倾向。不过儒家的主流是为等级关系辩护的。而中国佛教无论在佛法平等、成佛的可能性等等问题上，都比儒教更倾向平等，因为其基本的关怀是出世的，而不是伦理的。而道教可能有更激进的平等观念，所以道教的经典如《太平经》与汉末黄巾军农民起义有精神上的关系，《后汉书》称“张角颇有其书”。王明先生以为是重要的证据。[1]有些道教派别，譬如创立全真道的王中孚甚至将平等看成其基本的原则和目标，即“道德之祖，清净之元”。而佛教似乎没有这样强烈、激进的社会功能。佛教在中国历史上，更多的是给人以逃避社

[1] 王明：《太平经合校》（前言），中华书局1960年版。

会伦理的出路，而不是改造社会的方式。

不过，问题是为什么到戊戌时代，原先很少致力于救世的佛教，原先更重视修身的儒教（如重在“杀心中贼”的王学），都一齐成为接纳“平等”的观念前提了呢？都一起变成了伦理变革的理论资源了呢？这场变革导向了根本上改造社会生活和制度的革命。

这启发人们思考，为什么戊戌时代的中国人比较容易接受基督教的平等观？甚至我们应该问的是，为什么戊戌时代的士大夫讨论“平等”观念的时候已经毫无困难似的，譬如康有为干脆说“人类平等是几何公理”。换言之，平等在他那里已经是价值前提了。他在构造体系的时候曾经模仿欧几里得几何的方法，根据“实理”去推断“公法”，即所谓“实理明则公法定”。实理是从经验事实中抽取而又不受时空限制的真实法则。公法之公，一是公共，二是普遍必然性，三是公推之公。康有为以为，人各有自主之权，“此为几何公理所出之法，与人各分原质以为人，及各具一魂之实理全合，最有益于人道”。[1]谭嗣同主张用朋友一伦来代替五伦，因为它体现了平等和自由。在注意到“自西徂东”的平等观念的传播以外，也许我们应该从当时中国人面临的新的世界图景、新的社会生活、新的社会秩序去寻找答案。

在这个向度，我们应该注意到：第一，民族矛盾促成了国家平等的要求。在古代以中国为中心的朝贡体系中，中国人没有民族平等的意识是正常的，历久不衰的“夷夏之辩”即是证明。英国人斯当东写的《英使谒见乾隆纪实》中记载的关于谒见礼节的争论，生动地说明了，长期以来自居于“天朝大国”的中国人（尤其是君主和朝廷）基本上没有如何平等对待其他国家的经验，正如国人之间严格的等级关系。[2]鸦片战争打破了“中央王国”的世界图景。但是西方人以平等为价值，却从来不平等对待中国人。地位的落差和新观念的刺激使得一百多年来的中国人在是否能得到平等待遇上极其敏感。

---

[1] 朱维铮编：《康有为大同论二种》，第7页。

[2] [英] 斯当东：《英使谒见乾隆纪实》，叶笃义译，上海书店出版社1997年版，第356—362页。本书提供了一个生活在现代社会、已经习惯于权利平等的社会风尚的外国观察者，如何评价晚清中国社会不平等状况（这在该书中曾经多处出现）的极好材料。用其来比照同时代中国学者对于中国社会生活的描写，可以看出中西观念的普遍差异。

第二，社会阶级或阶层重新排序：原先的士农工商，渐渐成了士商农工，甚至成为商士农工（后来我们更多的说“工农”）。新的阶层的出现，新的知识分子，作为相对更独立的个人的存在。譬如新闻记者、报纸编辑、出版从业人员、医生、大学教师。

第三，宗法制度的瓦解，大家庭让位于核心家庭；农民离开土地和家族的保护——同时也是束缚——来到大城市变成工人。在大机器生产的场所（如纺织厂里），男女一起在劳动，并不会被认为有伤风化。在现代城市中，女人在一定程度上有可能和男人一样独立谋生。

所有这些，都是现代化所带来的深刻的变革。新的生活方式是新观念的真正土壤，交换关系的逐渐确立占据着更深刻的决定地位。这个时候，人们可以达到这样的意识：所谓平等，是对人的价值等同、尊严和权利等同的思想的表述，平等意味着每个人有着平等权利来控制自己的生活和影响他们的社会。从这个意义上说，平等开始变为“中国人的思想”。换言之，平等之所以成为中国人的价值，不但因为一种学说的传播，更因为在新的社会条件下人们可能提出新的生活诉求。它应该在生活、实践的变化与观念的生产和传播的辩证关系中获得理解。

第五节　余　　论

本章讨论了西方人的“平等”观念最初在中国传播的大致过程，借以说明在“平等”观念在现代中国的嬗变过程中外来观念的作用。“西方”一词相当笼统，本章主要讨论的是与基督教传教活动相关的观念传播，而没有更加详细地讨论一般意义的外来观念的传播问题。19 世纪晚期西方平等观念连同其他现代观念一起，比较集中地在中国传播的时期开始于戊戌到辛亥的十几年中，而这正是本书第四章将具体展开的“变革时代的观念变革”的一部分。从观念史的重要性而言，西方思想观念的传播已经不是第一位的了，尽管 20 世纪西方思想源源不断地被译介进中国。戊戌到辛亥期间，边沁、穆勒、卢梭等重要的哲学家开始广为人们所知；五四时代，则是罗素、杜威、易卜生成为中国思想界的明星；同时马克思主义传入中国；20 世纪 40 年代，拉斯基是中国自由主义的思想旗帜，正如 20

世纪90年代海耶克为中国某些自由主义者所尊重一样。由于平等早就成为现代性的基本原则，所有这些思想家的观念世界中一定有平等的一席之地。尽管对此可以做非常专门的工作，而且学术界不断地推出一些个案研究，本书却不得不仅仅将它们安置在平等观念的现代嬗变的总进程之中，而不再单独加以论述。

事实上，即使是19世纪末20世纪初，平等观念的外来传播还有两个重要的途径：

第一，以留学生和派驻西方国家的外交官员为主，包括有机会以其他途径直接观察到西方现代社会治理方式（如开放口岸的租界或外国人的团体）的文化精英，他们所接受的新观念对于中国社会的观念嬗变发生了极为重要的作用。譬如本书第四章将讨论到何启、胡礼垣和康有为、严复、梁启超、章太炎等。虽然他们各自的思想系统中西方观念的成分有差别，但是就平等观念的古今之变而言，在他们身上更多的首先是中西之变。他们中多数人一开始的理路就是从“齐其不齐”出发的，即以现代西方的平等观念尤其是政治平等和社会平等的观念作为改造中国的规范和理想。表现在叙事策略上，就是中西二分，传统与现代对立，由此凸显出思想观念的飞跃。同时也给中西思想如何交融导致现代中国人的观念世界发生历史性的变迁，留下了继续研究的巨大空间。

第二，通过日本和俄国（以及后来的苏俄），平等观念也用另一种形式进入中国。譬如，日本社会主义者幸德秋水的《社会主义神髓》出版不久就有了东京奎文观书局（1906年）和中国留学生会馆社会主义研究社（1907年）分别出版的两种中译本。作为一部宣传社会主义的著作，其核心价值之一就是经济平等。又譬如，20世纪初中国的无政府主义者是平等价值的坚定主张者，他们所主张的激烈的平等观念，与俄国（以及法国）的无政府主义在中国的传播有直接的关系，像克鲁泡特金的《互助论》那样的名著，在中国有广泛的读者，它的核心价值同样是平等（尤其是经济平等），无政府主义在中国的另一个功用是为马克思主义和共产主义的传播作了某种先导，后者更是一个平等优先的思想体系。在这些问题上，平等观念的“自西徂东”还有大量的问题可以研究，本书对此不能另拟专章予以讨论，只在后面论述到相关思想家的思想来源时会有所关注。因为就“平等”观念在中国的古今之变而言，最初最关键的外来因素是基督教传教士开启的西方平等观念的传播。日本、俄国（尤其是苏俄）方面的思想传播，主要是影响了平等追求的具体向度，即它们对于20世纪中国追求经济平等的主题发生了不可轻视的作用。而且日俄等国的无政府主义或社会主义，从其根本来源来说，依然是西方的另类现代性。它们无论与基督教还是启蒙主义，都有复杂的关联。

基督教的传教活动对于平等观念在中国的传播，并不是一个新话题。但是至今很少有专门研究此问题的著述，而且就整个平等观念的历史而言，不但有古今之变，而且有宗教与世俗之别。现代社会占主流的、以权利平等或“公正的平等”为核心的观念，不但与古代局限于“人的相同性”的形上学不尽相同；而且由于与个人主义构成内在关联，在有些宗教学家看来，与宗教共同体的平等也有区别。由于第一层的区别，严复那样的哲学家将宗教的平等称作“消极平等”，而把现代法权平等称作“积极平等”。由于第二层的区别，某些后现代主义的批判家断言，现代平等由于建立在原子主义的“个人权利”的基础上，所以它发展为“千人一面”的平等，没有成为古代犹太—基督教那样，在上帝面前平等的个人，即可以保持其独特性、又能“同为一体”。它除了进一步说明，对于基督教传教士个人的观念本身作深入的案例研究非常必要，而且从另一个向度展示了平等问题的复杂性：以同一个语词出现的“平等”，很可能是互相不相容的、甚至是互相反对的。

平等是一位长着许多张脸孔的神祇。

第四章　变革时代的观念变革

19 世纪中叶以后的中国社会，在不断的动荡中酝酿着历史的巨变。当时的人们已经意识到，它不再只是古时的改朝换代，而是“三千年未有之大变局”。那是一个反观历史经验的结果，而今天看来，这个“大变局”只是一个开始：历史将要转变出前所未有的新时代。“平等”观念的现代嬗变由此展开。

第一节　巨变前夕知识精英的思想状况

前一章我们大致描述了西方“平等”观念通过不同的方式传入中国的过程，但是这并非中国社会平等观念的实在。换言之，平等是否成为中国人自己的公共观念，并不能只看外国传教士写了些什么而定，也不能仅仅看中国人翻译了多少外国著述，而应该同时考察中国人在处理政治经济等社会问题时的基本态度。前面曾经提到，曾国藩《讨粤匪檄》所谓太平军“自其伪君伪相，下逮兵卒贱役，皆以兄弟称之；惟天可以称父”，被认为“开辟以来名教之奇变”。所以儒家虽然泛泛而论“四海之内皆兄弟”，但并非破除等级制度的平等观念。三纲五常之不可动摇，这一点在正统思想中没有讨论的余地。在 19 世纪中叶的数十年中间，传教士传播的观念，其社会效果也相当有限，以至于士大夫中间包括领风气之先的开放口岸早期改良派的知识分子，谈到平等时也会茫然无头绪。譬如 1859 年 5 月 6 日王韬的日记中写道：“西国政之大谬者，曰男女并嗣也；君民同治也；政教一体也。”[1]可以让人窥测到当时中国社会的一般状况。

不过，随着洋务运动的开展，现代化带来了中国社会的结构和生活方式的变化，被称作早期改良派的知识精英，作为传统思想向现代思想过渡的中介，其有关“平等”的观念也发生了微妙的变化。

---

[1] 方行、汤志钧整理：《王韬日记》卷二，中华书局 1987 年版，第 112—113 页。

一

总体说来，19世纪知识精英并没有真正对“平等”观念有深入的理论思考，因为当时即使是开明的士大夫、追求变革的知识分子，其精神世界基本上还在“中学为体、西学为用”的框架之中。这个后来成为保守主义的第一个文化纲领的命题，最早可能出自早期洋务派的一个代表人物冯桂芬之口：“如以中国之伦常名教为原本，辅以诸国富强之术，不更善之善哉?”[1]而所谓“中学”，首先就是“伦常名教”，或者说是以伦常名教为中心的中国固有思想文化。后来大力主张“中体西用”的张之洞，则将之归结为“明纲”：

> 君为臣纲，父为子纲，夫为妻纲……五伦之要，百行之原，相传数千年更无异义，圣人所以为圣人，中国所以为中国，实在于此。故知君臣之纲，则民权之说不可行也；知父子之纲，则父子同罪、免丧废祀之说不可行也；知夫妇之纲，则男女平权之说不可行也。[2]

可见，就平等观念的历史进程而言，“中学为体”的要害是拒绝以“权利平等”为中心的民主观念和政治制度。因此，囿于“中体西用”思维模式的国人，自然难以很快就接受现代平等观念：

> 考外洋民权之说所由来，其意不过曰国有议院，民间可以发公论、达众情而已，但欲民申其情，非欲民揽其权。译者变其曰“民权”，误矣。近日摭拾西说者甚至谓人人有自主之权，益为怪妄。此语出于彼教之书，其意言上帝予人以性灵，人人各有智虑聪明，皆有可为耳。译者竟释为人人有自主之权，尤大误矣。泰西诸国，无论君主、民主、君民共主，国必有政，政必有法，官有官律，兵有兵律，工有工律，商有商

[1] 冯桂芬：《校邠楼抗议》，上海书店出版社2002年版，第57页。
[2] 张之洞：《劝学篇》，上海书店出版社2002年版，第12页。

律，律师习之，法官掌之，君民皆不得违其法。政府所令，议员得而驳之；法院所定，朝廷得而散之。谓之人人无自主之权则可，安得曰人人自主哉？夫一哄之市必有平，群盗之中必有长，若人皆自主，家私其家，乡私其乡，士愿坐食，农愿蠲租，商愿专利，工愿高价，无业贫民愿劫夺，子不从父，弟不尊师，妇不从夫，贱不服贵，弱肉强食，不尽灭人类不止，环球万国必无此政，生番蛮獠亦必无此俗。[1]

这一大篇文字表达了张之洞同时也是那个时代士大夫的基本政治观念，其中心是秩序、权威、等级关系等等要素，而“人人有自主之权”这个启蒙主义诉求所包含的自由、平等的观念，尤其是现代民主政治的合法性产生于平等的契约关系，更是超出了张之洞等的视野了。

二

直到19世纪80年代，才出现像何启、胡礼垣那样处于相当边缘地位的知识分子，含糊地谈论“平等”。这两位主要活动在香港的知识分子，1887年开始合作撰写文章，后来更编辑为《新政真诠》，一时颇有影响。其中有些涉及平等问题的论述：

吾所谓国之基址者，不须求之远也。自古及今，自今以往，凡所称上国名邦，神州帝宅者，其肇其王迹，奠厥宏漠，所恃者无他焉，公平之政令而已。然则公与平者国之基址也。公者，无私之谓也。平者，无偏之谓也。公则明，明则以庶民之心为心，而君民无二心矣。平则顺，顺则以庶民之事为事，而君民无二事矣……今者中国政则有私而无公，令则有偏而无平也；庶民如子，而君上薄之不啻如奴贱也；官吏如虎，而君上纵之不啻如鹰犬也。[2]

[1] 张之洞：《劝学篇》，第20页。
[2] 何启、胡礼垣：《新政真诠》，辽宁人民出版社1994年版，第73页。

有人将其中的“平”解释为“平等”，似乎并不确切，因为他们在论证政治的合法性的时候，使用的标准是“公平”。这比起政治合法性诉诸天命或传统（道统、纲常），自然是一大变化。然而与“平等”还是有所不同。公平包含了若干平等的诉求，是还没有上升为概念的平等，否则就不会出现“庶民如子”的字样。这种肯定政治权力垂直运用的观念，与权利平等的观念如契约论所主张的政治权力来自人民授权大相径庭。直到1894年，在《新政论议》中，他们虽然说“新政者，将使君民如一，上下同心，自其外观之，君为君，民为民，而自其内观之，则君亦民，民亦君”。这表示一边他们开始有了君民平等的观念，但一边依然说“君者，民之父母也”。[1]我们不必诧异于他们的进步迟缓，直到20世纪晚期，许多中国政府官员不还一直对于“父母官”之类的称谓津津乐道吗？

1899年刊行的《“劝学篇”书后》，何、胡开始正面批评维护“三纲五常”的“中体西用”论：

> 然且沾沾自喜以中国之三纲为宝，若有诘以其宝安在者，则曰：知君臣之纲，则民权之说不可行也；知父子之纲，则父子同罪免丧废祀之说不可行也；知夫妇之纲，则男女平权之说不可行也。嘻，怪矣！夫《礼纬》、《白虎通》以及董子马融朱子书说，惟未明五伦之要本于天而不可违，欲以人力胜之，立为三纲之说，意谓比五伦为尤重，使人以不得不从也。不知大道之颓，世风之坏，即由于此。何则？君臣不言义而言纲，则君可以无罪而杀臣，而直言敢谏之风绝矣。父子不言亲而言纲，则父可以无罪而杀子，而克谐允若之风绝矣。夫妇不言爱而言纲，则夫可以无罪而杀妇，而伉俪相庄之风绝矣。由是官可以无罪而杀民，兄可以无罪而杀弟，长可以无罪而杀幼，勇威怯、众暴寡、贵凌贱、富欺贫，莫不从三纲之说而推，是化中国为蛮貊者，三纲之说也。[2]

[1] 何启、胡礼垣：《新政真诠》，第157页。
[2] 同上书，第353—354页。

这些为尚未在中国实现的民主制度辩护的言论，都只是时论的性质，而且他们将三纲与五常分离开来，并没有意识到儒家五伦在其历史脉络中尚无权利平等的观念。不过，与他们以往的言论相比，集中攻击三纲，意味着反叛的时代真的来临了。“平等”也随即从对不平等制度的抨击转变为正面的陈述。

19 世纪末、20 世纪初，历史的主题是救亡图存，在救亡图存的语境中，平等的诉求当然服从于富强的目标：

> 人人有权，其国必兴；人人无权，其国必废。此理如日月经天，江河行地，古今不易，遐迩无殊。[1]

不过，其理论的逻辑已经不同于以往承认政治权力有垂直的源头，而强调每个人天生具有的人身权利及其自主的运用，合成了政治权力。进而传统的“公私之辩”也有了新的解释：

> 是故为今日言，则家不妨私其家，乡不妨私其乡，即国亦不妨私其国，人亦不妨私其人。但能知人之私未能一，如己之私之未尽蠲，如此则合人人之私以为私，于是各得其私，而天下亦治矣。各得其私，不得复以私名之也，谓之公焉可也。[2]

人们不难发现，《新政真诠》的权利平等观念，与我们在第二章中所讨论的平等观念在儒家系统中的四种诠释向度并不相同，明显地来自西方理论的传译。但是他们否认权利平等的观念来自西方、更否认来自基督教的天赋人权，以为中国古代经典《易》《尚书》《诗经》等都早已包含了类似的观念。于是“各正性命，保合太和”“罔拂百姓，以从己”“民之秉彝，好是懿德”之类儒家的“话头”都成了“人人有自主之权”的经典根据。事实上，儒家的上述话语，与下面来自边沁

[1] 何启、胡礼垣：《新政真诠》，第 412 页。
[2] 同上书，第 413 页。

等英国功利主义的理论有着明显的差异：

> 人人有权，又人人不能违乎众，其说何居？曰：权者，利也，益也。人人皆欲为利己益己之事，而又必须有利益于众人。否则亦须无损害于众人。苟如是，则为人人之所悦而畀之以自主之权也。……自主者必以众为务。一事也，受其利者百人，受其害者十人，则不能以十人之故，阻其事而不行。一说也，沾其益者百人，致其损者十人，则不能以十人之故，扰其说而不恤。[1]

边沁式的效果论在这里以简单的形式出现。“以众为务”、追求社会利益的增长，成为善的标准。尽管其表达是粗糙的，但是值得注意的是，“权利平等”观念在这里所包含的，不但有个人参与政治事务的相同的权力，而且有独立的利益追求。而且无论是权力的实现还是权利的保障，都是在个人与社会（众）的关系之中，而不是在固定的宗法关系之中。这与传统儒家强调在伦理关系中成为道德主体、修养成圣，有基本的差别。

何启、胡礼垣的观念变化，既可以作为早期改良派中与时俱进一流人物的思想如何前后变化的典型，也反映了19世纪最后三十年中国社会主流思潮的嬗变。它的社会史根源，则是中国社会生活和社会结构的新陈代谢。这一点我们在第三章第四节已经大略地讨论过，此处不再赘述。

综合起来看，到19世纪末，历史已经呈现出三种因素，或三种趋势的结合：西方观念的传播、中国社会生活的结构性变革，和知识分子观念的突变。虽然对于上述三项各自所起的作用，以及三者之间的关系的复杂性，还有进一步研究的空间；但是有一点是肯定的了：对于此时出现的新兴社会阶层的政治代言人，“平等”似乎成了自明的价值。本章后面诸节将具体展现平等观念的这场世纪性的转折。

---

［1］何启、胡礼垣：《新政真诠》，第417页。

第二节　平等主义的纲领及其衍绎——《大同书》与《仁学》

“平等”真正被中国的知识精英而不是叛逆农民当作一种新的社会价值来追求，是在 19 世纪与 20 世纪的交界。那是真正堪称中国思想界风起云涌的时期，是思想世纪的转折点。这一时期思想界的领袖康有为在其一系列著述中表达了鲜明的平等主义，最为集中的当推《大同书》。[1]

我曾经说过，革命时代思想变革的常规是昔日的异端翻为正统，与此相伴的还有另外两个现象：“边缘进入中心”和“新知附益旧学”。这在“大同”成为现代思想传统上可以明晰表现。洪秀全的“大同”在太平天国时期还是大逆不道的异端，但是不过五十年，“大同”就似乎成为中国人的共同理想。当初在洪秀全手里只是朦胧的理想社会的雏形，经过康有为的创造，被描绘成人类生活的共同远景。所谓“边缘进入中心”，既指在古代儒家系统中只是边缘性资源的《礼运》，被解释为儒家社会理想的核心（这一点第二章第一节中已经简要说明）；同时又指持有强烈异端甚至是离经叛道思想的、原先只是边缘性人物的康有为等知识分子，迅速地进入到政治生活的中心。换言之，思想观念的变化与社会存在或某种“生活圈子”有紧密的联系。而所谓“新知附益旧学”，在《大同书》中，就表现在，它之所以会从异端翻为正统，从边缘进入中心，原因之一就是它已经不再是纯粹的或传统的儒家思想，而被附加上了某些西方的或现代性观念，因而是新旧交融或东西合璧的产物。具体地说，《大同书》的作者，既不是传统的儒家，也不是反叛的农民，而是一个接受了进化论、人道主义和功利主义、处于从士大夫转变为新式知识分子过程中的思想家。由于与进化史观相联系，“进步”成为康有为构筑“大同”理想的理论前提，同时又成为“大同”社会的最重要的特征：大同社会保证了人类不断的进步，包括人类的福利无限的增长，由此去苦求乐的人

[1] 该书的基本思想很早就已形成，据梁启超在《清代学术概论》中所述，在万木草堂时期，康门弟子陈千秋、梁启超已经读到某种稿本了，但出版却很晚。但按朱维铮先生的论证，《大同书》作为一部“‘未完成的初稿’，写作和修改，可能在辛亥革命前的十年间”。（朱维铮编：《康有为大同论二种》，导言）

道得以充分实现。还包括平等作为一个现代性原则的普遍主义冲动的实现。

一

《大同书》可以说是近代中国第一个平等主义的纲领。

同样讲“大同”，同样讲“平等”，洪秀全的平等观念用西方人的上帝作为根据，人类因为同为上帝的创造物而平等，康有为的平等观念具备了更为理性的形态。康有为认为人与人是天然平等的，因为“人皆天所生也，同为天之子，同此圆首方足之形，同在一种族之中，至平等也”。而现实常常是“以阶级之限人，以投胎为定位，而不论才能也”，由此造成教育、参与政治、婚姻等全面的不平等。[1]这里他借用传统信仰的“天”，后来更把人叫做“天民”，表示他接受了“天赋人权”的观念。更值得注意的是，在康有为那里，平等已经是先验的价值原则，是评判其他价值之价值。我们知道，作为一个先验论者，康有为构筑其思想体系的时候，曾经模仿欧几里得几何学的方法，即根据类似于几何学中的公理、定义的所谓“实理”，去推论和衡量人类社会的“公法”。这就是“实理明则公法定。间有不能定者，则以有益于人道者为断。然二者均合众人之见定之”。[2]所谓实理之“实”有三层意思，一是经验中抽取的实在，二是事实之实，三是虚实之实。实理是不受时空限制的真实的法则。“公”的意思，一是公共，二是普遍必然之公，三是公推之公。实理最重要的是两条，一，人各分天地原质以为人，二，人各具一魂，故有知识，所谓智也。然灵魂之性，各各不同。公法最重要的也是两条，一，人各有自主之权，康有为说“此为几何公理所出之法，与人各分原质以为人，及各具一魂之实理全合，最有益于人道”。二，是以平等之

---

[1] 对于传统中国的不平等状况，康有为的评价是游移的。他当然注意到古代中国社会广泛的不平等，不过又认为所幸中国本来很少阶级，特别是“孔子首扫阶级之制，讥世卿，立大夫不世爵、士无世官之义。经秦汉灭后，贵族扫尽，人人平等，皆为齐民”。尤其是唐代以后的科举取士，完全惟才是举，“有才则白屋之子可至公卿，非才则公卿之孙流为皂隶”。不过他后来又称中国在平等问题上“一间未达”：“惟君权虽有义理以责任之而专制不除，奴隶岁经光武用孔教之义频免为良人，而明以后投大户者不绝，及乐户、丐户、蜑户之名，尚有不尽得为平民者，而妇女之禁抑未解。二者尚未改，故平等之义未尽，而愚弱亦从之。”（朱维铮编：《康有为大同论二种》，第93—95、162页）

[2] 康有为：《实理公法全书·凡例》，收录于《康有为大同论二种》，第3页。

意，用人立之法。康有为又解释说，“人类平等是几何公理。但人立之法，万不能用，惟以平等之意，用之可矣”。[1]

可见，康有为运用中国传统思想中关于人是由魂魄组成的观念，来论证人的平等：每个人都从自然（天）取得相同的元素构成其体魄，每个人都有自己的灵魂，因此有知识、有智慧。它是穿上了中国思想外衣的天赋人权说。当然，这一被论证和信仰为先验的价值的平等，同时还有经验事实的根据。因为他将“平等”的价值与功利主义或快乐主义联结起来，不平等的阶级制度与普遍的快乐主义是违背的：

> 天下之言治教者，不过求人道之极乐，而全人生之极乐，专在人类之太平。今既有阶级，又有无数之阶级焉，不平谓何？有不平即有一不乐者。故阶级之制，与平世之义至相碍也。[2]
>
> 夫人类之生，皆本于天，同为兄弟，实为平等，岂可妄分流品，而有所轻重，有所摈斥哉？且以事势言之，凡多为阶级而人类不平等者，人必愚而苦，国必弱而亡，印度是也。凡扫尽阶级而人类平等者，人必智而乐，国必盛而治，美国是也。其他人民、国势之愚智、苦乐、强弱、盛衰，皆视其人民平等不平等之多少分数为之。[3]

这种联结非常重要，因为当我们说康有为从公理推论出平等之公法的时候，它与儒家的圣凡平等、佛教的佛法平等、基督教的平等观念、自然主义的天人观念，可能都有关系，并且还只是平等的形上学，一旦将平等理解成人人都有追求幸福和快乐的相同权利、甚至与国家的强弱密切相关的时候，那么就是平等的政治学和社会学了。

康有为的平等观与古代平等观的不同，不仅在于他将古代儒释耶那种抽象的平等引向现实的平等要求，而且将农民朴素的平均主义的“均贫富”转变为具有社会主义色彩的经济平等。古代农民“均贫富”的要求，总是建立在对私有制和

[1][2] 朱维铮编：《康有为大同论二种》，第7页。
[3] 同上书，第162页。

小生产的肯定的基础上的，“均贫富”的实质是私有土地的趋平均化，因此它在造反农民的行动中就是分田分地。康有为的经济平等的实质是消灭私有制，“太平世人无私家、无私室、无私产、无私店”，根本没有私有财产。而它又与大工业和现代科学技术所提供的大生产联系在一起。康有为所面对的现代工业和科技的巨大生产力是古代人无法想象的。

如此激进的经济平等纲领，其实行是从家庭革命开始，只要废除婚姻制度，经济平等自然而然就实现了。结果，经济平等乃至整个大同都要从男女平等开始。正如梁启超评论的那样：“其最要关键，在毁灭家族。有为谓佛法出家，求脱苦也，不如使其无家可出；谓私有财产为争乱之源，无家族则谁复乐有私产？若夫国家，则又随家族而消灭者也。”[1]这帮助我们理解为什么康有为那么重视男女平等的问题。他一开始就注意到女性在政治参与方面的权力诉求，同时注意到教育、人格独立、自由等权利的平等。与在论证普遍平等时一样，他在论证男女平等时既运用天赋人权的公理，也引用了功利主义的原则：“抑女有害于立国传种，宜解禁变法，升同男子，乃合公理而益人种。”[2]于是他提出了教育、政治参与、婚姻、社交等全面的平等。而在大同时代，更要废除婚姻制度，这不仅对解放妇女、而且对实现经济平等有极大的重要性，“欲行农工商之大同则在明男女人权始”。对于康有为而言，解决经济不平等的方法是简单的：“若去民私业，此事甚易，即自去人之家始也。即欲急去国界者，亦自去家始。”天赋人权、男女平等，不再是夫妇关系，而是“岁月交好之和约而已，行之六十年，则全世界之人类皆无家矣。无有夫妇父子之私矣。其有遗产无人可传，其金银什器皆听赠人。若其农田、工厂、商贾，皆归之公，即可至大同之世矣。全世界之人既无家，则去国而至大同易易矣”。[3]

二

我们说康有为的《大同书》是一份平等主义的纲领，不但因为它有非常激进

---

[1] 梁启超：《清代学术概论》，收录于《梁启超论清学史二种》，第67页。

[2] 朱维铮编：《康有为大同论二种》，第216页。

[3] 同上书，第314页。

的经济平等观念，要求消除阶级之间的不平等；有非常激进的社会平等观念，要求实现男女之间的完全平等，而且还指它将平等表达为一个强烈的普遍主义的观念；同时又带有了中国近代特殊的历史要求：民族平等。大同要去九界，先要去“国界”，消除由于民族国家之间的竞争而带来的不平等。身处救亡图存困境中的中国人，最迫切的平等诉求之一，就是民族/国家之间的平等。不过，康有为不是在民族主义的意义上而是在世界主义的意义上要求民族/国家的平等。他相信世界应该有统一、合理的制度与秩序，以保证人们的普遍平等。

我们说康有为的《大同书》是一个平等主义的纲领，最重要的是，从康有为开始，平等观念的古今之变呈现出一个历史性的飞跃。建立在“人的相同性”基础上的古代“平等”观念，具体的理路可能各有不同，但是总体上都走向某种“平等”的形上学，即将“人的相同性”引向超越的层面或道德修养的终极目标，其意义在于改变我们的境界或观念世界，而不是改变不平等的现实关系。《大同书》依然以“人的相同性”为预设，但是其重点已经不再停留在超越的层面或道德修养的必要性和共通性上，而是将“平等”理解为一个基本的价值、实践的指针与行动的规范。换言之，现代平等观念不仅要求改变人们的思想，更要改变社会制度和社会生活中的不平等关系。“平等”成为现代人有计划地规范、改造社会的原则，表现出普遍主义的动力。

我们说《大同书》是一个平等主义的纲领，还有一个原因是注意到，赞成“平等”作为基本价值的现代社会中，存在着自由主义与平等主义的不同派别。换言之，康有为的平等观念与现代资本主义的主流观念（自由主义）有着值得注意的区别。

对于经典的自由主义而言，平等是作为自由的补充和假设条件，而不是作为对经验事实的一种陈述来思考的，“它要求人只有在经济和政治领域的竞争中是平等的，而不是在所有的生活领域都平等化”，[1]与自由主义在价值排序中自由优先的方式不同，平等主义可以说是主张平等优先的原则；与自由主义重在保证进入竞争的“机会平等”不同，平等主义重在追求结果的和实质性的平等。后者

[1]［德］卡尔·曼海姆：《保守主义》，李朝晖等译，译林出版社2002年版，第83页。

与平均主义有内在的联系。平均主义追求所有人都同样享有不伴有任何程度不平等条件的平等。政治上，所有人都拥有与他参与政治生活所需要的相等的政治权力和政治自由；经济方面，所有人都拥有相等数量的财富，以保证他获得幸福。而自由主义的立场是机会平等才是真正的平等，因为它可以促使个人的行动自由，尤其是促使个人在经济活动中获得最大程度的自由。他们反对平均主义，因为按照平均主义的意识形态，必定需要限制个人自由、特别是个人在经济活动中进取发展的自由。洪秀全似乎是一个极端平均主义者，他设计的“天国”没有丝毫个人自由。康有为的“大同”，则容纳了相当程度的个人自由，包括参与政治的自由、居住和旅行的自由、闲暇与从事创造活动的自由，这些都与科学技术与生产力的高度发达有密切的联系。我们当然不会忘记，《大同书》中允诺人们在未来世界享有性爱的高度自由。所有这些人们将平等享有的自由都是古代社会未曾梦想过的。但是，无论如何，自由在“大同”世界中只是一个弱主题，平等才是压倒一切的强主题。“大同”可以说是“平等”观念的一种修辞学方式的诠释。我们看到，在大同时代人们甚至不能对于自己的肤色种族特征负责，黑人是应该被改良的人种；妇女们不能自行决定是否生育，堕胎是法律明文严禁的行为；“懒惰”也被法律所禁止，不再享用社会财富而“出家”也不被允许，所以人们没有宗教信仰自由。最重要的，大同社会严厉禁止追求个人经济利益的竞争。康有为说：

> 人之性也，莫不自私，夫惟有私，故事竞争，此自无始以来受种已然……大同之世，无异类、无异国，皆同体同胞也；竞争者，于异类异国为不得已，于同体同胞为有大害，岂可复播此恶种以散布于世界哉！夫据乱之世，人尚私争，升平之世，人人各有度量分界，人不加我，我不加人。故大同之世，视人如己，无有畛域，“货恶其弃于地也，不必藏于己，力恶其不出于身也，不必为己”。当是之时，最恶竞争，亦无有竞争者矣。[1]

---

[1] 康有为：《大同书》，古籍出版社1956年版，第270—271页。

不难看出，以实质性的平等为理想，康有为拒绝将竞争引入未来社会，因为它将从根本上破坏“大同”的境界。所以，假如需要在自由主义与平均主义两极中做选择的话，康有为无疑会选择平均主义。

不过，作为近代中国最具有创造性的思想家之一，康有为在构造其乌托邦的同时，已经注意到自由和平等之间的复杂关系。他深刻地洞察到人性的悖论和历史本身的极度复杂性，因而对其平均主义立场做了某种修正：不但承认人们在大同社会可以有不同程度的富裕生活，而且认为必须在某种程度上鼓励人们进行适度、定向的社会竞争：

> 太平之世，农、工、商一切出于公政府，绝无竞争，性根皆平。夫物以竞争而进上，不争则将苟且而退化，如中国一统之世。夫退化则为全世界莫大之害，人将复愚，人既愚矣，则制作皆败而大祸随之，大同不久而复归于乱，此不可不预防也。若导人以争，又虑种于性根而争祸将出，二者交病。且太平之世，农、工、商、学、铁道、邮政、电线、汽船、飞船皆出于公，人皆作工，只有工钱，无甚贫富，则新器亦难销流而新机将息。且其农、工、商、学、铁道、邮政、电线、汽船、飞船亦必不改进而腐败随之，诸事腐败，人将复愚，事将复塞，而大同亦不可久，则复归于乱矣。夫天道不平者也，不平则乱，人道感于乱祸，故裁成辅相而力求其平。然至于平时，则平之祸又出矣，补偏救弊，不可不虑患而深防之，此犹太平之深忧也。

这里显示出康有为平等主义的困境及其反思：平均主义拒绝竞争，尤其是拒绝经济活动中的自由竞争，结果，最初作为现代性的动力的平等在其完全实现的时候，就转变为消除社会动力的因素。平等如果不与竞争共存，社会就无法进步。因此，康有为设想必须鼓励人们从事艺术、科技和公益性的创造活动，即所谓“竞美”“竞智”和“奖仁”，鼓励的办法，主要是提高个人的社会声誉，同时也可以提供一定程度的物质财富为奖励。总之，康有为洞察到平均主义的内在矛盾，其平等主义纲领虽然有平均主义的色彩，却是一种修正了的平均主义。

三

康有为对于那个时代乃至整个中国近代平等观念的嬗变有巨大的影响。不过在戊戌时期主张社会改革的知识分子中间，观念倾向依然有所差别。其中，与康有为持有类似激进平等主义的是谭嗣同。

谭嗣同虽然只是康有为的“私淑弟子”，通过梁启超的关系间接地接触到康有为“讲学之宗旨，经世之条理”，所受康有为的影响依然是巨大的。按照梁启超《谭嗣同传》的说法，在了解康有为的主张以后，谭嗣同“自是学识更日益进……闭门养心读书，冥探孔佛之精奥。会通群哲之心法，衍绎南海之宗旨，成《仁学》一书”。[1]所谓“衍绎南海之宗旨”，是意味着，如果说《大同书》是平等主义的第一个纲领的话，那么《仁学》则是对这一纲领的诠释与发挥。不难理解，《仁学》和《大同书》在平等问题上有许多相似之处，都提出了激进的平等主义的主张。但是，本章将谭嗣同与康有为合为一节讨论，其意并不只在说明其相同，而是还希望说明同中之异。

关于《仁学》的创作意图，梁启超有一段评论：

> 《仁学》何为而作也？将以光大南海之宗旨，会通世界圣哲之心法，以救全世界之众生也。南海之教学者曰；“以求仁为宗旨，以大同为条理，以救中国为下手，以杀身破家为究竟。”《仁学》者，即发挥此语之书也。而烈士者，即实行此语之人也。[2]

梁启超的序言与我们的阅读经验在这一点上是相同的：《仁学》绝对不是书斋哲学或经院哲学，作为一本急就章，《仁学》所希望回答的问题太多，既有急迫的民族救亡，又有未来世界的规划蓝图，更有道德理想和终极关怀。由于混合了政治诉求、文化批判、国际战略，乃至神秘经验，《仁学》当然不是一部成熟的哲学

[1] 梁启超：《谭嗣同传》，收录于《谭嗣同全集》（附录），第553页。
[2] 梁启超：《仁学序》，收录于《谭嗣同全集》，第373页。

著作；但是却是试图在哲学的层面使所有这些现实问题获得统一的理解，并指明其实际解决方向的著述。在谭嗣同那里，无论是在玄学的知识中，还是在实践的方式中，“平等”都占据了一个异乎寻常的地位。从平等观念的历史向度看《仁学》与《大同书》的关系，如果《大同书》是中国近代第一个平等主义的纲领的话，那么，在《仁学》中我们看到它向两个方向发展：第一，《仁学》更多地表达了为平等诉求作哲学论证的尝试；第二，谭嗣同的平等主义在实践上有比康有为更激进的趋势。

《仁学》全书有一纲领《仁学界说》。由于它用大量的条目谈论与平等相关的内容，因此可以说也就是谭嗣同平等论的总纲。《仁学界说》劈头就说，“仁以通为第一义”，通则包括中外通、上下通、男女通和人我通，而“通之象为平等”，所以四通包括中外平等、上下平等、男女平等和人我平等。换言之，“仁学”不再是建立在“爱有差等”基础上、包含着“亲亲尊尊”和等级制度的伦理学说，而变成了普遍平等的理论。这里包含了对于儒家伦理的革命性新解释。

“平等”是人与人的关系，但是并非纯粹观念中的关系，而是实质性的关系，因而是真实的存在。当谭嗣同说“所以通之具”为以太、电、心力的时候，即意味着以太、电和心力等可以说是质料。因而“关系”本身即“质料”。而“通”意味着世界的统一性或同一性（“通之义，以‘道通为一’为最浑括”）。[1]我们在这里看到与“平等”相关的一系列范畴：通、道、仁、以太、电、心力。所有这些范畴都是谭嗣同用于指称世界第一原理的概念。所以，我们可以推论，谭嗣同试图说明，平等，尤其是人类的普遍平等具有本体论的依据：呈现出差别的现象世界在根本上（道）是统一的。它与古代“人的相同性”理论的差别在于，它没有只局限于将“人的相同性”停留在抽象的思辨的领域，而是说“人的相同性”不但有本体论的依据——承认可以用“道”的统一性来把握——而且指“人的相同性”应该呈现为人类的普遍平等，它表象了道德的理想境界“仁”。

从本体论上说，仁是真实永恒的存在，不生不灭，超越时间和空间的限制。

[1]《谭嗣同全集》，第291页。

由此得到推论："不生与不灭平等，则生与灭平等，生灭与不生不灭亦平等。""生近于新，灭近于逝；新与逝平等，故过去与未来平等。"仁是绝对的存在，泯灭了一切差别，到达仁就是到达世界统一原理，所以达到仁就应该破对待。破除对待的方法叫"参伍错综其对待，然后平等""无对待，然后平等""无无，然后平等"。总结起来说："平等者，致一之谓也。一则通矣，通则仁矣。"[1]作同一性理解的"平等"被当作观念运动的中介，来消除思维中的差别。谭嗣同运用抽象演绎的同时，还借助于代数学的平衡方程式的方法，虽然显得相当粗糙甚至有些不伦不类，但是我们可以看到一个真实的企图：给平等奠定一个形上学的基础。

谭嗣同给"平等"观念的哲学论证的另一个路径是带有神秘主义色彩的生理一心理学。平等作为传统观念中的"人我之辩"，与"自我"的观念有天然的关系。谭嗣同用"体魄"和"灵魂"的结合这一传统的说法来解释"我"，似乎是一种二元论的观点。[2]但是谭嗣同的理论重心应该是强调人的统一性，在于人们之间可以实现一种神秘的"通"的境界。人们可以把"通"解释为古老的和谐的理想。不过，谭嗣同的"通"绝不是儒家等级制下不同等级之间的"和谐相处"；他相信的"通"是灵魂的相通。灵魂（心力、电、以太）作为真实的存在，也是无差别的存在，才是"平等"的基础和本质。由此，我们看到谭嗣同面临的一个悖论：从权利平等的角度说，前提是主体意识，因此有"我"；从打破差别到达"道通为一"境界来说，就"无（形质）我"。谭嗣同不仅信仰"佛法平等"，也相信"三界唯心""万法唯识"。为什么人们会迷惑于名相的差别，根本上是由于有"我"，他以运动的绝对性来论证"无我"，叫做"一多相容""三世一时"。自我意识是一切差别的源头："对待生于彼此，彼此生于有我。我为一，对我者为人，则生二；人我之交，则生三。参之伍之，错之综之，朝三而暮四，朝四而暮三，名实未亏，而喜怒因之。由是大小多寡，长短久暂，一切对待之名，一切对待之分

[1]《谭嗣同全集》，第291—293页。

[2] 张灏：《危机中的中国知识分子：寻求秩序与意义》，高力克等译，新星出版社2006年版，第116页。该书对于谭嗣同的平等观念有多方面的描述，并且给予谭嗣同以"激进平等主义"的界定。

别，肴然哄然。”[1]因而消除一切差别乃至混乱的根本办法是断意识：

> 意识断，则我相除；我相除，则异同泯；异同泯，则平等出；至于平等，则洞彻彼此，一尘不隔，为通人我之极致也。[2]

意识总是有差别的境界，平等属于智慧的境界，所以需要“转识成智”。

与此相应，谭嗣同对不平等的批评也更富有哲学意味。如果说康有为是用快乐主义或功利主义来批评不平等的制度的话，那么谭嗣同则运用唯名论来否定社会不平等的合法性。在中国，社会等级和差别最突出的体现在“名教”，而按照谭嗣同的观点，

> 名本无实体，故易乱。……俗学陋行，动以名教，敬若天命而不敢渝，畏若国宪而不敢议。嗟乎！以名为教，则其教已为实之宾，而决非实也。又况名者，由人创造，上以制其下，而不能不奉之，则数千年来，三纲五伦之惨祸烈毒，由是酷焉矣。君以名桎臣，官以名轭民，父以名压子，夫以名困妻，兄弟朋友各挟一名以相抗拒，而仁尚有少存焉者得乎？[3]

按照前述仁学本体论，“平等”的关系是真实的存在（“通”“以太”“电”“心力”）；等级关系、甚至一切差别都非真实的存在，而只是人所自造的概念、名称或符号而已。反过来，人们又为自造的名相概念所困，才导致不平等的社会现实。这种批评直接指向了当时的中国皇权政治。与康有为一样，谭嗣同说孔子是改革家，当初曾经“倡民主，变不平等为平等”。但是荀子把伦常说成孔教的精华，提出三纲说，创造了不平等的制度。后来儒家还用天命论来强化不平等：

---

[1]《谭嗣同全集》，第316页。
[2] 同上书，第365页。
[3] 同上书，第299页。

以同一言天，而同受压于天也。天与人不平等，斯人与人愈不平等。中国自绝地天通，惟天子始得祭天。天子既挟一天以压制天下，天下遂望天子俨然一天，虽胥天下而残贼之，犹以为天之所命，不敢不受。民至此乃愚入膏肓，至不平等矣。[1]

君臣之名，或尚以人合而破之。至于父子之名，则真以为天之所合，卷舌而不敢议。不知天合者，泥于体魄之言也，不见灵魂者也。子为天之子，父亦为天之子，父非人所得而袭取也，平等也。且天又以元统之，人亦非天所得而陵压也，平等也。[2]

不难发现，谭嗣同用唯名论来破除不平等的社会制度，就使得其平等观念变得比康有为更加激进得多，他不仅要求破除三纲，而且要求废除五伦，所有的人伦关系都以朋友关系为标准，“所以者何？一曰‘平等’；二曰‘自由’；三曰‘节宣惟意’。总括其意，曰不失自主之权而已矣”。在谭嗣同看来，朋友关系的普遍合法性早就由儒教、耶教和佛教证明了的。[3]这意味着，谭嗣同的平等观有着强烈的实践冲动，即转变为直接的政治改革行动的要求，而不是如康有为那样说在遥远的未来通过解除婚姻关系来达到平等。

如果我们进一步观察，还可以发现，谭嗣同已经多少猜测到自由、民主、平等——按照西方当代平等主义的判断——是一组互相关联的“政治上稳定的组合”。[4]

人人能自由，是必为无国之民。无国则畛域化，战争息，猜忌绝，权谋弃，彼我亡，平等出；且虽有天下，若无天下矣。君主废，则贵贱平；公理明，则贫富均。千里万里，一家一人。视其家，逆旅也；视其人，同胞也。父无所用其慈，子无所用其孝，兄弟忘其友恭，夫妇忘其

---

[1]《谭嗣同全集》，第333页。
[2] 同上书，第348页。
[3] 同上书，第350—351页。
[4] ［美］亚历克斯·卡里尼克斯：《平等》，第147页。

倡随。若西书中百年一觉者，殆仿佛《礼运》大同之象焉。[1]

这是将“平等”安置在“大同”境界中，与自由一起成为基本的理想和社会规范。谭嗣同对于平等的理想之描画，与他对中国传统的不平等制度的攻击，都指向了现代政治平等的理念：“所有成年人类在政治上都应该被平等对待”，而且包括一个实质平等的假设，即“认为所有人生而平等，没有人在本质上比别人更优越，以及每个人的善和利益都该被赋予相等的考虑”。[2]“平等对待”作为权利平等的原则，要求给所有人以受到平等考虑和获得平等机会的权利。在民主社会中，首先就是平等地获得自由和参与政治的基本权利。在谭嗣同的时代，尽管他也提出了“平权”——平等参与政治的权利诉求，但却是非常朦胧和胆怯的，仅仅限于单纯“议事”的权利：

中国之官之尊也，仰之如鬼神焉。平等亡，公理晦，而一切惨酷蒙蔽之祸，斯萌芽而浩瀚矣。平之于学会，权乃不重贻于幕友、家丁、书吏、差役之手……且平权，平其议事之权而已。办事之权仍官操之，无官令，民不敢干也，官又无所于侵权之为虑也。[3]

换言之，在对不平等作了道德和历史的谴责、为平等原则作了初步的哲学论证以后，谭嗣同事实上找不到在中国迅速实现平等理想的途径。为了达到他所理想的平等境界，谭嗣同偶尔也会爆发出革命的火花，所谓数千年中国政治史乃是乡愿和大盗结合的历史，所谓“原夫生民之初，必无所谓君臣，各各不能相治，于是共举一人以为君。夫曰共举之，亦必可共废之”。[4]为此可以不惜“流血满地球”，诉诸暴力革命。正是这些，使他在20世纪末被指责为贯穿20世纪的激进

[1]《谭嗣同全集》，第367页。
[2][美]罗伯特·道尔：《论政治平等》，第1—23页。
[3]《谭嗣同全集》，第439页。
[4]同上书，第463页。

主义的源头。[1]

四

谭嗣同被认为是20世纪中国激进主义的源头，一方面是指谭嗣同几乎是最早主张用暴力革命的手段来实现社会变革的政治家，而且是最早对中国传统政治和伦理持根本性批评态度的思想家，在他看来三千年来中国的政治就是“乡愿与大盗”的结合，三纲五常必须根本上被推翻。不过他的激进主义品格并不能全部理解为否定性的，仿佛他还只是旧时代的谋反者。实质上，其激进的品格，很大程度上是由于其激进的平等主义使然。现代社会如果可以区分为激进和保守，或者如人们习惯的那样区分为左派和右派的话，那么其最重要的标准可能就是对于“平等”的态度。从比较研究的角度看，现代平等观念在其中国之旅的开始，既有许多未能抵达西方平等论精髓之处，又有比西方现代社会起源之时更为激进的地方。譬如，在洛克等西方早期自由主义者的著作中，平等地享有生命、自由的财产权利的“人”只是man，男女平等还在他们的视线之外。而戊戌时代思想家康有为、梁启超、严复、谭嗣同无一不强调男女平等。事实上，严复、梁启超等在阅读西方早期启蒙主义者的论著的时候，常常批评他们的男性中心主义。不过中国的平等主义的激进性格，很大程度是因为在他们那里平等与现代乌托邦之间构成了连锁的关系。平等成为大规模改造社会的纲领和未来社会的蓝图，康有为的《大同书》是一个最典型的文本。这意味着从根本上改造社会的工程开始了。“平等”在中国一出场，就被理解成普遍有效的价值原则。对于平等主义者来说，平等不仅是“抗议性理想”（如自由主义所强调的那样），而且是建构性理想。是其理想社会的核心价值之一，而不只是消极的东西。

不过，谭嗣同确实比康有为更激进，一方面固然是前面所说的反对礼教、根

[1] “王汎森曾经追索谭嗣同思想在清末至五四运动前后的影响，他指出主张以冲决网罗之精神‘打破所有传统的伦理、社会、政治结构，以达到所有国民平等，并在完全平等的基础上重新塑造一个新的群’的观念在1900年前后大量出现，至五四新文化运动达到高峰，材料多至不暇引用的地步，如笔名‘激烈第一人’的刘师培、新民学会发起人之一的蔡和森，以及许多不甚著名的作者都有类似的想法。”见黄克武：《一个被放弃的选择——梁启超调适思想之研究》，台湾“中央研究院”近代史研究所，1994年，第160页。

本否定传统的政治制度，而初步肯定了政治平等的原则。他主张“共举一民为君”，意味着所有成年人有平等参与政治的权利。另一方面，是因为谭嗣同的理论有强烈的实践性，或者如张灏所说的“动力主义”（dynamism）和“行动主义”（activism）。[1]按照其“仁—通”的本体论构想，依靠仁爱的精神力量，维系人我、群己之间的关系，可以构建无差别无隔阂的社会生活共同体。谭嗣同将“仁—通”实体化为“心力”，因而在中国近代最早复活了龚自珍的唯意志论，并在这个方向上实现其动力性的追求。[2]因而和用理性规范社会的路径不同，谭嗣同的平等主义理想之实现，更多的要依靠意志和激情。这种非理性主义也使得谭嗣同的思想在有强大的实用理性传统的中国，显得颇为激进；恰如其唯意志论在有强大的宿命论传统的中国显得十分异端一样。

从其思想构造的形式而言，这一时期的思想家，他们用融贯古今中西的态度来建构平等的价值，并不太在意其出处。虽然他们同时也采用古代思想的资源，但是丝毫无意于强调他们只是从“存活到现在的过去”出发，因而与保守主义不同；他们毫不犹豫地“以新知附益旧学”，并不着意传统与现代之间的断裂，因而与后来的自由主义也不同。结果我们看到了其思想构成的芜杂和理论的混乱。激进的平等主义尚需要时间来提炼他们的思想，或者需要更有力量的理论来满足中国社会对改革之期待。而无论康有为对于人生之苦淋漓尽致的描写，还是谭嗣同对于不平等所作的充满个人体验的道德控诉，都让后人看到怨愤及其积累如何可以发酵为追求平等主义的动力。

第三节　自由主义的先驱

在康有为为首的维新派中，如果说谭嗣同代表了激进的左翼，是比较典型的平等主义者的话，那么梁启超在平等问题上代表了比较温和的一翼，有更多的自由主义色彩。这与戊戌时代另一个重要的哲学家严复有不少相似之处。在从事实

［1］张灏：《幽暗意识与民主传统》，新星出版社 2006 年版，第 288 页。
［2］高瑞泉：《谭嗣同“心力”说初探》，《文史哲》1996 年第 6 期，第 34—40 页。

际政治活动方面，严复与梁启超虽有所不同，对于中国现代思想的创造性贡献，也有所不同。但是在接受和论证平等观念的过程中，他们都显现出更接近自由主义的倾向。事实上，不少学者将他们视为近代中国自由主义的先驱。我们的研究将说明他们在为改革时代的平等观念嬗变作出贡献的同时，如何开启了与平等主义不尽相同的理论向度。

一

梁启超很早就接受了天赋人权的理论，赞成“凡一国之中，无论何人不许有特权”，和在普遍的参政权（即成为公民的权利）方面的平等。[1]但是他对传统社会的不平等现象虽然常有批评，却并未如谭嗣同那样一贯地表现出深恶痛绝。集思想家、政治家和历史学家等于一身，梁启超有改变其论断的足够理由。戊戌政变以后，梁启超还认为，与欧洲不同，“中国可谓无贵族之国，其民可谓无阶级之民”。所以先秦时代就有养士、用士之风，历代君王可以起于草野，更何况科举取士不论出身。但是又承认，“若我中国人，则非受直接之暴虐，而常受间接之压制。人人天赋之权，虽未尚尽失，而常不完全，被民贼暗中侵夺而不自知”。[2]比较委婉地批评了中国人之缺乏平等意识。这段时间，他注意考察各国的宪法，却没有提及国民权利平等的问题。1901 年作《十种德性相反相成义》时，讨论了独立与合群、自由与制裁，惟独没有正面讨论平等问题。与此相似，在其 20 世纪初年最重要的著作如《新民说》和《自由书》中，也没有单独地正面论述平等问题，既没有系统地论证平等的价值，也没有详细检讨现代公民应该具备的平等意识。总之，与他对自由理论的重视与阐发的深度广度相比，平等从来没有成为梁启超思想的中心，而只是作为自由概念的补充来理解的。从所有人在政治上应该被平等对待这个设定出发，梁启超获得了他对自由的界说。在《新民说》第九节“论自由”中，梁启超认为按照自由精神应该出现六个方面的结果，而其中四个问题其实都是平等问题：

[1] 梁启超：《新民说》，收录于《饮冰室合集》专集之四，第 40 页。
[2] 梁启超：《论中国与欧洲国体异同》，收录于《饮冰室合集》文集之四，第 65 页。

（一）四民平等问题。凡一国之中，无论何人不许有特权（特别之权利与齐民异者），是平民对于贵族所争得之自由也。（二）参政权问题。凡生息于一国之中者，苟及岁而即有公民之资格，可以参与一国政事，是国民全体对于政府所争得之自由也。……（五）民族建国问题。一国之人，聚族而居，自立自治，不许他国若他族握其主权，并不许干涉其毫末之内治，侵夺其尺寸之土地。是本国人对于外国所争得之自由也。（六）工群问题（日本谓之劳动问题或社会问题）。凡劳力者，自食其力，地主与资本家不得以奴隶畜之。是贫民对于素封者所争得之自由也。

十分明显，第一条和第六条说的是平等的一般原则，没有人因为身份而可以独擅特权，同时也否定了人身依附关系；第二条则是鲜明的政治平等原则，即承认所有成年人有同等的参与政治的权利；第五条是中国人所特别关注的民族平等。在梁启超看来，以上各种平等关系，是近代以来不同势力斗争的结果，是社会革命和民族革命的产物，它们属于人类走向自由的总进程之一部分。或者说，梁启超在比较充分地考虑了自由、民主与平等的连锁关系的过程中，展开了对自由概念的解释。

上述观念图景有一个更为基础的背景，则是建立在进化论基础上的历史观和“进步”理想；同时又有一个存在论上的根据，即以力本论为前提的“权力”（power）观念。它们共同构成国家富强、社会进步（包括自由平等程度的进步）的动力。

自由云者、平等云者，非如理想家所谓天生而人人畀以自由平等之权利云也。我辈人类与动植物同。必非天特与人以自由平等也。……生存竞争、优胜劣败，此强权之所由起也。生存竞争与天地而俱来，然则强权亦与天地而俱来……盖由人群进步发达，而生存竞争之趋向，日渐增加。于何证之？如一人群之初立，其统治者与被治者之差别殆无有，故君主对于人民之强权，亦几于无有。是为第一界，亦谓之据乱世。其后差别日积日显，而其强权亦次第发达。贵族之对于平民亦然，男子之对于妇人亦然，是为第二界。亦谓之升平世，至世运愈进步，人智愈发达，而被治者与平民与妇人，昔之所谓弱者亦渐有其强权与昔之强者抗，而至于平等。使猛大之强权，变为温和之强权。是为强权发达之极则。是为第三界，亦谓之太平世。[1]

在梁启超笔下，历史被描写为“原始平等——不平等——权利平等”的辩证过程，其实质性的内容则是个人力量的增长，使得人们可以平等地享有其权利。其中我们既可以看到康有为的三世进化说，又可以看到卢梭式的历史辩证法。事实上，在其最激进的1902年前后，梁启超写作《卢梭学案》，通过介绍卢梭的思想，表达了他平等理论的另一个层面。

首先，他接受了社会契约论的国家起源说，意味着他同意现代政治的合法性建立在平等地享有自由的个人之间的联合和授权。所以“要而论之，民约云者，人人自由，人人平等”。[2]他敏锐地注意到平等是实现契约关系的前提，因此平等之实行，首先是为了将人变为公民。

其次，他注意到卢梭的平等主义：

卢梭又以为民约之为物，不独有益于人人之自由权而已，且为平等主义之根本也。何以言之？天之生人也，有强弱之别，有智愚之差。一旦民约既成，法律之所要，更无强弱，更无智愚，惟视其正不正何如耳。故曰民约者，易事势之不平等，而为道德之平等者也。事势之不平等者何？天然之智愚强弱是也。道德之平等者何？由法律条款所生之义理是也。[3]

这里的用语并不精当。按照卢梭的意思，有两类不平等，一种是自然的或生理上的不平等，另一种是精神的或政治的不平等。自然的不平等无法消除，但在

[1] 梁启超：《自由书》，收录于《饮冰室合集》专集之二，第32页。
[2] 梁启超：《卢梭学案》，收录于《饮冰室合集》文集之六，第100页。
[3] 同上书，第104页。

法律上、人格上（在一个比较宽泛的意义上也可以说是道德上）人是平等的，换言之，人应该享有人所共有的自尊。梁启超将平等问题引入道德领域，一方面是与他的“新民”理论有关，即关注现代政治主体的养成（这一点我们后面将具体讨论）；在其思想渊源上亦有所本。像其他中国思想家一样，梁启超也依靠佛教思想来阐发平等原则的理论根据：“他教者，率众生以受治于一尊之下者也。惟佛教不然。故曰‘一切众生皆有佛性’。又曰‘一切众生本来成佛，生死涅槃，皆如昨梦’。其立教之目的，在使人人皆与佛平等而已。”[1]梁启超的目标是要论证佛教与现代民主政治的契合，但是他借助的“佛性平等”其实与现代民主政治的平等并不能简单对接。因为现代民主政治的平等是“公民”权利的平等，公民享有政治权利的条件或前提并非其个人的德性，而是社会契约。换言之，是否成为圣人或成为何等人格，只是公民个人的事情；享有政治权利并不表示也不要求公民个人成圣成佛。

第三，他敏锐地发现卢梭的社会有机体理论中蕴涵的悖谬，“卢氏之倡民约也，其初以人人意识之自由为主，及其论民约之条项，反注重邦国而不复顾各人”，[2]将使一个从自由平等的假设出发的学说走向取消自由的结果。虽然卢梭后来有一个补充：“我们承认，每一个由于社会公约而转让出去的自己的一切权力、财富、自由，仅仅是全部之中其用途对于集体有重要关系的那部分。”[3]使梁启超认为卢梭的理论得到某种纠正，但是无论如何，卢梭的公意论还是让梁启超感到深深的不安。我们知道，卢梭理论最受到诟病的正是他的公意论，自由主义批评公意论是极权主义的渊薮，在一个“主权者”下的人民实际上“平等”地丧失了自由。

可见，尽管梁启超也泛泛而论平等主义，但是其思想实质与卢梭谭嗣同那样的平等主义，仍有颇大的区别：与平等相比，（个人）自由是更为优先的价值。

与谭嗣同努力在形上学方向论证平等何以可能不同，梁启超更多地注意到平等原则的具体实现。他主张法权平等，反对由于阶级不同而限制部分人民的参政

[1] 梁启超：《佛教之信仰乃平等而非差别》，收录于《饮冰室合集》文集之十，第49页。
[2] 梁启超：《卢梭学案》，收录于《饮冰室合集》文集之六，第102页。
[3] ［法］卢梭：《社会契约论》，何兆武译，商务印书馆2003年版，第38页。

权。尤其主张解放江淮间之乐户、广东之蛋户等“贱族”；同时反对由于财产、教育而限制公民权利的制度。[1]不过，梁启超并不是卢梭式的平等主义者，他对平等的主张局限在法权平等或机会平等，对实质平等则持反对态度：

殊不知平等云者，谓法律之下无特权已耳。若夫人类天然之不平等，断非以他力所能划除。孟子不云乎，物之不齐，物之情也。或相蓓蓰，或相什伯，或相千万。比而同之，是乱天下。故全社会之人，各如其量以尽其性，天下之平莫过是也。夫治乱之名，果何自名耶？有秩序，有伦脊，斯谓之治，无焉，斯谓之乱。欲一国中常有秩序伦脊，则非明分之义深入人心焉，固不可也。分也者分也。言政治者重分权，言学问者重分科，言生计者重分业。[2]

他不仅把自然的或生理的不平等看成绝对的，而且将分工所导致的政治的或社会的不平等视为完全依据自然差异而造成的，因此也是完全合理的。而且认为社会的治乱完全看全社会的人能否尽其职分。这与柏拉图的正义理论几乎相差无几了。非常合乎逻辑的是，梁启超从来不是一个平均主义者，在经济平等方面他持十分温和的立场：

吾所谓平等者，非谓欲使一国之人，其势力财产皆全相均而无一差异也。若是者盖决不可行之事也。但使其有势力者，不至涉于暴虐，以背法律之旨趣，越官职之权限，则于平等之义斯足焉矣。至财产一事，但使富者不至藉金钱之力以凌压他人，贫窭者不至自鬻为奴，则于平等之义斯足焉矣。

欲使邦基永奠，则当令贫富之差，不至太相远，苟富者太富，贫者太贫，则于国之治安，俱有大害，何也？富者藉财力笼络贫者，而潜夺

[1] 梁启超：《中国国会制度私议》，收录于《饮冰室合集》文集之二十四，第49—50页。
[2] 梁启超：《中国道德大原》，收录于《饮冰室合集》文集之二十八，第16—17页。

其政权；贫者甘谄谀富者，而供其使役。质而言之，则富者以金钱收买贫者之自由权。而主人奴隶之势斯成矣。虽然，富者愈富，贫者愈贫，其差异以渐次而日甚，此又自然之势，无可如何者也。故必当藉法律之力，以防制此势，节中而得其平，则平等自由可以不坠于地。[1]

至于如何在经济生活中实现“中而得其平”，梁启超并没有多加讨论，而且他所反对的经济不平等只限于“富者不至藉金钱之力以凌压他人，贫寠者不至自鬻为奴”，其实是非常笼统的说法。因为如果仅仅停留在“贫寠者不至自鬻为奴”，那是一种非常低水平的经济平等要求，而要能限制富人使其“不至藉金钱之力以凌压他人”，那又是非常困难复杂的任务。物的依赖关系所可能造成的各种形式平等下的实质不平等，在资本主义尚未充分发展的20世纪初期还没有达到今天的程度，这多少限制了人们对经济平等问题的认识。但是，除了客观原因以外，自由主义的立场如何决定了他的视野，似乎也应该成为我们注意的问题。

对于梁启超这位20世纪初年的改革家和思想家而言，他最关心的莫过于通过社会改革达到国家富强，而社会改革则需要“新民”。而“新民”的核心是通过“淬厉所固有、采补所本无”造成足以在充满了竞争风险的世界中自立的“国民”。换言之，是为了参与民主政治的主体意识的养成。从属于此政治目标，“平等”（以及与平等一起组成现代性价值的民主、自由等）的原则就转化为以“自治”为中心的品质与能力：

抑今士大夫言民权、言自由、言平等、言立宪、言议会、言分治者，亦渐有其人矣。而吾民将来能享民权、自由、平等之福与否，能行立宪、议会、分治之制与否，一视其自治力之大小强弱定不定以为差。[2]

“自治”而不是“他治”作为“新民”的关键品质，是个人及其联合体自己管理自

[1] 梁启超：《卢梭学案》，收录于《饮冰室合集》文集之六，第107—108页。
[2] 梁启超：《新民说》，收录于《饮冰室合集》专集之四，第54页。

己的德性以及从此德性出发的能力。1900年在给康有为的一封重要的信件中，“自治”是自由或自主的另一种译名，但是当他把“自由”界定为“人人自由”时，自由或自主在其内在规定中已经包含了平等。[1]在《新民说》中，它进一步扩展到“自尊”“自爱”“自立”“自牧”和“自任”等一系列主要与政治平等、宪政民主相联系的概念。这不但反映了自由主义把个人所固有的价值视为其神圣的核心，而且出于“自尊”的平等意味着这种“平等”是主体间的关系，而不仅是被动地“被平等对待”的客体。人们是因为独立地具备诸方面的能力而成为同等地参与政治的主体。平等地参与政治——政治平等的核心意义——由于梁启超对于“自任”的强调而凸显了。所谓“自任”就是积极地参与到公共事务中，承担自己应该尽的责任，而不是听任“济人利世非吾事，自有周公孔圣人”。后者相当普遍地反映了中国人对于参与政治生活的消极态度。“新民说”力图改变这种状况，同时也提示了梁启超对于政治平等实现的主体条件方面的复杂性有所思考。除了旧制度和既得利益阶级的阻挠以外，“直接与政治平等相抗衡的是控制人性的人类社会的根本法则：政治资源、知识、技巧和动机的分配在任何地方都是无法平等的”。[2]

从“自尊”——不管每个人的才能、成就、出身等等有多么的不同，都有自己的人格尊严——出发，因而我们可以自己管理自己（“自治”），再到平等地参与政治事务——“自任”（它同时是作为群体的自治的一个条件），梁启超所讨论的“平等”与《大同书》《仁学》中的“平等”有明显的差异。在现代性的观念谱系中，同样是处理民主政治的价值，有两种不同的价值排序。平等主义是平等优

[1] 梁启超说：“自由之界说，有最要之一语，曰人人自由，而以不侵人之自由为界是矣。而省文言之，则人人有自由四字，意义亦已具足……至自由二字，字面上私稍有语病。弟子欲易之以自主，然自主又有自主之义，又欲易之以自治，自治二字，似颇善矣。自治含有二义；一者不受治于他人之义，二者真能治自己之义。”（梁启超：《致南海夫子大人书》）当梁启超用“人人自由”来解释自由的时候，似乎是同义反复的命题后面蕴涵着对人与人的平等关系的肯定。但是“自由就是人人自由”，分析地说，主语的自由和谓语的自由，可以不是同样自由。第一个自由是单数名词，第二个（可以）是复数名词，因而可以是内容不同的自由。同时，当主语的自由意味着“真实的自由”时，“人人自由”究竟是人人有追求自由的权利（自由），还是人人都达到了自由？追求自由的权利并不蕴涵权利的自我实现。因此，梁启超对于自由和平等作为一组现代性观念之间的互相支持的关联有一种直观的肯定。

[2] ［美］罗伯特·道尔：《论政治平等》，第84页。

先，并且以平等原则为中心；自由主义则是自由优先，以自由原则为中心。康有为、谭嗣同是第一类人物，梁启超（以及后面我们要讨论的严复）是第二类人物。梁启超所关注的是作为自由的补充和条件的平等，换言之，在自由主义的视域内，自由是平等的目的，“平等”是实现自由的条件——人们平等地进入经济政治的竞争之中。《新民说》期间的梁启超实质上已经放弃了曾经非常热衷的大同理想，在世界主义形式下所蕴涵的普遍平等，包括基督教的视敌如己、佛教的冤亲平等、孔子作《春秋》欲使诸夏与夷狄远近若一、《礼运》所谓“不独亲其亲，不独子其子，以蕲至大同”，在梁启超看来都是“可为理论而未能见之实行者也”。[1]因为，如果人类还希望有所进步的话，人类社会就永远也不可能杜绝竞争。虽然梁启超还没有如后来的自由主义者那样强调“机会平等”的概念，但是“平等”只能作为自由（竞争）的条件，而不能成为消除（自由）竞争的因素，这样一种观念已经为梁启超所固有。

二

戊戌时代虽然康梁并称，20世纪最初的几年中梁启超甚至一度执中国思想界之牛耳，但是真正对中国现代思想和哲学作出建设性贡献而足以和康有为并驾齐驱的，是严复。关于严复，史华慈说过：“广义地说，我觉得似乎可以把严复著作中的近代西方思想区分为两个部分：（1）浮士德—普罗米修斯的气质，即赞美人的活力和能力在非人类的自然界和在人类社会内部的充分表现，以及由此必然要带来的人类整个社会—经济机器的‘合理化’（韦伯意义上的）；（2）非严格意义上的社会—政治的理想主义。这后一部分，由自由、平等、民主和社会主义这些词语来代表。这一部分涉及人们在宏观的政治和社会生活结构中关系的实质，涉及促进实现这些社会—伦理目标的结构和形成。它代表了一种特殊的伦理思想。”[2]这段话说得很好，从某种意义上说，它可以被用作为分析中国的现代性观念的一个架构。就严复思想而言，第二部分那些已经有了某种固定语词所表达

[1] 梁启超：《新民说》，收录于《饮冰室合集》专集之四，第112页。

[2] ［美］本杰明·史华慈：《寻求富强：严复与西方》，叶凤美译，江苏人民出版社1989年版，第232页。

的复杂诉求，与围绕“个人”和“动力”等等而能获得固定语词的第一部分之间，未必有固有的逻辑关系，更多的是因为共生的关系而构成一种现代观念的谱系，其背后是所谓“历史的同时性”。不过，按照严复的判断，至少第二部分诸观念之间不能用单纯的历史的同时性来看待。“自由为体，民主为用”，是严复的论纲。这清楚地表达了严复的价值排序：自由优先，并且因为涉及我们的存在而具有根本性与决定性。民主只是自由的形式和表现。那么，平等在哪里呢？

严复将现代性规定为“自由为体，民主为用”，平等在其中虽然不像自由那样占据优先的地位——在这一点上严复与康有为、谭嗣同的平等主义有别——但是却是必要的和基础的环节，与自由民主构成互相依赖的关系，在更深的层面上，它还与我们的现代知识——进化史观与新的世界图景相关联。它表现在严复一直是在中西古今的论式中表达其平等诉求的：

中国恕与絜矩，专以待人及物而言。而西人自由，则于及物之中，而实寓所以存我者也。自由既异，于是群异丛然以生。粗举一二言之：则如中国最重三纲，而西人首明平等；中国亲亲，而西人尚贤；中国以孝治天下，而西人以公治天下；中国尊主，而西人隆民；中国贵一道而同风，而西人喜党居而州处；中国多忌讳，而西人众讥评。[1]

宜乎古之无从众也。盖从众之制行，必社会之平等，各守其畛畔，一民各具一民之资格价值而后可。古宗法之社会，不平等之社会也。不平等，故其决异议也，在朝则尚爵，在乡则尚齿，或亲亲，或长长，皆其所以折中取决之具也。使是数者而无一存，固将反于最初之道。最初之道何？强权而已，故决斗也。[2]

地方自治之制，为中国从古之所无……总之，中西政想，有绝不同者。夫谓治人之人，即治于人者之所推举，此即求之于古圣之胸中，前贤之脑海，吾敢决无此议也。[3]

---

[1] 严复：《论世变之亟》，收录于《严复集》第一册，第3页。

[2] 严复：《社会通诠》（按语），收录于《严复集》第四册，第928页。

[3] 同上书，第932页。

严复使用的“传统与现代”“东方与西方”二分的模式，连带该模式后面的进步论的预设，虽然在晚近被严厉批评，但是这些论断本身的思想史意义仍然是显豁的：严复始终围绕着民主自由来讨论平等，表现出他所追求的平等，是一种现代平等：它不再是前民主的平等而是民主的平等，不再是“人的相同性”的形上学表达，而是围绕着个人自由和权利的“公正的平等”。它包括了乔万尼·萨托利所说的自由主义民主的平等所渐次涉及的三个具体主张，即平等的普选权、社会平等和机会平等，[1] 以及由此而来的一系列更为复杂的问题。

第一，对于“平等的普选权”，严复谓之“从众之制”，并认为它是西方政治合法性和国家力量的来源：

> 西之教平等，故以公治众而贵自由……且彼西洋所以能使其民皆若有深私至爱于其国与主，而赴公战如私仇者，则亦有道矣。法令始于下院，是民各奉其所自主之约，而非率上之制也；宰相以下，皆由一国所推择。是官者，民之所设以厘百工，而非徒以尊奉仰戴者也，抚我虐我，皆非所论者矣。出赋以庀工，无异自营其田宅；趋死以杀敌，无异自卫其室家。[2]

第二，严复在中西文化比较和对中国的官本位传统的批判中阐发社会平等的意义。

> 使其国以平等为精神，将执业虽异，而于社会，皆为分工而不可阙，初无所谓贵贱者也。操术固有巧拙难易，而贵贱不甚相悬，而后诸业皆奋，而其群无废事。中国重士，以其法之效果，遂令通国之聪明才力，皆趋于为官。百公九流之业，贤者不居。即居之亦未尝有乐以终身之意。是故其群无医疗、无制造、无建筑、无美术，甚至农桑之重，军

[1] [美] 乔万尼·萨托利：《民主新论》，第 377 页。
[2] 严复：《原强修订稿》，收录于《严复集》第一册，第 31 页。

旅之不可无，皆为人情所弗歆，而百工日绌。一旦其国入于天演之竞争，乃傀然不可以终日。[1]

夫欧亚之盛衰异者，以一其民平等，而一其民不平等也。印度有喀斯德，高丽有三户，中国分满汉矣，而分之中又有分焉。分则不平，而通力合作，手足相救之情，不可见矣！[2]

第三，“机会平等”其实最为严复所重视。

夫民主之所以为民主者，以平等。故班丹（亦译边沁）之言曰，人人得一，亦不过一。此平等之的义也。顾平等必有所以为平者，非可强而平之也。必其力平，必其智平，必其德平。使是三者平，则郅治之民主至矣。不然，使未至而强平之，是不肖者不服乎贤，愚者不令于智，而弱者不役于强也。夫有道之君主，其富者非徒富也，以勤业而富，以知趋时而富，以节欲而富；其贵者，亦非徒贵也，以有德而贵，以有功劳而贵，以多才而贵。乃强为平者曰，是皆不道，吾必刬之以与吾平。夫如是，则无富贵矣，而并亡其所以为富贵者矣。夫国无富贵者可也，无所以为富贵者不可也。无所以为富贵者之民，而立于五洲异种之中，则安能不为其至贫，又安得不为其至贱乎？[3]

与梁启超类似，严复的自由主义同样有功利主义的背景，更不用说他的进化论所强调的竞争和力量的追求，这些都使得他所强烈主张的是“机会平等”，而不是结果平等，或平均主义。严复对于西方资本主义的发展所造成的贫富悬殊有所警觉，资本主义曾经给人以生产发展将提供更多的工作机会——繁荣将促进普遍幸福——的梦想，但是实际上却造成了前所未有的贫富分化。这使一心要从西方学习救国救民真理的严复造成了很大的困惑，出于类似儒家的政治常识——

[1]《严复集》第四册，第1000页。
[2] 严复：《〈法意〉案语》，收录于《严复集》第四册，第963页。
[3] 同上书，第957页。

“盖世之所以得致太平者，必其民之无甚富亦无甚贫，无甚贵亦无甚贱；假使贫富贵贱过于相悬，则不平之鸣，争心将作，大乱之故，常由此生”。他认为资本主义的发展，特别是垄断的产生，导致了新的危机。一方面由于自由平等施之于政教，平衡了强势集团的力量，另一方面，在资本主义的贫富之差，“虽欲平之终无术矣”。他隐隐约约地意识到贫富悬殊会导致社会革命，但是他基本上从开民智、新民德、鼓民力的视角来考虑问题，即希望通过使个人具有更强的竞争力参与政治经济的竞争，而基本上不考虑社会政策的调整。“盖欲救当前之弊，其事存于人心风俗之间。夫欲贵贱贫富之均平，必其民皆贤而少不肖，皆智而无甚愚而后可，否则虽今日取一国之财产而悉均之，而明日之不齐又见矣。何则？乐于惰者不能使之为勤，乐于奢者不能使之为俭也。”[1]像许多自由主义者一样，严复的“平等”仅仅是自由的条件。这里的自由主要是自由竞争，因而平等成为自由的必要条件而非充分条件。这里的平等，就表现为平等利用的机会平等，即对于作为竞争结果的同样的功绩予以同等的承认；而不是起点平等，更不是财富分配的相同性即平均。换言之，严复的思想很可以用曼海姆对于自由主义的论断来描写：“它是将人的平等作为一个假设而不是作为对经验事实的一种陈述来建议的，而且它要求人只有在经济和政治领域的竞争中是平等的，而不是在所有的生活领域都平等化。”[2]

这就使得严复与卢梭那样的平等理论呈现出对立之势。我们前面论述过梁启超对卢梭“公意”说有所批评，严复则在整体上显得与卢梭格格不入。他根本拒绝卢梭“人是生而自由的”的命题，从经验主义出发，把一个价值体系的前提和假设当作事实判断来批评，当然就不会接受卢梭平等观念的历史辩证法。辛亥革命以后，转向保守的严复严厉地批评卢梭说：“天然之自由平等，诚无此物，即稍变其说，而谓国民宜以完全之自由平等为期，此亦非极挚之说也。”对于卢梭的平等的乌托邦可以消弭竞争的说法，严复直截了当地回答：“社会最后之事，固必出与竞争。而竞争矣，则返本复原，又必以气力为断。”附带地对于经济平

[1]《严复集》第一册，第24—25页。
[2]［德］卡尔·曼海姆：《保守主义》，第83页。

等的主张，一并予以拒绝："孟子曰'物之不齐，物之情也'。物诚有之，人尤甚焉。而卢梭所以深恶不齐者，以其为一切苦痛之母也。求其故而不得，则以为坐权利之分殊。而权利之分殊，又莫重于产业。由是深狠痛绝，一若世间一切主产承业之家，皆由强暴侵陵祷张欺诈而得之。"[1]

对于卢梭的批评，使得严复的平等理论不仅不同于平均主义的平等主义，而且与其改良主义的立场相配合，避免了卢梭—谭嗣同式的激进主义路径。平等的实现不是如卢梭—谭嗣同那样来自社会革命所导致的社会结构的全盘性改造，而主要是通过教养民众，培养自由的同时也是民主政治的主体来实现。具体的则展现为著名的严复方案：

> 夫所谓富强云者，质而言之，不外利民云尔。然政欲利民，必自民各能自利始；民各能自利，又必自皆得自由始；欲听其皆得自由，尤必自其皆各能自治始；反是且乱。顾彼民之能自治而自由者，皆其力、其智、其德诚优者也。是以今日要政，统于三端：一曰鼓民力，二曰开民智，三曰新民德。[2]

在这里我们看到了严复富强之路的逻辑：自治—自由—自利—富强。"富强"虽然是目标，但是内部包含着在宪政民主的框架中讨论政治平等；而其起点则归结为人民的力量、理性和道德。严复早就注意到平等的社会关系与公民道德的内在关联：

> 平等义明，故其民知自重而有所劝于为善。[3]
>
> 西之教平等，故以公治众而贵自由。自由，故贵信果。东之教立纲，故以孝治天下而首尊亲。尊亲，故薄信果。然其流弊之极，至于怀诈相欺，上下相遁，则忠孝之所存，转不若贵信果者之多也。且彼西洋

[1] 严复：《〈民约〉平议》，收录于《严复集》第二册，第337—340页。
[2]《严复集》第一册，第27页。
[3] 同上书，第30页。

所以能使其民皆若有深私至爱于其国与主，而赴公战如私仇者，则亦有道矣。法令始于下院，是民各奉其所自主之约，而非率上之制也；宰相以下，皆由一国所推择。是官者，民之所设以厘百工，而非徒以尊奉仰戴者也，抚我虐我，皆非所论者矣。出赋以庀工，无异自营其田宅；趋死以杀敌，无异自卫其室家。[1]

与梁启超非常相似，在讨论平等关系和平等观念的养成时，严复也是强调自治、自尊（自重）、自由地运用理性[2]这一系列观念之间的连锁。它们多少遮蔽了其内部隐含着的革命性结论：要培养普遍的平等意识，必须有平等的社会关系，因此“新民”与“新社会”应该是互为因果的。

三

严复、梁启超与康有为、谭嗣同都是他们那个时代的思想先驱，他们共同为中国人的思想启蒙作出了历史性的贡献。就思想路径而言，他们主要依靠外来观念和对现代社会生活的直观体验来达到平等意识的觉醒，附带地借助于将传统观念作“知识的变形”来建构新的社会规范和理想。异端翻为正统、边缘进入中心和“新知附益旧学”共同构成了平等观念嬗变的具体形态，并且在新的社会阶层和生活圈子获得其植根性和存在论解释。

“平等”是长有多副面孔的神祇。在我们研究的这场“古今之变”一开始，它就露出了不同的面相。本章讨论了康有为、谭嗣同的平等主义和严复、梁启超的自由主义，毫无疑问，在主张以“平等”来代替传统社会的不平等制度及其观念

---

[1] 严复：《原强修订稿》，收录于《严复集》第一册，第31页。

[2] 在讨论西方国家强盛的原因时，严复说：“自其自由平等观之，则捐忌讳，去烦苛，决壅敝。人人得以行其意，申其言，上下之势不相悬，君不甚尊，民不甚贱，而联若一体者，是无法之胜也。”（《原强》，收录于《严复集》第一册，第11页）而所谓民智，将自由的理性和理性的反思作为一个最重要的标准：“至于晚近，言学则先物理而后文词，重达用而薄藻饰。且其教子弟也，尤必使自竭其耳目，自致其心思。贵自得而贱因人，喜善疑而慎信古。其名数诸学，则藉以教致思穷理之术，其力质诸学，则假以导观物察变之方，而其本事，则筌蹄之于鱼兔而已矣。”（《原强修订稿》，第29页）强调个体独立地运用理性，正体现了作为现代价值的“平等”，是与自由、理性的价值深层地相关着的。

上，他们是同一个派别。这种相同性由于其相似的出身、政治诉求和社会地位，可以从知识社会学的视角获得植根性方面的理解。但是我们把他们分析为两种类型。尽管他们共同直观地将自由、平等视为天然的联盟，只看到其互相支持的关联，而基本上没有看到其互相反驳的逻辑和实践所蕴涵的冲突。但是由于其论述的主题本身依然表露了不同的倾向。简单地说就是“自由，抑或平等?”在这个问题上他们的区别可以划分为平等主义与自由主义。

康有为、谭嗣同的思想中包含着平等主义。平等主义尤其是激进的平等主义，不但主张平等为中心，平等对于自由的优先性，而且平等主义扩展到经济平等，就与社会主义相连。所以康有为的《大同书》包含了社会主义的理想。自由主义则主张以自由为中心，自由对于平等在价值排序上的优先地位，他们肯定一条底线：假如人们没有自由，甚至不能提出平等的主张，更不用说实践平等权利。而在一个绝对权威下所有人的平等，实质是一种奴役。无怪严复赞赏孟德斯鸠的断言：“其在民主，国民地位，固平等也。其在专制，国民地位，亦平等也。特民主之平等也，以国民为主人，为一切之所由起。专制之平等也，以国民为奴隶，为无可比数之昆虫。”[1]

就平等观念的实践而言，康有为、谭嗣同比较倾向于对于整个社会秩序按照理性的设计重新安排，因而包含了打破现存社会制度的革命性要求；严复、梁启超则更倾向于听任人类社会的自然演进，在一个服从进化规律的历史空间中，平等的实现更多地依赖具有德性的政治主体的培养，是某种“自治”的结果。前者注重经济平等，尽可能减少或克制因为社会竞争而导致的社会差别，尤其是财富占有方面的差别，因而包含了平均主义的倾向。他们相信社会的进步来自理性的设计和指导。后者则通常拒绝平均主义和结果平等，更多地关注政治平等和机会平等。在他们看来自由竞争而不是理性设计，才是社会进步的动力。所以机会平等本质上即人们同等地享有进入政治、经济竞争的“平等”。从某种意义上说，机会平等是为了保证结果不平等——人人可以获得自由的发展——的公正性的“平等”。

---

[1]《严复集》第四册，第952页。

第四节　激进的无政府主义者

20世纪初还有一派人物主张更加激烈、全面、彻底的平等，他们既不赞成在实现平等原则中强化政府职能不同，也不是如古典自由主义那样主张限制政府，而是要根本上祛除国家政权。他们是一批无政府主义者，对于儒家传统的纲常采用了最激烈的否定。《天义报》时期的刘师培是最典型的代表，可以成为我们考察无政府主义者的平等观念之个案研究的对象。

一

刘师培本人是个十分复杂的人物，他既是一个文坛巨子，成就斐然的学者，又曾在政治风浪中沉浮起伏，颇遭物议。在变节投靠清廷以前，刘师培曾经是一个声名显赫的无政府主义革命家。在他早期发表主要为了表达民族主义诉求的《攘书》中，有一节名为《罪纲篇》，专门批判了传统的三纲说。按照他的解释，古代本来"言伦不言纲"："五伦者，乃对待之名词，非为君者、为父者、为夫者当立于绝对之地位也。"与现在的社群主义者用"parity"来解释儒家传统的平等观相似，刘师培描绘了一幅上古社会人们"互以对方为重"的伦理关系：

> 父子有亲，君臣有义，夫妇有别，化偏为中，由近及远，人伦之明，其在兹乎。观于君之言群，子之言滋，妻之言齐，平等精诣，赖此不坠（观于三代之礼，臣拜君亦答，则君与臣平等矣。婚礼共牢而食，同尊卑也，则妻与夫平等矣。此平等之精诣），何居乎后世乃有三纲之说乎。[1]

近代开端的龚自珍也曾经批评过专制君主如何在君臣礼仪中摧毁了臣子的自尊，因而表达了对古代的向往。刘师培用远比龚自珍繁复的证据，说明所谓三纲，最初本于纬书，又经过宋儒的发展，成为一种"扶强锄弱，饰邪说而文奸言"的教

[1] 李妙根编：《刘师培论学论政》，复旦大学出版社1990年版，第318页。

条。因而主张用墨子“兼爱”学说予以矫正。

20世纪初，无政府主义在中国思想界影响深远，《天义报》是中国人在海外创办的第一份宣传无政府主义的报刊，刘师培则是其创办者和主要撰稿人。在《天义报》上发表的文章，很能代表刘师培的极端无政府主义观点。在他创办的这份报纸上发表的诸多论文中，《无政府主义之平等观》一文，正如题目所揭示的，集中地表达了他的平等理论。他说：

> 吾人确信人类有三大权：一曰平等权，二曰独立权，三曰自由权。平等者，权利义务无复差别之谓也；独立者，不役他人，不倚他人之谓也；自由者，不受制于人不受役于人之谓也。此三权者，吾人均认为天赋。独立自由二权，以个人为本位，而平等之权必合人类全体而后见，故为人类全体谋幸福，当以平等之权为尤重。独立权者，所以维持平等之权者也。惟过用其自由之权，则与他人之自由生冲突，与人类平等之旨，或相背驰，故欲维持人类平等权，宁限制个人之自由权。此吾人立说之本旨也。[1]

自由主义、无政府主义和社会主义都属于主张平等价值的思想派别，但是平等的地位在这三者的视野中并不相同。刘师培认为，平等是人类基本权利中最核心、最重要的权利，是人类追求幸福的必要条件。自由和独立则是次一等的，并且必须服从平等的原则。为了实现平等，宁可限制自由。这是典型的平等主义，与自由主义为了自由可以牺牲平等的主张相对的主张。

他的平等观与社会主义也不同。“虽曰今日之社会主义，主动之力，在于平民，与中国主动之力在于君主不同，然支配之权，仍操于上，则人人失其平等之权，一切之资财，悉受国家之支配，则人人又失其自由权。”[2]在刘师培看来，只要有国家、有政府，人与人影响政治的权力就不可能平等。换言之，刘师培不

---

[1] 李妙根编：《刘师培论学论政》，第382页。
[2] 同上书，第395页。

能满足于政治权利的机会平等，而要求政治参与的实质平等。总之，“吾之言无政府，则兼重实现人类完全之平等。盖人人均平等，则人人均自由。固与社会主义之仅重财产平等者不同，亦与纵乐学派之主张个人自由者不同也”。[1]

早在1903年，刘师培就已经出版了《中国民约精义》，此书为其赢得了声誉的同时也证明他受到卢梭思想的强烈影响。卢梭对平等原则的论证与洛克不同，他没有诉诸上帝，而是诉诸于历史的辩证法。因此同样属于“天赋人权”，卢梭所说的平等，最初并不是如洛克说的那样是上帝赋予的，而是出于自然。人与人的平等是原始平等，是物种的平等：

> 大家都承认，人与人之间本来都是平等的，正如各种不同的生理上的原因使某些种类动物产生我们现在还能观察到的种种变型之前，凡属同一种类的动物都是平等的一样。不管那些最初的变化是怎么产生的，我们总不能设想这些变化使人类中所有的个体同时同样地变了质。实际上是有一些人完善化了或者变坏了，他们并获得了一些不属于原来天性的，好的或坏的性质，而另一些人则比较长期的停留在他们的原始状态。这就是人与人之间不平等的起源。[2]

刘师培承接卢梭的历史解释，又将其作进一步的扩充，认为人与人之所以应该普遍平等，一是因为人类从来源上说是同一的：“人类既出于一源，则今日世界之民，虽有智愚强弱之殊，然在原人之初，则固同出一族，乃确然处于平等之地位也。”二是他同意卢梭的自然状态说，在那样的历史条件下即所谓“原人之初”，人人本来平等，而不平等是后起的；三是因为人类都是用相同的物质构成的，即“人身虽殊，其所含原质则同”。[3]作为一个国学大师，刘师培当然不会放弃使用传统经典的机会，佛教关于众生不异法身、法身不异众生的理论，和儒家特别是王守仁的良知平等论，也同样成为其证成平等说的资源。此外他还运用

[1] 李妙根编：《刘师培论学论政》，第395页。
[2] [法] 卢梭：《论人类不平等的起源与基础》，李常山译，商务印书馆1997年版，第62页。
[3] 李妙根编：《刘师培论学论政》，第383页。

近代心理学人心皆有知情意的说法，来证明心同理同。总之，正如其平等的要求是全面的，其论证除了没有采用神学的形式以外，其全面程度在当时也是无人能出其右。

平等之价值在刘师培那里，并非只是抽象的“应当”。像辛亥前后许多人包括下文将要讨论到的孙中山一样，刘师培把平等看作改变社会的目标。因此，如何实现全面、彻底的“平等”，就成为极其重要的问题。为此，刘师培有三方面的设计：

第一，他认为人的天性是平等的，不平等完全是后起的人为的。而且“人类有恢复平等之天性”。像卢梭一样，他也为平等寻找心理学的根据：认为由于人有自利心、嫉妒心和良善心，前者使人追求自己与他人的平等，后者使人追求别人与自己的平等。“使人人充其妒忌之心，扩其良善之心，则凡不平之社会，必扫除廓清。”[1]所以需要刊行书报、广做演说，教育人民、宣传平等观念。

第二，在社会制度方面要做到彻底的平等，就要权利和义务的全部平等，即消除社会分工，实行“以一人而兼众艺”的办法，包括实现男女“绝对之平等”。所以要破坏固有之社会，破除国界。这就是所谓“人类均力说”，与其他种种乌托邦一样有着空想共产主义的色彩。

第三，要实现上述设计，最重要的是“毁灭国家、不设政府”。所以要动员民众，组织团体，实行以颠覆政府为目标的革命；为此甚至可以采取暗杀的手段。

二

在20世纪初，还有一位著名哲学家，既是共和革命的理论家，与孙中山同属同盟会的领袖；又与无政府主义包括刘师培本人有千丝万缕的联系和难以理清的恩怨，他也对平等问题有认真的探讨。这就是章太炎。[2]

---

[1] 李妙根编：《刘师培论学论政》，第379页。刘师培可能是中国最早注意到嫉妒心理与平等诉求之间关系的哲学家。但是他似乎只注意到嫉妒心对于平等的正相关作用，没有区别作为道德的不满和嫉妒的区别，也没有注意嫉妒可能导致某种损人不利己的结果。

[2] 章太炎对平等的态度前后有些变化。在《訄书》时代，他批评政治和社会平等的要求。即君臣、父子、男女平等诸种诉求不是当时应放在首要地位处理的问题。认为平等的说法，是佛教为了救治当时四种姓的极端不平等，提出人人有佛性而来。“平等之论，非拨乱之要也。”见《訄书》，收录于《章太炎全集》(三)，第237页。

作为一个革命派的理论家，章太炎并不讳言谈平等的目的是为了启蒙，“平等”的口号有政治动员的工具意义，即所谓“非谈平等，则不能去奴隶心；非示众生皆佛，则不能去退却心”。[1]让我们窥测到平等观念的现代性特征，即不再只是追求虚静的心灵境界，而着眼于社会的实际运动。如何使人认识到平等之价值？章太炎认为可以通过哲学和宗教的途径。他将哲学、宗教分成三派，就其对于平等的关系而言，“惟物之说，犹近平等；惟神之说，崇奉一尊，则与平等绝远也。欲使众生平等，不得不先破神教。”[2]这不但提示了平等观念应该有其世界观或第一哲学的理论支撑，而且揭示了神学的式微与唯物论的高涨，都与现代平等观念的兴盛有相应的关联。

20世纪初，作为一个革命派的思想家，他反复讲人类本来是平等的，但是又说人类事实上无法平等，除非实行“五无世界”。一是无政府，否则，“有钱币在，则争夺生而阶级起……有军器在，则人将籍是以为杀掠之资”。二是无聚落，即使国界破除，但只要聚落未除，依然不能消除争夺，因为，“人类本平等，而所依之地本不平等；人类之财产可以相共而容，而地方之面积不能相共而容”。他尖锐地批评殖民主义，“夫无政府者，以为自由平等之至耳。然始创自由平等于己国之人，即实施最不自由平等于他国之人”。[3]在这些方面，章太炎与刘师培非常相近。不过，章太炎并不只是革命思想的宣传家，他是最重视哲学、在哲学上成就最卓著的革命家。因此，章太炎不仅将“平等”作为一个切近的实践目标，而且是将其看作建立哲学体系中非常重要的问题来处理的。用哲学的彻底性来追问平等如何可能，章太炎不停留在无政府主义的策略，而认为必须要实现无人类、无众生、最后是无世界。十分明显，“五无论”实际上是佛教的出世境界。

在章太炎构造的哲学体系中，佛教法相唯识学和康德哲学以及庄子哲学被处理成一种互相解释的关系。前述章太炎的观点，即人类本来是平等，但是现实世界中人又无法平等，真正实现平等只能在超越的境界，这一判断转变为法相唯识

---

[1] 章太炎说：“今则不然，六道轮回、地狱变相之说，犹不足以取济。非说无生，则不能去畏死心；非破我有，则不能去拜金心；非谈平等，则不能去奴隶心；非示众生皆佛，则不能去退却心；非举三轮清净，则不能去德色心。”（《章太炎全集》（四），第418页）

[2] 章太炎：《无神论》，收录于《章太炎全集》（四），第398页。

[3] 章太炎：《五无论》，收录于《章太炎全集》（四），第431—433页。

学的语言，就是“一切众生，同此真如，同此阿赖耶识”。[1]与基督教讲上帝创造世界、儒家讲“天命”不同，佛教在回答“何以有这个世界”的时候都用缘起说。法相宗属于有宗，与空宗从无自性讲缘起不同，有宗从唯识性讲缘起，把缘起归结为识的作用和分别。具体地说，法相宗所持的阿赖耶识缘起（也叫自性缘起）说，指由于阿赖耶识含藏有一切现象的自性不同的名言种子，因此一切现象就有了区别。所以他们称：“由一切种识，如是如是变，以展转力故，彼彼分别故。”（《成唯识论》卷七）现象世界的差别乃至整个宇宙，都是意想安立，由于虚妄分别而成。法相宗又讲究“转识成智”，在依他起自性上，永远脱离了偏计所执自性，就达到圆成实自性。圆成实自性就是真如实性，此为世界的真相和我们真实的存在。那是一个无差别的境界。所以章太炎在其自诩“一字千金”的《齐物论释》中这么说：

> 体非形器，故自在而无对；理绝名言，故平等而咸适。
>
> 《齐物》者，一往平等之谈，详其实义，非独等视有情，无所优劣，盖离言说相，离名字相，离心缘相，毕竟平等，乃合《齐物》之义。……若情存彼此，智有是非，虽复泛爱兼利，人我毕足，封畛已分，乃奚齐之有哉？……齐其不齐，下士之鄙执；不齐而齐，上哲之玄谈。自非涤除名相，其孰能与于此？[2]

章太炎的哲学原本就是通过否定处于永恒变动之中的事物和观念形态的真实性，来否定现存社会政治制度的合法性。所以他说：“大概世间法中，不过平等二字。庄子就唤作‘齐物’。并不是说人类平等、众生平等，要把善恶是非的见解一齐打破，才是平等。”[3]人类之间的不平等和纷争，看似起于功利计较，根本上是由于“我见”。藏识无善无恶，但是“末那意根，虽无记而有覆，常执藏识以

[1] 章太炎：《建立宗教论》，收录于《章太炎全集》（四），第414页。
[2] 章太炎：《齐物论释》，收录于《章太炎全集》（六），第3、4页。
[3] 章太炎：《论佛法与宗教、哲学以及现实之关系》，收录于《中国哲学》第六辑，第308页。

为自我，以执我之见见于意识，而善恶念生”。[1]因为有我，人不仅追求功利，而且有根深蒂固的好胜心，它是争夺不断的根源。根本上要祛除“我见”，任其自然，而后不齐而齐。所以（黄）宗仰为《齐物论释》所写的《后序》中也说：

以为《齐物》者，一往平等之谈，然非博爱大同所能比傅，名相双遣，则分别自除，净染都忘，故一真不立。任其不齐，齐之至也。[2]

研究者已经指出章太炎从事的是“一场夭折了的哲学革命”，[3]这里的悖论是，章太炎原来是希望借佛学来振作中国人的道德，如借佛学和庄子来论证平等的形而上学，但是他走了排遣名相的路子，结果并非他所简单想象的那样：因为无我，所以人们会勇猛无畏，这固然可以自成其逻辑；但是另一方面，顺着排遣名相的道路，也可以走向完全否定现实的结果。且不说“五无世界”的虚无飘渺，即使单纯改变我们的主观世界，可以做到任其不齐，但是它的直接结果是平等的论证之落空。所以，像谭嗣同一样，虽然章太炎也重在对平等作形而上学的论证，并且其论证方式远比谭嗣同的《仁学》精巧，但是他脱离具体的社会存在来追求人的真实存在，结果他所达成的顶多只是批判的平等形上学，而没有成立建设性的“平等”政治哲学。而在实际政治生活中，他由激进主义走向了虚无主义。无政府和无聚落是激进主义的社会诉求，但是不齐而齐，走向了相对主义和虚无主义。

章太炎的心路历程可以给我们什么样的启发？无论从生物学还是从社会学的角度看，人类个体之间都既有同又有异。真所谓“自其异者视之，肝胆楚越也；自其同者视之，万物皆一也”。因此对人无论作生物学的抽象还是做社会学的抽象，只要我们从经验出发，就既可以提出平等的无数证据，又可以列举不平等的无数事实。而如果从形上学的高度去论证平等，即使我们达到了世界的同一性原理，我们依然不能充分证明平等价值之成立，因为只要我们没有落到只承认共相

[1] 章太炎：《五无论》，收录于《章太炎全集》（四），第436页。
[2] 章太炎：《齐物论释》，收录于《章太炎全集》（六），第58页。
[3] 姜义华：《章太炎思想研究》，上海人民出版社1985年版，第316页。

是真实的、独立的存在，殊相的差异始终将追问平等如何可能。按照章太炎的论证，平等是超名言之域的境界，只要我们停留在具体的存在状态，我们就无法“平等”。这一方面提示了平等之价值与不平等的现实之间的张力，另一方面几乎同时终结了中国学者对平等的形上学论证，后来虽然间或有人试图给平等以玄学的根据，[1]但是就其主流而言，对平等的关注更多地转变为实践问题。

第五节　三民主义中的平等

一

进入20世纪以后，革命党人取代改良派成为主导中国思想界的力量。“平等”理所当然地书写在革命党人的旗帜上。辛亥革命前后革命派的各种报刊上，“平等”已经成为使用频率颇高的词语，我们无须罗列一般政治宣传和其他时文如何鼓吹平等的价值，而将着重讨论革命派思想家如何继续对“平等”作深入的理论思考，又如何将平等的价值转变为实践的方针甚至制度安排。

说到革命派思想家，不能不讨论孙中山以及他所创立的三民主义。早在1906年，孙中山就在《军政府宣言》中明确提出了平等的目标，“我等今日与前代殊，于驱除鞑虏、恢复中华以外，国体民生尚当与民变革，虽经纬万端，要其一贯之精神，则为自由、平等、博爱”。[2]它包括政治平等和经济平等的原则。政治平等指建立民国，“今者由平民革命以建立国民政府，凡为国民皆平等以有参政权”。经济平等则主要指“平均地权”。“文明之福祉，国民平等以享之。当改良社会经济组织，核定天下地价。其现有之地价，仍属原主所有；其革命后社会改良进步之增价，则归于国家，为国民所共享。肇造社会的国家，俾家给人足，四海

[1] 譬如新儒家的代表人物之一熊十力就喜欢从其“体用不二”的本体论直接推导出平等的准则：既然体用不二，那么万物同源、万物一体。万物不仅都从一体派生，而且都分享着本体之全部，所以“平等”理所当然是人类最正当的价值。他反复赞扬《周易》“群龙无首”的命题，认为这意味着平等和民主的价值。

[2] 《孙中山选集》，人民出版社1981年版，第77页。

之内无一夫不获其所。”[1]

1911年武昌起义推翻了清王朝，建立了中国历史上第一个共和国——中华民国。孙中山领导的南京临时政府，颁布了一系列法令，宣布人民普遍享有选举、参政等“公权”，言论、出版、集会、信仰和居住等“私权”。以前被歧视的“贱民”，如福建广东的“蛋民”、浙江的“惰民”和河南的乞丐，“均许一体享有，毋稍歧异”。[2]1912年颁布的《中华民国临时约法》宣布“中华民国的主权，属于人民全体”。同时规定：“中华民国人民一律平等，无种族阶级宗教之区别。”享有人身、居住、财产、言论、集会、出版、通信、信仰等自由，享有请愿、诉讼、考试、选举与被选举的权利。同时承担纳税和服兵役的义务。这是在国家根本大法的层面上肯定“平等”的观念，并承诺将其转变为社会政治法律方面的制度安排。此后开始了宪法的起草，[3]虽然革命党人与袁世凯围绕着共和与复辟帝制展开了复杂的斗争，宪法的起草、修订因此被拖延甚至打断；至于国民党在训政、宪政的问题上与自由主义有更长期的争执。但是，即使一向备受史家和舆情指责的袁世凯，在民国二年国民议会开幕的时候，由其代表所作的颂词中，也称自己只是国民的一分子，“念我共和民国，由于四万万人民心理所缔造，亦本于四万万人民心理所结合。则国家主权，当然归之国民全体”。[4]说他奸诈也好，说他伪善也好，但是连袁世凯在当时也不得不抛弃“朕即国家”，公开表白自己只是国民之一分子，将政权合法性安置在社会契约论的前提下。这说明“主权在民”所蕴涵的“平等”（法权平等）已经成为政治活动中的合法共识或基本价值。这种情况，在整个民国时期都没有根本改变。[5]这是一个历史性的变化，无论在实

[1] 《孙中山选集》，第78页。

[2] 见《大总统通令开放蛋户惰民等许其一体享有公权私权文》，《南京临时政府公报》第41号。

[3] 史称“当时国会议员，亦殚精竭虑，壹志专心，共同努力于制宪事业，并已议定《大总统选举法》。后虽处恶劣之环境，手受强暴之威胁，阅时数月，卒于艰难困苦中完成宪法草案……此为中华民国立法成绩最著之时期。”见谢扶民编著：《中华民国立法史》，正中书局1948年版，第75页。

[4] 谢扶民编著：《中华民国立法史》，第78页。

[5] 如1933年宪法草案还是肯定主权在国民全体。国民无男女、种族、宗教、阶级、职业之区别，在法律上一律平等；人民享有身体、迁徙、居住、言论、著作、信仰、结社、集会等自由；有依法行使选举、罢免、创制、复决之权力。

践中“平等”可能遭遇到多么复杂的景况，至少在国家根本大法的层面上肯定了“平等”的价值，并承诺将其转变为社会政治法律方面的制度安排。从此以后，中国所有合法的政府必须在法律上承认“平等”，或者说，是否在法律意义上承认“平等”的权威成为衡量政治合法性的标准之一。从这个意义上，中国社会开始进入了平等的时代。虽然对平等的肯定，很大程度上依然是抽象的，但是，它至少说明，自民国创建以来，“平等”已经成为一个不能被贸然取消的标准。与以往相比，这无疑是一个巨大的变化：“平等”不再是大逆不道的异端思想，而是一种合法的观念，并且是现代社会的核心价值之一，人们用它以及与其相关的若干价值作为衡量政治和社会生活的根本原则。无论平等在中国的实现有多么曲折和复杂的过程，从平等是现代社会一连串重大变革的观念结果的历史条件来说，在法律上确定人民的平等地位，其意义，无论怎么估量，都不会过分。它成为平等观念的古今之变的历史里程碑。

所有这一切，都与辛亥革命的领导者孙中山先生的名字联系在一起。

二

作为一个民主主义者，孙中山真诚地追求平等。他不仅说“三民主义就是平等和自由的主义”，[1]而且曾经把他的三民主义演绎成一个全面的平等主义纲领：

> 三民主义系促进中国之国际地位平等、政治地位平等、经济地位平等，使中国永久适存于世界。[2]

用平等价值来规定三民主义，民族主义的目标是平等的国际关系，民主主义的要求是人民享有政治平等，民生主义则是经济平等。当然孙中山先生的表达并不准确，除了国际地位平等的意义是明确的——指中国获得与其他国家平等交往

[1] 孙中山：《三民主义是造成新世界的工具》，《中山全书》第三册，第37页。
[2] 孙中山：《三民主义 民族主义》，《孙中山全集》第九卷，第185页。

的地位——以外，所谓“政治地位平等”和“经济地位平等”的意义其实是充满争议的。

作为一个质朴的思想家，孙中山没有在平等的形上学方面措意过多，而且他不同意卢梭用“天赋人权”来解释自由平等的合法性，人就其本然状态是不同的，所以有自然的不平等，“天生人类本来也是不平等的，到了人类专制发达以后，专制帝王尤其变本加厉，弄到结果，比较天生的更是不平等了”。[1]但是，近代以降，时势与潮流发生了巨变，由神权、君权进步至民权，它造就了平等时代的到来。

不难发现，与前人相比，在赞成平等的思想家中，孙中山的论证方式是前所未有的。从形式上看，他走的是经验论的路向，主张先有事实、再有思想（言论）；“事实”是欧美诸先进国家都实现了从不平等到平等的转变，因此中国或早或迟也要实现这样的转变。后面隐藏着一个进步论的预设。他所描写的历史“事实”是一幅服从普遍化理则的世界图景。就与平等相关联的“民权”而论，人类的“第一个时期，是人同兽争，不是用权，是用气力。第二个时期，是人同天争，是用神权。第三个时期，是人同人争，国同国争，这个民族同那个民族争，是用君权。到了现在的第四个时期，国内相争，人民同君主相争……民权渐渐发达，所以叫做民权时代”。[2]换言之，世界有其固有的方向和目标，虽然历史过程会有曲折，但是最后一定会达到平等的终点。所以我们可以说他是进步主义的目的论平等观。进步主义相信世界服从统一的法则或规律，它表现为普遍的潮流。平等的原则是普遍的，中国不能自外于世界潮流的时势，也应该实现平等的价值。但是由于中国的特殊性，平等原则的具体实现理应与欧美诸资本主义国家有所不同。

法国革命的时候，他们革命的口号是“自由、平等、博爱”三个名词，好比中国革命，用民族、民权、民生三个主义一样。由此可以说自

[1]《孙中山选集》，第725页。
[2]《孙中山全集》第九卷，第261页。

由、平等、博爱是根据于民权，民权又是由于这三个名词才发达。所以我们要讲民权，便不能不先讲自由、平等、博爱。

法国的自由和我们的民族主义相同，因为民族主义是提倡国家自由的。平等和我们的民权主义相同，因为民权主义是提倡人民在政治之地位都是平等的，要打破君权，使人人都是平等的，所以说民权是和平等相对待的。此外还有博爱的口号，这个名词的原文是“兄弟”的意思，和中国“同胞”两个字是一样解法，普通译成博爱，当中的道理，和我们的民生主义是相通的。[1]

借助于“世界潮流”的直观力量，孙中山将具有普遍主义冲动的启蒙运动的价值，转变为以“三民主义”为标题的意识形态。这不是一个形式严整的意识形态理论。就“民权”与“平等”关系而言，孙中山一方面说“民权”与自由、平等、博爱都有关联，一方面又说，民权与平等相对。说明我们不能从严格的政治哲学的角度，去衡量孙中山的三民主义的理论自洽性；反过来也说明，在政治平等一度似乎从天而降的短暂时分以后，中国人尚需要时间来实验，如何按照这一新的观念创造一种组织形式，将其转变为稳定并足以长久留存的制度，进而推动移风易俗和民众心理建设。

三

在平等的内容取舍上，孙中山主张机会平等，反对实质平等或结果平等——用他的说法是“平头的平等”或假平等。他说：

说到社会上的地位平等，是始初起点的地位平等，后来各人根据天赋的聪明才力自己去造就，因为各人的聪明才力有天赋的不同，所以造就的结果当然就不同。造就既是不同，自然不能有平等。像这样讲来，才是真正平等的道理。如果不管各人天赋的聪明才力，就是以后有造就

[1]《孙中山全集》第九卷，第271、283页。

> 高的地位，也要把他们压下去。一律要平等，世界便没有进步，人类便要退化。所以我们讲民权平等，又要世界有进步，是要人民在政治上的地位平等。因为平等是人为的，不是天生的；人造的平等，只有做到政治上的地位平等。[1]

孙中山似乎着意维护的是法权平等，是一种机会平等。分析地说，机会平等还可以分为作为平等利用的机会平等和平等出发点的机会平等。前者是对于相同的功绩予以平等的承认，包括贡献相同则获得平等的报酬、社会公职向所有人平等的开放等；后者是为了平等的利用机会，竞争者各自应该具有平等的物质条件以进入竞争。孙中山先生对此并未加以考察，对他来说，最重要的，是顺应“世界潮流”，宣布给予中国人民以平等的政治地位。作为政治家，在具体的政治设计方面，他属意于精英政治。所以有著名的先知先觉、后知后觉和不知不觉的分别：

> 先知先觉者为发明家，后知后觉者为宣传家，不知不觉者为实行家。此三种人互相为用，协力进行，则人类之文明进步必能一日千里。天之生人虽有聪明才力之不平等，但人心则必欲使之平等，斯为道德上之最高目的，而人类当努力进行者。但是要达到这个最高之道德目的，到底要怎么样做法呢？……重于利己者每每出于害人亦有所不惜。此种思想发达，则聪明才力之人专用彼之才能，去夺取人家之利益，渐而积成专制之阶级，生出政治上之不平等。重于利人者，每每至于牺牲自己亦乐而为之。此种思想发达，则聪明才力之人专用彼之才能，以谋他人的幸福，渐而积成博爱之宗教慈善之事业。惟是宗教之力有所穷，慈善之事有不济，则不得不为根本之解决，实行革命，推翻专制，主张民权，以平人事之不平了。从此以后，要调和三种之人使之平等，则人人当以服务为目的，而不以夺取为目的。聪明才力愈大者，当尽其能力而

[1]《孙中山选集》，第727页。

服千万人之务，造千万人之福。聪明才力略小者，当尽其能力以服十百人之务，造十百人之福。所谓“巧者拙之奴”，就是这个道理。至于全无聪明才力者，亦当尽一己之能力，以服一人之务，造一人之福。照这样做去，虽天生人之聪明才力有不平等，而人之服务道德心发达，必可使之成为平等了。这就是平等之精义。[1]

可见，在政治平等方面，这种思想的集中表达就是“权能分离”的政治理论。按照孙中山的设计，政治权力可以分离成政权和治权。人民有权，政府有能，造成一个全能政府。孙中山似乎有见于政治平等的实现有其现实的条件，即普通民众尚处于“不知不觉”的状态，与少数“先知先觉”者相比，民众尚缺少实际行使政治权利的能力。而这种“无能”的状态有更深的文化原因，而不是单纯因为中国人口众多、疆域辽阔以及公民参与政治的时间成本等技术性障碍。孙中山基本上拒绝这样的观点：作为民主政治范畴的平等，本来是民主政治的基础，本质上出于对国家权力的限制，因为正是国家或官吏，享有与普通公民不平等的特权，并且可以利用这种特权侵犯公民的权利和自由、为自己谋取私利。要保障人民普遍地享有政治参与权，并不能依靠政治家的“服务道德心”，而要依靠制度安排。这种制度安排最核心的就是如何保证“所有成年人类在政治上都应该被平等对待”的理念得以实现，首先就是所有成年人都有平等的参与政治的权利。如果不允许本来处于无权状态的工人、农民、少数民族，或长期处于弱势的妇女、穷人、鳏寡孤独等无告参与政治，如何保证他们的利益得到保证而不被侵蚀?

这当然又与孙中山的自由观念有关联。在孙中山看来，中国人不仅要发财不要自由，而且他们不要自由的原因恰恰是因为中国人实际上的“自由”太多。因为自由太多，中国人成了一盘散沙，“中国自古以来，虽无自由之名，而确有自由之实，且极其充分，不必再去多求了”。需要追求的，只是国家的自由。[2]与

[1]《孙中山选集》，第740页。
[2] 同上书，第281页。

孙中山对于人民实际上无法享有政治平等权利的论断相一致，“三民主义”对于如何促使和保障人民成为政治主体，在理论上有巨大的空缺。

孙中山一度认为，随着中华民国的建立和法律上肯定人民的平等权利以后，民族、民权两大目标已经实现，剩下的就是民生主义，包括如何用平均地权、节制资本的方法去求得经济平等。

在经济平等的向度，孙中山一方面警惕社会贫富的分化与对立，一方面又与单纯的“不患贫而患不均”传统的不同。孙中山认为，“中国今是患贫，不是患不均”。当时中国贫富差别还不悬殊，经济不平等还不十分紧迫。“中国人通通是贫，并没有大富，只有大贫小贫的分别。我们要把这个分别弄到大家平均，都没有大贫。”[1]他判断由于资本主义不够发达，中国贫富之间尚未出现发达资本主义那样的悬殊和对立；随着外国资本的入侵，现代化在中国同样会导致平等要求的高涨。这首先是随着资本主义工业化的发展，土地的价格必然上涨，地主成为不劳而获的富翁，所以必须平均地权。因为地价总是随着国民经济的增长而增长，“推到这种进步和改良的功劳，还是由众人的力量经营而来，所以由这种改良和进步之后所涨高的地价，应该归之大众，不应该归之私人所有”。[2]这意味着，富者多利用了社会合作和公共资源，而从社会合作与公共资源中获得的利益应该回归社会。加之其节制资本的方针，孙中山的平等观，在经济平等和政治平等两者之间，显然更倾向于前者；或者说，孙中山的经济平等的诉求比起其政治平等来要激进和具体得多。但是无论政治平等还是经济平等，其实现都必须依赖强有力的政府即“全能政府”才能实现。如果说，孙中山的平等主义使其倾向社会主义的话，那么其对中国的现代性整体设计则表现出了国家社会主义的特征。

四

“作为一种具体的社会和政治要求，平等是拉开现代社会的一系列重大革命的产儿。”[3]正如英国的光荣革命以后，洛克在他的《政府论》中断言，基于自

[1]《孙中山选集》，第842、831页。
[2] 同上书，第839页。
[3]［美］亚历克斯·卡利尼克斯：《平等》，第25页。

然法即理性，“人们既然都是平等和独立的，任何人就不得侵害他人的生命、健康、自由或财产”。[1]18世纪，作为美国革命和法国革命的标志，《美国独立宣言》和《人权及公民权宣言》两个历史性文件，都明确地肯定了“平等”作为现代社会的基本原则。在法国大革命前后，更是先后出版了大量论述平等理想的著作，诸如卢梭的《论人类不平等的起源和基础》《社会契约论》，皮埃尔勒鲁的《论平等》，论述巴贝夫领导的平等派密谋及其理论的《为平等而密谋》等。20世纪初的中国革命以特殊的方式重演了历史。如果我们把失败了的戊戌变法看作是这场社会革命的先声和一部分的话，那么我们更可以看清“平等”观念与社会—政治革命几乎有着天然的联系。正因为如此，从平等观念史的向度观察问题，尽管孙中山等革命党人的理论显得相当幼稚和粗糙，但是他们的平等观念已经成为政治变革和社会变革的一部分，成为规划人类生活的蓝图和理想，而不再只停留在玄想或沉思。从这个意义上，平等观念和其他现代观念一起，正在改变历史。

但是我们应该看到历史的复杂性。这个合法的观念——平等——在当时并不具有自在的现实性。这不仅是指纸面上的“平等”，远远没有转化为社会生活的现实，由于中国政治民主改革进程的过于曲折，法律所规定的平等远未普遍实现。而且是说，中国人对平等的认识也存在着巨大的差别。由于辛亥革命发生在中心城市，虽然也有部分下层民众如会党的参与，但总体说来，社会动员和民众参与程度都严重不足。尤其是在广袤的农村，皇帝换成总统并没有改变农民们在社会最底层的困境。鲁迅的《风波》和《阿Q正传》告诉人们，城里的“革命”对于乡下的“七斤”与“赵七爷”们只是池塘里的“风波”，稍纵即逝；而且“假洋鬼子”还根本不准阿Q们革命。而阿Q们一旦起来，还是只会“我要什么就是什么，我欢喜谁就是谁”的暴戾恣睢，那时的小D、王胡、邹七嫂、吴妈和老少尼姑一样会受他们的压迫。因此不能指望普通民众能在短时间内确立现代平等观念。总之，“平等”在20世纪初的中国依然还更多地显示为一种外来观念的移植，在当时的中国社会还缺乏足够的文化土壤。

这与西方社会形成明显的差距。这不但是说，20世纪初期，平等已经是西方

[1]［英］洛克：《政府论》（下篇），第6页。

社会的基本价值（虽然其现实也远非毫无问题），而且是说，在西方近代史的开端，平等观念的确立就得到西方传统文化——特别是基督教改革——资源的支持。加达默尔说过，像兰克那样的路德派历史学家，“无限知性（intellectus infinitus）的观念——对于这种无限知性来说，万物都是同时存在的（omnia simul）——被转变为历史公道的准绳（Urbild）”，上帝“在人类整体中通观整个历史的人类，并且发现任何人都具有同样的价值”。[1]事实上，英国“光荣革命”以后，洛克可以从基督教的信仰出发，以上帝面前人人平等为出发点，来论证人与人之间的法权平等，即基于财产权不同的政治权利的平等。作为政治社会的逻辑起点的自然状态“也是一种平等状态，在这种状态中。一切权力和管辖权都是互相的，没有一个人享有多于别人的权力。极为明显，同种的和同等的人们既然毫无差别地生来就享有自然的一切同样的有利条件，能够运用相同的身心能力，就应该人人平等，不存在从属或受制关系”。[2]当洛克写下这些的时候，新教改革已经将信徒从对教会的依赖下解放出来，可以凭借自己的信仰独对上帝，给自由、平等提供了超越的根据，同时也正如恩格斯所说的那样，在宗教的外衣下为现代资本主义的发展创造了可以建立契约关系的平等的人。因此，当启蒙运动以平等与自由、博爱一起作为自己的旗帜的时候，不但有着宗教信仰的根据，而且适应了资本主义生产关系的需求。比洛克《政府论》晚出70年的卢梭《社会契约论》可以将“每个人都生而自由平等”作为一个自然公理，而不再需要借助上帝的权威。正是在这样的历史条件下——从整个社会而言，中国不仅缺乏实现平等的传统资源，而且政治革命和形式上的共和虽然提供了平等的抽象合法性，却没有提供其社会生活的普遍现实性。

正视这一点，使我们能够理解孙中山的三民主义与平等观念的缺陷，有其历史的理由。同时也使我们对其观念的内在构成，有更为深刻的洞察。在一个缺少传统（无论是政治、宗教、还是风俗习惯）支持的社会，在暴力革命以后所暂时“获得”的平等，只是一个被授予的“名分”。这与欧美诸国革命前由于资本主义

---

[1] [德] 加达默尔：《真理与方法》，洪汉鼎译，上海译文出版社1999年版，第272页。
[2] [英] 洛克：《政府论》（下篇），第5页。

的发展而造成的社会关系，有相当大的差别。它反映在孙中山的著述中，就是其平等观念中保留了双重意义上的权威主义。他说："我们要知道民权不是天生的，是人造成的。我们应该造成民权，交到人民，不要人民来争才交到他们。"[1]这表示人民现在所享有的"平等"权利是依靠一个人民（因为他们不知不觉）以外的力量、自上而下地给予的。其实现，则是在一个权威——先知先觉——的指导下，并且不是通过其自身而是他们之上的政治精英——后知后觉——来代为行使的。这意味着人民不必参与政治，所以保留了传统政治的精英主义，实际上取消了政治平等的原则：即所有成年人在政治上都得到平等对待的原则。而且这是一种取消了自由的平等，那就是严复等自由主义者所批评的奴隶的平等，并非现代社会之所欲。事实上，民国期间国民党政府和自由主义知识分子之间，为此曾经发生了持续的争论。它们共同构成了平等观念现代嬗变的历史。

价值观念的嬗变有一个章太炎所谓"因政教则成风俗，因风俗则成心理"[2]的过程，只有那些通过政治社会制度的创造，形成持久的实践、转变为风俗习惯，进而成为普通人共同的信念的东西，才能成为有效的价值。孙中山和他的三民主义以及民国以后的政治史，都表示中国人尚在价值观念转变的途中。

[1]《孙中山全集》第九卷，第324页。

[2] 章太炎：《四惑论》，收录于《章太炎全集》（四），第445页。

第五章　“齐其非齐”与“不齐而齐”

随着20世纪初的政治革命，“平等”开始被确定为现代社会的基本原则。民国在根本大法意义上确定人民的平等地位，成为平等观念古今之变的历史里程碑。不过，它只是开启了平等观念的现代历史，与所有历史一样，这段历史充满着复杂性。一个合法的观念——平等——在当时并不因为成文法的颁布而随之具备充分的现实性。换言之，从整个中国社会而言，实现平等的传统资源相对薄弱，而在一个缺少传统（无论是政治、宗教、还是风俗习惯）支持的社会，对于普通民众而言，在暴力革命以后暂时“获得”的平等，常常无异于一个被授予的“名分”。由此就出现了双重意义上的平等之缺陷：平等原则在社会生活中客观化程度的不足，和被授予平等地位的人民的主体意识之不足。换言之，政治革命和国家制度形式上的共和虽然提供了平等的抽象合法性，却不可能立刻提供其社会生活的普遍现实性。要从古代不平等的传统转变为现代的平等新传统，必定有一个“因政教而成风俗，因风俗而成心理”的曲折过程，同时“平等”话语也呈现出其意义之解释的多样性。大致说来，从辛亥到五四，是平等在主流意识中初步确立其地位的时期。新文化运动的动力是自由主义与激进主义的联盟，它们都从不同的层次上赞成平等。五四以后，中国的自由主义、保守主义和社会主义则渐渐分化出不同的走向。本章将通过考察若干最有代表性和影响力的刊物所发表的“平等”论述，透视从“五四”到20世纪40年代中国知识分子的心路历程。他们与五四后崛起的现代新儒家、20世纪50年代以后的社会主义实践，先后展开了“平等”在现代中国的不同向度。

第一节　“新青年”派的观念世界

一

无论人们对五四新文化运动的历史意义作何等评价，下列事实大约是确定无疑的：就独立的知识分子群体通过思想文化运动而给予社会以巨大影响而言，整个20世纪没有其他可以与五四新文化运动相比拟者。新文化运动又是以《新青年》等杂志为其标志和旗帜。从《新青年》出版的背景看，辛亥革命虽然在宪法的高度上肯定了人民的平等（自由）权利，但是平等观念并未客观化为制度与生活。不但随之出现的军阀政府立刻在实际上又剥夺了这份尚未实施的权利，说明以权利平等为中心的“平等”，尤其是政治平等本质上只有在民主政治的环境中方有可能。而且以中国之大、农民之众以及积习之深，就普通民众而言，新的观念之养成尚需要时日。[1]另一方面，由于晚清以来的现代化进程带来的社会结构的变化，尤其是教育改革和民国的建立，传统的士大夫开始转变为现代知识分子，改变了原先士大夫阶层对于皇权的依附关系。北京大学知识分子团体“进德会”以“不做官”作为团体的宗旨之一，集中表现出第一代新型的知识者的独立性。虽然此时批评政治依然是危险的行为，但是军阀政府的政治合法性（譬如袁世凯那样曾经希望利用尊孔和正在衰微的“天命”信仰来实现其政治野心）并没有获得确证，知识精英们毕竟可以公开提出平等的诉求，而且在这个阶层某些有限的生活圈子中多少实行着平等的规范，也就是说，平等已经多多少少成为中心城市的现代知识分子生活方式的一部分（关于这一点，我们将留待后面讨论），知识社会学所关心的平等观念的社会植根性由此呈现——五四知识分子把“平等”作为启蒙运动的重要内容而大力提倡。

---

[1] 一个极端的事例是晚清开始的浙东堕民的解放。浙东地区曾经有一种称作堕民的贱民，他们聚居于绍兴一带，主要为平民在人生礼仪和传统节庆场合从事趋吉辟邪的巫术活动，因而有一种叫做“门眷”的依附特权，可以自由买卖、租赁和继承。但是堕民不得与平民杂居、通婚，不得参加科举和纳捐。根据俞婉君长达十年的田野调查所得到的结论：自清初开始，官方多次下令解放浙东堕民，从晚清新政到民国的移风易俗，都对其中的某些人作用十分有限。原因之一是“堕民不愿放弃‘门眷’特权，安于寄附主顾的生活方式，做‘已经解放了的奴隶’。辛亥革命后，鲁迅的母亲曾劝一位老媪以后不要上门了，遭到断然拒绝。对此鲁迅颇为感叹：‘就是为了一点点犒赏，不但安于做奴才，而且还要做更广泛的奴才，还得出钱去买做奴才的权利。这是堕民以外的自由人所万万想不到的。’”浙东堕民的真正解放是土地改革以后，随着“门眷”无所依附、堕民的习俗逐渐破除，平民对他们的歧视渐渐消除，与平民的通婚也成为常事。（见俞婉君：《社会变迁与浙东堕民的解放与消融》，《浙江社会科学》2009年第9期，第71—76页）

二

《新青年》的创始人陈独秀是五四知识分子公认的领袖，他对“平等”的极端重视和大力提倡具有非常典型的意义。

在《新青年》第一期《敬告青年》中，陈独秀就全面地提出了“平等”的要求，他说：

> 等一人也，各有自主之权，绝无奴隶他人之权利，亦绝无以奴自处之义务。奴隶云者，古之昏弱对于强暴之横夺，而失其自由权利之称也。自人权平等之说兴，奴隶之名，非血气所忍受。世称近世欧洲历史为“解放历史”：破坏君权，求政治之解放也；否认教权，求宗教之解放也；均产说兴，求经济之解放也；女子参政运动，求男权之解放也。[1]

陈独秀认识到西方社会的平等，像自由一样，是以个人主义为前提的。“法律之前，个人平等也。个人自由之权利，载诸宪章，国法不得而剥夺之，所谓人权是也。人权者，成人以往，自非奴隶，悉享此权，无有差别。此纯粹个人主义之大精神也。”[2]这意味着平等需要个人的人格独立意识、人的自尊和被尊重，需要解除“人的依赖关系”。所以他主张：

> 尊重个人独立自主之人格，勿为他人之附属品……若以一人而附属一人，即丧其自由自尊之人格，立沦于被征服之女子奴隶捕虏家畜之地位。此白皙人种所以兢兢于独立自主之人格，平等自由之人权也。[3]

平等在陈独秀那里凸显为抗议性的理想，其抗议首先指向了儒家伦理。儒家注重礼教，礼的要义在于别尊卑、长幼、男女、君臣、父子、夫妇、贵贱，在陈

[1]《陈独秀著作选》第一卷，上海人民出版社 1991 年版，第 130 页。
[2] 同上书，第 167 页。
[3] 同上书，第 172 页。

独秀看来都与平等背道而驰。他以为传统的三纲五常的弊病，根本上是取消了人的独立人格。这是宗法社会的通例，已经无法适应共和民主的新时代。

人们一定注意到，陈独秀是把伦理的觉悟看成“最后的觉悟”，就是将“平等”一类现代意识的觉醒当作政治觉悟的基础和根本。所以，平等和解放、人格意识和独立，都有强烈的工具意义，即它可以满足实行社会动员的要求。这是针对当时中国人普遍的政治冷漠而有的放矢之举。如果没有人民的高度政治参与，就不可能有真正的共和；如果没有人们高度的平等独立感，就不可能有国家的独立和与世界各国的平等处境。

正因为陈独秀从伦理的角度来提倡平等，故其着手点首先在家庭伦理、特别是男女平等。康有为曾经为孔子辩护，认为中国古代有“鳏寡孤独有所养”，“我不欲人之加诸我也，吾亦欲无加诸人”等，表明孔子早已经具备个人独立的思想。这遭到了陈独秀的严厉批评：

> 夫不欲人我相加，虽为群己间平等自由之精义，然有孝悌之说以相消，则自由平等只用之社会，而不能行之于家庭。人格之独立既不完全，财产之个人独立更不相涉。鳏寡孤独有所养之说，适与个人独立之义相违。西洋个人独立主义，乃兼伦理经济二者而言，尤以经济上个人独立主义为之根本也。[1]
>
> 宗法社会之奴隶道德，病在分别尊卑，课卑者以片面之义务，于是君虐臣，父虐子，姑虐媳，夫虐妻，主虐奴，长虐幼。社会上种种之不道德，种种罪恶，施之者以为当然之权利，受之者皆服从于奴隶道德下而莫之能违。弱者多衔怨以殁世，强者则激而倒行逆施矣。[2]
>
> 况儒术孔道，非无优点，而缺点则正多。尤与近世文明社会绝不相容者，其一贯伦理政治之纲常阶级说也。此不攻破，吾国之政治法律社会道德，俱无由出黑暗而入光明。[3]

---

[1]《陈独秀著作选》第一卷，第233页。
[2] 同上书，第275页。
[3] 同上书，第258页。

将对“平等”的提倡与对传统儒家伦理、尤其是传统的家庭伦理的批判联系在一起，几乎是“新青年”派的共同逻辑。这使得中国的这一现代性观念之具体实现与西方最初的历史呈现出不同的面貌。当洛克宣布在上帝面前人人平等的时候，他更多的是讲政治社会的平等，即公民的法权平等。因此，一定条件下的夫权和父权都并不影响平等。用洛克的话说就是：“我认为官长对于臣民的权力，同父亲对于子女的权力、主人对于仆役的权力、丈夫对于妻子的权力和贵族对于奴隶的权力，是可以有所区别的。”[1]他区分了政治权利与家庭伦理、雇佣关系以及阶级地位的不同，着重于解决政治平等的问题，而没有同时提出伦理革命的要求。从这个意义上说，五四时期中国知识分子的平等观念具有更加激进的倾向，即希望以此作为从整体上改造社会的杠杆，通过文化革命来达成政治社会革命。

陈独秀、李大钊、吴虞、鲁迅、[2]周作人等大多如此，以平等的观念来抨击“孝顺”“贞节”等单方面的道德。如鲁迅批评流俗用阳尊阴卑来论证男尊女卑的观念，又说：“况且社会国家，又非单是男子造成。所以只好相信真理，说是一律平等。既然平等，男女便都有一律应守的契约。男子决不能将自己不守的事，向

[1] [英]洛克：《政府论》(下篇)，第6页。

[2] 鲁迅在平等问题上的思想比较复杂。在其早期的论文中鲁迅回顾欧洲文化的历史，认识到平等本来是近代革命的产物，包括宗教改革，“因信称义”教义使得教徒能够摆脱教会的控制，“在废弃阶级，黜法皇僧正诸号，而代以牧师，职宣神命，置身社会，弗殊常人……至精神所注，则在牧师地位，无所胜于平人也”。而英美法等国的革命，“扫荡门第，平一尊卑，政治之权，主以百姓，平等自由之念，社会民主之思，弥漫于人心。流风至今，则凡社会政治经济上一切权利，义必悉公诸众人，而风俗习惯道德宗教趣味好尚语暨其他为作，俱欲去上下贤不肖之闲，以大归乎无差别。同是者是，独是者非，以多数临天下而暴独特者，实十九世纪大潮之一派，且蔓衍入今而未有既者也”。(《鲁迅全集》第一卷，第47—48页)不过他同时又说：“盖自法郎西大革命以来，平等自由，为凡事首，继而普通教育及国民教育，无不基是以遍施。久浴文化，则渐悟人类之尊严；既知自我，则顿识个性之价值；加以往之习惯坠地，崇信荡摇，则其自觉之精神，自一转而之极端之主我。且社会民主之倾向，势亦大张，凡个人者，即社会之一分子，夷隆实陷，是为指归，使天下人人归于一致，社会之内，荡无高卑。此其为理想诚美矣，顾于个人殊特之性，视之蔑如，既不加之别分，且欲致之灭绝。更举黮暗，则流弊所至，将使文化之纯粹者，精神益趋固陋，颓波日逝，纤屑靡存焉。盖所谓平社会者，大都夷峻而不湮卑，若信至程度大同，必在前此进步水平以下。况人群之内，明哲非多，伧俗横行，浩不可御，风潮剥蚀，全体以沦于凡庸。”(《鲁迅全集》第一卷，第50—51页)他以叔本华、克尔凯郭尔、易卜生等为例，批评近世文化以“平等”的名义，实际上在取消人类尊严、个性的价值，使得文化卑俗化。表现出一种自由主义的忧虑和倾向，即反对以平等取消自由；或者说强调自由对于平等的优先性。但是，《新青年》时期的鲁迅，则更多地将自由和平等联系在一起，当作启蒙和解放的共同目标。

女子特别要求。”[1]所以更凸显了男子的多妻主义与强求女性贞节一样的不合人性。而父母子女之间，也是平等的，并没有必须要牺牲儿辈来报答的恩典。在人类进化的系列上，“前前后后，都向生命的长途走去，仅有先后的不同，分不出谁受谁的恩典”。[2]

在对传统的家庭伦理的破坏上，吴虞堪称典型。这个被人称做“蜀中宿将”“只手打孔家店的老英雄”，在自己家里就闹了一场“家庭革命”。[3]在他看来，不平等的家庭关系与不平等的政治关系是同构的。“然孝敬忠顺之事，皆有利于尊贵长上，而不利于卑贱，虽奖之以名誉，诱之以禄位，而对于尊贵长上，终不免有极不平等之感。……盖孝之范围无所不包，家族制度遂与专制政治，遂胶固而不可分析，而君王专制所以利用家族制度之故，以有子之言最为切实。”[4]因为儒家说孝悌为人之本，孝悌则不犯上，不犯上则不作乱。专制政治需要不平等的家族制度做基础，这使我们想起黑格尔说过的：“家庭关系毋宁是以牺牲人格为其实体性的基础。”[5]

除了运用传统的资源来批评传统伦理以外，吴虞鼓吹平等价值的另一方式是充分利用法律的变革。我们前面提到，民国以来，“平等”已经见诸法律，吴虞充分利用了这一点：“《满清律例》，‘十恶’之中，于‘大不敬’之下，即列‘不孝’，实儒教君父并尊之旨。顾其所列‘父母在别籍异财’，‘居父母丧字嫁娶’，‘若作乐释服从吉’，‘闻父母丧匿不举哀’诸条，《新刑律》皆一扫而空之。此即立宪国文明法律与专制国野蛮法律绝异之点；亦即军国社会与宗法社会绝异之点；而又国家伦理重于家族伦理之异点也。共和之政立，儒教尊卑贵贱不平等之

[1] 《鲁迅全集》第一卷，第120页。
[2] 同上书，第131页。
[3] 1901年因为吴虞与父亲发生激烈冲突，成为成都上等社会轰动一事的“家庭革命”，被指责为“非理无法”的“忤逆”子。所以他在成都报纸上发表《家庭苦趣》，揭发其父亲之丑行，并且对中国的伦理法律的不平等提出抗议。“外国有法律为持平以补伦理之不足，如财产问题是已。滥用财产，即无异侵其子之一份子权利也。中国偏于伦理一方，而法律亦根据一方之伦理以为规定，于是为人子者，无权利之可言，惟负无穷之义务。”（《吴虞集》，四川人民出版社1985年版，第20页）
[4] 吴虞：《家族制度为专制制度之根据论》，收录于《吴虞文录》，上海书店1999年版，第3—4页。
[5] [德] 黑格尔：《法哲学原理》，张企泰等译，商务印书馆1997年版，第49页。

义当然劣败而归淘汰之。”[1]民国成立以后，最早将《大清新刑律》分别删改，定名为《暂定新刑律》，并于1912年3月10日公布施行。1914年，法律编查会将《暂行新刑律》加以修改，至1915年2月告竣，称为《修正刑法草案》。[2]这就是吴虞所说的《新刑律》。当时对《大清新刑律》删改的基本准则是“与民国国体抵触各条应失效力”，所以以往将不平等的家族伦理法制化的情况得以因此改变。

价值观念的历史变革，大致都要经历章太炎所谓“因政教而成风俗，因风俗而成心理”[3]过程。更何况像中国这样后起的民族国家，大致上都采用了自上而下的政府推动型的现代化过程，政治法律的变革对社会价值观念有更为巨大的作用。但是，另一方面，中国国土辽阔、人口众多、教育不普及、社会发展极其不平衡，又使得中心城市与偏远乡村、知识分子与普通民众之间有很大的落差。像“新青年”派这样的知识精英，他们通常是归国留学生、国立大学的教授、著名作家、社会名流，本来就拥有着新文化的话语权力，法律的改革增加他们在精神上的强势，而北京上海等中心城市的文化氛围更不是闭塞的内地所可以比拟的。1917年前，吴虞写的批判儒家的文章，在四川大多不能发表，而且还不断受到迫害，1917年开始，《新青年》连续六期发表他批儒的文章。在新文化运动的策源地北京，吴虞可以非常理直气壮地宣言：

> 老子有言，“六亲不和有孝慈”，然则六亲苟和，孝慈无用，余将以“和”字代之。既无分别之见，尤合平等之规，虽蒙离经叛道之讥，所不恤也。[4]
>
> 我的意思，以为父子母子，不必有尊卑的观念，却常有互相扶助的责任。同为人类，同做人事，没有什么恩，也没有什么德。要承认子女自有人格，大家都向“人”的路上走，从前讲孝的说法，应该改正。《新

[1]《吴虞文录》，第6—7页。
[2] 谢振民：《中华民国立法史》，中国政法大学出版社2000年版，第1078—1085页。
[3] 章太炎：《四惑论》，收录于《章太炎全集》(四)，第445页。
[4]《吴虞文录》，第11页。

刑》四百一十条，不见一个“孝”字。[1]

三

把平等当作一个基本的伦理价值，在当时特别表现在男女平等的诉求中。“男女平等”包括了夫妻平等的要求，又突破了家庭伦理的范围，涉及更广泛的两性伦理。在中国古代，尽管夫妻在名义上是平等的，《说文》说“妻与已齐者也”。《释名》说“夫妻匹敌之义也”。梁鸿孟光举案齐眉相敬如宾成为千古美谈。孔子也曾谈论过敬妻之道。不过，“孔子说得很明白，敬妻的根据是‘亲之主也，敢不敬与?’所敬的并不是妻本人而是她所代表的亲，她既负有上事宗庙下继后世的神圣责任，为了宗庙，自不得不重之，犹之敬子者以其为亲之后故敬之，并不是敬儿子本人”。[2]所以我们不能据此推论夫妻平等。事实上，不仅在中国古代妻子的地位总体上无疑是从属的，而且从根本上说，这种关系不能脱离男尊女卑的传统。夫妻之间的不平等根本上是由于男女之间的不平等。

“新青年”派对此发动了持续的批判和进攻。《新青年》一创刊，就对妇女地位问题给予了极大的关注，包括男尊女卑、男女有别、男子纳妾、女子贞节、女子教育、结婚问题、职业问题等。陈独秀以一篇《妇女观》的译文打先锋，紧接着胡适发表的《易卜生主义》，一时成为名文，文章说：

> 娜拉抛弃了家庭丈夫儿女，飘然而去，只因为她觉悟了她自己也是一个人，只因为感觉到她“无论如何，务必努力做一个人”。这便是易卜生主义。[3]

这是在个人主义的视域来论证女权平等。而鲁迅则发表了另一篇名文《我之节烈观》，提出“既然平等，男女便都有一律应守的契约”。完全用平等的标准来

---

[1] 《吴虞文录》，第23页。
[2] 瞿同祖：《中国法律与中国社会》，第112页。
[3] 《新青年》第四卷第六号。

抨击礼教单方面要求女子守节的陋习。

对他们的共同主张，李大钊有更细致的分析，以为男女平等应该包括：

> （一）宪法上之选举权及被选举权，应平等；（二）民法上之亲权、财产权、行为权及其他种种不平等之规定，俱应加以修正；（三）婚姻法也应该规定；（四）刑法上一方定有重婚罪，一方解释纳妾不为罪，大伤人道，极不平等，应修改；（五）买卖妇女在刑法上应厉禁……（七）行政法上为官吏之权，女子应不受限制；（八）女子应有同受教育之机会；（九）职业平等，亦为极属重要之问题，女子苟脱离家庭之拘束，欲求有经济独立之权，其第一步则在有独立之职业，谋独立之生活，工作报酬之不平等，不仅中国然，美、奥两国，前亦均有此等事实……（十）此外，一切男子之职业，女子可以参加者，均须有同等参加之权。[1]

“新青年”的同人们曾经热烈地讨论过“娜拉出走”的问题。“娜拉出走”代表了妇女的人格觉醒与独立，还只是家庭伦理的问题；但是“娜拉走后怎样”则提出了社会学或政治经济学的问题。所以鲁迅说：

> 所以为娜拉计，钱，——高雅的说罢，就是经济，是最要紧的了……为准备不做傀儡起见，在目下的社会里，经济权就见得最要紧了。第一，在家应该先获得男女平均的分配；第二，在社会应该获得男女相等的势力。[2]

这实际上提出了经济制度改革的要求。

在“新青年”同人中间，周作人对妇女问题有特别深入的见解。正如舒芜先

---

[1]《李大钊文集》(下)，人民出版社1984年版，第628页。
[2]《鲁迅全集》第一卷，第161页。

生所说的，周作人的特异之处在于不仅强调现代文明“人的发现”，而且强调文明的进步需要“女性的发现”。[1]他当然是赞成平等作为普遍的价值，但是平等并不表示简单地以男性的眼光或标准来看待妇女问题，因为这可能抹杀了女性生来与男性不同的特点。因此，社会平等不应该取消性别的自然差别。真正意义的正义应该不仅把女人当人看，更要把女人当女人看。这里体现了对性别问题上自然不平等的否定中的肯定。周作人写道：

> 小孩的委屈与女人的委屈，——这实在是人类文明上的大缺陷，大污点。从上古直到现在，还没有补偿的机缘，但是多谢学术思想的进步，理论上总算已经明白了。人类只有一个，里面却分作男女及小孩三种；他们各是人种之一，但是男人是男人，女人是女人，小孩是小孩，他们身心上仍各有差别，不能强为统一。以前人们只承认男人是人，（连女人们都这样想！）于是女人与小孩的委屈，当然是不能免了。[2]

不过，他以为妇女独立的关键之一是妇女应该具备相当的科学知识。

> 大家都知道，因为女子有了为人或为女的两重的自觉，所以才有这个解放的运动。中国却是怎样？大家都做着人，却几乎都不知道自己是人；或者自以为是“万物之灵”的人，却忘记了自己仍是一个生物。在这样的社会里，决不会发生真的自己解放运动的：我相信必须个人对于自己有了一种了解，才能立定主意去追求正当的人的生活。希腊哲人达勒思（Thales）的格言道，“知道你自己”，可以说是最好的教训。我所说的常识，便即是使人们“知道你自己”的工具。[3]

---

[1] 见舒芜：《女性的发现——周作人的妇女论》，收录于《周作人的是非功过》，人民出版社1993年版，第127—180页。

[2] 周作人：《小孩的委屈》，收录于《谈虎集》，北新书局1936年版，第75页。

[3] 周作人：《妇女运动与常识》，收录于《谈虎集》，第408页。

周作人还特别强调生理心理包括性的知识、文化人类学等知识对女性自我觉醒的作用。总之，周作人在妇女问题上强调的是思想、教育的力量。与此形成对照的是，他没有在政治、经济平等问题上发表更多的意见，某种程度上，甚至可以说周作人是这方面的悲观主义者：

我不很赞同女子参政运动，我觉得这只在有些宪政国里可以号召，即使成就也没有多大意思，若在中国无非养成多少女政客女猪仔罢了。想来想去，妇女问题的实际只有两件事，即经济的解放与性的解放。然而此刻现在这个无从谈起，并不单是无从着手去做，简直是无可谈，谈了就难免得罪，何况我于经济事情了无所知，自然更不能开口。[1]

他以为最重要也是最切实的是人们要真正了解女性，简单说来，女人不但与男人同样是人，而且还是与男人有所不同的人。

现在的大谬误是在一切以男子为标准，即妇女运动也逃不出这个圈子，故有女子以男性化为解放之现象，甚至关于性的事情也以男子观点为依据，赞扬女性之被动性，而以有些女子性心理上的事实为有失尊严，连女子自己都不肯承认了。其实，女子的这种屈服于男性标准下的性生活之损害决不下于经济方面的束缚，假使鲍耶尔的话（指奥地利妇科医学博士 B.A.Bauer 所作《妇女论》认为女子的生活始终不脱性的范围——引者注）是真的，那么女子这方面即性的解放岂不更重要了么？[2]

他赞同社会主义的前途，但是其注意力并不在如何实现社会主义的改革；甚至认为，与谈论社会主义的方案相比，思想革命是更重要也更深入：

［1］ 周作人：《北沟沿通信》，收录于《谈虎集》，第 428 页。
［2］ 同上书，第 432 页。

> 妇女问题是全人类的问题，不单是关于女性的问题。英国凯本德曾说过，妇女运动不能与劳工运动分离，这实在是社会主义中之一部分，如不达到纯正的共产社会时，妇女问题终不能彻底解决，无论政治改革到怎样，但如妇女在妊孕生产时不能得政府的扶助，则种种形相的卖淫与奴隶生活仍不能免，与资本主义时代无异……在此刻讲妇女问题，就可讲的范围去讲，实在只有“缝穷”之一法，这就是说在破烂的旧社会上打上几个补丁而已。女子的职业开放，权利平等（选举及从政权，遗产承受权等），这自然都是很好的，一面是妇女问题的部分的改造，一面也确可以使妇女生活渐进于自由，但我想的，却在还要抽象的一方面，虽是比较地不切实，其实还比较地重要一点，因为我觉得中国妇女运动之不发达实由于女子之缺少自觉，而其原因又在于思想之不通彻，故思想改革实为现今最应重视的一件事。[1]

十分明显，周作人的妇女解放的理论，特别展示了一个自由主义者的理想。通过和平的教育、思想启蒙来达到人的自由发展，包括女性的自由发展。就对女性问题的复杂性的认识而言，周作人大大领先于那个时代。在五四时代，一般进步的思想家以“平等”的价值看待妇女问题通常是伸张“女权”，即妇女应该享有与男子同样的权利（结果也应尽同样的义务），属于“女权主义”的范畴，而周作人已经发出了 20 世纪中国“女性主义”的先声。

但是，如果我们用那个时代最迫切的社会问题去衡量周作人以及其他自由主义者的平等观，我们又似乎可以指出他们多多少少忽略了普遍的经济平等的追求。周作人只是承认自己“对经济事情了无所知”，就去耕种“自己的园地”。结果实际上将平等从广泛的社会政治问题缩小到仅仅局限于文化心理的范围。在这种理路的变化中隐藏着中国的自由主义者的一条共识：中国的资本主义不发达，贫富分化并不严重，因此经济平等不是最迫切的问题。著名的自由主义者胡适就

[1] 周作人:《妇女问题与东方文明》，收录于《理性与人道——周作人文选》，远东出版社 1993 年版，第 305 页。

明白地表达了这一倾向。

胡适批评传统儒家在经济上所谓的“均田均产”的思想和重农抑商的政策，赞美“司马迁的卓识能认清贫富不均是由于人的巧拙不齐，是自然的现象……工商致富都靠自己的能力智术，不是偶然的，也不是不劳而得的……这是很替资本制度辩护的理论，在中国史上最是不可多得的……司马迁既认那农工虞商的资本主义的社会是‘道之所符而自然之验’，故他不主张干涉的政策，不主张重农抑商的政策，也不主张均贫富的社会主义”。虽然他也承认资本主义会引起贫富大不均匀的问题，所以社会改革家又会主张干涉政策，但是其本意似乎暗示至少在当时的中国，并不急需用社会干预的方式来达到经济平等的要求。[1]

在启蒙和批评传统上，《新青年》的作者们显示出高度的一致，但是如果具体分析他们的政治倾向和文化态度，“新青年”派实际上是自由主义者和激进的民主主义者（平等主义）的联盟，也就是说，他们其实是两类知识分子。在平等问题上可以明显地看到这两种知识分子的不同倾向。

作为一个激进的民主主义者，陈独秀的平等观有着明显的社会主义取向。早在《新青年》第一期发表的《法兰西人与近世文明》中，陈独秀就表明了这一点。他认为在近代历史上有三种理论导致了划时代的变化，一是人权说，二是生物进化论，三是社会主义。他赞美法国革命开创了平等的社会秩序或社会制度，导致了社会的巨大进步：

> 古之法律，贵族的法律也。区别人类以不平等之级，使个人固守其分位。然近时之社会，民主的社会也。人人于法律之前，一切平等。不平等者虽非全然消灭，所存者关于财产之私不平等而已，公平等固已成立矣。[2]

私有制虽然是古代流传下来的，但是在资本主义制度下，由于工业化大生产

[1]《胡适文存》第四卷，第410—411页。
[2]《陈独秀著作选》第一卷，第137页。

和自由竞争，“其害遂演而日深：政治之不平等，一变而为社会之不平等；君主贵族之压制，一变而为资本家之压制……欲去此不平等与压制，继政治革命而谋社会革命者，社会主义是也”。他列举了自巴布夫（Babeuf）、傅立叶（Fonrier）、圣西门（Saint-Simon），以及拉萨尔（Lassalle）和马克思等人的学说，指出法国社会主义的传统，使得整个社会潮流发生了注重经济平等和社会福利的转变。[1]

五四运动后期，接受了唯物史观的陈独秀更多地偏向经济平等，倾向于用社会改革的方式达到经济平等。1919 年杜威在北京做了一个讲演，《美国民治之发展》，把民主（Demoracy，当时翻译为“民治主义”）分成四个要素：一是政治民主，即宪政和代议制民主；二是民权民主，即保证言论出版信仰居住的自由；三是社会民主，“就是平等主义，如打破不平等的阶级，去了不平等的思想，求人格上的平等”；四是经济民主，陈独秀称为“生计的民治主义，就是打破不平等生计，铲除贫富的阶级之类”。他同意杜威经济生活是一切社会生活的基础的说法，提出“我以为关于社会经济的设施，应当占政治的大部分；而且社会经济的问题不解决，政治上的问题没有一件能解决的，社会经济简直是政治的基础”。[2]说明他以为经济平等不仅是民主的构成部分，是制度安排的要素，而且以为平等是民主的前提，是正义的伦理原则，具有某种优先性。当然，他同时提出了直接民主的要求，具体的并不是普遍的直选，而是实行“人民直接的实际的自治与联合”。

他批评马尔塞斯人口论将贫穷归结为人口过剩，以为更重要的是分配不均造成的：

> 倘在均产社会里，权利均等，机会均等，没有足不足底比较，个人贫困底现象便不会发生了。个人比较的贫困现象，不一定是因为人口超过了生活资料，大部分是因为财产私有分配不均，一阶级人底占据有余造成一阶级人底不足；若拿有余补不足，岂不立刻成了“均无贫”的社

[1]《陈独秀著作选》第一卷，第 138 页。
[2]《陈独秀著作选》第二卷，第 28 页。

会吗？到了均产社会时代，若公共觉得生活资料不足，那时才可以拿人口过剩算贫底一种原因，也不是全原因；因为还有科学不发达，生产技术不精，劳力的数量不充分，交通不便，也都是造成生活资料不足底一种原因。[1]

这段话表明陈独秀平等价值优先的思路：平等优先于效率。

他在讨论中国问题之解决时曾经提出应该“并行下列的几个方法”，包括发展生产、科学技术、交通、增加劳动力数量、平均分配和适当限制人口。最终，他还是坚持“若将全社会合拢起来平均分配，不见得生活资料真是不足，恐怕是一班强盗太有余了，别人便当然不足呵”。[2]

此后的陈独秀在讨论妇女问题的时候，也不再一般地谈论男女平等，而是将之归结为通过社会主义改革方能解决的社会问题。“中国社会上的妇女，无论从父从夫，都没有独立的人格，靠父养的，固没有人格，靠夫养的，也没有人格。所以女子丧失人格，完全是经济问题……在社会主义下，男女都要力作；未成年时候，受社会公共教育，成年以后，在社会公共劳动。在家庭不受家庭压迫，结婚后不受男子压迫。因社会主义认男女皆有人格，女子不能附属于父，也不能附属于夫。”在资本主义社会，女子离开家庭，虽然经济独立，但是仍然摆脱不了资本家的压迫，结果女子问题依然没有解决。“在社会主义下，不是这样。工人资本家没有分别，大家都要作工。所以必到社会主义时候，才能根本解决。女子在家庭，固有独立的人格，在社会，也有独立的人格。”“社会主义不止解决妇女问题，且可以解决一切问题。”[3]

此时再谈论平民教育或者普及教育，陈独秀也认为只有社会主义才可能解决人人平等地领受教育资源，平等地享有受教育的机会。“因为社会主义，是主张经济平均分配的，并且无论什么大工业、大商业、大交通事业，都握在国家手

[1]《陈独秀著作选》第二卷，第113页。
[2] 同上书，第117页。
[3] 同上书，第269—270页。

里，不许国民私有，那时国家自然有很大的力量，使个个人受教育了。”[1]

与陈独秀相似的是李大钊。

在接受了马克思主义以后，李大钊认为当时社会上有两个最大的问题，妇女问题和劳工问题，“都是由于经济不平等而来。因此经济能力薄弱的人，受经济能力富强的支配，所以欲根本解决，非打破这个阶级不可。主张根本改革的俄国，最看重政治力，当劳工革命欲以无产阶级打破有产阶级，以造成世界的幸福以前，各妇女即劳工者联合，组织团体，先取参政权。因为妇女和劳工，有密切的关系，所以应当和衷共济，组织平民团体。得到政治力量以后，再藉以解决社会问题”。[2]

他不仅主张实际的政治革命，依靠劳工运动来解决经济不平等的问题，而且继续坚持全面的平等要求，坚持用政治的即民主革命的方式来实现平等的理想。他把民主（平民主义）看成是个体的自由联合，因此其民主本身就包含了平等：

> 纯正的“平民主义”，就是把政治上、经济上、社会上一切特权阶级，完全打破，使人民全体，都是为社会国家作有益的工作的人，不须用政治机关以统治人身。政治机关只是为全体人民，属于全体人民，而由全体人民执行的事物管理的工具。凡具有个性的，不论他是一个团体，是一个地域，是一个民族，是一个个人，都有他的自由的领域，不受外来的侵犯与干涉，其间全没有统治与服属的关系，只有自由联合的关系。这样的社会，才是平民的社会；在这样的平民的社会里，才有自由平等的个人。[3]

我们知道，陈独秀和李大钊后来都成为工农运动的领袖，成为从事实际社会运动的革命家、政治家，而胡适、周作人则继续他们的思想启蒙。虽然他们一生都怀抱着自由主义的理想，但是他们对后来的社会革命终究是排斥的。导致他们

[1] 《陈独秀著作选》第二卷，第337页。
[2] 《李大钊文集》(下)，第587页。
[3] 同上书，第609页。

在介入生活的方式上的分歧之原因也许是复杂的，但是对“平等”的不同认识应该是重要的思想原因。这一点，我们在 20 世纪 90 年代以来中国的所谓自由主义与“新左派”的争论中多少可以看出一些端倪。19 世纪 80 年代共同的启蒙主张和对现代化的追求曾经使知识分子成为一个整体。经济起飞及其后果特别是贫富的急剧分化，使得法权平等的局限性凸显在人们面前。如何看待经济平等与效率的关系，实际上是上述两派的根本分歧。

四

“平等”是个历史的范畴，这不仅是说“平等”观念的产生有其历史的条件，因此它随着历史的过程而发展；而且是说“平等”观念的演化并不是单线条的，而是处在不同的理解和诠释的互相争论之中。承认“平等”的历史性，有助于我们在考察五四知识分子的观念世界时注意到他们的生活世界。前面曾经提到，对于“新青年”派知识分子，“平等”已经不再只是价值诉求，而多多少少已经成为其生活方式的一部分。也就是说，在这批教育背景、社会身份、经济地位、革新倾向大致相似的城市知识分子中间，“平等”已经具备了某种实践性。

从社会条件来说，前面已经讨论过，辛亥革命以后“平等”毕竟已经为法律所肯定，虽然对于绝大部分民众来说，它是名存实亡的东西，但是对于知识精英而言，却毕竟有了精神上的优势和某种程度的保护。就平等实现的重要环节——教育平等——而论，五四运动期间，北京大学迎来了最早的几位女生，高等教育开始实现男女同校。在此背后，是现代教育逐渐普及的进程。显然，新近发展起来的现代教育最初都集中在城镇、特别是大中城市。中国的高等学校几乎都集中在中心城市。[1]中国的婚姻制度和家庭也在发生变化。正如胡适说的那样：“城市工商业与教育的发展使人口趋向都会，受影响最大的是旧式家庭的崩溃，家庭变小了，父母公婆与族长的专制威风减削了，儿女宣告独立了。在这变化的家庭中，妇女的地位的抬高与婚姻制度的改革是五千年来最重大的变化。”[2]

---

[1] 1934 年教育部长王世杰说从民国元年到民国二十三年，小学生增多四倍，中学生增多十倍，大学及专科学校学生增多了差不多一百倍。(见《胡适文存》第四集，第 354 页)

[2] 《胡适文存》第四集，第 359 页。

变化并不局限于大的社会环境，还涉及知识分子自身的生活方式。这里所说的“新青年”派是指《新青年》杂志的编辑和主要作者群体（从思想倾向而言，甚至可以扩大到该杂志的忠实读者）。《新青年》最初是陈独秀在上海创立的，后来因陈独秀来到北京大学任教而将编辑部迁至北京，陆续吸收了钱玄同、刘半农、沈尹默、周作人、鲁迅等十多人参加编辑部工作。1918 年 1 月初，陈独秀召集编辑部会议，决定将《新青年》改为同人刊物，宣布从第四卷第一号开始，“投稿章程业已取消，所有撰译，悉由编辑部同人，共同担任”；“采取集议制度，每出一期，就开一次编辑会，商定下一期的稿件”。后来《新青年》就采取了轮流编辑的办法。[1]1919 年 1 月还在《新青年》第六卷第一号上公布了本年度各期轮流编辑的名单。[2]此前，于 1918 年 11 月，陈独秀、李大钊、周作人、张申府等又创办了《每周评论》，后来胡适等也参加进去。虽然陈独秀为书记与编辑，其他人为撰述，但是其办法与《新青年》还是大致相仿。这样一种同人刊物的办法，决定了他们是自愿的组合，即使有实际的领袖（如陈独秀），同人之间还是平等的，并没有上下级从属关系，或雇员与雇主的关系，更没有人身依附关系。同人之间的这种关系，并不要求意见或对具体问题的观点完全一致；相反，刊物和组织只是他们的公共空间，是他们展开争论的场所。著名的“问题与主义”之争，就发生在胡适与李大钊之间，其载体正是他们共同编辑的《每周评论》。

除了编辑杂志，当时“新青年”同人大多还担任许多社会团体的工作，特别是参与他们自己组织的学术性社团。以周作人为例，仅 1920 年，就在 4 月参加新潮社（10 月当选为主任编辑）、11 月参与发起“文学研究会”、12 月发起“歌谣研究会”。[3]在这些文学性或学术性的社团中，知识分子之间的关系通常是平等的关系，因为完全是意气相投的自愿结合。根据梁实秋的回忆：

我在清华读书的时候，代表清华文学社去见他（指周作人——引者

[1] 唐宝林、林茂生：《陈独秀年谱》，上海人民出版社 1988 年版，第 84 页。这一办法大约维持了一年多，到第七卷第一号，由于政治倾向的分歧，又恢复为陈独秀一人编辑。

[2] 《本杂志第六卷分期编辑表》，《新青年》第六卷第一号。

[3] 张菊香等编：《周作人年谱》，天津人民出版社 2000 年版，第 158—170 页。

注），邀请他到清华讲演。**那个时代，一个年轻学生可以不经介绍径自拜访一位学者，并且邀他演讲，而且毫无报酬，好像不算是失礼的事。**……我道明来意，他用最简单的一句话接受了我们的邀请。于是我不必等端茶送客就告辞而退，他送我一直到大门口。[1]

周作人本是一个贵族气十足的人，这条材料虽然只是以他为例，但很可以借梁的回忆来说明当时知识分子之间平等的风气。

北京大学的平等氛围多少也与蔡元培先生当校长时实行的改革有关。蔡元培本人无疑是一个具有强烈的平等意识的改革家和教育家，在他担任北京大学校长期间，实行了许多实际的改革。最有代表性的事情是，1918 年 1 月学校的 25 名学生写信给蔡元培，报告说一个门房自学得非常好，蔡元培立刻将他提升为职员，并且答复说，在学校教员和其他工友之间没有什么地位上的差别。研究五四运动的专家周策纵注意到这件事，评论说："以中国保守的社会等级模式来说，这当然是不同寻常的。"他的结论是："大学内被灌输以一种平等的精神。以前学生和教授、学生和门房工友之间的障碍在一定程度上消除了。"[2]

知识分子在生活中贯彻平等的价值，还反映在他们如何处理学术与政治的关系。《新青年》创刊伊始，就表明其目的是改变中国青年的思想和文化，而不是政治批评。这当然有规避政治风险的考虑，同时也表达了知识精英独立于政治的抱负，甚至有某种鄙视政治的倾向。"新青年"派中不少人参加北京大学"进德会"，根据蔡元培的回忆，此会有三条基本戒律：不赌、不嫖、不娶妾；又有不作官、不作议员、不饮酒、不食肉、不吸烟五条选认戒。目的"是挽奔竞及游荡的旧席"。[3]这里将"不做官、不当议员"作为一种道德的戒律，不但表示了对政治、特别是对旧官僚的鄙视，而且表现了新型知识分子独立于政治的自觉。

北京大学等高等学校与政治的关系也是值得研究的。虽然这些公立学校要受政府的管辖，但是校长和教授们所具有的治校权和学术权力，恐怕是当代的中国

[1] 梁实秋：《忆周作人先生》，转引自《周作人年谱》，天津人民出版社 2000 年版，第 226 页。
[2] 周策纵：《五四运动：现代中国的思想革命》，江苏人民出版社 1996 年版，第 65 页。
[3] 蔡元培：《五四前后的北大》，《新文学史料》1979 年第 3 辑。

同行从来没有享受过的。1984 年我访问梁漱溟先生时，曾听他讲起，当时北京大学等学校有一规定：如果是兼职，即使是政府官员，也只能当讲师，而不能做教授。梁漱溟因为是司法部秘书，所以在北京大学是讲师。证之于鲁迅，在北京女子师范大学只是讲师，是否也仅仅因为在教育部做佥事？现代学术制度似乎使得大学教授在学术领域中免受政治的侵蚀，确实也有利于学术界保持平等的人际关系。[1]

更加值得研究的是，“新青年”派当时积极参与了新的生活方式的实验。作为启蒙思想家，他们不仅坐而论道，而且有亲身实践自由平等的勇气和热情。

1919 年周作人开始向人们介绍日本人武者小路实笃创立的“新村”运动，这就是他在《新青年》第六卷第三号发表的《日本的新村》。他认为在这种新村中，人人都可以“以协力与自由，互助与独立为生活之本”，享有既有合作，又有个性的团体生活。1919 年 7 月，更访问了日本的日向新村，与武者小路实笃交游并加入其组织，成为其会员。答应在北平成立分会。10 月 30 日《新潮》第二卷第一号，发表《访日本新村记》。1920 年 3 月，《新青年》第七卷第四号发表《新村北京支部启事》，宣布由周作人自己主持的新村北京支部正式成立。这得到李大钊、毛泽东、恽代英、林育南等的响应。李大钊甚至把新村看作是知识分子与工农群众结合的理想途径。

在“新村”运动受挫以后，这批热情的知识分子又转而提倡工读互助运动。“它的主要思想来源于克鲁泡特金以崇尚互助、反对竞争为主要内容的‘互助论’和托尔斯泰的提倡通过人人劳动消除社会不平等的‘泛劳动主义’。”[2]在实践上，则是由于原先在农村山区实行的新村运动遇到了巨大的困难，转而在城市中进行实验。1920 年 1 月，由陈独秀、李大钊、周作人、蔡元培、胡适等 10 多位

---

[1] 当然，在蔡元培主持下北京大学与政府之间的关系，不是一个稳定的制度安排，很大程度是因为蔡元培个人的原因，就整个社会而言，当时的教育不可能根本上独立于政治。北洋政府和后来的国民政府与大学的关系，应该是一个比较复杂的关系，因为整个民国时期的办学主体有多样性，有政府官办、民办和教会学校等。而且知识分子在不同的大学中有相当的流动性。

[2] 见杨奎松等：《海市蜃楼与大漠绿洲——中国近代社会主义思潮研究》，上海人民出版社 1992 年版，第 143—145 页。

著名学者领衔发起的北京工读互助团成立，一时在其他多个城市都有响应者。它的宗旨是“本互助的精神，实行半工半读”。

带有无政府主义色彩的工读互助运动很快就归于寂寞。这一方面说明年轻的中国知识分子为了他们对自由平等价值的信仰而努力创造新生活的实验性质；另一方面正好说明他们对中国社会的认识依然过于简单。从某种意义上说，现代城市文化既造就了他们，也限制了他们。

“新青年”派是一批知识精英，尽管在当时动荡而险恶的军阀统治下，法律名义上规定的权利在实际中若有若无，其自由平等民主的要求受到严重的压迫。但是，他们不仅在当时拥有了强势的话语权，代表了中国现代化的客观趋势，而且在社会生活中占有的政治、经济、文化等诸方面的地位也远非普通工农所可比拟。

就经济收入而言，我们这里讨论到的这些“新青年”中人的收入比当时一般职员收入高十多倍，应该是普通小工的数十倍甚至近百倍。普通小学教员月工资是二三十元，上海的下层劳工的工资是全国最高的，但苦力月得15元，人力车夫月得8元，童工每天至多不过两角。[1]陈独秀任北大文科学长300元，任《新青年》杂志编辑月薪100元。北大重要教授月薪300元。[2]周作人初到北京大学，在国史编纂馆任编纂，月薪120元，每日工作四小时，午前午后各两小时。5个月以后，被聘为文科教授，兼国史编纂处编辑员。教授初级月薪240元。同时他们都不同情况地有些兼职。如周作人1920年在北京女子高等师范兼课，“讲义是每小时3块钱，一个月是二十七元，生病的时候就白拿了大半年的钱”。[3]

他们的经济生活状况当然有个人的差异，但是以鲁迅、周作人未分家以前为例，应该说是非常优越的——其程度可以让后来的教授们望尘莫及。据周建人回忆，当时北京八道湾周宅是如此排场：

家中有管家齐坤，还有王鹤鸣及烧饭司务、东洋车夫、打杂采购的

[1] 见《李大钊文集》(下)，第790—791页。

[2] 《陈独秀文集》第一卷，第259页。在这封给胡适的信中陈独秀说，如果胡适担任北大教授，月薪300元，兼任书局编辑工作，另有月费“至少可有百元”。

[3] 《周作人年谱》，第122、125、164页。

男仆数人，还有李妈、小李妈等收拾房间、洗衣、看孩子等女仆二三人。即使祖父在前清做京官，也没有这样众多的男女佣工。更奇怪的是，她（指周作人之妻，当时当家——引者注）经常心血来潮，有时饭菜烧好了，忽然想起要吃饺子，就把一桌饭菜退回厨房，厨房里赶紧另包饺子；被褥用了一两年，还是新的，却不要了赏给男女佣人，自己全部换过。[1]

此外，周家当时大小人生病通通是用汽车请外国医生上门诊治。鲁迅与周作人交恶以后，旋即另行购买一处住宅，与朱安搬出了八道湾。

当时中国社会的普遍贫穷是有目共睹的。“新青年”派中有些人不太注重经济平等问题，是否可以从这里找到某种个人境遇方面的解释呢？其实，他们面对贫穷的劳动大众时，也常有某种道德的歉疚感或心理不安，在他们的诗文中自有流露。

让人颇可玩味的是，五四时期，启蒙思想家大多同情人力车夫，并以此著文赋诗。李大钊有《可怜的人力车夫》（1917 年 2 月 10 日），主张由警察干预车主，给车夫提供口罩、手套、雨衣和雨帽。[2]鲁迅有《一件小事》，同样是写人力车夫的，但是这里并不是作者对劳动者的简单同情，而是由于人力车夫朴素的善举，反省知识分子的精英意识的弊病——将其从“看不起人的”的“坏脾气里拖开”。他写道：“我这时突然感到一种异样的感觉，觉得他满身灰尘的后影，霎时高大了，而且愈来愈大，须仰视才见。而且他对于我，渐渐的有几乎变成一种威压，甚而至于要榨出皮袍下面藏着的‘小’来。”[3]胡适则做了一首《人力车夫》的诗。诗云：

“车子，车子！”车来如飞。

客看车夫，忽然心中酸悲。

---

[1] 周建人：《鲁迅和周作人》，转引自《周作人年谱》，第 239 页。
[2] 《李大钊文集》（上），第 280 页。
[3] 《鲁迅全集》第一卷，第 459 页。

客问车夫，“你今年几岁？拉车拉了多少时？”
车夫答客，“今年十六，拉过三年车了，你老别多疑。”
客告车夫，“你年纪太小，我不坐你车。
　　　我坐你车，我心凄惨。”
车夫告客，“我半日没有生意，我又寒又饥。
　　　你老的好心肠，饱不了我的饿肚皮。
　　　我年纪小拉车，警察还不管，你老又是谁？”
客人点头上车，说“拉到内务部西！”[1]

联系到周作人的新诗《两个扫雪的人》（1919年3月15日）歌颂清早起来在马路上扫雪的清道夫。[2]我们可以清楚地看到，“新青年”派中人当时对下层民众的实际生活的了解实在非常有限。中心城市的生活，尤其是学院制度下的书斋生活，明显限制了他们的眼界。从简单的直观出发，他们当然意识到他们与贫民之间的不平等，可惜城市工人和贫民真实的生活并没有进入他们的视野。[3]

但是我们应该注意到上述三个文本传达的精神还是大有区别，甚至堪称三种代表：李大钊的文章显示的是对经济不平等的实际解决的愿望，尽管这种愿望显得十分幼稚；鲁迅的散文所表达的是启蒙者对自身的批判和反省，曲折地传达了知识分子在精神上与下层民众平等相待的困难；[4] 胡适的诗歌表达了对经济不平等的反感、但又无可奈何的心情。这些与他们日后的实践有内在的逻辑。不用

[1] 《胡适诗存》，人民文学出版社1993年版，第176页。

[2] 见《新青年》第六卷第三号，收入《过去的生命》。

[3] 鲁迅的小说《故乡》表现了他对人与人之间平等真诚的友爱关系的向往。在他的记忆里，对于童年的闰土和童年的鲁迅而言，社会地位的差别并没有妨碍他们的友谊和快乐。但是现实却清楚地表明，成年闰土的一声“老爷”就清楚地表明“我们之间已经隔一层可怕的厚壁障了”。这是鲁迅不多的走出城市的经验给他的灵感。但是，对如何消除“我”与闰土们的等级差别，鲁迅只有愿望而已：“我躺着，听船底潺潺的水声，知道我在走我自己的路。我想：我竟与闰土隔绝到这地步了，但我们的后辈还是一气，宏儿不是正想念水生么。我希望他们不要像我，又大家隔膜起来……然而我又不愿意他们因为要一气，都如我辛苦展转而生活，也不愿他们都如闰土的辛苦麻木而生活，也不愿都如别人的辛苦恣睢而生活。他们应该有新的生活，为我们所未经生活过的。”（《鲁迅全集》第一卷，第485页）

[4] 不过，考虑到罗尔斯那样将“自尊”作为一种基本的善，也列入平等的范畴。那鲁迅的《一件小事》在我们研究他的平等观念的时候，应该有更深刻的思想史意义。

说，鲁迅还是继续着对知识分子的自我批判，包括剥夺自由主义知识分子对于普罗大众的精神优越感。胡适虽然一直坚持自由主义的信念，甚至不惜为之与国民党闹翻；但是他始终不太关心中国社会的经济不平等问题的解决，他所努力争取的始终是一个法权平等。李大钊则越来越多地注重如何解决经济不平等的问题，并且很快突破了大学教授的书斋生活小圈子，他留下的大量关于矿工、童工、城市贫民等生活实况的文章，表示出他真正开始了深入民众的活动，他的平民主义是真诚的，其激进的社会革命情怀确有所本。

第二节　从《观察》到《新路》

20 世纪 40 年代后期，随着全世界民主阵营反法西斯战争的胜利，中国的自由主义赢得了继新文化运动以来又一个短暂的黄金时期。国共两党的对抗为自由主义作为中间派别的存在撑开了政治空间；社会主义思潮在战后国际社会的流行和“新自由主义”的崛起，影响着自由主义思想在中国的新阐释。《观察》杂志等自由主义政论报刊的生存和迅速扩张，成为上述社会—思想畸变的文化表象。本节将以《观察》杂志等自由主义报刊为焦点，来透视中国的自由主义知识分子如何解决“平等”与“自由”和“民主”等现代观念的价值关联，并进而探讨与此相连的现代性困境。

一

在 20 世纪 40 年代后期中国众多自由主义报刊中，之所以选择《观察》做个案研究，是出于以下几方面的考虑。

第一，因为它具有明显的典型性。这本杂志创刊于 1946 年 9 月，作为一本著名的自由主义刊物，它一开始就标举了“民主”“自由”“进步”“理性”四大宗旨；并且公开宣布：

> 我们除大体上代表着一般自由思想分子，并替善良的广大人民说话以外，我们背后另无任何组织。我们对于政府、执政党、反对党，都将

作毫无偏袒的评论；我们对于他们有所评论，仅仅因为他们在国家的公共生活中占有重要的地位。[1]

无论就其基本的政治信念还是其组织状况，《观察》都是典型的中国式自由主义报刊，其经费完全由民间募集（主要是学界知识分子同人）一途获得。既无政党背景，也没有特殊的商业资本背景。

第二，它是一家相当成功的报刊。其发行，从创刊时的第1期初版5 000册，再版1 000册，到1948年8月，两年时间里，即已扩大到5万册。订户遍及全国，以军政工商学为主体，说明其在当时中国知识界受重视的程度。选择它可以借而间接地印证自由主义的观念在当时中国社会的影响程度。

《观察》的成功当然主要是它的政治批评获得同情的表现。我们知道这本杂志对于国民党有非常尖锐的批评，甚至痛骂国民党："二十年是一场大烂污！烂污烂污！二十年来拆足！烂污！"[2]这些自然不用赘述。就政治理念而言，它与共产党也本非一途，按照其主持者储安平的评论：

坦白言之，今日共产党大唱其"民主"，要知共产党在基本精神上，实在是一个反民主的政党。就统治精神上说，共产党和法西斯党本无任何区别，两者都企图透过严厉的组织以强制人民的意志。在今日中国的政争中，共产党高喊"民主"，无非要鼓励大家起来反对国民党的"党主"，但就共产党的真精神言，共产党所主张的也是"党主"而决非"民主"。

在当时全国民意都厌恶国民党又无法制裁国民党的情况下，自由主义者以为可以利用共产党来制衡国民党，达到他们理想的境地：

今日的国民党成了维护既得利益阶级的机构，要希望他能顾到一般

[1] 储安平：《中国的政局》，《观察》第二卷第二期。
[2] 储安平：《一场烂污》，《观察》第五卷第十一期。

> 底层人民的生活，不啻缘木求鱼。我们希望共产党参加联合政府后，能在这方面有所作为。一切社会主义的政策，其目的都在为最广大的穷苦人民造福，国民党为了要争人心，虽非所愿，亦难固拒。共产党既以争“民主”为号召，加入联合政府后，必不至倾向统制。国共双方且均欲尽量提倡“民主”，以博民情。今日中国一般人所追求的就是社会主义和民主政治（包括意志自由），这两样东西在以国共两党为主的联合政府中或能勉可得之。我们期望这个联合政府者在此。[1]

第三，因为《观察》的反政府色彩，1948年底即被封闭，主编储安平则到了北京。这固然首先是因为政治立场的“左倾”，但是他们所赞成的“社会主义”牵扯到更广泛的价值认同。这就和本节试图借自由主义报刊的个案来探讨中国自由主义的平等观念的目标相吻合了。

以《观察》为对象研究自由主义者的观念，与用哲学史的方法做研究有所不同。即我们不能用学术专著的标准来要求《观察》的文章，我们并不假定《观察》在平等问题上发表了那个时代最典型、最有理论深刻性和完整性的理论。而应该将《观察》杂志发表的有关“平等”的言论安放在“有意无意之间”，而且它面对的是普通知识阶层，所以就更有广泛性和代表意义。

简要说来，《观察》等杂志所关心的集中在“自由”，尤其是政治自由。他们像一般中国的自由主义知识分子一样，认为“自由”和“平等”有着天然的关联，因此在理论上并不排斥“平等”的价值。相反，他们高举的旗帜是“每人一碗饭，各人选路走”，似乎是政治自由和经济平等并重的理路。这样的价值选择使他们自信可以带领中国走出英美和苏俄两极之间的第三条理路。不过，在“自由”和“平等”之间，自由主义者更注重前者。这多少与当时的政治环境有关，但也体现了从《新月》以来自由主义传统的“自由优先”的原则立场，与《新青年》所表达的激进的平等立场有所不同，与共产党实行平等优先的社会改造方针更是大异其趣。作为一家自由主义的同人刊物，他们在多大程度上意识到自由和平等间

[1] 储安平：《中国的政局》，《观察》第二卷第二期。

的张力？对“平等”的理解比其前辈有何提升？如何实现他们的平等理想？存活仅仅两年有余的《观察》可以提供一个考察这些问题的窗口。

二

《观察》的创办者和主编储安平在其第一期即发表题为《我们的志趣和态度》的文章，表达刊物的“基本立场，亦即本刊同人共守的信约”，包括民主、自由、进步、理性四条宗旨。毫无疑问，这与启蒙运动以来的现代性价值基本上一脉相承；但是同时引人注意的是他们没有把“平等”作为四项基本原则之一，当然也没有把“博爱”作为基本的信条。也许后者显示出其中国特色，或者说中国自由主义的世俗性。这与本书讨论的主题距离较远，暂且存而不论。那么前者即如何处置“平等”的价值，却涉及对这个刊物的社会政治立场之定位。第二次世界大战以后，由于社会主义思潮的高涨和社会主义运动的胜利，划分知识分子之“左”“右”的标准通常是对待社会主义的态度。随着苏联东欧的巨变，这个标准似乎显得可疑了。“左”“右”之争今日依然存在。按照意大利政治哲学家伯罗特·博比奥的观点，“左派和右派之间，有一种非常明显的区别，而平等之观念，始终是指导划分这一区别的指导原则”。[1]其实，对待社会主义的态度，相当程度上也是对待平等原则的态度，尤其是经济平等的态度。这一点在我们对《观察》杂志的研究中可以得到一定程度的澄清。

简单说来，《观察》杂志没有将“平等”作为主要纲领之一，说明它和社会主义者或平等主义的左翼知识分子有所差距；但是另一方面，在其四项基本原则中又包含了比较强烈的平等要求。因此我们可以大致认定他们所持乃中左的立场。这需要做若干分析。

“民主”是《观察》的第一条原则。但是，《我们的志趣与态度》说：

民主是今世潮流，人心所向，无可抗阻。我们不能同意任何代表少数人利益的集团独断国是，漠视民意。我们不能同意政府的一切措施都

［1］转引自［美］亚历克斯·卡利尼克斯：《平等》，第19页。

只是为了一部分少数人的权力和利益。国家政策必须容许人民讨论，政府进退必须由人民决定，而一切措施必须对人民负责。民主的政府必须以人民的最大福利为目的：保障人民的自由，增进人民的幸福。同时，民主不仅限于政治生活，并应扩及经济生活；不但政治民主，并须经济民主。

这里值得注意的是出现了“经济民主”概念，它是一个后来被《观察》杂志的许多文章反复讨论的概念。这与当时中国由于穷苦民众的极端贫困而显示出极为畸形、露骨的贫富悬殊有相当大的关系。外国观察者注意到的下列事实是人们的共识：

压在农民阶级身上的负担如此沉重，竟使任何一种财富的不平衡都会变成一种剥削的手段。在农村集团内部，甚至最富裕的经营者也没有欧洲最贫穷的农民舒适，而佃农也始终不是最赤贫者……1927—1949 年间的中国农民阶级经常接近人类灾难的最底深渊。[1]

这种由于普遍的贫穷而加剧了的阶级之间的不平衡，甚至使部分自由主义者产生激进的革命期待。[2]他们意识到内战是一场“经济斗争”，由于是阶级利益的根本冲突，国民党政府与共产党代表了两种不同的利益，所以很可能是“你死我

[1] [法] 谢和耐：《中国社会史》，第 557 页。

[2] 1946 年 9 月《观察》创刊号发表伍启元的文章《论当前中国经济形势》，即说“就各阶层的生活来说，今日中国的经济是极不合理的。我国百分之八十以上是农民，目前一般农民因受战祸、灾荒、黑暗的政治、错误的经济政策，和地主土劣的层层压迫，生活早已在饥饿线上。至于战前的中层阶级（公教人员和薪水阶级），则早因通货膨胀的影响而沦为大贫。现在唯一得意的只有包括封建力量、贪官污吏、买办阶级和资产阶级的既得利益集团。这个集团在全国中下层在死亡线上挣扎的时候，正穷奢极欲地过着一种最新式、最贵族和最浪费的生活。今日中国‘有’的阶级和‘无’的阶级的生活水准差别的程度，今日中国‘无’的阶级生活痛苦的程度，已经超过法国革命前夕法国当时的程度。一个只居住在上海南京繁华世界的人或者会自欺欺人地说中国的经济已经改善了。但如一个人能同时见到上海的天堂般生活和广大农民与一般中下层人民的地狱般的生活，则他便不能不承认中国的经济需要根本的革命了”。

活”的零和博弈。自由主义者终究主张“你活我也活”的社会改革方案，所以他们呼吁：“在政府方面必须百分之百的实行民生主义，不但放弃现在维护既得利益的错误政策，并且强制他们负担从事和平建设的经费和制服实行民生主义的代价。政府应用种种方法，保障并改善中下层的生活。”[1]

在另一部分自由主义者看来，政治问题的解决只是民主理想的一部分。譬如吴世昌就把英美和苏联的区别说成是政治民主和经济民主的区别：

> 英美人民有充分的权，而利则不足；苏联人民有充分的利，而权则不足。“人之异于禽兽者几希”，似乎不只是被人养得胖胖的就可以满足，自由意志，不受暴力压制而能自由发展的意志似乎比丰衣足食更可贵些。……中国人需要丰衣足食是天经地义，而自由则更可贵。我们现在只有根深蒂固的不民主，却还没有根深蒂固的政治民主或经济民主。二者可以得兼，必须为兼。[2]

这意味着将平等转换成“经济民主”，或者说，他们所谓“经济民主”主要是指经济平等。

比较详细地讨论“经济民主”问题的是萧公权。像当时许多人那样，萧也将“政治民主”与“经济民主”并列，以为它们都有某些民主的原则。不过他同时明确地区分了两者，把“经济民主”规定为注重人类平等，并且将它主要归结为社会主义的纲领：

> 政治民主的中心，就是人民的政治平等。人民的社会及经济平等诚然随着政治平等而有改进。中世纪的阶级界限到了近世已经大体消泯。然而社会经济平等不是自由主义的主要目标。他们只主张个人应当决定他们自己生活的方向及形态，正如民族应当决定它自己的制度一样。社

[1] 伍启元：《从经济观点论内战问题》，《观察》第一卷第二期。
[2] 吴世昌：《政治民主与经济民主》，《观察》第一卷第五期。

会不应当划分贵贱贫富的阶级，强迫人民受不平等的待遇。但也不应当干涉管制人民，强迫着人人受同样的待遇。……经济民主的观念可以拿社会主义，尤其是共产主义来做代表。社会主义者也有一个基本假定：经济生活是全部社会生活的基础。除非人民在经济上能够平等，他们不能在任何方面得着平等。

简括地说：政治民主注重个人自由，经济民主注重人类平等。后者偏重物质的满足，前者偏重意志的解放。两者之间确有极显著重大的差异。信奉自由主义者和信奉社会主义者互相猜忌攻讦是很自然的一个现象。但是平心静气来看，双方虽时常以“不民主”互骂，而实各有合乎民主原则的成分。[1]

在几乎是《观察》的发刊词之《我们的志趣与态度》中，“自由”是第二条“基本立场”或共同的“信约”：

我们要求自由，要求各种基本人权。自由不是放纵，自由仍须守法。但法律须先保障人民的自由，并使人人在法律面前一律平等；法律若能保障人民的自由与权利，则人民必守法护法之不暇。政府应该尊重人民的人格，而自由则为维护人格完整所必要。政府应该使人民的身体的、智慧的及道德的能力，作充分优性的发展，以增加国家社会的福利，而自由即为达到此种优性发展所不可缺少的条件。没有自由的人民是没有人格的人民，没有自由的社会必是一个奴役的社会。我们要求人人获有各种基本的人权以维护每个人的人格，并促进国家社会的优性发展。

储安平在“自由”的原则下包含了“平等”，即实现法权平等，并以此进达人格平等。不过我们在这里看到的是自由优先：自由是目标，平等则意味着保证所有的

---

[1] 萧公权：《说民主》，《观察》第一卷第七期。

人自由地实现自身、发展自己的潜能。平等只是自由的补充性的条件。

总之，储安平为《观察》杂志定下的基调，是民主、自由优先的原则下包含了平等的诉求——主要是法权平等、同时也有某种有限的经济平等的诉求，因而可以说是一种典型的自由主义观念。这在当时的中国社会，属于中左或者说自由左派的立场。事实上，他们对于这一立场也有相当的自觉。[1]

三

当储安平以及《观察》杂志的相当一批作者以为“自由”“民主”都包含了“平等”的时候，对现代性价值之间的相关性有所见，对自由、民主与“平等”之间可能发生的冲突却尚未有所觉察。然而，《观察》杂志后来发表的某些文章表明，一部分自由主义者开始意识到，就其现实性而言，“平等”与“自由”并非天然一致，它们之间存在着矛盾甚至冲突。

按照储安平的设计，《观察》杂志主要是政论刊物，但是也将对青年的思想教育作为自己的任务。因此，《观察》所刊发的相关文章，虽然采取了理论的形态，但并非纯粹理论的研究。他们更为关心的是中国的现实抉择：社会主义还是资本主义？自由抑或平等的问题，也与这一现实政治前途的选择紧密地联系在一起。或者说，当他们在讨论这一问题时，苏联社会主义与英美资本主义，作为两种典型社会模式各自起着强烈的示范作用。第二十二期刊登的《资本主义经济与社会主义经济》，突出地表现了这一批人的观点。文章认为资本主义与社会主义

---

[1] 第三卷第七期有一篇严仁庚的文章《释“左”与“右”》，将“平等”视为区分左右的标准。政府及其政策，无论是对内还是对外，都包括政治经济两个方面：“一个政府和它所推行的政策，如果承认政治上人人平等，承认人人得以过问政治，批评政治，参与政治，能够尊重所有人的意见，能够尊重每一个人的基本权利，这样政府和它所行的政策，我们称它是左向的。反过来说，一个政府和它所行的政策，把政治视为少数个人少数民族或一个阶层一个党派的专利，不顾民意，一意孤行，抹杀人民在政治上的权利，这样的政府和它所行的政策，我们称其向右。”“从经济一方面说，某一政府存心提高人民的生活程度，注意到社会上每一个阶层的福利，令全国人民的财富和所得一致提高，使人人平均享受生产的果实，用以提高教育的水准，提高消费的质和量，它以消除巨富和赤贫，防止人与人间的榨取剥削为已任，不让垄断掠取现象的存在，这都是由上而下的倾左。……反之，在位者只替少数人一个阶级一个党或一部分人的经济利益设想，忘掉大众。所行的政策，足以鼓励经济机会以及财富和所得之不均，或足以放纵少数个人吮吸大众的膏血，形成社会上苦乐不均贫富悬殊的现象而不思加以矫正，这是右的表露。”

都是经济合理性的制度，都可以使经济获得发展，但却表现出自由和平等在经济领域中的冲突：

> 资本主义经济的优点在能使经济进步，在能享受经济自由，也在能使生活多样；但其缺点则在为不平等与不安定。社会主义经济的优点在能使经济进步，在能享受经济的安定及经济的平等；但其缺点则为单调与不自由。从经济制度方面看来。自由与平等无疑是互相排斥的观念。爱好自由的人们不妨选择资本主义经济，而偏好平等的人至少已经倾向社会主义了。[1]

间或出现一些对于“平等”问题的近乎纯学术的研究，使《观察》杂志的平等论在理论上有所深入；但是还是基于以苏联和英美的不同典型为对象的观察。譬如有人把经济平等区分为四个层面：第一个意义，就是个人所得的来源相同，都是劳务所得。“第二种经济平等论者，其判断一个社会的平等与否，不注重收入的来源，而注意个人收入的数量是否有很大的悬殊。”这是我们通常意义上的结果平等。第三种是权力的平等问题：

> 希克斯（J.R.Hicks）在他的名著《社会骨架》一书中，在讨论平等问题时，说是铲除不平等，是一种乌托邦的思想。收入的不平等，只是外面的表现。社会上还有更深刻，更基本的一种不平等现象，就是权力的不平等。这种不平等弥漫于各种社会之中，我们很难想象一种有组织的社会，权力的分派是平等的。……在现代的社会里，为企求某一种平等，很容易陷入另一种不平等。我们为要求收入的比较平等，很容易引进经济权力的更不平等。

按照这个作者的说法，第四种是机会平等，“机会平等的核心，是教育机会

[1] 陈志让：《资本主义经济与社会主义经济》，《观察》第一卷第二十二期。

的平等……一个社会，如果在教育上，使所有的公民机会平等，这个社会也就是平等的”。

文章的结论是苏联和美国都不是平等的社会，但是，“从收入的来源与收入的数量两方面去看，苏联均较美国为平等。从经济权的分派去看，美国又较苏联为平等。这些现象，与两个国家的经济制度有密切的关系，如经济制度不改变，这种差异，也难改变。教育机会的平等，现在苏联似乎不如美国……在这两国中，教育机会的平等，假以时日，将来似乎都有实现的可能”。[1]

这篇文章的特殊之处在于它指出了追求经济（分配）的结果平等，可能同时伴随着对于社会经济活动的参与方式与在经济组织中的地位的不平等，他称作“经济权力的不平等”。实际上这已经超出了单纯的经济关系。而将“机会平等”完全归结为“教育机会的平等”也未免过于简单。因为机会平等当然应该包括公民参与公共事务的机会平等、劳动和获得发展自身的机会平等，而接受教育的机会平等，只是机会平等的众多方面之一。事实上，机会平等是相对于结果平等而言的。总之，《观察》杂志所发表的关于“平等”问题的文章中，这一篇已经是比较注重分析的，但是我们还是觉得它过分粗放。

以上所述，大致代表了《观察》杂志在平等问题上的一个面相，即意识到“平等”与“自由”的矛盾，意识到“平等”诉求本身包含的悖论。但这样一种意识同时受到《观察》杂志的另一批作者的批评。吴恩裕提出平等与自由是统一的、互相联结的关系：平等是自由的基础，自由是平等的鹄的。他反对英国历史学家爱克顿（Lord Acton）所谓“追求平等的热情，使令我们对于自由的希望，成为泡影”[2]的说法。问题是我们必须要追问，是谁在争取自由，是什么人有得到自由的希望和真正得到了自由？结果发现：

> 近代历史的发展，直到目前为止，自由的实现始终没有扩展普及于全民；其原因就是：在全民中之贫困的农工阶级在现代国家中，虽然表

[1] 吴景超：《从四种观点论美苏两国的经济平等》，《观察》第五卷第十三期。
[2] 吴恩裕：《自由乎？平等乎?》，《观察》第三卷第十二期。

面上享受自由的法律权利，但是他们自身的经济状况，却阻碍了他们实际上享受这种权利。所以法律上的规定是“应该”享受自由，而事实上的问题是“能”“不能”享受自由。这种“能”与“不能”的背后，实在隐藏着阶级的分野，财富分配的不均。这种情形就正是所谓“不平等”。有钱的，能享受自由的，在现代国家中，都成了特权阶级；他们的自由之获得，是建筑在这个社会的经济不平等上面的。因此，少数人经济上不平等的存在，恰好是全民不能普遍获得自由的基本原因。

换言之，不自由与不平等联结在一起，自由应该从消除经济地位的不平等开始。这当然是自由左派的说法：

要自由是当然的，因为照上面所说，自由乃是社会进步的动力。但是平等也是重要的，因为西方民主政治的经验已经昭示给我们：没有平等的基础，真正全民的自由是不会实现的。平等和自由是不冲突的，因此我们一方面固然要争取自由，另一方面也要促成平等，以为自由的基础。但是这争取自由的运动必须是普及各阶层的，否则就不免流为某一种人的特权之争夺了。如果民治的运动是以都市为出发点，而谋逐渐普及于乡村，那自然是可以的。如果是始于都市，又止于都市，那就不免是特殊的民治而非普及的民治了。

对于“自由 vs 平等”，还有另一种意见，以张东荪代表。1948 年张东荪发表了《政治上的自由主义与文化上的自由主义》（第四卷第一期专论），由于受到二次大战以后国际上社会主义思潮的巨大影响，这篇文章判定，因为资本主义所导致的贫富悬殊与对外战争，决定了政治自由主义已经过时。同时他提出，要正确解决“自由 vs 平等”的问题，必须在自由和平等之间增加了一“生产”的概念，恰如以前有人用进步的概念来衡量一样：

现在的论坛上总是争论政治自由与经济平等之关系，有的说二者冲突，有的说二者本相一致。在我看来，都没有鞭辟近里。他们只用自由与平等两个范畴。殊不知还有第三个范畴，是“生产”，却必须加入在内。无论如何讲自由，讲平等，若与生产发生冲突，换言之，若使生产反而降低，则绝不能成功……所以在自由与平等的打算中必须把生产列为最重要的一个决定因素。……以往社会主义种种试验都没有成功，就是因为只注重于平等而忘了生产的重要。[1]

战后中国的经济将采取计划经济的形态，因为它是经济发展的合理形式；而要进一步发展中国经济，“为了增产必须先排除其障碍。官僚资本豪门资本是障碍之一。地主与放高利贷的是障碍之一。所以废除这些，不完全是从平等着眼。如果专从平等来看而忘了增产上的需要，这是错误的。尤其是在产业落后的国家，不把这些封建残余势力去掉是无法使产业发达的”。[2]以实现“平等”为目标的社会改革，其实有着更深刻的社会历史原因。或者说，伦理的价值意义与历史的固有要求有着惊人的内在一致性。正因为这样，在张东荪看来，“平等”价值在特定社会的具体实现，一定同时受到那个社会经济形态的制约：

我以为论者们主张经济平等以后必使政治自由有亏，固然是只知二五不知一十之言，但说经济平等以后自由更可增加，亦非探本之论。老实说，一谈计划，如果社会有计划性，则只能有计划以内的自由与计划以内的平等，而断不容有超计划的自由与超计划的平等。计划是以增加生产，使全体人民生活水平提高为目的的，则凡自由之足以妨害生产的提高，凡平等之足以使生产降低，则都应该在限制之列。论者以为自由

[1] 张东荪：《政治上的自由主义与文化上的自由主义》，《观察》第四卷第一期。

[2] 类似的观点张东荪不止一次表达过。在第四卷第廿三、廿四期的《观察文摘》，有张东荪的《增产与革命——写在〈民主主义与社会主义〉以后》，主要还是以为自由平等的价值与物质福利的增加有互相连接的关系。所以“平等”并不是简单的“均贫富”：“即除了废去若干剥削关系以外，只是把贫人生活提高，并不要把富的人生活向下拉平。这便是生活水平的普遍提高，并不是均贫富，须知均贫富只是再分配，有时再分配一下，不久仍会变成不平。而生活水平的提高却在生产总量的增加。”尽管革命是起于不平等，但是革命以后新的社会秩序的稳定却仍旧要依靠是否提高的生产，使人民生活富裕。

平等本身有问题是错误的；须知问题只是在产业不发达的民族必须把生产加入于自由平等之中。一班刊物上有流行的说法，什么英美有政治的民主而无经济的民主，苏联有经济的民主而无政治的民主，都由于不明白这个情形。还有人说中国应该二者都要。其实只是一句漂亮话，根本没有用过一番分析工夫。

张东荪的文章表示，《观察》系的自由主义理论家，有的实际上受到马克思主义的唯物史观的巨大影响。这一点在他接着发表的另一篇文章中表现得更充分：

为什么落后的国家反而急于要采取社会主义呢？这个缘故便足以证明社会主义的目的并不是仅仅在乎讲均富。社会主义对于人类生产过程有一种看法：就是以为患不均与患寡乃是同一病症。正犹一个人患胃病一样，必至全身瘦弱。所以去不均是手段，而变寡为多是目的。换言之，即以为只有用社会主义方能增高生产。可见生产原是社会主义本有的涵义。以前各种社会主义者多不注眼此点，迄至马克思出，此义大明……社会主义对于这一点的办法，就是废除剥削。废除剥削在表面上好像是属于消极方面的，而其实在本质上就等于经济平等。所谓经济平等亦就是废除剥削，不必再讲进一步。[1]

人们知道，恩格斯说过无产阶级“平等”要求的实际内容都是消灭阶级的要求。任何超出这个范围的平等要求，都必然要流于荒谬。张东荪差不多就在重复恩格斯的论断。不过，张东荪依然有些疑惑，他同时指出，在这样的条件下“平等”与“公道”(justice) 并非一事，不平等固然不公道，严格的平等*也许*同样是不公道。因此，什么样的平等是“正义”(justice) 的？这是一个问题。

总之，面对“自由 vs 平等”的问题，《观察》同人发表的意见甚众，我们可

[1] 张东荪：《经济平等与废除剥削》，《观察》第四卷第二期。

以大致将他们归结为矛盾冲突说、统一互补说，和张东荪那样以历史发展来消解此问题的三种理论。尽管它们似乎议论纷纷，莫衷一是，但是它告诉我们，20世纪40年代后期中国的自由主义者没有忽略“平等”问题。他们继承了五四启蒙主义的传统，但又有超出其前辈的地方。如果我们将《观察》与《新青年》做一番比较，就可以更大略地看出这种轨迹。与《新青年》的作者们主要在将“平等”作为一个新的价值而呼吁和倡导，主要利用西方思想资源、社会变动和法制进步来论证平等之价值，尤其着意于男女平等之实现，以及对传统的等级制度的抨击不同，《观察》已经将平等视为不言而喻的价值。以此为前提，《观察》的讨论显然比较深入和细致。因为他们已经意识到作为一个现代价值，平等之实现具有高度的复杂性；平等作为理论在现代观念谱系中之地位也尚未澄明。人们开始用“进步”、经济“发展”、“自由”、“民主”等现代性来描写与规范“平等”；而经济发展的后面是繁荣和福祉的诉求。说明这一时期的“平等”观念就其理论化程度而言，比三十年前有所深入，尽管它们是如此的不完善，而且在现实中显得力不从心。

四

我们今天以《观察》为个案来研究中国的自由主义者在20世纪40年代的平等观念，自然会用理论的自洽和周延即内在标准来衡量它们。但是如果做社会史还原的工作，则不应该将理论批评抽象化。因为，对于《观察》的作者们，时刻悬在他们头上的，首先是国共之间战争的结果将导致中国未来的社会走向。这不是理论的务虚，而是坚硬的现实。《观察》杂志同人希望他们的政治批评多少能够表达民意、影响未来中国的政治路径的选择。换言之，他们的“平等”论是服从于“中国向何处去?”这样一个现实问题的考虑的。反过来，我们也可以说，他们对于“平等”价值（以及其他基本价值）的认同状况也或多或少地影响着他们对于未来中国的选择。

十分明显，20世纪40年代中国的自由主义者对“平等”有很强的认同，前面的论述多少已经说明，他们对于“平等”的诉求是相当全面的，不仅指政治平等，而且指经济平等。

《观察》第一卷第二期有篇《从经济观点论内战问题》。认为内战其实是一场

“经济斗争”，政府与共产党代表了两种不同的利益群体，这种阶级利益的根本冲突，很可能是一场“你死我活”的零和博弈。他主张“你活我也活”：

在政府方面，必须百分之一百的实行民生主义，不但放弃现在维护既得利益的错误政策，并且强制他们负担从事和平建设的经费和支付实行民生主义的代价。政府应用种种方法，保障并改善中下阶层的生活。在共党方面，“你活我也活”的政策是指放弃武力革命的企图，放弃无产阶级专政的企图，愿在宪政常轨下做一个宪政的党，并愿以推行民生主义为满足。[1]

战争中国共双方互有进退，自由主义者展开了想象力。第一卷第六期有个叫庄智焕的，向国民党当局建议“确定土地政策，并首先施行于收复的‘解放区’”。他说：

国父的“平均地权”，“耕者有其田”的主张，该是土地政策的基础，“二五减租”也曾推行于广东。可惜若干年来，党员只尽力于“八股”的主义宣传，对于实际政策太为忽视，或是有政策而无施行的办法和决心。共产党要争取贫农的拥护，以暴力在解放区推行着土地重分配。这一举对于纠正大地主拥地坐食，不事生产的观念与习惯，也未始无益。可是这些地区收复后的地权纠纷一定很多。政府正应利用时机来推行新土地政策，使地主与农民均获得合理的解决。这正是一个争取政治配合经济的安定力的机会。新土地政策在这些地区施行有效以后，即可推行全国。[2]

这使我们想起20世纪30年代的旧事：当国民党军队“剿共”取得胜利，重新进入江西等苏区时，蔡元培、蒋廷黻等著名自由主义者都建议，“政府必须设法使农民知道政府的战争不是为地主而反对农民的，最好的办法就是承认土地分配的

[1] 伍启元：《从经济观点论内战问题》，《观察》第一卷第二期。
[2] 庄智焕：《如何走上民主建国之路》，《观察》第一卷第六期。

现状”。[1]他们主张忠实地实行三民主义，消除社会不公正，给人民以希望，包括实行平等的社会财富分配，男女平权，减租减息，普及教育等。

不过，《观察》所具有的中左倾向的平等观念，并不只仅仅是其前辈的思想遗产，它既与西方思想的脉络及其在近代中国的传播有关，与孙中山的“三民主义”有关，也与二次大战以后全世界向左转的时代思潮有密切的关系。他们认为二次大战以后，政治上的民主和经济上的“有计划的干涉主义”成为潮流，因为全世界甚至老牌资本主义的英国人也已经认识到资本主义的弱点：

> 举凡生产过剩，资本集中，贫富不均，经济恐慌等等，都是资本制度的产物。它与全民的福利常常不是一致的。对这种病状，惟有以社会改革的精神去修正资本主义，以求财富分配逐渐平均；生产计划比较合理，庶使全民的福利增加，大众的生活获有保障。
>
> 如果严格地说，当然，计划经济常须将所有的生产工具国有，并制定依劳力与能力而异的分配制度。同时私有财产制度是不能存在的。不过，目下变动的性质是：割弃放任的经济，而从自由主义的计划经济趋向干涉的计划经济，可以允许有限度的私有财产和利润制度，对私人企业予以维持。但对其发展，须根据全民福利的立场随时加以干涉。……孙中山先生所主张的民生主义实具有这种精神。平均地权与节制资本全是以避免财富集中，谋全民福利为主鹄的。至少在原则上，是着重干涉的经济政策，不愿再蹈资本主义的覆辙。由此可见，世界的潮流和我国先进的看法完全是一致的。[2]

随着国共之间战争的进展和国统区民生的凋敝，《观察》还不断地发表了对于未来中国经济改革的文章，经济平等是其中心之一。譬如胡先骕在第十二期《经济之改造》一文中，表达了六项原则，其中多处涉及平等：包括经济改造必须普遍

---

[1] 蒋廷黻：《对共产党必需的政治策略》，《独立评论》第十一号，1932 年 7 月 31 日。
[2] 戴世光：《中国经济向何处去?》，《观察》第一卷第十期。

提高各级人民之生活水准与顾及各级人民之利益；必须顾及劳资及消费者三方之利益，使其不受损失而得公平之分配，等等。作者以为资本主义的好处在于政府不干涉经济，使人民在经济活动中得以自由发挥其创造性。但是“人类社会之经济活动，有三种要素；即资本劳工消费三者是也。三者缺一，经济活动，必至停止。资本主义之错误，在仅认资本为人类一切经济活动之主体，但知顾及资本阶级之利益，而不顾及劳工及消费者之利益。马克思之社会主义之错误，在仅仅认劳力为人类一切经济活动之主体，但知顾及劳工阶级之利益，而不顾及资本阶级与消费者之利益”。作者提出的方案是高度理想的：

人类尚未进至能完全大公无我之前，吾人如欲改造一国家民族之经济，一面固须防止自由经济之流弊，一方面亦须鼓励人民对于经济之创造性，而不过妨害其经济活动之自由。其实此种折中之办法，并非难能。只需政府与社会操有统制经济之权，一方面承认私有财产权，一方面亦承认社会有征用与统制私人财产之权。换言之即节制资本之权。凡矿产、重工业、交通与公用事业皆属于国家，农地使用权及轻工业，则托付与私人，任其自由经营而以累进之所得税与遗产税以节制资本，则一面可以鼓励人民之经济活动，一面亦可以防止资本主义之流弊矣。[1]

在处理“平等”问题上，走出资本主义和社会主义两极之间的“第三条道路”的可能前景，与中国的自由主义乌托邦有密切的关系。甚至我们可以说，在平等与自由问题上的鱼和熊掌将兼而得之的心态，多多少少是导致中国的自由主义者有不同于苏联和英美的另类现代性设计的原因。[2]

---

[1] 胡先骕：《经济之改造》，《观察》第三卷第二十期。该作者接着在第二十一期的《经济之改造（二）》的“土地政策”中则说：“总观中国农民之生活状况，所见中国之土地政策包有四项要政；即限田，均说，规定农田分割之极限与减租是也。”主体还是经济平等。

[2] 这方面的材料是大量的，如第三卷第十九期李孝友的文章《读“关于中共往何处去”兼论自由主义者的道路》提出：“目前中国的自由主义者遭遇双重的苦恼。一方面是受全世界的两大潮流‘自由’‘平等’的激荡，一方面中国又有特殊的国情。历史所交予中国自由主义者的课题有二，一是摧毁封建社会，二是使每个人的个性得到完美的发展。就自由主义者与共产党的政治路线来看，这两个课题中的前一个工作自由主义者与共产党并非格格不入，但后一个工作则两者见解悬殊，互异其趣。”

我们今天批评当年自由主义的乌托邦倾向，并不仅仅指他们的政治设计“第三条道路”，而且指他们在诠释自由平等诸价值时的人性论乌托邦。譬如前面曾引用过主张经济发展第三条道路的那个戴世光，他的平等论是以集体主义的功利主义为基础的：

> 本来经济生活的目标在谋全民公众的幸福。每个人的利益应该以公众的利益为前提。如果每个人只谋自己个人的利益，自然会侵害旁人的权益，进而害及全体的福利。因此私人的经济活动与其发展一定要有限度。须以全民的利益为重。如果一切发展全直接间接地使全民福利能够提高或者增多，则个人福利自然也会随之增多提高的。消极方面，凡与全民福利有冲突不一致的情形，则应用国家的力量有计划的来干涉。所以，具体的说，我国经济应走的途径是不能采完全放任自由的经济制度。同时，也不应该有以某些经济利益集团的经济利益为本位的计划经济。而应该由政府站在全民福利的立场，对经济操有计划的干涉主义。这包括社会改革、防止独占、平均财富、建立直接税系统，发展国家资本主义等重要设施。唯有如此，我国的经济建设才有意义，而且连带的政治问题也容易获得解决。[1]

他天真地以为可以通过说教或政治操纵使人们从事经济活动的目的从利己转变为利众；天真地以为可以有一个理想的政府会自动地“站在全民福利的立场”实行经济平等。他们不仅犯了乐观主义的幼稚病，而且差不多已经忘记“无利不起早”或者“天下熙熙，皆为利来，天下攘攘，皆为利往”的祖训，也没有弄清西方自由主义的背后是个人主义的功利主义。《观察》同人没有意识到“平等”之作为现代性的基本价值，不再是不平等社会的精神追求和安慰，它既有人类在保证生存权利和人格尊严诸方面的相同性，又有保证个体在获得充分发展方面的相同性，而后者恰恰是要求平等地（通过机会平等）实现（实质的）不平等。因此，

[1] 戴世光：《中国经济向何处去?》，《观察》第一卷第十期。

平等与自由的冲突，本质上是群己关系冲突的一面之表现，是平等自身的悖论，也是人性的悖论之一种。换言之，人性是如此矛盾，一方面早就意识到类的共通性，在差异和矛盾面前，弱势者追求共通性的实现——平等。另一方面，人类总是要超越自身，个体之间几乎永恒地存在着的差异，无论是潜质的还是结果的，都使得追求卓越和超胜很可能转变为实现不平等的平等。

当然，我们批评这种乌托邦的时候，多少还指怀抱着平等理想的中国的自由主义者，在他们选择计划与市场结合的第三条道路的时候，[1]绝对不会预料到后来出现的平均主义会导致那么严重的社会问题。——其实又有谁能预料到呢？另一方面，在否定了平均主义以后，经过20世纪最后20年的迅速发展，我们又面临分配上的新的不平等和发展的不均衡。虽然我们不能将之归咎为自由主义，但是今日中国自称为自由主义者的人群，对此多少有些麻木不仁，大约也要令他们的前辈《观察》同人大失所望吧。

五

与《观察》杂志持相似的“平等”观念的报刊，在20世纪40年代末有不少，譬如《大公报》。1948年1月8日，《大公报》发表社评，提出：

> 自由主义者对外并不拥护19世纪以富欺贫的自由贸易，对内也不支持作为资本主义精髓的自由企业。在政治在文化上自由主义尊重个人，因而也可说带了颇浓的个人主义色彩；在经济上，鉴于贫富悬殊的必然

[1] 他们以为自由主义和资本主义可以分离，而与社会主义结合：“自由主义的本质，不一定与资本主义相结合……自由主义总有和资本主义分离的一天。”（见邹文海：《民主政治与自由》，《观察》第三卷第十三期）他们注意到：“在资本主义的社会里，虽有经济的自由，却无经济的正义；而在社会主义的国家里，则正因为有了经济的正义，才能让社会安定。”“所谓经济正义，实在含有两点内容：其一是工作权（即人人都有工作的权利）的保证；其二是生存权（即人人都有基本生活的权利）的保证。要达到这两个目的，必须有一个生产不断扩充而分配相当合理的社会机构。这些条件只有在实行计划经济的社会里才能具备。至于资本主义的国家，除非把自由企业的原则加以改变，否则是不易实现的。不过自由企业乃是资本主义的基础，如果自由企业的精神受到了限制，资本主义的性质也就有了改变。于是如何一面维持自由企业的制度，而一面又能实现经济正义以促进社会的安全，便变成资本主义的兴衰存亡的问题。”（见郑林庄：《经济正义与社会安全》，《观察》第二卷第三期）

结果，自由主义者赞成合理的统制，因而社会主义的色彩也不淡。自由主义不过是个通用的代名词。

并且强调他们的最基本的原则之一就是“政治自由和经济平等并重”。该文的作者是文学家萧乾。他同时与另一个自由主义刊物有关，那就是比《观察》杂志存在时间更短的《新路》。《新路》的创办与中国自由主义者试图在国共两党激烈争战中另走第三条道路有关。[1]该刊的作者与《观察》的作者群有所重叠，譬如吴景超、吴恩裕、萧乾等，但也有所不同。然而在有关平等问题的讨论，却显示出与《观察》杂志高度的相似。有些讨论20世纪40年代自由主义关于经济民主之主张的论文，将这两家杂志合并研究。因此，欲了解20世纪40年代自由主义知识群体的平等观念，《新路》杂志可以成为对《观察》杂志研究的佐证加以补充。

与《观察》杂志是比较单纯的知识分子同人刊物（其经费完全从民间主要是学界知识分子同人募集，没有政党和特殊的商业资本背景）不同，《新路》的背景比较复杂。发起人和主事者钱昌照是国民党政府在任官员，在筹办《新路》的同时还发起组织了一个叫“中国社会经济研究会”的团体，其人员有大学名教授、政府官员、实业界人士。《新路》创刊伊始，就发表《中国社会经济研究会的初步主张》，共计三十二条，涉及“政治”“外交”“经济”“社会及其他方面”等

[1] 有人描写那段历史：1948年1月24日，吴景超走访胡适，告知：“钱昌照拿出钱来，请他们办一个刊物。要吴半农主编，景超任社会，刘大中任经济，钱端升任政治，萧乾任文艺。”不到四个月，这个刊物出版了。钱昌照给它取了名字叫《新路》。

在筹办《新路》的同时，钱昌照还发起“中国社会经济研究会”。筹备时，萧乾起了重要作用。

“二战”期间，萧乾任《大公报》驻外记者，在英国认识了钱昌照。1948年2月，钱昌照和萧乾来找冯至，说国内政治、社会、经济各大问题很复杂，大家彷徨苦闷，想组织一个“中国社会经济研究会”，为中国找一条新路。他们还说这个研究会既不反苏，也不反美，还要筹备一个刊物，就叫《新路》。沈从文也曾回忆说，萧乾到他家请他参加《新路》筹办，还要他在发起人名单上签名。同年3月1日，“中国社会经济研究会”在北平南池子欧美同学会正式成立，选举钱昌照、萧乾等11人为理事。1948年5月5日，《新路》正式出版。（见王海波：《萧乾与〈新路〉》，《文汇报》2010年1月27日）实际上，“中国经济社会研究会”的人员构成比较复杂，既有大学教授如北京大学的朱光潜、杨振声、冯至、钱端升等；清华大学的吴景超、潘光旦、刘大中、费孝通等；也有国民党政府背景的如钱昌照、孙越琦、邵力，中央研究院的陶孟和；还有实业界人士如吴蕴初、童冠贤、王崇植等。

四个方面的“初步主张”，实际上颇有施政纲领的意味。其中，关于平等的问题特别强调“国家”的主导角色和政策作用：包括“国家应筹划妥善办法，负责发展国家资源，实现全民就业，促成公平分配，提高生活水准”，“国家赋税政策，应以平均私人财富，创造国家资本，促进资源开发，维持经济繁荣，及达成社会安全为目标”。以及保证男女在教育就业上的切实平等，差不多是一个全面的自由主义左派的纲领，[1]因为它中间包含了明显的平等主义倾向。

他们赞扬苏联的经济民主：

> 苏联民主的最大进步是全民在经济基础上的绝对平等与这种平等的具体保证和实现。苏联因为实行废除生产工具与生产资料的私有制，已经做到消灭人对人的剥削。同时也因为保障人民的劳动权，已经达到全民就业的境地。……民主是整体的，而这整体的基础是经济，有了经济的平等，然后才有真正的民主，反之则是假民主。苏联因为达到经济的平等，所以苏联是一个能实现真正民主的国家。[2]

《新路》表达的平等是多方面的原则，包括教育机会的平等、生存机会的平等、财富分配的问题、政治平等和经济平等之间的关系等，[3]《新路》的作者将它们安置在“经济平等”的概念下讨论。与部分《观察》杂志的作者一样，《新路》也对未来中国的道路表达了自由主义左派的憧憬，他们相信“一碗饭”和“一张票”是可以兼得的，即中国可以实现“政治民主”和“经济民主”的“双重民主”。“政治民主和经济民主是必须并存而缺一不可的。经济民主是政治民主的必要条件；同时，政治民主也是经济民主的必要条件。没有经济民主，政治民主必然不会持久，缺了政治民主，经济民主一定不能永存。”[4]

很显然，所谓“经济民主”的核心是生产资料的公有制和社会财富分配的趋

[1] 《新路》第一卷第一期，1948年5月15日。

[2] 蜀人：《苏联是真正民主的国家》，《新路》第一卷第一期，1948年5月29日。

[3] 《新路》第一卷第一期，社评《中国社会经济研究会的初步主张》；第一卷第十三期，1948年8月7日关于“政治民主与经济民主”的一组讨论文章。

[4] 刘大中：《政治民主与经济民主》，《新路》第一卷第十三期，1948年8月7日。

平均化，即现代自由主义更倾向于用“经济平等”概念来描述的平等原则。《新路》表达的就是这样一种政治选择，合理的经济制度应该达成的若干目标之一是：

> 使社会总生产之分配尽可能趋于平均，俾使社会所有人士自一定的总生产中所能获得之满足之总和臻于最大。此项目标或需稍加解释。经济学中之所谓效用渐减原则告诉我们，倘使一人的收入逐渐增加，则每增加一单位之收入所能给他的满足必将逐渐减少。假使我们认为社会中每一公民都有平等的地位与同等的享受能力，那么我们可以断言同一单位的收入其可能授予富人的满足必较其能授予穷人者为少。本此，假使我们使全社会总收入之分配更趋于平均，就可以使用一总收入产生更大之满足之总和。[1]

而资本主义自由企业制度通常会产生分配不均、贫富悬殊的危机，所以需要运用税收政策和社会保障制度来加以调节。社会主义的公有制度的弊病则是可能因为平均主义而导致效益低下，因为不能恰当地奖勤罚懒、调动人的积极性。在社会主义与资本主义的两种制度中，作者以平等优先的价值排序来作为选择的标准，所以肯定中国的“新路”应该是社会主义，但又不完全是苏联式的计划经济体制，而是“自由竞争的社会主义”，它的好处是：

> 所得的分配是不能绝对平均的。因为各生产因素的报酬仍旧由自由市场来决定，那么各生产因素（包括劳工）的报酬自然有与其对生产之边际贡献相等之倾向。因此能力不等的生产因素，其报酬亦不相等。这样产生的劳作所得的不均，实在是维持生产效率所必需的牺牲。但是劳作收入之不均程度，可以利用国有生产工具之收入，国营事业的盈利，以及赋税收入等等，设法减消。譬如社会主义的政府可以利用前述的种种国家收入，给劳作收入过低的人一种生活津贴，或免费提供给种种的

---

［1］ 蒋硕杰：《经济制度之选择》，《新路》第一卷第三期，1948 年 5 月 29 日。

社会福利设施，俾使人人至少可以享受一最低的合乎人类尊严的生活水准。这样我们可以在提高生产效率与消除经济不平等之间，求得一合理的妥协。[1]

为了保证经济平等的实现，也要追求政治民主，以防止具有高度控制经济能力的政权落入专权者手中，变成极权主义的专制政治。

大致说来，这一派人认为，“新路”的选择理论上的困难并不重要，自由主义左派所追求的政治自由（民主）和经济平等之间的不相容性并不存在逻辑上的必然性，其间的冲突可以在具体的时间和历史条件中解决。由于中国属于不发达的穷国，首要的任务是“裕民”，在经济平等和政治自由（民主）之间，平等优先即意味着用平等作为社会动员的工具，进而有望实现政治自由。[2]在国共之间政权转移的前夕，相当一部分自由主义精英表达了激进的平等观念，这与当时的国际环境（战后强大的社会主义潮流）以及自由主义者信奉的拉斯基的学说有密切的关系。

我们知道，自由主义作为现代社会的一个主要文化—政治派别，其实也是一个相当庞杂的阵营，会有左中右的分别：“自由主义者越是倾向于平等主义，他们就越靠近左翼的社会主义；他们越是不倾向于平等主义，他们就越倾向于右翼的保守主义”。[3]如果说《新青年》以及后“五四”时期，自由主义者在平等的问题上有过左右分化的话，那么《观察》《新路》等自由主义期刊表明20世纪40年代中国的自由主义主宰性潮流是倾向于平等主义的。换言之，在今天我们看到的占据主流地位的混合型的自由主义，在20世纪40年代末的中国曾经是自由主

[1] 蒋硕杰：《经济制度之选择》，《新路》第一卷第三期，1948年5月29日。当然，对于什么是社会主义以及社会主义条件下是需要计划经济还是自由竞争，也有不少争论。陈振汉就把社会主义界定为“公有财产与依照大多数人民所认为公平的原则（暂时假定为平均分配）分配国民收入”。同时认为，“社会主义社会，如果生产资源公有，利润动机消灭，只靠客观的价格市场，以派分资源，配合因素，所达到的效果或远不如有一个综合平衡的中央机构，根据主观的价格判断来得圆满”。（陈振汉：《混合制度与计划制度中间的选择》，《新路》第二卷第五期，1948年6月）

[2] 王传纶：《选择和牺牲》，《新路》第一卷第三期，1948年5月29日。

[3] ［美］约翰·凯克斯：《反对自由主义》，第116页。

义的主要倾向。他们倾向于平等主义，因而是自由主义-社会主义混合型的政治-文化派别。

第三节　儒家观念的新方向

“平等”在现代性观念的系谱中占据了非常重要，乃至是基础的位置，这种重要性的证据之一，就是各种思想派别对于如何理解和实现“平等”的价值，发生了持久而激烈的争论。作为现代中国重要的思想派别之一，现代新儒家也不能完全置身其外。因此，我们考察现代观念的光谱，不应该忽略掉这一重要的思想派别。事实上，现代新儒家对于“平等”这一现代性话语的讨论，已经展现了新的方向。即其主体是围绕着“民主”而展开的。所谓现代新儒家，是指20世纪中国以复兴儒学为旗帜的一个思想文化派别，相对于自由主义、激进主义而言，他们属于保守主义或传统主义；相对于科学主义和实证主义，他们是人文主义者。学术界对于现代新儒家的划分也有不同的标准，[1]本书在几大思想文化派别的争论中研究平等观念的嬗变，因而是在最宽泛的意义上观察新儒家。在这个视域讨论新儒家，就会发现在对待“平等”问题上，其内部也呈现出高度的复杂性。正如通常同一套话语中总是包含了差异和辩难一样，新儒家的平等观念在其历史展开中，也呈现出不同的倾向和面貌，因而甚至影响到各自的政治诉求和政治哲学。

一

近代以来人们讨论儒家或儒学，无论是从伦理学、社会学还是从政治哲学的侧面进入，都会一定程度地涉及现代性的基本价值之一“平等”。因为这个问题似乎一直是古代儒家尤其是以礼教为中心的儒家制度招致批评的焦点之一。从戊戌时期开始，不仅激进主义者和自由主义者以此批评礼教，即使像梁漱溟先生这样现代新儒家的先驱人物，也批评古代的礼教“全成了一方面的压迫”，

---

[1] 最严格的是只指熊十力及其弟子和再传弟子，有所谓第一代、第二代、第三代新儒家的说法。大陆学术界通常不仅将心学一系，而且将理学一系如冯友兰也归入现代新儒家。而更宽泛的是将历史学家钱穆等也包括其中。

并说：

> 这一半由于古代相传的礼法。自然难免此种倾向。而此种礼法承受古代文明之故，与孔家融混而不能分。儒家地位既常藉此种礼法以为维持，而此种礼法亦藉儒家而得维系长久不倒；一半由于中国人总是持容让的态度，对自然如此，对人亦然，绝无西洋对待抗争的态度，所以使古代的制度始终没有改革。似乎宋以前这种束缚压迫还不十分厉害，宋以后所谓礼教名教者又变本加厉，此亦不能为之曲讳。数千年以来使吾人不能从种种在上的威权解放出来而得自由；个性不得申展，社会性亦不得发达，这是我们人生上一个最大的不及西洋之处。[1]

大致说来，早期现代新儒家对于礼教与现代平等之间的断裂的肯定是相当明晰的。不过这并不等于他们同意后来曾经一度非常流行的见解，即将现代平等观念与儒家社会生活尤其是儒学看成是完全无关的东西。事实上，正如我们在前面叙述过的，从儒学发展史来看，早在 19 世纪晚期，康有为、谭嗣同等已经在其儒学（仁学）的阐发中扬弃了礼教的不平等，而礼教本身也早就在社会生活的新陈代谢中大为式微。因此，在政治法律制度的层面，承认礼教是社会变革的对象，是现代新儒家与其他各个思想派别所形成的新的共识。

另一个值得明确的前提是，讨论现代新儒家人物的平等观念，其基本的语境就是，在现代新儒家崛起并渐渐成为显学的时代，中国人的平等观念早已经历了一场深刻的变迁。它包括了从“相同性的平等”到“公正的平等”的古今之变。在这场变迁中，古代儒家或传统儒学既是现代文化批判的对象，又是中国人接纳现代平等观念的本土历史根据。它不但表现为我们在导论中所概括的“异端翻为正统”“边缘进入中心”和“新知附益旧学”互相交织的叙述策略上，而且表现为 20 世纪新生的一代儒者思想的蜕变。从某种意义上说，平等观念在现代中国的嬗变也是儒家自我更新和转化的过程。

[1]《梁漱溟全集》第一卷，第 478—479 页。

当然，这一转化过程不是单一的，而是包含了不同的倾向和层次。即使从对古代等级制度与伦理的批评而言，内部也包含了从较为保守到相对激进的不同层次。

先说历史学家钱穆先生。毋庸置疑，钱穆先生的历史观，从根本上是属于曼海姆所描写的保守主义，即“对建立在社会的应然基础上的解释的厌恶，对时间的直线性建构的拒绝，对土地和有机联合体的移情经验，都可以从一个中心事实得到理解，即保守主义的经验从存活到现在的过去的内容出发来介入历史，同时它也从这里得到了他的 tension——精神的紧张方向”。[1]像现代新儒家的其他学者一样，钱穆先生也是从中西比较的大视野出发来讨论中国文化和历史的传统，而且在中西比较中论述起历史观。按照他的见解，现代西方与古代希腊罗马是不同的传统，所以可以说是不同的西方：

> 但中国史则以一贯的民族传统与国家传统而绵延着，可说从商、周以来，四千年没有变动。所有中国史上的变动，伤害不到民族和国家的大传统。所以中国历史只有层层团结和步步扩展的一种绵延，很少彻底推翻与重新建立的像近代西方人所谓的革命。这是中西方历史形态的一个大不同处，因此而影响到双方对于历史观念之分歧……但中国人看历史，则永远在一个“根本”上，与其说是变动，不如说是转化。与其说是“进步”，不如说是“绵延”。[2]

从这样一种传统主义的保守主义出发，钱先生一面批评西方的主流价值，一面对中国历史传统做出现代性的解释，其中之一，就是中国有社会主义的传统。根据钱先生的判断，秦汉时期，“农民在当时，依照国家法律言，是一律自由而平等的，但以经济实况言，则殊不尽然……在一般自耕农之外便是租佃农与雇耕农，他们的经济状况虽较差，但在国家法律上，一样是一个自由平等的公民”。[3]所

[1] [德] 卡尔·曼海姆：《保守主义》，第 100 页。
[2] 钱穆：《中国文化史导论》（修订本），第 13 页。
[3] 同上书，第 114—116 页。

以中国并没有西方中世纪那样农奴制度。更进一步，钱先生以为，《礼运》所表达的就是“理想社会主义”。“这一重理想，在中国儒家思想里，本有一贯甚深之流衍。”而其核心是“均产论”。所谓“均产论”是反对两极分化，因为巨富赤贫会导致不能安生，所谓“大富则骄，大贫则忧。忧则为盗，骄则为暴，此众人之情”。但是也不是平均主义，而是有贫富的等差，以保持社会等级，体现荀子“明分使群”的礼治。

钱穆所用的“自由”“平等”“社会主义”等一类术语十分含混，自不用多说。所以他所书写的历史的真实性，是可以讨论的。但从一个侧面表现传统主义者钱穆自己并不反对自由平等和社会主义。当然，当他这样描写历史的时候，同时也暗示了一种保守主义的观念：古代中国的政治不平等在被悬置不论的过程中依靠历史的“绵延”将和经济上的实际不平等一起被保存下来。

形式上稍有不同，而实质上非常类似的，是哲学家冯友兰先生。所谓形式上不同，是因为冯友兰先生基本上没有讨论古代社会的平等与不平等的问题。冯友兰对此有所回避，似乎可以说，从哲学家的立场看，哲学只对“真际”有所肯定，对于“实际”则无所主张、无所肯定；或者从儒家传统说，“平等”问题不是儒家讨论的要点。他后来又主张，对于儒家的价值可以用“抽象继承”的方法对待之。但是所有这些，都在无形中保留了儒家学说中的等级观念和道德精英可以享有政治特权的观念。他讨论过“良知”与“爱有差等”的问题。对于“孟轲所说的‘爱有差等’，王守仁认为‘这是道理合该如此’。所谓‘道理’并不是教条，是‘良知’上自然的条理，就是说，这是良知的自然反应”。[1]冯友兰先生避开了下述这一点：儒家“爱有差等”与其君子小人之辩是不可分割地联系在一起的。对于后者，冯友兰先生说：

一社会之分子，有君子小人之分。君子即是依照一社会所依照之理所规定之基本规律以行动者，其行动是道德底。小人即不按照此基本规律以行动者，其行动是不道德底。若一社会内所有之人，均不依照此社

[1] 冯友兰：《中国哲学史新编》第五册，人民出版社1988年版，第219页。

会所依照之理所规定之基本规律以行动，则此社会即不能存在。所以照旧说，对于一社会说，君子为其阳，为建设底成分；小人为其阴，为破坏底成分。如一社会之内，君子道长，小人道消，则此社会之依照其理，可达于最大底限度。如此，此社会即安定；此即所谓治。如一社会之内，小人道长，君子道消。则此社会即不能依照其理。如此，则此社会即不安定，或竟不能存在；此即所谓乱。在乱时，社会之理，或某种社会之理，依然是有，不过此社会之人，不依照之而已。此即朱子所说："非道亡也，幽厉不由也"。"道是亘古亘今，常存不灭之物"，即在幽厉之时，道亦不灭，不过幽厉不由之而已。[1]

这段话自然颇可玩味。儒家讲"道"是永恒的，而且朱熹一脉的儒家更以为"道"是先验的存在，所以守先待后是他们的基本人生态度和社会立场。不过如果"道"是指社会"基本规律"，那自然是将社会规律的历史性祛除了。祛除了历史条件的永恒的"道"决定了"君子小人"之分别也是永恒的。然而，从孔子开始，君子小人的分别就不仅仅是道德的高下，同时更是社会地位的高下。更明确地说，君子小人之分是治人者与被治者的分别，在仁智统一的语境中，又是和上智下愚的分别联系在一起的。

冯友兰先生自己未必不赞成"平等"的现代意义。但是在诠释儒家哲学的过程中，由于其实际上遵循着朱熹理学的路径，而又用"抽象继承法"的方式论儒学，从这个意义上说儒学中为不平等制度辩护的倾向并未得到自觉的清洗。

二

围绕着"平等"问题，现代新儒家面临双重的挑战，一方面固然是必须回应启蒙主义或反传统主义的挑战，维护中国文化传统，批评激进主义的社会革命论；另一方面是必须顺应现代社会的发展，解决如何从"内圣开出外王"的问题。20 世纪 50 年代以后的港台新儒家，尤其是牟宗三、唐君毅等重在哲学建构

[1] 冯友兰：《新理学》，收录于《贞元六书》，第 122 页。

的新儒家，经受了政治变局、文化变迁且与身世飘零互相纠缠，对此的感受尤为深切。因而其理论也展现出探索“民主如何可能”的新方向。

面对第一种挑战，牟宗三先生等与钱穆先生类似，否定中国古代社会的阶级分野，以否定马克思主义阶级斗争理论，其实这也是梁漱溟先生断定中国社会“伦理本位、职业殊途”被许多人所赞成的原因。按照这一基本判断，古代中国不仅与印度种姓社会不同，与欧洲中世纪封建社会也不同。

> ……中国则自古即无固定阶级之留传，它无阶级的问题……“无生而贵者”这一句话即表示了中国文化生命里之无阶级观念。贵贱是爵谥的问题，因而亦就是一个价值观念。贵贱由分位观念起。人无生而贵者，自其生物之生言，皆平等平等。此为生之原质。必套于文化系统中，而后见其贵贱。是以中国贵贱观念，自始即为一价值观念，而非阶级之物质观念也。由文制而定贵贱，即由生之原质而至人道也。[1]

牟先生长于以思辨哲学谈心性理论，论历史则并不能圆满回答“无固定阶级”是否即等于无等级、无特权、无地位差别和贫富悬殊等不平等的问题。“贵贱”表达了价值观念，这一点我们在讨论庄子的时候已有论列。但是这个价值观念反映的恰好是按照等级高低的标准（爵谥），人分贵贱正是基本的不平等观念。不过这个不平等的观念在具体形态上与欧洲中世纪或古代印度不同，而有中国自己的特点罢了。

在牟宗三先生看来，传统的更为可贵的还是儒家“人皆可以为尧舜”的观念，它同基督教“在上帝面前人人平等”或佛教“一切众生皆有佛性”类似，都表达了“超越的平等性”。在西方，借助自然法或“原始的自然的平等性”，开始获得“内在的平等性”（immanent equality），因而成就为权利主体。换言之，即我们前面所说，从“人的相同性”出发的平等的形上学，进入了“权利平等”（平等的政治学和社会学）。但是，西方人的“权利平等”由于只是形式的平等，牟先

[1] 牟宗三：《历史哲学》，收录于《牟宗三先生全集》第9卷，台湾联经出版公司2003年版，第208—209页。

生将之称为“外延表现”，缺少“内容表现”，即不能解决个人主观的生命问题，结果导致了严重的文化危机。技术的高度发达和物质文明的高度繁荣，不能掩盖内在的“极度虚无与野蛮”。所以不如中国“内容表现”之路，更注重个人生命的关怀和提高。[1]

不过透过为传统辩护的言辞，我们还是可以看到牟先生等谈论平等问题有一个新的方向，那就是民主在中国如何可能？

> 同是要求现代化，西方与中国的源泉不同；西方是根据阶级斗争而来，中国社会则只是“职业分途，伦理本位”，阶级的分野不清楚。中国以前取得政权的方式是靠打天下而来的，政权的泉源是非理性的，是皇帝打来的，旁人不能过问，所能过问的只是第二义以下的。除了政权来源这一方面不能触及之外，中国以往在其他方面是非常自由、平等。我们可以说，中国以前只有“治权的民主”，而没有“政权的民主”。从考进士、科甲取士等处，即可见治权是很民主的。但是真正的民主是在“政权的民主”上表现的。唯有政权民主，治权的民主才能真正保障得住。[2]

事实上，在他批评西方人的平等民主是在从“超越的平等性”到达“内在的平等性”只是走了“形式表现”的时候，并没有否定“形式表现”（外延的表现），而同时说要“参考这条路”，而且要“以内容的表现提撕并护住外延的表现”。[3]这当然是道德理想主义的理想。问题是，本来具有丰富的道德境界理论的中国，在“超越的平等性”上有很高的成就，虽不同于政治的平等，但在逻辑上与政治上的自由平等也不相反对——对于这一诠释向度，我们前面已经有许多讨论，牟先生也作如是观——但是何以我们缺少形式的展开，或者更明确地说，“政权的民主”如何实现？于是，这就表现为港台新儒家最关心的话题之一：内圣如何开

[1] 牟宗三：《政道与治道》，收录于《牟宗三先生全集》第10卷，台湾联经出版公司2003年版，第157—175页。
[2] 同上书，第27页。
[3] 同上书，第175页。

出“新外王”?

关于这一重大课题，牟宗三先生有一著名的命题：良知的自我坎陷，或者说道德理性的自我否定，或者说是所谓“曲通”，都是类似的意思。撇开具体论证是否成立（学术界有颇多议论），我们不难发现，牟先生是充分意识到无论是孟子的“良知”“人皆可以成尧舜”，或佛教“人人皆有佛性”等“超越的平等性”，不仅在历史上与“权利平等”没有因果关系，而且在逻辑上也不存在必然关系。[1]不过，牟宗三先生不脱观念论的老套，所以在解释如此重大的观念史问题时，只停留在观念自身去考察。依我的见解，“曲通”“坎陷”云云，乃是历史的辩证法，平等观念的现代嬗变，除了观念自身的历史外，要用社会条件的历史性才能获得说明。换言之，社会史的重大变迁，决定了观念世界发生了划时代的变化，一些新的观念产生了，一些旧的观念也获得了新的理解，过分执著于传统主义，无益于我们窥测历史的真相，也无益于我们认识自己。

三

如果我们同意平等问题可以作为划分现代思想派别之激进与保守的根据（或根据之一）的话，那么现代新儒家中同样有比较激进的人物，譬如徐复观。

---

[1] 同样从传统主义的视角讨论问题的唐君毅先生，虽然是另一种情形，但也表现出围绕“民主”在思考的现代性。在他关于现代社会之价值体系的构想中，平等是次一级的。“民主、自由、和平、悠久是人类人文社会之四大理想。除此以外，如平等、公道、安全、功利、福利等理想，在本书系统中，可说是次要。此等理想，亦可由民主、自由、人生价值及人文价值之概念所引申出，而包含于其中，民主即包含政治上之平等。民主亦依于人格之平等。而人格上之平等、政治上之平等，即当引申出生存权利之平等，经济上机会之平等及人文创造与享用上之平等。而公道则是求‘能得’与‘应得’之相当。如各人工作之价值有差别，而应得有差别，似为不平等。然以差别报差别，仍为一平等。公道乃可涵差别之平等。安全乃所以保障人之自由权利、求安全亦即人之自由权利之一种。至于所谓功利福利者，亦不外由权利之运用，而实现一人生价值、人文价值，达某一目的得某一效果，感快乐满足之谓。直用此二名而倡功利主义、福利主义，乃未达本源之思想，为本书所不取。但我们可以说，欲天下太平，则社会必须有公道平等，欲人文悠久，则须有安全，而有正当之功利或福利之目的之达到。故平等、公道、安全、功利、福利等，亦可包于和平悠久之理想中。”（唐君毅：《人文精神之重建》，广西师范大学出版社 2005 年版，第 12—13 页）大致说来，唐君毅先生已经考察了平等的若干向度，而在他的价值构想中，平等是从属于民主的，因而已经承认了“权利平等”的观念，但是他拒绝与现代平等相关的功利主义的解释，因而又延续了儒家的传统立场。

关于徐复观先生思想的总体品格，陈昭瑛教授有一个论断。认为相对于熊十力、牟宗三、唐君毅等“超越的儒家”，徐复观先生是“激进的儒家”。[1]更称之为“大地的儿子”，因而凸显了徐复观先生的民粹主义本色。我以为此一“激进儒家”的论断，其内涵还可以有所推扩，因为至少徐复观对于复杂的儒家传统本身的批评，也展示了其思想中激进的特质。换言之，常抱忧患意识的徐复观先生对于历史具有强烈的反省意识，对于儒家在历史上的实际作用能作实事求是的具体分析，一方面强调其贡献与理想，一方面也明确地承认历史中的黑暗和曲折。就政治理论而言，汉代以降的儒家，最严重的问题是其理论之意图已经与先秦儒家大不相同，从孔孟那样用儒家理想去规范现实，转变为如何维系现实的大一统王权。因此，一般的儒家总是站在统治者一面为解决政治问题寻找出路：

> 而很少以被统治者的地位，去规定统治者的政治行动，很少站在被统治者的地位来谋解决政治问题……这一切，都是一种“施”与“发”的性质（文王发政施仁），是“施”与“济”的性质（博施济众），其德是一种被覆之德，是一种风行草上之德，而人民始终处于一种消极被动的地位。尽管以民为本，而终不能跳出一步，达到以民为主。于是政治

[1] 陈昭瑛指出，徐复观在20世纪60、70年代的著作中，“竟充满激进的现实主义精神，充满浓重的草根意识。”这里的激进主义有一个题注，文章引用马克思的《黑格尔法哲学批判》中的话：“激进的（radical）是指从根本上去掌握事物，对人而言，根本（root）就是人本身”。思想与性情有关，“他认为人是有血有肉的具体生命，因此，他非常重视人性中感性与理智所共同构成的整体性，他反对理智对感性的专制，他常觉得感性与理智之间的关系是互动的。对有情世界的关怀、探索，甚至耽美而不自拔。这一特点，若放在秦汉以后便渐有禁欲性格的儒学史中来考察，是复观先生最突出的一点，但这一点却使他与孔子精神越千载而相遇相通。可以说，这种精神在孔子以后便没落了，到复观先生才得到复兴”。“他的思想中的现实主义、民粹主义是从他个人的现实生活，从先秦儒家而来，而不是从宋明理学而来。相对于激进的儒家，熊十力、牟宗三、唐君毅诸先生可称之为超越的儒家（transcendental confucianist），因为他们是从超越的、先验的方面去掌握事物。但是如果我们把孔孟荀当作儒家的原始典范，把《论语》、《孟子》、《荀子》当作原始儒家最重要的经典，那么激进的儒家是儒家的正宗。”她进而称之为“大地的儿子”，因为他们关心此岸世界，而超越的儒家是“上帝的选民，因为他们关心彼岸世界（other world）”。（陈昭瑛：《一个时代的开始：激进的儒家徐复观先生——徐复观先生逝世七周年》，收录于《徐复观文存》，台湾学生书局1991年版，第361—366页）。

问题，总是在君相手中打转，以致真正政治的主体，没有建立起来。

> 因为总是站在统治者的立场来考虑政治问题，所以千言万语，总不出于君道、臣道、士大夫出处之道。虽有精纯的政治思想，而拘束在这种狭窄的主题上，不曾将其客观化出来，以成就真正的政治学，因之，此种思想的本身，只算是发芽抽枝，而尚未开花结果。[1]

这当然是对中古时代儒家非常严厉的批评。因为，正如黄俊杰教授在其新著中指出的那样："徐复观解释中国文化时，特别着重批判专制体制对中国文化各方面的伤害与荼毒……析论中国历史文化比较具有强烈的批判精神。"[2]在徐复观先生看来，先秦儒家的人本主义思想在政治上展开为民本论，但是后起的儒家政治理论的基本点，却转变为如何论证专制君权的合理性及其实践的制度配置。

关于这一发现，徐复观并不据为自己的独创，而特意指出，这是他"亲闻之于黄冈熊先生"。考诸熊十力先生的著述，这一点确实是相当显豁的。作为现代新儒家中最有创造性的哲学家熊十力先生，虽然早年从辛亥革命的政治漩涡中退入书斋，却对于那场革命的民主诉求有着深切的体验，因而在《十力语要》中写下这样的文字：

> 古代封建社会之言礼也，以别尊卑、定上下为其中心思想。卑而下者以安分为志、绝对服从其尊而上者。虽其思想、行动等方面受无理之抑制，亦以为分所当然、安之若素，而无所谓自由与独立。及人类进化，脱去封建之余习，则其制礼也，一本诸独立、自由、平等诸原则，人人各尽其知能、才力，各得分愿。[3]

---

[1] 李维武编：《徐复观文集》第一卷，第 117 页。

[2] 黄俊杰：《东亚儒学视域中的徐复观及其思想》，台湾大学出版中心 2009 年版，第 64—74 页。在本书中，作者将徐复观放在广阔的比较研究视野中来探讨其思想，包括比较了徐与钱穆对于中国文化历史的研究。认为，同样"以中国文化作为认同对象"，徐比钱对于历史的两种解释，不但涉及历史的描述，而且渗透了主观的评价，"徐复观犀利而敏锐的批判态度，使他直探中国文化根本病痛之所在。如果就为未来的历史奠基这个角度来看，徐复观的批判精神留给这一代知识分子的遗产显然较为丰富。"（第 71 页）

[3] 熊十力：《示菩儿》，收录于《十力语要》卷三。

《十力语要》系1949年前所作。不过，在这个问题上，熊先生一生没有大的改变。在《原儒》《读经示要》等其后期著作中，熊先生同样表达了对汉以后的“小康儒”修正孔子的“大同”理想而痛心疾首。

不过，无论是熊十力还是徐复观，都并没有把“平等”简单地化约为乔万尼·萨托利所说的单纯的“抗议性原则”，而是注意到其复杂性，进而强调其同时也可以是“建构性原则”。所以，熊先生在接着上面的话以后说：

> 然则平等之义安在耶？曰：以法治言之，在法律上一切平等。国家不得以非法侵犯人民之思想、言论等自由，而况其他乎？以性分言之，人类天性本无差别。故佛说一切众生皆得成佛。孔子曰：“当仁不让于师”（言仁德吾所固有，直下担当，虽师之尊，亦不让彼之独乎人也）。孟子曰“人皆可以为尧舜”。此皆平等义也。

这表明熊十力既注意到“相同性的平等”，也注意到“权利平等”或“公正的平等”。熊先生的后学如徐复观和唐君毅等也不同程度地注意到这一点，虽然他们论述的详略有所不同。

然而，熊先生在其不多的关于平等的论述中，最注重的还在“相同性的平等”，用他的话说，这是一种“性分平等”，并且着意于建立平等的形上学论证。他认为儒家平等观念在“群己之辩”中有一个指向存在论和本体论的背景。按照熊十力的说法，儒家既讲成己成物，又讲万物一体。“己”和“物”本来互相联结，不分彼此，不分内外。而“内圣外王”却要分别内外。

> 据理而谈，有总相别相故。说万物一体，此据总相说也。凡物各自成一个小己者，此据别相说。若无别相，那有总相可说。别相在总相中，彼此平等协和合作，而各自有成，即是总相的大成。譬如五官百骸在全身之发育，亦此理也。[1]

[1] 熊十力：《体用论》，中华书局1994年版，第314页。

我们在这里看到，虽然熊十力常常喜好用《易传》“群龙无首，吉”来论证人人平等，但是，与西方个人主义或自由主义在理解个人与社会或个体与群体之关系的时候用实证的、分析的方法不同，他特别擅长运用玄学思维和辩证方法，强调在对待中把握个体与总体、部分与全部的关系。同时，在理解个体之间的关系时，就与西方个人主义强调个人的独立与实在不同，承认关系本身的实在性，而非个体的实在性。他的形上学，不仅用“翕辟成变”解释实在，将 Being 转变为 Becoming，而且个体永远在关系中。他反复说，总相和别相，“名虽有二，实一体也。故个人成己之学，不可为独善自私之计，而成物为至要也。然己若未成，又何以成物？故内圣外王其道一贯，学者宜知”。[1]这种辩证思维后面隐蔽着的是与西方现代平等观念所包含的原子主义的个人观念不同的前提。

四

以“性分平等”“人皆可以为尧舜”为平等论的基础，熊十力的这一理路，为其后学所继承，当然也为徐复观和牟宗三、唐君毅等先生所肯定。他们共同起草的《为中国文化敬告世界人事宣言》中如此说道：

> 从儒家之肯定天下非一人之天下，并一贯相信道德上，人皆可以为尧舜为贤圣，及民之所好好之，民之所恶恶之等来看，此中天下为公人格平等之思想，即为民主政治思想根源之所在，至少亦为民主政治思想之种子所在。

因此，说徐复观赞成以“性分平等”“人皆可以为尧舜”这类高调的平等论，或者平等的形上学，应该是题中应有之义。所以我们看到徐复观的如下议论：

> “天命之谓性”，这是子思继承曾子对此问题所提出的解答；其意思是认为孔子所证知的天道与性的关系，乃是“性由天所命”的关系。天

[1] 熊十力：《体用论》，第 315 页。

命于人的，即是人之所以为人之性。这一句话，是在子思以前，根本不曾出现过的惊天动地的一句话。“天生蒸民”，“天生万物”，这类的观念，在中国本是出现得非常之早。但这只是泛泛的说法，多出于感恩的意思，并不一定会觉得由此而天即给人与物以与天平等的性。

“天命之谓性”，决非仅只是把已经坠失了的古代宗教的天人关系，在道德基础上，与以重建；更重要的是：使人感觉到，自己的性，是由天所命，与天有内在的关连；因而人与天，乃至万物与天，是同质的，因而也是平等的。天的无限价值，即具备于自己的性之中，而成为自己生命的根源，所以在生命之自身，在生命所关涉到的现世，即可以实现人生崇高的价值。

“天命之谓性”的另一重大意义，是确定每个人都是来自最高价值实体——天——的共同根源；每一个人都禀赋了同质的价值；因而人与人之间，彻底是平等的，可以共喻共信，因而可建立为大家所共同要求的生活常轨，以走向共同的目标。[1]

严格说来，从“天命之谓性”并不能直接推论出“天给人与物以与天平等的性”这样的结论，而且儒家的“天人合一”也绝不是两个平等的元素的联合。正如“人皆可以为尧舜”逻辑上并不蕴涵人在现实世界的“权利平等”。因为其论式已经先在地肯定了现实中的人的差异性，或者说原先的命题如果展开起来应该是：所有那些实际（身份、地位、道德、成就、才性等）上都不同的人都有成圣的可能性。换言之，性善说与权利平等虽然在逻辑上不必相反对，但是从前者却不能推演出后者。至于在经验中，两者更是未能两立。从形式上看，徐复观的论述依然是从超越的“天”之信仰，下贯而论人性的存在论根据，从天道这一价值的源头来论证人的相同性的平等。但是我们仔细寻绎其文字，还是可以发现徐熊两位先生思路之差异。熊先生基本上停留在形上学的领域，凭借的是思辨的方式。而徐复观的论述重心渐渐转移到个人、现世和生命。因此其平等观虽然和熊

[1] 李维武编：《徐复观文集》第三卷，第114—115页。

十力一样出于儒家之“天人之际”，但是不再只是玄妙之境，不是冷冰冰的理性准则，而是“生的敬畏”，是发自内心的真诚情感。

所谓生的敬畏，即是对于一切生命，均承认其有平等而崇高的价值，因而发生一种敬畏之心。由此种敬畏之心而发出与人类，乃至与万物，同为一体之感。[1]

以“心”为道德的根源，以“生”为一切价值的基础，正是中国文化的一体两面。只有每一个人体认到自己有一颗“不忍人之心”，而加以保持、扩充时，便自然感觉到一切价值，都是以生命为起点，而立刻对一切生命予以平等地看待。[2]

因而可以借平等的原则，“建立为大家所共同要求的生活常规，以走向共同的目标”。

这种将“性分平等”落实到现实人生的路向，一定要突破古代“相同性的平等”的界线，把平等的形上学转变为平等的政治学和社会学。这在徐复观先生对于“天命之谓性”中的“命”的解释中，有一鲜明的体现。当他说，“天命之谓性”决定了每个人都有“同质的价值”时，不仅说道德上的等质，而且说在现实生活中也“等质”。与宋明理学家比较多的局限于将“天命之谓性”理解为人普遍地具有道德的先验之根据不同，徐复观将此与近代“天赋人权”的观念联系起来，因而有了非常突出的法权平等的观念。他说：

生民的具万理而无不善的命，同时也应该是在其生活上能有平等自由的命，亦即是政治上的天赋人权之命，假定有前者而无后者，则不仅不能在抑压委顿之下，责人人从道德上去做圣贤，即使是圣贤自己，也应该从抑压委顿中，翻转出来，使自己随着天地万物，皆在其份位上能

[1] 徐复观：《西方圣人之死》，收录于《徐复观文存》，第337页。
[2] 同上书，第338页。

各得其所。圣贤为了拯救天下，为了“一人不出地狱，己即不出地狱”，而可以忍受抑压委顿；但圣贤不仅不以抑压委顿期望之于他人，并且也决不以抑压委顿的本身为道德；否则即是奴隶的道德。奴隶的道德，历史上常常成就了少数暴君的不道德，以造成罪恶的世界。所以人格的完成，同时必须人权的树立。人格与人权，真正是相依为“命”而不可分离。从教化上立人格的命，同时必须从政治上立人权的命，这才是立性命之全，得性命之正，使前者有一真确的基础，使后者有一真实的内容，于是生民的命才算真正站起来了。[1]

其思想在对“人皆可以为尧舜”的解释上也呈现出不同。我们知道，在中国思想史上，对于“人皆可以为尧舜”的诠释，历代儒家虽有一贯的关注而并未达成一致的理解。相当多的解释是一般人虽然“可以”而并未“成为”尧舜，“成圣”这种可能性只是潜在的而非现实的。这反映了社会史的真实：儒家尤其是政治化的儒家，在坚持性善论的同时还维持着对于特权、等级和权威的信念。最极端的一派，实际上以为人在其现实性上，不但社会政治地位不平等，而且在道德上也不平等，君子小人的区隔是不能逾越的。温和的儒家则以为，尽管政治现实中人有差等，但是在道德上人可能被视为平等。激进的儒家则不满足于抽象的可能性，而出现了像王门后学那样“满街皆是圣人”的理论。

徐复观先生从敬畏生命出发讲“人皆可以为尧舜”，实际上上接左派王学的路径，要将“平等”从抽象的同一性，在生活世界中转化出现实的同一性。因此，他说：

在人的本性上，尧舜更不比一般人多些什么；所以他说“尧舜与人同耳”。既是“尧舜与人同耳”，便可以说“人皆可以为尧舜”。

但孟子说这句话，不是把他当作“应然地”道理来说，而是把它当作“实然地”事实来说。即是孟子并不是认为人性应当是善的，而是认

[1] 徐复观：《为生民立命》，收录于萧欣义编：《儒家政治思想与民主自由人权》，台湾学生书局1988年增订版。第190页。

为人性实在是善的。[1]

将成圣从可能性直接翻转为现实性，可谓徐复观先生的一大发明。但是，这一断语是需要论证的。首先就需要在经验中获得证实，因为传统儒家的君子小人之辨容易形成一种成见，以为君子与小人之分是不可逾越的。徐复观则辩难说：

人性既与天道同体，则每一个人应当都是成德的君子。但事实上，却是百姓多而君子少，这又如何解释呢？作《易传》的人，以为这乃是由于百姓的“不知”。“百姓”与“小人”不同，百姓乃是无心为恶，但亦无为善的积极企图的人。所以他们的心灵，常处于非善非恶的浑沌境界。“不知”的“知”与“觉”同义。不知，即是不自觉与天地同体之性。人一旦对其本性有了自觉，则其本性当下呈露。[2]

诉之于经验，社会构成的主体既不是君子，也不是小人，而是“百姓”。这样，徐复观就越过传统的君子小人之辨，直接得出一个可能蕴涵了启蒙主义的论式。普通人与作为道德楷模的君子其实并无本质的区别，其差别只在君子有高度的自觉，百姓则“日用而不知”而已。因而，其间的地位之差别就不是不可逾越的，应该被打破。逻辑上，百姓通过其“自觉”，就可以进达君子的层面。这表示出徐复观突破儒家精英政治传统的一种理论努力，与熊十力虽有平等的意识，但依然保留着对权威、地位的信仰，并且以为中国社会政治动员依然只能采用从上而下垂直的运用权力的方式，[3]就大异意趣了。这与熊十力后学中的另一类人物

[1] 李维武编：《徐复观文集》第三卷，第154页。

[2] 同上书，第191页。

[3] 熊十力说：“古者儒家政治理想，本为极高尚之自由主义，以个人之尊严为基础，而互相协和，以成群体。期于天下之人人各得自主，而亦互相联属也；各得自治，而亦互相比辅也。《春秋》太平之旨在此。然太平未可骤几，民德未进，民质未优，岂可遽期至治。故必在官者以师道自尊，以身作则，生心动念，举足下足，悉由乎礼与法之中。然后亿兆所知向风，天下莫不隆礼奉法而世乃太平，师道毕矣。”（《十力语要》卷一）他并不觉得“在官者以师道自尊，以身作则”云云，如何与自由主义的宗旨大异。至少在这个阶段，权威和地位，甚至特权等等，都依然是不能用平等的原则处理的。

如唐君毅也不同，唐君毅先生意识到“皇帝之居万民上，而自上而下的行仁政”，与现代民主制度下公民之间平等地参与政治之不同，但是他的总体倾向并非是积极地主张公民的政治权利，或者探询政治平等的实现途径，而是对参与政治采取消极的态度。他说儒家有“依于肯定人各有其良知，人各当反求诸已，对其良知负责，人与我共谋进德的师友策勉之道”，在人各有良知的前提下反求诸已，“由是而我与他人的关系，即为一纯粹平等的，以师友之道，互相策勉之关系”。[1]即基本上把平等看成一种道德主体间的关系，而不是政治主体间的关系。

在政治哲学的视域中，徐复观坚持通过“自觉”，普通人可以觉悟其本性而成就道德主体，其目标是以此为基础，将人格的平等转变为政治上的平等，即从道德主体成为政治主体。但是，如何从儒家相同性的平等的形上学论证，转化为公正的平等即政治学上的平等，这是一个现代新儒家所共同遭遇的困境。因为，按照传统儒家的论辩逻辑，性善论在伦理政治的框架中，它不仅包括伦理上的成圣，而且包括政治上的“王”。圣王之心发而为仁政，即王道政治。所以“内圣外王”将性善论与德治理想统合在儒家政治哲学或者广义的实践哲学之中。但是，在这一论式中，“百姓”并没有主体的地位，依然是被统治或被管制的对象。换言之，传统的“内圣外王”论不能保证普通人既是德性主体，又是政治主体。毋宁说它依然保留了“王”者的特权、地位和权威性，而其病根则是平等没有从形上的领域向下落实到普通人（“百姓”）的政治权利，民主政治自然无从发生。

徐复观因之而所做的理论努力是对“德治”理想的重新解释。他认为所谓“德治”应该是要求人君“将其才智转化为一种德量，才智在德量中做自我的否定，好恶也在德量中做自我的否定……因此而凸显出天下的才智与好恶，以天下的才智来满足天下的好恶，这即是‘以天下治天下’；而人君自己，乃客观化于天下的才智与天下的好恶之中，更无自己本身的才智与好恶，人君自身，遂处于一种‘无为的状态’，亦即非主体性的状态。人君无为，人臣乃能有为，亦即天下乃能有为。这才是真正的治道”。[2]反过来，德治的推扩需要平等的原则在政治

[1] 见唐君毅：《中国人文精神之发展》，广西师范大学出版社 2005 年版，第 252、244 页。
[2] 徐复观：《中国的治道——读陆宣公传集书后》，收录于萧欣义编：《儒家政治思想与自由民主人权》，第 224 页。

生活中的实现，“政治的主体不立，即生民的人性不显，于是德治的推扩感应，便不能不有一定的限度。”[1]

十分明显，这种对儒家德治理想的创造性诠释，形式上是用老子“无为而治”说来界定儒家“仁政”，但是，实质上是将古代垂直地（自上而下）运用政治权力，转变为自下而上的实施政治权力；剥夺君主的主体性，改由“天下”“百姓”来承担主体性，因而凸显出了现代平等观念：

> 在中国文化史上，由孔子而确实发现了普遍地人间，亦即是打破了一切人与人的不合理的封域，而承认只要是人，便是同类的，便是平等的理念。[2]

所谓“普遍地人间”即是平等地适用着人际原则的社会，或者说世俗的平等，而不再是停留在抽象的“性分平等”。所以他进而阐发所谓“普遍地人间”为三点：

> （一）孔子打破了社会上政治上的阶级限制，把传统的阶级上的君子小人之分，转化为品德上的君子小人之分，因而使君子小人，可由每一个人自己的努力加以决定……政治的职位，应以人的才德为选用的标准，而不承认固定的阶级继承权利，此即所谓《春秋》讥世卿。
>
> （二）孔子打破了以为推翻不合理的统治者即是叛逆的政治神话，把统治者从特权地位拉下来，使其应与一般平民受同样的良心理性的审判。……他主张政治权力，应掌握在有德者的手中；平民有德，平民即应掌握权力。
>
> （三）孔子不仅打破了当时由列国所代表的地方性，并且也打破了种族之见，对当时的所谓蛮夷，都给与以平等的看待。[3]

---

[1] 李维武编：《徐复观文集》第一卷，第118页。
[2] 李维武编：《徐复观文集》第三卷，第69页。
[3] 同上书，第71—73页。

这里的核心在于所谓“有权者应该有德，有德者应该有权”，何谓“有德”？形式上，依然是德治的精英政治论，但是其倾向是“平民”，而不是“士君子”，因而包含了一种意蕴：假如平民已经觉悟到自性，而成为一个有德性人，那么就应该也可以行使其政治权力，成为政治的主体。这种基于道德平等的政治理想，剥夺了“君”对政治权力的独占性，否定了君主与平民在政治地位上固有的等级区别，进而否定了“圣王”所独擅的权威。

平民应该有权，成为政治主体，和合理地行使政治权力，这并不直接同一。因为“现实上，人是有许多类别的，如智愚之分，种族之分，文野不同等等；不过在孔子看来，这只是教育问题。所以他便说出了‘有教无类’（《卫灵公》）的这句最伟大的话”。[1]它与前者是互相联系的平等原则的两个方面。前者意味着社会等级是流动的，进入政治权力的机会是平等的；没有人可以独占政治权力，或者将社会地位凝固化。后者意味着人民受教育的机会是平等的，而教育平等是政治平等的基础。这两项近年来被许多历史学者所着意发掘的历史遗产，实际体现了政治平等和社会平等的现代性原则。

五

早就有学者指出徐复观先生是“以传统主义卫道，以自由主义论政”。[2]前述徐复观的平等观念，也印证了其思想的自由主义倾向：从传统儒学中发掘自由主义的思想资源，在自由主义的政治中实现传统儒学的更新。

在20世纪中国，尽管自由主义者所理想的政治制度并未一帆风顺地建立，自由主义依然是强势的话语之一。甚至像熊十力这样的儒家，也并不简单地拒绝自由主义。但是，另一个强调平等的政治派别是社会主义，它在很长时期中（尤其是在中国大陆）是更为强势的话语。如果说自由主义和社会主义有某种基本的区别的话，那么正在于如何解释“平等”的原则。这里的解释不仅包括对于“平等”

［1］ 李维武编：《徐复观文集》第二卷，第73页。

［2］ 见何信全所著《儒家与现代民主——当代新儒家政治哲学研究》中所引韦政通语，何氏同样称“徐复观透过儒学诠释所发扬的儒家思想，实透显出充沛的自由主义精神”。（台湾“中央研究院”中国文哲研究所，2004年，第131页）

的具体诉求，而且包括如何给予平等在现代性价值系统的秩序安顿。通常说来，自由主义主张自由优先，而社会主义主张平等优先；自由主义所说的主要是法权的平等，而社会主义主张经济平等；自由主义一般主张自由的基础是产权，是自由市场经济；社会主义则主张经济的国有或公有制度是保证经济平等的最重要手段。

在这一点上，徐复观与熊十力的区别就比较清晰了。熊十力说：

> 内圣者，深穷宇宙人生根本问题，求得正确解决，笃实践履，健以成己，是为内圣学。外王者，王犹往也。孔子倡明大道，以天下为公，立开物成务之本（开发万物为开物，成立一切应创应兴之新事业曰成务，见《易大传》。公也者，开与成之本也），以天下一家，谋人类生活之安。[1]

熊还说，“天下一家”就是“天下为公”，而且断言当初孔子“天下一家”之论，必有详细的说明与预拟的制度。惜乎《礼运》经过后儒的削改，无法考证了。而孔子作《书经》注《春秋》，完全是为了“领导革命，消灭统治，以蕲进乎天下一家之盛”。[2]更值得我们注意的是下面的论述：

> 何休注“三世”：一、据乱世者，万国庶民，在久受压迫和侵削之中，奋起革命，消灭统治，拨乱世而反之正。二、升平世者，革命初成，乱制已革（乱制者，古《春秋》说，少数人统治大多数人，即是造乱的制度），更须领导新建设，国家将改正旧日之国界恶习，而变为文化团体。但在万国未能遽行统一以前，国家仍保持独立的规模与军事之设备。其对外，则防御列国中或有反动分子阴蓄异图；其对内，则土地国有，一切生产事业国营，乃至万物聚散与人民享受等等业务，莫不由国

[1] 熊十力：《体用论》，第314页。
[2] 同上书，第315页。

家经理。（以上皆根据《周官经》而言。聚，谓国内各地各种物资之统购。散，谓分配物资于各地各项职业之人，平价售出，共其食用等需要。）此举其大略也。三、太平世者，国界种界一切化除，天下一家，人各自主，而皆平等互助，无彼我分别，《易》云“群龙无首”是也。何休所述“三世”，确是孔子《春秋》之三世义。[1]

这里有明确的经济平等、消灭私有制度、国家统制经济生活等等诉求在内，其中的社会主义倾向十分明显。

至于徐复观，则与之不同。首先，他主张自由竞争的经济：

不论经济与文化，都是在自由竞争中得到进步。经济进步的消极标志，便是落后的东西受到自然的淘汰。为了免于淘汰，便不能不在技术、管理、推销等方面力求前进。所谓自由竞争是不把经济以外的因素，尤其是不把政治权力的因素，介入到经济的活动中去。[2]

从这个意义上说，他追求的是有限责任的“小政府”，而不是全能政府。“只有采用中国传统的无限责任的政治观点，而后面缺乏道德的自觉，采用西方近代权力竞争的观点，而前面不承认各个体的基本权利限制，这种把中西坏的方面糅合在一起的政治，有如中国现代的政治，才是世界上最不可救药的政治。”[3]徐复观曾经幻想将国民党改造成以自耕农为基础的政党，承认私有财产权和民营经济的发展，是其平等观念的合理延伸。

其次，这种主张自由市场的理论，与其简单归结为通常西方式的自由主义，毋宁说是儒家自由主义。因为，徐复观虽然坚持私有财产应该得到保护，但是又不应该走向金融寡头垄断国民经济的局面。从根本上说，他不赞成西方自由主义所固有的个人主义价值，而认为按照儒家的政治理想，在自由竞争的市场经济

[1] 熊十力：《体用论》，第317页。
[2] 徐复观：《经济保护与文化保护》，收录于《徐复观文存》，第118页。
[3] 李维武编：《徐复观文集》第一卷，第121页。

中，自由和平等、秩序与和谐、权利与义务应该获得平衡。

孔孟由仁的无限的精神境界，以上透于天命的人性，这是人性的超越的一面。人性的超越性，实际即是人性对于自我以外的人与物的含融性。不能超越自我，即不能含融人与物。此时之礼，乃是仁向外实现时所建立的合乎仁的要求的个体与群体的生活方式与秩序。礼为了建立秩序，不能不以“分”、“别”为其特性；但在“分”与“别”的后面，是流动着连带性的亲和感。……反转过来，以自由为主的社会制度，假定在其一般文化中，缺乏仁的精神，则权利与义务的关系，永远得不到真正地均衡；结果，便会走向资本主义下的金融寡头专政的政治。我们应当从这种地方，来了解人类为什么一直到现在，还不能把平等与自由、秩序与谐和的问题，作真正的解决。更由此而可以了解，由孔子所体验出的仁的精神，对人类整个文化所具有的意义。[1]

因此，当我们说徐复观的平等观念表明他属于某种儒家自由主义的时候，实际上意味着我们很难简单地将徐复观纳入通常用于划分现代思想派别的某个“主义”中。从其对于个人权利、平等意识和民主政治的建设性理论而言，当然包括了许多政治自由主义的共识；但就其“以中国文化为认同对象”而言，他无疑属于儒家。更重要的是，他在规划中国的民主政治时，依然坚持儒家的人格理想与社会理想的统一，即并未落入西方自由主义所通常背书的原子化的个人主义。他说：

儒家的伦理思想、政治思想，是从规定自己对于对方所应尽的义务着眼，而非如西方是从规定自己所应得的权利着眼。这自然要比西方的文化精神要高出一等。……中国是超出自己个体之上，超出个体权利观念之上，将个体没入于对方之中，为对方尽义务的人生与政治。中国文

[1] 李维武编：《徐复观文集》第二卷，第 235 页。

化之所以能济西方文化之穷，为人类开辟文化之新生命者，其原因正在于此。[1]

现代民主建设的第一步，亟待中国人的自我意识从道德主体转变出权利主体，但是民主制度之完成，却依然需要“以争而成其不争”。个体依然是在群体之中，追求的是群己和谐、人我互重的社会生活共同体。这种社会理想，乃儒家所固有。努力思考民主政治之实现的徐复观先生对于君臣一伦应该符合平等关系的理想有诸多发挥。

本节简要讨论了现代新儒家最重要代表人物的平等观念。就对传统的关系而言，这个传统主义的思想派别，虽然总体上持“返本开新”即回复到原点再出发的姿态，但是其新方向却是指向现代性的民主。当然其间又有细微的差别，特别在对于传统政治文化的反省的程度上，有相对激进和相对保守的区别。这些区别，不但与其个人学术观念、才性气质有关，也表现了现代新儒家经过“返本开新”，其系统内部所包含的张力。从传统性善论出发，在应对现代性的过程中，可以有多种进路。还有社会经济体制的问题，如我们最后所讨论的那样：多半由于地域的分别，同属现代新儒家，而且还有某种师承关系，但是，徐复观在平等问题上与熊十力先生却有种种区别。从社会史的角度看，1949年以后，熊十力留驻大陆，徐复观（以及唐君毅、牟宗三）流亡海外，师徒两辈做了不同的政治选择；同时，在经济上，大陆和台湾也走出了两条不同的现代化之路。这种个人的经历与社会条件的变迁，对于思想家的思想有什么影响，是我们难以遽然断定却又非常值得深长思考的。

六

上述可知，现代儒家在平等观念的嬗变中展现了新的方向，即主要是在讨论中国如何实现民主政治的意义架构中讨论问题，而且展示出某种可以称为儒家社会主义或儒家资本主义的向度。但是，在其基本点上，即从性善论出发的德治理

[1] 李维武编：《徐复观文集》第一卷，第120页。

论、儒家道义论或德性论的伦理学，新儒家保持了他们的原则性。因而，在对于传统伦理作现代诠释的时候，通常拒绝将道德与政治分离的西方现代性路径，尤其是拒绝个人主义和自由主义，表现出类似社群主义的倾向。这在其先驱梁漱溟先生那里已经呈现。他虽然认为中国传统社会的问题是个性不伸展，团体生活不够，而西方人的长处是个性和社会性的发达。所以西方人懂得“大家彼此通是个人，谁也不是谁所属有的东西；大家的事便大家一同来作主，个人的事便自己来作主办，别人不得妨碍。所谓‘共和’、‘平等’、‘自由’不过如此而已，别无深解。”[1]所以中国人应该把科学和民主连同“平等”拿过来。然而，梁先生的重点是下一个转语——要把其根本态度改一改。即要将西方文化向外追求和强调人际竞争的人生态度“根本改过”，变为“互以对方为重的态度”。这些都是研究近代哲学史或儒学史的人们所耳熟能详的了。

所谓“互以对方为重”，即我们前面曾经讨论过的，以 parity 来代替 equality，其要点是个人虽有分别而并非是纯粹孤立、互不相属的个体，个人与他人始终处于（有差别的）情谊关系之中，虽然不排斥个人的权利。唐君毅就说：

> 一切伦理关系，都是互相差别，而必须平等的被肯定。对父母要孝，对子女要慈，对兄要恭，对弟要友，对夫要顺，对妇要和，对友人要忠信，对邻里要和穆，对师与前辈要敬，对弟子与后生要爱护而知后生之可畏。[2]

“权利平等”转变为相互间的责任，扩而广之，对于家国天下乃至宇宙天地，凡人都有一份责任。由此构成一个“人文的世界”。

用此眼光看政治平等，也与自由主义不同：

> 还有在我们理想世界之政治社会，可以莫有经济上之阶级，然不能

[1]《梁漱溟全集》第一卷，第 365 页。
[2] 唐君毅：《人文精神之重建》，第 197 页。

莫有政治上之位分之等级。政治上之位分之等级，乃依于价值高下之等级。但是高下之位分等级间的关系，将不是压制与反抗之关系，亦不是服从与支配之关系，亦非隶属与领导之关系，而是尊戴与涵容的关系。[1]

从自由主义的眼光看，其政治合法性不是建立在契约论的社会合作理论之上，而是保留了某种权威主义的色彩，虽然他以朋友关系来理解政治伦理，是对儒家伦理作社群主义解释的路径。

徐复观先生也持类似的解释，譬如他说："就人君地位来说，儒家虽然承认它是政治秩序中不可缺少的一环，但君臣之间，这是互相对待的关系。'君使臣以礼，臣事君以忠'；'君之视臣如草芥，臣之视君如寇仇'。'合则留，不合则去'，人臣并不是人君的私人工具。"[2]不过，徐复观后来也说，君臣关系在先秦和秦汉以后有大的变化，说明这是一种古老的理想。不过先秦儒家多为客卿，不是家奴，儒家眼光中的君臣可以有离合。理想的君臣关系应该是这样的：

君臣关系，在先秦乃视作与朋友同科，并不能与父子关系相提并论。故朋友以义合而君臣亦以义合。论语上谓"事君数，斯辱矣，朋友数，斯疏矣！"意即谓事君与交友，乃基于同一之态度。"合则留，不合则去"，君臣之间，应为一种自由之结合，此与"父子以天合"者，大不相同。由君臣关系之绝对化因而显出人君特为尊严之观念，乃长期专制政治下之产物，为先秦正统思想中所未有。

在孔子心目中，人君仅为实现自己政治之主张之一工具耳，岂有丝毫如韩愈琴操中所谓"天王明圣，臣罪当诛"之奴才思想乎。君臣关系之绝对化，始于暴秦而完成于两汉。此为中国历史演进中之一大变局。[3]

---

[1] 唐君毅：《人文精神之重建》，第41页。

[2] 徐复观：《儒家对中国历史运命挣扎之一例》，收录于《学术与政治之间》，台湾学生书局1980年版，第333页。

[3] 同上书，第498页。

传统主义的立场、回复到起点再出发的态度、对个人主义的拒绝和对社群主义的接纳，以及通过道德权威实施政治权力（而不是政治与道德的分离），都使得这一代新儒家与其他诸多现代思想文化派别在平等问题上划开了界线。

第四节　社会主义的实验与曲折

“平等”观念在现代中国的嬗变，曾经表现出非常激进的一面，这种激进的平等主义，不但曾经在20世纪初的无政府主义中风行一时，而且在中国的社会主义运动中，转变为相当长一段时间的大规模社会实验。1949年以后的三十年间，随着大规模的社会改造，中国的平等状况有过很大的改变，以至于国外的观察家对于中国的现代化道路发出了如下的预测：

> 人们认为，中国将以一种全新的方式来实现现代化，并同时能够避免许多通常被认为是现代化必然会带来的后果，尤其是不平等。于是有人就认为，中国脱离公认的现代化必由之路而别开生面的做法将向世人证明，那种一提到现代化就言必称等级制、专门化、官僚集团和循序渐进的观念，势必要破产。[1]

这一预测是否正确不是我们讨论的焦点，我们要说的是，外国观察家在这一点上是正确的：1949年以后中国的社会主义实验，与“平等”观念及其实践有非常重大的关联。由于易于理解的原因，本书不可能详细地讨论那三十年中国的“平等”或“不平等”的状况，而只能比较集中地讨论这场社会实验的指导者，尤其是毛泽东等人的平等观念，作为“平等”观念在现代中国嬗变过程中展现的一部分，从而使该谱系呈现的完整性有所提高。由于同样的理由，这也不是全面地评价毛泽东和他那一代伟大的社会改革家的功过是非，因为观念的逻辑不能成为衡

---

[1]［美］吉尔伯特·罗兹曼主编：《中国的现代化》，国家社会科学基金“比较现代化”课题组译，江苏人民出版社1988年版，第3页。

量历史的标准，而且平等理想的实现本身符合的是历史辩证法，那是要依靠对历史的整体性的洞察方可以获得，并要在更长的历史中方可证成。

一

社会主义作为一种世界性的现代思潮，在传入中国以前，已经过了数世纪的发展。在其发源地欧洲，它本来是资本主义发展的产物：既是启蒙运动的更加激进的思想表达，也是对资本主义社会矛盾的批判的武器，并进而成为武器的批判。从其思想的历史向度看，社会主义者把启蒙运动的“自由”“平等”“博爱”作了平等优先的排序。平等本身被看成是一个完整的学说，因而是其他现代性价值的前提：“如果人们不能平等相处，又怎么能宣布人人自由呢？如果人们既不能平等，又没有自由，他们怎么能以兄弟般的情谊相亲相爱呢？”[1]从它是对现实的批判性反思看，它首先就是对伟大的产业革命所导致的空前未有的贫富分化的一个反题。用对中国早期社会主义者有重要影响的日本思想家幸德秋水的话说，“现代文明一方面闪耀着灿烂的光辉，另一方面又隐藏着黑暗的贫困和罪恶。翱翔在灿烂天空的，千万人中不过一人，而辗转于阴暗沟壑的，却是世界人类的大多数，这难道是我们人类值得自豪的吗？”[2]对资源分配的不公平的抗议，和对平等（尤其是经济平等）的追求，成为社会主义运动最重要的动力，同时也成为各种各样的社会主义的共同标志。

作为一种外来思潮，社会主义在中国的传播，最早可以追溯到19世纪晚期。但是真正产生比较广泛社会影响的，最初是无政府主义的社会主义。在中国的知识精英接受马克思主义的社会主义以前，有大批有志于社会改革的知识分子，倾心于无政府主义，青年毛泽东和相当一批后来转变为马克思主义者的革命家都在其内。我们在本章第一节讨论五四知识分子的平等观念的时候，曾经涉及五四时期的“新村”运动。这场无政府主义的社会主义实验，就吸引了青年毛泽东等人。毛泽东曾经到北京参观了“北京工读互助团”，认为“新村”就是共同劳动、

---

[1] [法] 皮埃尔·勒鲁：《论平等》，王允道译，商务印书馆2005年版，第15页。
[2] [日] 幸德秋水：《社会主义神髓》，马采译，商务印书馆1997年版，第8页。

财产公有、平均分配、人人平等、互助友爱的“新的生活”，“共产主义”的细胞。《毛泽东早期文稿》中保存的一篇《上海工读互助团募捐启》说明毛泽东对于它有更深的投入。[1]事实上，社会主义在中国的传播过程中，中国人已经创造了更具有本土色彩的乌托邦：康有为的《大同书》，这部平等主义的理想国，对于包括毛泽东在内的几代中国人有极为深刻的影响。毛泽东后来说，康有为写了一部《大同书》，但是他却找不到实现的道路。同理，无政府主义所描绘的平等的蓝图虽好，但是无政府主义缺少通向平等理想的路径。换言之，毛泽东和他那一代社会主义者，从无政府主义转向马克思主义，从某种意义上说，转变的只是通过阶级斗争和无产阶级专政的方式，而不是依靠发扬“不忍人之心”或“互助”的方式，来实现其理想。无政府主义所包含的个人主义前提，反权威主义的气质，后来固然也为人所不取，但其理想的“平等”内核并无根本的变化。毛泽东的思想有高度的复杂性，作为一个极具创造性的历史人物，他的历史作用会长久地被人们所讨论。而且关于无政府主义和中国化的马克思主义之间的关系，也还有深入研究的余地。但是，就毛泽东个人而言，平等主义是他一生的追求，恐怕是一个确定的事实。我们下面会讨论的毛泽东晚期的思想和政策，尤其是他所描写的“五七公社”的蓝图，可以给我们提供毛泽东一生首尾一贯的追求的直观图景。

二

毛泽东当然不是单枪匹马的草莽英雄，他和中国共产党的平等理想有一个体系化理论——马克思主义——作基础。就其理论背景而言，这就使得毛泽东的平等观念与自由主义的价值有其基本的不同。简言之，它是建立在对于资本主义的政治经济学批判的立场上的理论；在马克思主义者看来，作为一个历史的范畴，平等虽然是资本主义的产物，但是真正的平等却必须通过彻底的社会革命，而不是改良性的政策调整可以达到的。在社会划分为两个对立阶级的情况下，“法权平等”具有极其鲜明的资产阶级性质和历史局限性：

[1] 这个文件显示，组织工读互助运动最简捷的目标是为了“要想一个教育与职业合一、学问与生计合一的法子”，但是对于团体生活的设计显示的却是共同劳动、共同生活、没有私人财产的平等关系。见《毛泽东早期文稿》，中共中央文献研究室 1988 年版，第 676—679 页。

现在我们知道，这个理性的王国不过是资产阶级的理想化的王国；永恒的正义在资产阶级的司法中得到实现；平等归结为法律面前的资产阶级的平等；被宣布为主要的人权之一的资产阶级的所有权；而理性的国家、卢梭的社会契约在实践中表现为，而且也只能表现为资产阶级的共和国。[1]

在1949年以后的很多时候，恩格斯的《反杜林论》所阐述的“平等”理论，被中国读者视为马克思主义的权威解释。恩格斯按照历史辩证法，将“平等”归结为一个历史的范畴，并且植根于特定的历史关系，即资本主义社会的经济生活条件：商品生产和资本主义发展所带来的大规模的（世界）贸易，和造就的工人阶级。同时也从主客观两方面提出了消除不平等的政治结构的历史要求：

（自由贸易）要求有自由的、在行动上不受限制的商品所有者，他们作为商品所有者来说是有平等权利的，他们根据对他们来说全都平等的（至少在各该当地是平等的）权利进行交换。从手工业到工场手工业的转变，要有一定数量的自由工人——所谓自由，一方面是他们脱离了行会的束缚，另一方面是他们失去了独立使用自己的劳动力所必须的资料——为前提，他们可以和厂主订立契约出租他们的劳动力，因而作为缔约的一方是和厂主权利平等的。最后，所有的人的劳动——因为它们都是人的劳动并且只就这一点而言——的平等和同等效用，不自觉但却最强烈地表现在现代资产阶级经济学的价值规律中，根据这一规律，商品的价值是由其中所包含的社会必要劳动来计量的。[2]

这样一种从资本主义社会的经济条件导出的现代的平等观念，首先是由马克思在《资本论》中作出的。它与洛克那样的自由主义从基督教的信仰直接推论出的平

[1]［德］恩格斯：《社会主义从空想到科学的发展》，收录于《马克思恩格斯选集》第三卷，第720页。

[2]［德］恩格斯：《反杜林论》，收录于《马克思恩格斯选集》第三卷，第446页。

等，有着巨大的差别。洛克说由于人都是上帝的创造物，所以“自然状态”下每一个人都享有自由、平等和财产权利，通过社会契约所建立的公民社会依然保留了人的权利（尤其是私有权利）。在马克思主义看来，自由主义的“平等”恰恰就是保护私有财产制度——它同时制造了巨大不平等——的意识形态。不仅表达的是资产阶级的狭隘利益，而且因为其极大的欺骗性而实际上阻碍了平等的实现。意识形态在马克思那里指的是被系统地歪曲了的知识。它的改变，根本上不是依靠观念自身的运动，而是需要通过变革人们的现实存在，变革社会关系和社会结构。

> 无产阶级所提出的平等要求有双重意义。或者它是对明显的社会不平等，对富人和穷人之间、主人和奴隶之间、骄奢淫逸者与饥饿者之间的对立的自发的反应——特别是在初期，例如在农民战争中，情况就是这样；它作为这种自发的反应，只是革命本能的表现，它在这里，而且也只有在这里找到了自己被提出的理由。或者它是从对资产阶级平等要求的反应中产生的，它从这种平等要求中吸取了或多或少正当的、可以进一步发展的要求，成了用资本家本身的主张发动工人起来反对资本家的鼓动手段；在这种情况下，它是和资产阶级平等本身共存亡的。在上述两种情况下，无产阶级平等要求的实际内容都是消灭阶级的要求，任何超出这个范围的平等要求，都必然要流于荒谬。[1]

因此，马克思主义的平等理论从一种依靠知识社会学方式阐述的社会理论，转变为社会革命的理论，而且是非常激进的社会行动纲领。它描绘了依靠科学和生产力高度发展推动的人类社会，经过阶级斗争和无产阶级专政，达到消灭阶级和消灭三大差别，一劳永逸地消灭人类社会的不平等。这是一种非常“彻底”的“齐其不齐”论。

---

[1] 恩格斯：《反杜林论》，第448页。

三

马克思主义是高度发达社会的批判理论，它在中国取得主流意识地位时，中国却是一个欠发达国家。社会主义运动在20世纪中叶一度呈现“东风压倒西风”之趋势，但是马克思设想的社会主义不是在发达国家、反而是在东方欠发达国家首先实现，更增加了这场运动的实验性质。它的另一层意蕴，是在西方发达国家的发展模式之外，尝试另类的现代化道路。换言之，以平等主义的激进化为标志的中国的社会主义运动，不但指向了共产主义的理想，而且是以“平等”作为社会动员的旗帜。1965年，来华访问的法国文化国务部长马尔罗问毛泽东，以前的农民革命何以不能获得胜利，而毛泽东“如何启发农民这么勇敢”。毛泽东回答说：

> 这问题很简单。我们同农民吃一样的饭，穿一样的衣，使战士们感觉我们不是一个特殊阶层。我们调查农村阶级关系，没收地主阶级的土地，把土地分给农民。[1]

在1949年以前的近三十年中间，“平等”一直是中国的马克思主义者追求的主要目标之一，虽然它是在新民主主义革命的总目标之下，但是通过大规模的群众运动，而且是通过暴力革命的方式来进行的反帝反封建运动，其最直接的特征恰恰是前所未有的平等。或者说，在中国的马克思主义者看来，民主的最重要的规定就是“平等”，而平等最主要的内容又是经济平等。有党内理论家之称的刘少奇这么说：

> 资产阶级在许多地方讲平等与人民的权利，但是却可以容许绝对不平等的经济地位……人们在经济上不平等，于是形成其他一切方面的不平等。法律上的平等是虚伪的，实际上仅仅保障了资产阶级剥削工人的自由和权利。这是资产阶级民主的实际内容。

[1] 逄先知、金冲及主编：《毛泽东传：1949—1976》，中央文献出版社2003年版，第1393页。

无产阶级民主与资产阶级民主完全不同，不仅要求法律上、政治权利义务上的平等，而且——这是最要紧的——要求经济上的平等，要求资本的取消，私有财产的消灭。俄国十月革命后，有一条法律："不劳动者不得食"。这条法律把经济上的不平等取消了，大家都要做工，不做工的就没有饭吃，不管你有多少钱。有了经济上的平等，于是在政治上、社会地位上、法律上，教育上及其他各方面都有了平等。[1]

无产阶级专政下，剥削阶级没有权利，无产阶级享受广泛的权利，但都以经济不平等的消除为基础。另一方面，人的"自然本质""社会环境"不同，不仅智力体力有差别，而且会有职务、事业、地位（职权）不同，职务、地位是可以变化的，而"大家在基本上是平等的，人权上没有什么不平等"。

我们革命者，要有平等精神，即权利上、义务上的平等，而且应该这样来了解平等精神，就是一个人没有权利压迫或剥削另一个人，没有权利去侮辱另一个人的人格。如果我能剥削你的劳动，而你只能甘受驱遣，这就是不平等，也就是没有民主精神。[2]

这样一种以经济平等为主要规定的"民主的平等"，其实现主要是通过"土地革命"以及在此过程中"先锋队"的建设与"群众路线"的贯彻，形成了某种新式的人际关系。全面地讨论这段历史不是本书的任务。根据历史学家的研究，毛泽东、刘少奇等等的论述与"土地革命"所形成的观念变革是高度契合的。"在一场生气勃勃的土地革命中，少数地主、商人的经济统治结束了。这并不是完全消灭了阶级区别，而是消灭了旧制度最明显的不平等和剥削，改善了大多数贫苦居民的条件。"[3]平等不仅在土地改革中是基本的原则，而且在从井冈山时期就开

[1] 刘少奇：《论党员在组织上和纪律上的修养》，中共中央党校出版社 1981 年版，第 55—56 页。该书收录了刘少奇在 1941 年在华中局党校的讲演两篇，除了与书名相同的一篇以外，另一篇为《民主精神与官僚主义》，引文来自后一篇文章。

[2] 同上书，第 56 页。

[3] ［美］马克・塞尔登：《革命中的中国：延安道路》，魏晓明等译，社会科学文献出版社 2002 年版，第 87 页。

始的战时共产主义中得到一贯的体现。“延安道路”对当时民众和左翼知识分子最具有吸引力的，正是革命团体内部的高度平等。大量的文献和当事人的回忆都说明，边区干部和军人的薪水，虽然有细微的差别，但是与政府普通工作人员的报酬之间的差距，比起国民党地区，实在微不足道。“延安道路”的意义远远超出经济平等：

> 作为一个整体纲领，“延安道路”是关于经济发展、社会改造和人民战争的别具一格的方式。其特色包括民众参与、简政放权、社区自治等。它基于这样一种人性观念：人们可以超越阶级、经验、意识形态的局限，创造一个新中国。[1]

“到延安去”，表示人们可以开始一种新的生活，一种人们长久以来梦想的平等、廉洁而健康的生活。尽管最近的研究可以揭发出战时共产主义的另一面，说明“延安道路”中存在着精英化、集权化和等级制的倾向。毛泽东和其他领导人一再强调的“反对绝对平均主义”，应该与此有关。譬如说，国共内战期间，针对红军中严重的平均主义，毛泽东提出反对绝对平均主义的问题：

> 绝对平均主义的来源，和政治上的极端民主化一样，是手工业和小农经济的产物，不过一则见之于政治生活方面，一则见之于物质生物方面罢了。
>
> 纠正的方法，应指出绝对平均主义不但在资本主义没有消灭的时期，只是农民小资产者的一种幻想；就是在社会主义时期，物质的分配也要按照“各尽所能按劳取酬”的原则和工作的需要，决无所谓绝对的平均。红军人员的物质分配，应该做到大体上的平均，例如官兵薪饷平等，因为这是现时斗争环境所需要的。但是必须反对一切不问理由的绝对平均主义，因为这不是斗争的需要，适得其反，是于斗争

[1]［美］马克·塞尔登：《革命中的中国：延安道路》，第202页。

有妨碍的。[1]

但是如果我们对当时的“平均主义”作一点具体分析，得到的总体印象，可能反而是，在土地革命的整体语境中，中国的马克思主义者追求平等的动力，要远远大于对于精英化和等级制的追求。

四

“延安道路”作为中国的社会主义实验的先导和重要组成部分，通过阶级斗争和动员下层民众来实现的社会改造，最主要的目标是经济平等。这一点，对1949年以后的历史有巨大的影响。毛泽东把土地革命（推翻国民党政府）的胜利看成是“万里长征第一步”，这也符合他在理论上对“继续革命”的信仰，按照这一理论，他以阶级斗争和无产阶级专政（人民民主专政）理论来超越作为启蒙价值的自由、平等、博爱，在《论人民民主专政》中，毛泽东回顾中国人如何从如饥似渴地学习“西方资产阶级民主主义的文化，即所谓新学，包括那时的社会学说和自然科学”，到最后以俄国为榜样，取法马克思列宁主义，寻找到了中国的道路。普遍平等并不能立刻实现：

> 总结我们的经验，集中到一点，就是工人阶级（经过共产党）领导的以工农联盟为基础的人民民主专政。这个专政必须和国际革命力量团结一致。这就是我们的公式，这就是我们的主要经验，这就是我们的主要纲领。[2]

所以虽然“平等”依然写入宪法，但是政治选择决定了自由主义所追求的“政治平等”——所有成年人都应该被平等地对待的原则——必定在被拒绝之列。换言之，人民平等地参与政治如何可能，始终是一个需要严肃对待的问题。

---

[1]《毛泽东选集》第一卷，人民出版社1991年版，第91页。
[2]《毛泽东选集》第四卷，人民出版社1991年版，第1470—1480页。

与此相关，“平均主义”始终是一个得到重大关注的问题。围绕着它，社会主义的实验似乎呈现出两条路径。被称为“务实”的领导人邓小平20世纪50年代就主张拉开工资差距，批评共产党内的平均主义。[1]“文革”以后他主张让一部分人先富裕起来，走共同富裕的道路。1978年在一篇《坚持按劳分配原则》的讲话中这么说：

> 我们一定要坚持按劳分配的社会主义原则。按劳分配就是按劳动的数量和质量进行分配。根据这个原则，评定职工工资级别时，主要是看他的劳动好坏、技术高低、贡献大小。政治态度也要看，但要讲清楚，政治态度好主要应该表现在为社会主义劳动得好，做出的贡献大。处理分配问题如果不是看劳动，而是看政治，那就不是按劳分配，而是按政分配了。总之，只能按劳，不能是按政，也不能是按资格。[2]

但是，正是这个政策后面的“平等”观念是毛泽东等所不能满意的，由此而有著名的“限制资产阶级法权”。在此阶段中出现的极端的平等主义并不认为“平等”会妨碍“效率”，他们相信通过阶级斗争和共产主义思想的教育，仅凭平等的理想就足以激发人们的劳动热情，就像革命战争时期一样。当然，平等主义还有一条隐蔽的共识，即人的物质欲望是应该加以抑制的，或者说维持在满足基本需求的水平就可以了，超出俭朴生活的任何需要都被认为是不合理的。更重要的是他们相信人们是应该也可以做到这一点的。在这里我们看到了儒家“不患寡而患不均”通俗版解释的心理的再现。当然他们还同时认定“平等”是社会动员的有效工具，所以发扬战争时期的传统，“破除资产阶级的法权思想，同群众建立起平等的相互关系，上下左右完全打成一片，大家共同生活、共同劳动、共同工作，一致为社会主义和共产主义奋斗，这难道能有什么怀疑吗?”[3]

---

[1] 见邓小平：《办好学校，培养干部》，收录于《邓小平文选》第一卷，人民出版社1989年版，第210页。

[2] 《邓小平文选》第二卷，人民出版社1994年版，第101页。

[3] 上海高等学校干校政治理论资料工作协作组编：《破除资产阶级法权残余，发扬共产主义精神》，华东师范大学出版社1958年版，第35—39页。

同年在讨论《十五年社会主义建设纲要四十条》时，谈到资产阶级法权问题，毛泽东说：

一部分必须破坏，如等级森严，居高临下，脱离群众，不平等待人，不是靠工作能力吃饭，而是靠资格、靠权力。这些方面必须天天破除。破了又生，生了又破。

我们要恢复供给制，但要保留适当的工资制，保留一部分多劳多得还是必要的。[1]

下面的讲话几乎是经历过"文革"的人所共知的了：

总而言之，中国属于社会主义国家。解放前跟资本主义差不多。现在还实行八级工资制，按劳分配、货币交换。这些跟旧社会没有多少差别。所不同的是所有制变更了。

我国现在实行的是商品制度，工资制度也不平等，有八级工资制，等等。这只能在无产阶级专政下加以限制。[2]

我们看到，毛泽东对于社会主义社会的"平等"状况的批判有两个向度：在政治的向度，表示了对官僚主义、专业化、等级制的忧虑；以为它表示革命党存在着脱离群众的危险。在经济的向度，表示了对于分配的结果平等的偏好，担忧社会财富分配不平等会导致贫富两极分化，最终又导致"资本主义复辟"。这两个向度的"平等"的缺陷，表现为社会的不平等，在毛泽东看来，还是马克思主义经典作家所说的三大差别：工农差别、城乡差别、脑力劳动和体力劳动之间的差别。社会主义革命的重要任务就是不断缩小三大差别。但是现代化的逻辑似乎是随着经济现代化的进步，三大差别在不断扩大。与那些更关心商品生产、市场经

[1] 逄先知、金冲及主编：《毛泽东传：1949—1976》，第894页。
[2] 《建国以来毛泽东文稿》第十三册，中央文献出版社1998年版，第413页。

济的高效率的人相比，毛泽东用其不断革命论来探索新型社会组织的建设，希望通过社会关系或社会结构的人为重构，来寻找到一条中国的现代化之路：即可以充分激发劳动者的热情以实现高度的社会动员，又可以合理地调配资源和人力，在高速度发展经济的同时，实现广泛的社会平等——保证三大差别不断缩小。所以就有了我们前面说的，提出了类似他早年曾经参与过的“新村”的理想。1966年5月7日，毛泽东看了解放军总后勤部《关于进一步搞好部队农副业生产的报告》，给林彪写了一封信。这封信通称“五七指示”。毛泽东说：

> 人民解放军应该是一个大学校。这个大学校，要学政治，学军事，学文化，又能从事农副业生产，又能办一些中小工厂，生产自己需要的若干产品和与国家等价交换的产品。这个大学校，又能从事群众工作，参加工厂、农村的社会主义教育运动。社会主义教育运动完了，随时都有群众工作可做，使军民永远打成一片。又要随时参加批判资产阶级的文化革命斗争。这样，军学、军农、军工、军民这几项都可以兼起来。

毛泽东接着指出：不仅解放军要这样，工人、农民、学生也要这样做。这一次的实验被称作“五七公社”。

在此以前，毛泽东还高度肯定了“鞍钢宪法”，关注的不仅是缩小脑力劳动与体力劳动的差别的问题，也是探索普通工人如何参加管理的问题，它与政治平等或经济民主有某种特定的关系。

当然，毛泽东在他规划的社会主义实验中最具有破坏性的是“文革”。这场被后人称作“内乱”的运动之被发动，除了某些具体的政治斗争目标以外，更重要的似乎是毛泽东希望通过它来寻找到一条发动群众，“自下而上地揭发我们的阴暗面”，从而实现“大民主”的道路。尽管不断地限制资产阶级法权，晚年毛泽东还是深深地担忧，随着中国现代化的进程，政治、文化精英正在形成新的权贵阶层，从他们背离平等的理想看，他们是“走资本主义道路的当权派”。因此有必要通过自下而上的流动（大民主）来消除这种危险。它与政治平等的诉求之间的关系，可以通过“文革”时期被反复宣传的巴黎公社的经验来观察。在为马克思《法兰西内战》所作的导论中，恩格斯援引巴黎公社的经验：

> 为了防止国家和国家机关由社会公仆变为社会主人——这种现象在至今所有的国家中都是不可避免的，——公社采取了两个正确的办法。第一，它把行政、司法和国民教育方面的一切职位交由普选选出的人担任，而且规定选举者可以随时撤换被选举者；第二，它对所有公职人员，不论职位高低，都只付给跟其他工人同样的工资。公社所曾付过的最高薪金是 6 000 法郎，这样，即使公社没有另外给各代议机构的代表规定限权委托书，也能可靠地防止人们去追求升官发财了。[1]

1967 年 1 月中共上海市委被造反派夺权以后，成立了“上海人民公社”，那是对巴黎公社的模仿。后来虽然改为“革命委员会”，并且其他城市成立临时性权力机构也都如此称呼，但是巴黎公社的精神至少形式上始终受到尊重。尽管“文革”后期，以“开后门”为代表的腐败已经开始蔓延，而滥用公权、无视法制几乎是随时可见的现象。当人们相信在一个绝对权威以下，所有人一律平等的时候，“平等”常常会逃得无影无踪。[2]

---

[1] [德] 马克思：《法兰西内战》，人民出版社 1971 年版，第 12 页。

[2] 通过对“文革”的反思，人们关注的是所谓平均主义的问题，仅仅三十年后的今天，中国社会不平等的恶化已经成为学术界和媒体关注的焦点之一，也是政府工作关注的重点之一。人们现在倾向于从更广泛的角度来考察现代社会的不平等状况，包括阶级分析的视角。譬如由林宗弘、吴晓刚等从事的一项研究，根据户口、单位、干部身份制和私有制等四种所有权形式，提出了一种新马克思主义取向（Neo-Marxian）的中国阶级分类方式，从而对于改革开放 30 年以来的阶级结构转型、阶级流动与社会不平等的变化，提出了一个被称为更具有整合性的理论架构。（见林宗弘、吴晓刚：《中国的制度变迁、阶级结构转型和收入不平等：1978—2005》，《社会》2010 年第 6 期，第 1—40 页）其实，除了“私有制”这一因素造成的贫富分化在 1949 年以后的三十年是逐渐减弱以外，其他的三个因素，即户口、单位、干部身份制，在那三十年中始终存在，而且在某些条件下还显得更为严酷（譬如在三年困难时期，它们可以决定某些人的生死）。至于由于“阶级斗争扩大化”所造成的不平等，更是众所周知的了。所以，单单依靠基尼系数的变化，并不能完整地反映共和国前三十年和后三十年在平等或不平等上的差别。这里说的是在更广泛意义上的平等，包括了政治平等和社会平等。根据普通人的经验，我们大致可以说，至少“文革”十年中国社会的实际状况是：在平均主义的意识形态和经济制度的后面，不仅有着普遍贫穷，而且存在着政治不平等与社会不平等。

“文革”戏剧性地结束了，同时也终结了平均主义的时代，而以“四大”（“大鸣大放大字报大辩论”）为手段的“大民主”，被视为与法国大革命时期的“红色恐怖”类似的“暴民专政”。这段历史将因为其非常奇特的经验而被后人作更深入的研究，不仅因为政治上的教训，同时也因为可以透过它来研究中国人追求平等的社会心理。

第六章　平等价值的再思考

第一节　价值普遍主义及其限度

在前面几章的研究中，我们看到从古代中国哲学家对于人的相同性的考察，到现代人以权利平等为中心的观念之间，曾经有一个裂隙。但是19世纪与20世纪之交的社会变革，决定了这个裂隙被观念史的突变所跨越。平等观念在现代中国嬗变的历史再次表明，现代人以权利为中心的“平等”观念，仿佛与生俱来地具备着普遍主义的冲动，或者就如乔万尼·萨托利说的那样，平等“是我们所有理想中最不知足的一个理想”。[1]其实，按照英国学者格雷（John Gray）的研究，普遍主义连同个人主义和改良主义，与平等主义同样是自由主义的基本要素。[2]这种谱系学的方法已经提示“平等”与普遍主义的内在联系。平等观念的“不知足”的性质既表现为现代性的动力，又表现出现代性的矛盾。以此为入口，可以帮助我们理解平等观念的存在论基础等更深刻的意蕴。

一

对于“普遍主义”的讨论，在中国哲学界，是最近才认真开始的事情，在中文出版物中堪称权威的《哲学大词典》[3]中甚至没有“普遍主义”的辞条。最近的讨论很大程度上是对于全球伦理，包括围绕着“普遍伦理”的争论所发生的一种反应。[4]事实上，它不但是对以1993年《世界宗教议会走向全球伦理宣言》

[1] [美] 乔万尼·萨托利：《民主新论》，第337页。

[2] John Gray, *Post-liberalism*, Routledge, 1993.

[3] 冯契主编：《哲学大词典》，上海辞书出版社1991年出版、2001年增补版。

[4] 在2002年出版的《伦理学大辞典》中有“普世伦理”（含“全球伦理”和“普遍伦理”）的辞条：“人类各种文化传统中存在的普遍真实的得到人们高度认同的伦理原则和伦理行为规范，包括两个层面的内容，一是指为维护全人类共同利益所需要的共同或普遍的伦理原则与规范，如生态伦理、核伦理、国际关系伦理等等；二是指各种不同伦理原则和（转下页）

的一种理论回应，这个宣言主张“对一些有约束性的价值、一些不可取消的标准和人格态度”形成全球性的“基本共识”；而且是对“文明冲突”“历史终结”等西方强势理论的反拨；也是对启蒙价值尤其是民主、人权等的反思，围绕着它们，外部世界对于中国有许多批评，中国学术界内部也存有深刻的分歧。

我们知道，虽然古代中国哲学家并没有自觉地发展出系统的价值论，但是数千年来，中国社会生活却无疑是受到传统价值系统的指导和规范的，占据主流地位的儒家思想家对于其价值的普遍有效性是没有怀疑的。从孔子讲仁爱和“忠恕”，即“己所不欲，勿施于人”，“己欲立而立人，己欲达而达人”，儒家就强调有一种普遍的人道原则。道家虽然强调“自然原则”，但是体现自然原则的“道”，不但普遍地存在于世界万物之中，而且作为世界第一原理规定了存在的基本法则。从“道路”而派生出的“道”的形上意义，被客观化为普遍的价值。汉代大儒董仲舒以为“天不变，道亦不变”，宋明理学家们更是发展出“天理”的学说，在“天人合一”的形式下，都表明儒家的价值普遍主义。他们不断地强调，以“忠孝”为根本的伦理是“无所逃于天地之间”的。儒家伦理价值的表述事实上取得了普遍性的形态。从这个意义上，我们可以说儒家有一种未曾明言的普遍主义倾向。

不过，儒家所有的不但是未曾明言的，而且是一种相对较弱的普遍主义倾向。这是由于下述两个原因，导致其价值普遍主义倾向受到了限制。

第一，古代儒家“人”的概念在其理想的或应然的层面上固然是统一的，他们深入讨论的“成人”总是归结为“成仁”或者“成圣”。但是，在对于现实的人的认识，或在“人”的概念的实然层面的判断，却有着明确的分别。君子小人的区别不能逾越，它甚至决定了“人禽之辩”的标准，其中之一就在于是否遵循传

（接上页）规范之间（即包括同一文化传统下的各种不同伦理体系之间，也包括传统伦理与现代伦理之间）的共性意义上的普遍道德价值。”对于哲学界在其是否可能的问题上的讨论，辞条作了最简单的介绍。与此相关的是“伦理绝对主义”的辞条，它的最后结论性意见是引用恩格斯的话“我们驳斥一切想把任何道德教条当作永恒的、终极的、从此不变的道德规律强加给我们的企图，这种企图的借口是，道德的世界也有凌驾于历史和民族差别之上的不变的原则。相反地，我们断定，一切已往的道德论归根到底都是当时的社会经济状况的产物。而社会直到现在还是在阶级对立中运动的，所以道德始终是阶级的道德”。这似乎是对普遍伦理的某种简单驳斥。

统的等级制度。儒家讲尊重人，一贯严守儒家伦理的底线。既不是康德那样把每一个人都看作目的而不是工具的观念，也不是罗尔斯所谓“道德人的观念”。因为，罗尔斯那样的契约论者，是在社会合作主体的意义上讨论人的平等关系。因此罗尔斯所说的人，不但具有正义感，而且具有选择自己的价值观、并按照这样的理性追求去生活的能力。[1]在这个意义上讲人的平等，已经蕴涵着价值的多元和道德的宽容。社会生活和秩序之所以可能，并不是道德精英统治道德欠缺者的等级结构，而是具有前述理性能力的人之间的合作——为了要说明与前者的区别，我们可以说前者是自上而下的统治、后者毋宁说是横向的联合与自治。而在前者的论式中，平等的最高要求是在一个权威的垂直施与下被平等的对待。这构成了古代儒家人道原则与现代人道主义的重要区别。换言之，古代儒家人的相同性为出发点的观念，由于其以人的依赖关系为伦理道德的基础，因而限制了普遍主义冲动的实现。

第二是中国中心论的局限。由于中国中心论的世界图景以及其他需要深入讨论的原因，一般说来，古代儒家并没有特别强调其所信仰的价值应该普遍适用于不同文化的理论，相反却固守“非我族类，其心必异”，因而通常主张“明夷夏之辩”和“严夷夏之大防”，最极端的，是以为周边少数民族根本上不是文明的民族。对于早期来华的外国观察者如利马窦来说，“中国人习惯上称除了自己以外的所有人为‘蛮夷’”。[2]在经历了士大夫眼中如天崩地裂的以清代明的历史变局以后，少数最睿智的哲人如王夫之，也曾经天才地意识到文明中心并不固定在中原，它的转移有某种固有的根据，他归结为“天地之气衰旺，彼此迭相易也”。(《思问录·外篇》）对于大多数儒家而言，他们所喜欢称呼的“天下”，其实是一个特殊、独立的文化世界，在这个文化世界中，儒家的价值是普遍而永远适用的。但是即使在谈论“怀柔远人”的时候，儒家也很少讨论是否以及如何将其价值强加给其他民族或文化。通常的主张是“各人其人，各俗其俗，各教其教，各礼其礼，各衣服其衣服，各居庐其居庐，四夷处四夷，中国处中国，各不相乱，

[1] John Rawls, *Political Liberalism*, Columbia University Press, 1996, p.302.

[2] [美] 邓恩：《从利马窦到汤若望：晚明的耶稣会传教士》，余三乐、石蓉译，上海古籍出版社 2003 年版，第 32 页。

如斯而已矣”。[1]从这个意义上说，传统儒家实际上奉行的是有限的价值普遍主义。

现代新儒家有所变化。20世纪20年代，这个学派的先驱梁漱溟先生在《东西文化及其哲学》中提出，在以科学、民主以及工具理性为基本价值的西方文化充分普遍化以后，由于西方文化自身的危机，必然出现一种价值取向的转变，从意欲向外追求，一变而为向内（心）的追求，再变而为根本取消生存意志。“所以中国化复兴之后将继之以印度化复兴。于是古文明之希腊、中国、印度三派竟于三期间次第重演一遍。”[2]这似乎是说，若干原本属于地方性的知识，由于本身蕴涵着对于人类实存所具有的内在价值，随着历史的演化而可以各自获得普遍主义的动力。

在此以前，在古代儒学向现代儒学转变的过渡期，康有为已经创作了《大同书》，正如我们前面已经讨论过的那样，它以激进的平等主义为纲领，同时也可以说是普遍主义的中国文本。因为，古代“人的相同性”的理论与现代人以权利平等为中心的观念之间裂隙的跨越，是与新的世界图景以及新的世界观的确立联结在一起的，更以追求民族独立和民族平等的强烈诉求为重要动力。对于中国人而言，民族/国家之间的平等，与不同国籍、肤色、种族和文化中的人的平等，是同时兴起的观念，属于同一个观念的谱系。它也构成了近代人道主义与古代儒家人文主义的区别。

简要说来，作为一种被普遍赞同的价值，现代人的“平等”一开始就注定要扩展到不同的民族/文化，变成处理不同民族/文化间关系的原则，因而有普遍的意义。随着全球化的进程，随着人类共同面临的生存和发展诸问题的出现，国际正义问题受到人们的关注。由此引发的“主权”还是“人权”的争论，虽然不是直接地讨论“平等”问题，却与之有复杂的关系。合法存在的国家拥有其主权，因此，相对于“合法”的标准，所有国家之间的主权是平等的。人权则是在宪政民主的框架内人民的权利问题。所以两者是不同层面的两个问题。前者讨论的是一个国家的人民有权利选择自己的国家制度和发展道路，后者讨论的是一个国家

[1] （宋）石介：《中国论》，收录于《徂徕石先生文集》，陈植锷点校，中华书局1984年版，第117页。

[2] 《梁漱溟全集》第一卷，第527页。

内部公民的权利是否应该遵守某种普遍性的标准，以及这种普遍性的标准如何确定。关于这场争论，这里不能详细展开。但是我们可以看到，当中国人以争取民族/国家之间的“平等”的目标基本实现以后，倘若承认“平等”成为一个规范性的正义问题，那就意味着我们事实上必须确定某一种规范性的特征，相对于这一规定，民族/国家之间是平等的。但是如何确定这一规范性的特征，却不是平等本身所可以完成的。

二

作为一种“最不知足”的价值，平等在其历史进步中表现出强烈的扩张冲动，因而展现为多向度的诉求和具体内容上的高度复杂性。罗尔斯说得对：“平等有许多形式，而平等主义也有程度的不同。”[1]对于以权利平等为中心的“民主的平等”来说，在外延上通常可以分析为法律—政治平等、社会平等、经济平等。其中每一类平等，可以再做更细的分析，而且各种不同派别的人对于它们的分析也有着不同。譬如自由主义会将“机会平等”与政治、社会、经济的平等要求并列，并且将机会平等进一步分析为“作为平等利用的机会平等，即对平等的功绩给予平等的承认（例如职务向才能开放的说法）”；和“表现为平等起点（或平等出发点）的机会平等，即为了平等利用机会，从一开始就应具备平等的物质条件”。[2]而对于经济平等，自由主义者和社会主义者可能有更大的分歧，前者典型的态度是将其解释为平等对待，而社会主义者更重视的也许是平等结果。这两者之间如果不能恰当地妥协的话，很可能会互相摧毁，鉴于平等的这一特性，萨托利这样描写“平等”观念那仿佛与生俱来的扩张性：

> 平等首先突出地表现为一种抗议性理想，实际上是和自由同样杰出的抗议性理想。平等体现并刺激着人对宿命和命运、对偶然的差异、具体的特权和不公正的权力的反抗。我们还会看到，平等也是我们所有理

[1] John Rawls, *A Theory of Justice*, The Belknap Press of Harvard University Press, 1995, p.538.
[2] [美] 乔万尼·萨托利：《民主新论》，第378页。

> 想中最不知足的一个理想。其他种种努力都有可能达到一个饱和点，但是追求平等的历程几乎没有终点，这尤其是因为，在某个方面实现的平等会在其他方面产生明显的不平等。因此，如果说存在着一个使人踏上无尽历程的理想，那就是平等。[1]

同样吊诡的是，平等价值的普遍主义走向，在经验的层面，既可以得到其不断扩大的证实，又会在另一些事实中得到更大的否证。这与在认识过程中的如下情形十分相似：随着科学认识中的每一步新发现，我们同时也发现了新的更大的未知世界。随着平等的每一个实际进展，新的平等诉求也同时觉醒了。换言之，随着平等的每一个进展，新的不平等进入了抗议者的视野。不仅如此，至少是经济上的贫富差距——不仅是同一国家内部，而且是不同国家之间——的绝对值，最近几十年是空前的增加了。如果可以用对待平等问题的态度来判别左派和右派的话，我们可以赞成这个判断：全世界向右转已经多日。因此，与平等呈现为一种普遍价值的同时，不平等并没有被最终消灭，以至于我们可以说：不平等存在于不同的社会（文化）中这一点是相同的，各种不同的社会（文化）中又各有各的不平等。迄今为止，普遍平等似乎依然是一种理想。因此，借“平等”的观念史，我们可以发现，无论价值普遍主义认为其信守的价值是如何普遍有效，在现实中其价值的实现却总是有限的，因而不得不服从历史的辩证法。

三

“平等”观念在其历史中呈现的理念与现实的矛盾，一方面可以促使我们不停留在对它的某种单一的、总体的理解中，而进入到更细密的分析；另一方面，也可以是认识作为一种现代价值的“平等”观念的存在论入口。

价值作为理想观念的对象化，本来已经包含了人类的创造性活动。价值，尤其是伦理价值所包含的实践性，既因为它体现了理想，给实践提供了目的因，又因为它同时是规范，给予了我们行为之“应当”。自然界无所谓平等或不平等。

---

[1] [美] 乔万尼·萨托利：《民主新论》，第 337 页。

“人们尽可以在力量上和才智上不平等，但是由于约定并且根据权利，他们却是人人平等的。”卢梭这样说的同时又说“恰恰因为事物的力量总是倾向于摧毁平等的，所以立法的力量就应该总是倾向于维持平等。”[1]而按照新左派的理解，“作为一种具体的社会和政治要求，平等是拉开现代社会序幕的一系列重大革命的产儿”。[2]与萨托利的观点不同，平等既是抗议性的，也是社会建构性的理想。作为人的创造，价值是主客观的统一，理想和现实的统一，包括将理想转变为合理的社会制度。所以平等堪称为现代社会改革的动力。从这个意义上说，萨托利所说的平等那“似乎从不知足”的普遍主义冲动，正是平等的动力性的表现。它不但应该从理论自身去获得解释，而且应该从实践中去理解。

我们知道，亚里士多德已经注意到“平等”与交换价值的交换之间的关系，而在交换关系远没有达到像希腊人那样发育的中国先秦，尽管人的相同性的观念早就具有了——它后来逐渐发展为强大的性善论传统——但是，至少先秦时期的汉语文献甚至没有与“equality”类似的概念，现在用来翻译西文 equality 的“平等”一词也是后来出现的，可能与佛教传入中国的关系更大些。先秦时代的哲学家用一个单音节的词“齐”来表达人的相同性。按照《段注说文解字》的解释，中国人创造出这个类似禾苗吐穗的象形字，已经不同于“平”“一”“同”等词，甚至不同于“等”，似乎是为了说明形式与实质、同一和差别的辩证法。“齐”（相同性）似乎已经包含了对“不齐”（差别性）的扬弃。关于这些，我们在第二章已经有不少讨论，而且注意到古代思想的类似资源如何被近代思想家作为阐发现代平等观念的本土根据。但是，如果将这些与亚里士多德比起来，那么其中依然存在着明显的差别。亚里士多德已经将“平等”作为一个重要的善或价值来讨论，将平等与公平、公正联系起来辨析，并且意识到平等与希腊的工商文明中已然相当发达的交换关系有密切的联系。所以他说：

> 货币是使得所有物品可以衡量和可以平等化的惟一尺度。因为，若

---

[1] [法] 卢梭：《社会契约论》，第 30、67 页。
[2] [美] 亚历克斯·卡利尼克斯：《平等》，第 25 页。

没有交易就没有社会，没有平等就没有交易，而没有衡量的尺度也就没有平等。[1]

亚里士多德讨论的依然是古代的“平等”，对于现代人追求的权利平等作存在论深度批判的是马克思。马克思对于现代性价值有深刻的洞察，它是哲学人类学的批判，也是政治经济学的批判。在马克思的眼中，现代人对于平等和自由等等权利的追求，体现了资本主义商品经济发展的内在要求，所以他进一步用经济结构和社会关系来说明平等观念的根源：

作为纯粹观念，平等和自由仅仅是交换价值的交换的一种理想化的表现；作为在法律的、政治的、社会的关系上的发展了的东西，平等和自由不过是另一次方的这种基础而已。[2]

当全球化将资本主义在全世界推行的时候，当跨国资本的流动甚至已经超越传统的民族国家的界限的时候，通俗作家已经在告诉我们“世界是平的”，要“平等”这样的现代性价值不采取普遍主义的姿态，似乎已经十分困难了。

但是，从“平等”在实践中的社会条件的另一方面看，单独用市场经济来解释平等观念的存在论基础是远远不够的。在世界市场和经济全球化如此发展的今天，“平等”问题如此严峻，其原因同样应该都从以市场经济为基础的当代社会中固有的不平等结构去寻找。资本主义社会所固有的不平等结构，尤其是生产资料的私人占有，已经为人所熟知；社会主义市场经济体制的实验，后面有其自己特有的不平等结构。即户口、单位、干部身份和私有产权这四个影响当代中国的收入不平等的因素，实质是中国的制度变迁中形成了新的阶层结构。（关于这一点，我们在第五章已经有所讨论。）换言之，“平等”的不知足的冲动，只有在“交换价值的交换的一种理想化的表现”和交换价值的交换之实现的社会条件之

[1] [古希腊] 亚里士多德：《尼各马可伦理学》，第143页。
[2] 《马克思恩格斯全集》第四十六卷，第197页。

间的冲突中，才能获得存在论的解释。

四

单独从“交换价值的交换的一种理想化表现”和交换价值的交换之实现的社会条件之间的冲突，去理解“平等”观念的历史，并不表示“平等”是交换价值的交换或市场经济的简单产物。事实上，前近代中国已经有相当发达的市场经济，但是“平等”观念在中国社会的确立却迟至19世纪、20世纪之交，而且是以辛亥革命以后新的法律之制定为标志的。这是因为，我们现在所讨论的“平等”是“民主的平等”，“平等”的不断发展或扩张，是在民主政治的架构之内发生的。在这个架构之内，民主、自由、平等不但共同成为现代社会的核心价值，而且结成了一套相对固定的制度组合。所以萨托利说：

> 只有把平等主义理想提升为民主观念的突出象征这种地位上，平等和民主才吻合起来。这意味着平等的要求在民主制度内部获得了最大的威力和发展。[1]

与当代中国一般自由主义者否定法国大革命、推崇英国经验不同，另一些人有理由将对平等观念作出最重要贡献的事件，归于法国革命，归结为法国革命以后相继出现的若干人权宣言或宪法。它从平等的权利和平等的法律开始，然后在更后的社会斗争中渐渐扩展为作为政治自由的一部分，它包括：每一个人平等地享有选举权，阶级和财产的差别不再决定人的身份与尊严（尊重的平等），和后来得到更多分化的机会平等。19世纪到20世纪社会主义运动和民主主义一起，共同推进了经济平等的观念。中国经验与此也大致相同。我们在前面的论述说明，辛亥革命以前，平等作为一种异端思想已经有了自己的发生发展的历史，作为一种外来的思想也可以追溯到辛亥以前的数十年，而有关男女平等和经济平等的朴素要求则起源更为久远。但是作为民主范畴的一个重要组成部分，平等尤其

[1]［美］乔万尼·萨托利：《民主新论》，第375页。

是政治平等是与专制皇权及其支持的等级制度直接冲突的。因此，尽管戊戌时期已经出现了康有为谭嗣同那样的激进的平等主义和梁启超严复那样的自由主义平等观念，但是他们都不过是少数前卫思想家和知识精英，不能代表一般社会意识，更不能代表普通民众的观念。从追寻真观念的观念史研究来说，平等尚未成为规范社会生活的真实力量。只有辛亥革命以后，“平等”在国家根本大法层面得到了肯定，尽管后来的政治法律制度及其实施有大量的问题（甚至是严重的问题），但是公民在法律面前一律平等的观念日渐成为社会共识，并且不可能根本上逆转了。而“平等”在20世纪中国的缺陷，包括在民粹主义或其他形式下出现的新的不平等，有相当部分应该归结为与民主改革和实践中的缺陷相关。虽然代议制民主政治不等于立即消除阶级的或种姓的不平等，前者有发达资本主义的历史所证明，后者有印度那样的发展中国家的现实所证明。但是没有良好的民主政治，就很难保证公民的政治平等，而没有政治平等，社会平等和经济平等也会大大削弱，如果不是根本取消的话。

按照政治学的逻辑，政治平等本质上已经不同于古代形上学的“平等”或各种各样的人的相同性理论，而要求所有的成年人都得到平等的对待，即在社会合作中所有人都享有同样的权利，表达了共同参与政治生活和社会生活的原则。它出于这样一种多少显得有些悲观的信念：我们无法相信，如果弱势群体、被统治阶级不自己参与政治，统治阶级和特权阶层会自动地保护他们的利益。政治平等现在是在民主的范畴之内，并作为民主观念的突出象征的意义上得到理解。因而又同民主范畴中的“自由”等现代价值互相联结。从平等的视角看，民主是一套根本权利的体系。包含有效的参与、平等的投票权、信息知情权，以及对议程的终极控制权。[1]所以平等与民主之间，有着互相依赖的一面。20世纪30年代到40年代，中国的自由主义者曾经为自由、尤其是新闻与言论的自由而抗争，他们比较忽略平等问题，但是没有宪政民主，就既没有平等也没有自由。20世纪50年代到60年代，尤其是文革时期在形式上激进的平等主义口号中，中国出现了新的严重不平等，其原因固然很复杂，但是缺乏健全的民主和法制，恐怕是非常重

[1]［英］罗伯特·道尔：《论政治平等》，第28—29页。

要的原因。或者说原先在社会主义体制中存在的不平等，由于民主和法制的缺失，曾经显示出更严重的结果。

五

“平等”观念在中国的进展以及它所遭遇的问题，还应该在广义的文化或社会学的意义上去理解。关于这一点，在经历了20世纪80年代的“文化热”和90年代以后对于激进主义或反传统主义的清算以后，我们应该有更为理性的态度，去做一种更高程度的综合。笼统地批评传统尤其是儒家传统不利于现代化，已经被中国经济起飞的奇迹所破除，尽管儒家传统如何推动现代化始终还是一个有待深入研究的问题。但是如果因为中国经济的持续增长就断言传统就是中国的现代性的唯一根据，并且以为“中国模式”说明以往启蒙主义对于中国传统的批评全盘皆错，未免是一种盲目的民族主义和保守主义的情绪性再现。观念史的研究追求真观念。本书第二章专门讨论传统社会的思想遗产，是从检讨近代思想家如何发掘传统思想资源来理解和阐发现代平等观念，而不是说古代社会的“平等”如何作为一个观念实体自身转变出现代性。尽管哲学史或思想史的书写可以将他们描述成仿佛前后相继地完成思想的逻辑过程，但是建构起来的始终只是哲学家的思想。他们与一般社会成员的实际精神状况并非一物。对于更广大的一般社会成员，他们的观念世界更多地受制于社会文化心理结构。因此，在文化或社会学的视阈中考察中国人的平等观念，我愿意更多地借重社会学家和历史学家的研究。

在社会学家中间，费孝通先生的“差序格局”概念以及阎云翔对这一概念的解释，值得注意。以往的研究者比较多地注意“差序格局”这一概念揭示的横向的关系网络，而按照阎云翔的看法，它同时还包括了“纵向的刚性的”等级关系。“差序格局”概念是在政治经济体制之外、真正从本土社会文化角度来解释中国社会结构的重要概念，它有助于理解中国社会的组成和社会成员人格的形成。阎云翔得出了一些重要的结论：

> 差序格局的维系有赖于尊卑上下的等级差异的不断再生产，而这种

再生产是通过伦理规范、资源配置、奖惩机制以及社会流动等社会文化制度实现的。

差序格局否定人格平等的可能性，不承认权利义务之间的平衡，最终导致差序人格的产生。对于等级差异的强调也决定了差序格局之下只有如费孝通所说的“自我主义”，不会有个人主义。而没有独立、自主、自由的个人及个人主义的价值观，也不会有团体格局。

差序格局与团体格局之间存在的是社会结构原则的差异，是基本价值观的差异，而不仅仅是传统与现代，乡村与城市，或者农业社会与工业社会之间的不同。因此，经济发展自身不会改变差序格局；相反，经济发展还有可能有赖于差序格局。例如，中国城乡二元结构与中国经济持续快速增长的紧密关系是为人熟知的事实。换言之，只要社会尊卑有序的价值观和社会现实不变，差序格局和差序人格就会继续存在。在这方面，现代化国际化的大上海与仍然处于小农经济中的边远乡村之间没有什么本质区别。[1]

通过对“差序格局”的解释，阎云翔表达了一种比较悲观的见解。重要的不是中国社会存在着某种形式的等级关系，某种体制性的不平等几乎是无法避免的；重要的是这种关系后面的社会结构性特点和中国人的文化心理，并没有随着经济现代化的进程而改变。而原先许多人以为社会的现代化有赖于人的现代化，经济现代化将有助于人的现代化；而人的现代化被理解成独立、自由、自主的个人，具有个人主义价值观同时能进入社会合作的个人。这样的“个人”应该具有“平等人格”，而差序格局却与“差序人格”互为因果。以一种多少显得有些极端的说法，所谓差序人格是入主出奴，集顺民与暴君于一身的人格，是五四以后屡遭批评的人格类型。阎云翔的判断一定有他对当代中国社会的观察——我们中许多人也许程度不同地都有某种同感——为基础，同时也有对于所谓政治儒学的权威主义的反驳。但是，社会学家的直观与社会学、人类学的系统研究依然有所区别。

[1] 阎云翔：《差序格局与中国文化的等级观》，《社会学研究》2006 年第 4 期。

换言之，“差序人格”在今日中国在多大程度上存在，以及它是否只是传统的人格类型的遗传，而城乡二元结构曾经与中国经济持续高速增长有正相关的关系，是否注定了经济的继续发展不会导致中国人的人格形成的变化？所有这些，都需要有更系统的社会学研究和现代性批判来阐明。

说到平等的普遍主义冲动与历史文化的制约，自然会使人联想到中国文化的连续性。阎云翔对于“差序格局”和“差序人格”的论述，包含了对于中国文化传统的连续性的一种批判，同时也意味着赞成这样一种预设：围绕着“平等”问题（包括等级、特权、地位以及财富的分配等诸多问题）的观念，是与特定社会的组织结构方式互相关联的（从最粗浅的角度看是互为因果的）。当章太炎说“因政教而成风俗，因风俗而成心理”的时候，则可以特别强调政治社会制度对于文化（包括风俗、心理）的主导作用。从这样一个论式出发，历史学家对于中国古代官僚制度的“官本位”结构的研究，会给我们许多启发。“所谓‘官本位’，就是以行政级别为本位，进一步说，就是权势、地位和声望的获得，以官位占有和职能履行为准。”[1]这样一种传统的政治制度，同时也是政治文化传统，对于中国人的平等或不平等的观念有巨大的影响：

> 发达的农业社会通常都存在着巨大的不平等，并且“权力、特权和荣誉的非常不平等的分配是从其政治系统的作用中产生的”。传统中国尤其如此，这里的政治系统在影响社会形态上权重特别大。它使经济变迁所引发的“社会形态变动率”相对减少了很多。历史前期与后期相比较，经济制度已大为不同了，但人们的生活感受却没那么大变动，感觉上照样生活在君、臣、民为主干的等级秩序之中。那感受不是没有道理的，道理就是政治体制的连续性，造成了社会生活的较小变动率，两千年一贯制。虽然各个传统社会的森严等级大抵都来源于政治系统，但“中国特色”尤其在于，文官级别变成了社会分层尺度。行政管理体制与社会身份高度重合……至今这一点仍是“中国特色”：多项社会学研

[1] 阎步克：《从爵本位到官本位——秦汉官僚品位结构研究》，第 219 页。

究显示，干部级别在决定当代中国的社会分层上，发挥了重大作用。[1]

上世纪80年代曾经受到强烈批评的“官本位”的文化特质，在直观上以强大的文化连续性继续发挥着重大作用，譬如公务员的考试成为最热门“国考”，争议极大的大学“去行政化”如何实现，以及几乎所有的资源分配都受制于行政权力的垂直运用，都只是其表象而已。它对于养成一个民族的平等意识、对于社会生活的平等程度有什么影响，特别是它与未来中国社会的政治文化走向之间的关系，都还非常值得研究。

第二节　平等与民族价值的现代重构

在中国，平等观念的现代嬗变过程，事实上成为了我们民族价值系统重构的一个重要组成部分。这不但是因为19世纪晚期开始凸显的现代平等观念，它的兴起、确立和演化的大致过程，与中国人整个价值系统变革的总体进程是合拍的；而且是因为在现代价值系统中，平等占据了一个基础性的地位，现代性的胜利和困境，几乎都与平等或不平等的问题有密切的关系。“平等”与现代性的这种双重关系，是现代性的普遍特征之一，但是，反映在中国最近一百多年民族价值现代重建过程之中的这一关系，毕竟带有中国的特点，因而也可以说是中国现代性的重要特征。

一

从某种意义上说，近代以来中国文化及其价值观念的变迁，始终围绕着“古今中西”的争论而展开，至今尚未停止，而且在可预见的数十年内也许都不会骤然停止。反顾这场旷日持久的争论，人们今天常常用激进主义、自由主义和保守主义三分的分析架构来描写其总体进程。换言之，在有关“传统”与“现代”、“东方”与“西方”的种种具体争论后面，事实上总有着三种不同的倾向或态度，

[1] 阎步克：《从爵本位到官本位——秦汉官僚品位结构研究》，第26页。

它们共同描绘出了现代文化的变迁图景。“平等”亦是如此。

“平等”观念在现代中国的嬗变过程，始终存在着激进主义、保守主义和自由主义的种种纠缠，不过这三种“主义”对于“平等”观念的历史作用和意义并不相同。就以权利平等为中心的现代平等观念属于“民主的平等”范畴而言，平等是现代社会的共法，尤其是激进主义和自由主义的共法。这里特别强调激进主义与自由主义，是因为典型的或极端的保守主义，通常对“平等”价值持某种拒斥态度。

且不说洛克出版《政府论》，根据基督教的信仰提出所有人都平等地享有自由、财产和生命权利的时候，他批判的正是主张人与人并不平等的菲尔麦的《父权制，或国王的自然权利》。在19世纪中后期维多利亚时代的英国，保守的法学家詹姆斯·斯蒂芬批评约翰·密尔的自由主义哲学，还公开说：虽然平等是现时代一种最强大的感情，但却是“最低贱、最有害的感情”。“人类事实上是不平等的，他们在相互交往中应该承认存在着真正的不平等，就像承认存在着实质性平等一样。他们既倾向于夸大真正的差别，这是虚荣的表现；也倾向于否认其存在，这是嫉妒的表现。”[1]即使是当代西方，典型的政治保守主义也依然拒绝“平等”的价值。用罗杰·史库顿（Roger Scruton）的说法，“保守主义直接起源于这样的观念：个人从属于某种持续的、既存的社会秩序，这一事实在决定人们所作所为时是最重要的”。对既成秩序的敬畏和从属感会使人获得“一种一成不变的（institutional）态度”。[2]问题不在于政治所必需的某种秩序，而在于所有以往的政治社会的“秩序”都是某种等级制的，而保守主义对于秩序的崇拜，使得不平等的权力制度具有天然的权威，所以他坦陈“保守主义以怀疑主义的眼光来看待平等和社会正义的神话；他厌恶地注视着普遍的政治骚动；在他看来，‘进步’的大声疾呼不过是转瞬即逝的狂热，只有当它威胁到政治秩序的时候，保守主义才会认真对待这种呼声”。[3]就保守主义自己的历史而言，它也经历了

---

[1] [英] 詹姆斯·斯蒂芬：《自由·平等·博爱——一个法学家对约翰·密尔的批判》，冯克利等译，广西师范大学出版社2005年版，第196页。

[2] [英] 罗杰·史库顿：《保守主义》，第18页。

[3] 同上书，第27页。

从旧的与等级制相结合的保守主义到现代保守主义的过渡，但是就反对“平等”作为社会生活基本的原则这一点（因而他们会以不同的方式强调权威、特权、地位或者秩序），它们属于一个家族。所以卡尔·曼海姆说：

在一个等级制的世界，统治阶层的统治尚未成为问题，人们可以以一种特权制的等级制的方式镇定自若地行事。随着公民平等的观念的兴起，任何类型的特权主义，不管是左翼还是右翼都要以全体的名义使自己合法化。[1]

换言之，保守主义从维持既有秩序和权威——它们是任何有效的统治之所必需——出发（这里我们没有讨论社会意识与社会存在如地位、利益等等的关系），通常不会诉诸平等来证明其合法性，而是诉诸人民的福祉、某种神圣性的因素或者传统。

同西方相类似，与现代“平等”观念在中国兴起的历史相应的，是传统的保守主义向现代保守主义的过渡。我们可以把张之洞等的“中体西用”论看作其最初的代表。近代思想史研究者称张为“洋务派”，以表明他与“顽固派”的不同。后者是传统的保守主义的概念，而张之洞已经意识到某些改变是不可避免的，譬如工具性的器用，但是所谓“中学”，首先就是“伦常名教”，或者说是以伦常名教为中心的中国固有思想文化，却是不能改变的。张之洞将之归结为“明纲”：

君为臣纲，父为子纲，夫为妻纲……五伦之要，百行之原，相传数千年更无异义，圣人所以为圣人，中国所以为中国，实在于此。故知君臣之纲，则民权之说不可行也；知父子之纲，则父子同罪、免丧废祀之说不可行也；知夫妇之纲，则男女平权之说不可行也。[2]

---

[1] [德] 卡尔·曼海姆：《保守主义》，第194—195页。
[2] 张之洞：《劝学篇》，第12页。

“明纲”是政治保守主义，它所要保存的秩序或传统、权威等等都并非抽象的价值，而具体化为不平等的等级制度。这一点是“中学”的“纲”。背后则有文化保守主义为学理基础：

> 今欲强中国、存中学则不得不讲西学。然不先以中学固其根柢，端其识趣，则强者为乱首，弱者为人奴，其祸更烈于不通西学者矣。
>
> 今日学者，必先通经以明我中国先圣先师立教之旨，考史以识我中国历代之治乱、九州之风土，涉猎子、集以通我中国之学术文章，然后择西学之可以补吾阙者用之，西政之可以起吾疾者取之，斯有其益而无其害。知养生者，先有谷气而后可饫庶羞；疗病者，先审脏腑而后可施药石。西学必先由中学，亦犹是矣。[1]

这与当时被称为“顽固派”的“保守”有本质的区别，“顽固派”的“保守”只是简单的反应性行为，拒绝一切外来的事物和变革。“中体西用”说已经是某种程度的理性反思的结果，即以富强为目的，在中国传统伦理政治的基础上采用西方的科学技术，所以是一种理性的行为选择。但依然是在维护等级制度的意义上的保守主义，所以保留了传统的保守主义的基本特征。对于三纲的维护、对于民主政治的排斥、对于平等（首先是政治平等）的否定，虽然似乎是当时的家常便饭，但是根本的是对于隐蔽在现存秩序后面的地位、特权、等级的肯定，这些才是保守主义真正留恋的东西。与此相匹配的是权威主义的文化气质，所谓“先圣先师立教之旨”是决无讨论余地的。

保守主义尤其是以保存“三纲五常”为主旨的政治保守主义，在从戊戌经辛亥到五四短短 20 年的时间内受到一连串的重大打击，“王纲解纽”导致了我们现在人尽皆知的传统的断裂，以至于余英时先生后来说近代以来中国始终没有出现可供“保守”的“现状”，没有形成“某一种秩序：社会的、文化的、政治的秩序”。[2]

---

[1] 张之洞：《劝学篇》，第 22 页。
[2] 李世涛主编：《知识分子立场：激进与保守之间的动荡》，时代文艺出版社 2000 年版，第 3 页。

因此，我们大致可以说，保守主义对于中国近代平等观念的兴起，其作用总体上是消极的。不但因为作为传统保守主义向现代保守主义过渡形式的“中体西用”论者曾经坚决地反对“平等”，而且以“返本开新”为号召的新儒家那样的文化保守主义，对于“平等”价值，也很少做有创造力的深度关注，甚至很少有创造性的批评，除了少数倾向于自由主义或社会主义的人物以外，他们的重心在心性形上学，而不在社会哲学与政治哲学。他们虽然不必反对“平等”，但是其内在的权威主义气质和“将存活到现在的过去作为出发点”的思维方式，都与特权、等级、权威、地位等等更易匹配。而且我们后面会讨论，经过 20 世纪初的失败，保守主义在政治理论上虽然不够强大有力，并不妨碍中国政治文化的连续性可以继续十分坚韧。这多少也是中国现代保守主义转变为文化保守主义，并且重在为传统文化的连续性辩护的原因。

二

对于“平等”观念在现代中国的嬗变起过积极推动的是激进主义和自由主义，更确切地说，在很长的时间里，是激进主义和自由主义的联盟，推动着“平等”成为改变 20 世纪中国的重要观念力量之一。保守主义依靠传统的权威和固有的秩序，自然在“古今中西”之争中倾向“古”或“中”，这与他们实际上代表了原先享有的特权和精英地位有无庸置疑的联系。与此相对应，激进主义和自由主义的联盟，作为主张改革的政治派别，要改变社会政治制度和权力分配格局，祭起“平等”的旗帜几乎是势所必然。面对一个等级制的社会，“平等”首先就意味着重新分配权力和利益，意味着社会关系的全盘性的调整，意味着革命。如果统治阶层既没有继续维持旧秩序的能力和权威，又没有智慧从事渐进式的“调适”，只能诉诸国家机器这种“公开而合法的暴力”，那么革命尤其是暴力革命几乎是不可避免的。从戊戌到辛亥，中国历史不过是遵循了这一条逻辑而已：现代社会不可能长期安于严重的社会不平等。它的一项历史性的结果，是保守主义失去意识形态的主流地位达八十年之久，作为其补充，20 世纪中国人的“平等”观念，几乎先天地就具备某种强烈的激进主义倾向。它几度走上前台，改塑了中国的政治文化版图。

所谓“平等”观念的激进倾向，首先是因为它所包含的政治平等的理想，最初在中国是以纯粹外来的方式出现的，尽管从戊戌到辛亥的思想家曾经尝试着用“新知附益旧学”的方式来寻找它的中国根源，但是就“民主的平等”之整体而言并非中国所固有，乃是一种直观上自明的道理。要用一种中国人前所未见的规范来改变中国社会，此之谓激进。其次，但是同样重要的是，“平等”尤其是政治平等威胁到的是已经存在了两千年的帝制，以政治平等的标准看，传统的帝制并无其合法性，因为它的合法性来自另一种学说，因而连带着的是整个政治文化受到否定。用谭嗣同的话说，就是：

二千年来之政，秦政也，皆大盗也；二千年来之学，荀学也，皆乡愿也。惟大盗利用乡愿，惟乡愿工媚大盗。二者交相资，而罔不托之于孔。（《仁学·二十九》）

无惑乎西人辄诋中国君权太重，父权太重，而亟劝其称天以挽救之，至目孔教为偏畸不行之教也。由是二千年来君臣一伦，尤为黑暗否塞，无复人理，沿及今兹，方愈剧矣。夫彼君主犹是耳目手足，非有两头四目，而智力出于人人也，亦果何所恃以虐四万万之众哉？则赖乎早有三纲五常字样，能制人之身者，兼能制人之心，如庄所谓“窃钩者诛，窃国者侯”，田成子窃齐国，举仁义礼智之法而并窃之。（《仁学·三十》）

激进主义的“平等”观念一开始就不但要推翻整个政治制度，而且要否定该政治制度的文化基础，这种文化格式塔心理今天已经受到许多责疑。但是就它的格式塔心理而言，与保守主义并无根本不同，这一点张之洞的《劝学篇》写得十分明了，他把三纲五常的等级制度与整个“中学”联结在一起。因此我们有理由说，激进主义“平等”观念一开始表现出强烈的反传统色彩，至少其中的一条原因，是占据主流地位的保守主义出于格式塔心理，试图运用全部文化传统的权威来防止“平等”观念的颠覆性。或者说，正是保守主义将政治改革最初的动机，从对于“富强”的追求，上升到摧毁民族文化的高度，换言之，调动整个文化的力量，来限制对于旧秩序和不平等制度的批评和改变，促使思想的博弈走向极端主义的两极对立。

在围绕着政治平等问题上展开的争论中，辛亥革命意味着保守主义的一次失败，“平等”开始写入中国的法律，表示它开始成为规范政治生活和社会生活的原则。但是辛亥革命并没有解决“平等”尤其是“政治平等”的社会植根性，尚未获得存在论基础的“平等”观念，至少在政治文化的领域，其激进只是形式的或字面的，其胜利将为中国政治文化实质上的连续性所抵消。

20 世纪初中国人的平等观念的激进倾向，不但表现为上述两点，如果与西方（譬如英国自由主义的鼻祖洛克）的理论相比，还有两点颇值得注意。

其一，在社会平等的某些方面，譬如教育平等、男女平等这些问题上，最前卫的中国意识觉醒比较早。这当然是在相对的意义上说的。西方人一开始并没有全面地提出平等的要求，洛克的《政府论》表明，“平等”主要是政治原则而不是普遍的伦理原则，从上帝面前人人平等的神学解释推导出来的，只是政治社会的平等，即公民的法权平等。因此在一定条件下，夫权和父权乃至主奴关系，都可以不服从“平等”原则。他很明确地表示：“我认为官长对于臣民的权力，同父亲对于子女的权力、主人对于仆役的权力、丈夫对于妻子的权力和贵族对于奴隶的权力，是可以有所区别的。”[1]换言之，洛克和英国革命所解决的，只是围绕着政治权力的起源、使用和分配等等所涉及的平等原则，那是“民主的平等”的起点，既是逻辑的更是历史的。只是在政治平等获得某种程度的实现以后，英国人才渐渐将平等扩张到越来越广泛的社会平等——也是在经历了一连串的社会冲突和阶级之间的博弈以后。中国人则将自己的平等诉求在短时间内迅速扩张至各个方面，远在政治平等没有实现以前，男女平等、教育平等的主张已经为许多人所熟悉。中国的现代大学制度甫开不久即实行男女同校，讨论“娜拉出走”成为新文化运动的一个热点，都说明虽然现代“平等”观念在中国是后起的，但是在社会生活的某些领域，却并非全面落后于同时代的西方世界。所以确实呈现出“激进”的面貌。更不用说，中国曾经有强大的无政府主义的潮流，无政府主义者在

[1] [英] 洛克：《政府论》（下篇），第 4 页。

社会平等方面做过多方面的实验，也说明中国社会存在着强烈的社会平等的动力。

其二，与政治平等方面的实质性进展并不明显堪成对照的，是中国人对于经济平等的热情曾经持续高涨，并且在社会主义实验中一度发展为破坏性的平均主义。

20世纪40年代末的国内战争的结局，已经决定了中国的社会主义道路的历史性选择，由此也决定了此后数十年经济平等从马克思主义的意识形态到国家制度、政策的转变。它突出表现在社会主义改造的一系列运动中。其目标不仅停留在现在我们注重的分配正义上，按照马克思主义的经典理论，资产阶级的法权平等和资本主义经济不平等之间的冲突，最后只能导致危机和崩溃。真正的平等是消灭阶级，首先改变生产资料的私人占有为社会公有，同时要以不断革命的精神缩小乃至消除三大差别、限制资产阶级法权，从社会主义向共产主义转变。如何认识激进的平等主义的社会变革与经济发展之间的关系，需要非常专门的研究。按照比较大略的观察，“1950年以来，中国人取得了实现现代化的高增长率，超过大多数尚未实现现代化的国家”。[1]扣除因为“大跃进”和“文革”所造成的破坏，这两个时期现在通常被人们归结为平均主义的恶果，新中国建立以后三十年经济的发展不容小觑。它一度被人们看作中国可能寻找到了一条不同于发达资本主义国家的现代化之路：“它能建立一种更加平等、更具集体导向和更加公正的社会，从而减少了在其他地方可以发现的那种牢骚满腹和社会分裂的源泉。”[2]

但是，为了实现激进的经济平等（和某些社会平等），而出现的阶级斗争扩大化，不仅损害了生产效率，而且以一种新形式的政治不平等，导致了“文革”那样的社会动荡。换言之，在激进主义的社会改造方案中，“平等”本来因为它是未来社会的理想而成为社会动员的工具，这在有着悠久的“不患寡而患不均”的传统的中国，确实呈现出强烈的动力性。但是“经济平等”最后事实上异化为严重的不平等，激进的平等主义走向了它的反面。

---

[1] [美] 吉尔伯特·罗兹曼主编：《中国的现代化》，第528页。
[2] 同上书，第605页。

三

作为现代价值之一的“平等”，原来是现代社会的一条共法，与其他最主要的现代价值一样，都与启蒙主义有密切的联系。如果说，马克思主义和社会主义属于激进的平等主义的话，自由主义则属于温和的平等主义，所以我们说，是激进主义和自由主义的联盟推动了“平等”观念在现代中国的嬗变历程。不过自由主义在此过程中有不同于激进主义的立场、观点和作用。另一方面，由于“平等”几乎是自由主义天然认可的价值，至少是在它不与自由冲突的情况下是如此，因此自由主义对待“平等”的立场与保守主义原则上就不相同。但是，像西方自由主义一样，中国近代历史上的自由主义者对待“平等”的态度比较复杂。这种复杂性的表现之一，是它们经常摇摆在保守主义与激进主义（社会主义）之间。当自由主义与激进主义结盟的时候，社会的主流意识似乎被平等所左右，当他们与保守主义结合的时候，“平等”就比较受忽视。这与自由主义对于“平等”价值本身的理解与态度密切相关，即既不像早期保守主义那样拒斥，也不如社会主义那样肯定其优先性。总体上说，平等是自由主义价值的重要向度之一，不过他们通常强调的是人的权利平等，或者说形式的平等，一般很难接受实质的平等，或者说结果的平等（尤其是经济平等）。这样一种派别立场也是在平等观念的现代嬗变历史中逐渐呈现的。至少在五四新文化运动中——这场运动是激进主义和自由主义合作的结果——平等还只是作为一个总体性的价值被自由主义所追寻。不管中国社会实际上如何依然保持着严重的不平等，与“平等”为法律所明文规定相配合，五四作为中国的启蒙运动的一项积极成果，是“平等”占据了话语优势。平等是好的、不平等是不好的。在有教养的阶层，这是一条社会常识。

随着“新青年”派的分裂，激进主义走向社会主义革命，把平等高高地写在自己的旗帜上，自由主义则主要追求“自由”——尤其是知识分子的言论自由和批评政治的自由。在“新月派”和“人权运动”中的自由主义者，虽然不必有反对实质平等和结果平等的理论，却实际上远离了追求平等的土地革命和农民战争。20 世纪 40 年代，随着国内政治形势的变化和自由主义高潮的到来，自由主义者们的平等观念也有所深化，不仅意识到平等的悖论，更意识到平等和自由之间的冲突。我们在第五章通过考察《观察》和《新路》杂志围绕这一问题展开的争论，对此已经有所说明。不过，20 世纪 40 年代中国自由主义对此问题的认识，基本上反映了西方自由主义的主流立场。当时英美社会的主要思潮是自由主义向左转，与社会主义形成某种结合。这突出反映在英国费边派和著名思想家拉斯基对于中国自由主义的决定性影响上。拉斯基曾经因为立场介于费边社自由主义和基尔特社会主义之间而被称作“温和的自由主义”，后来又因为受马克思主义影响而被称作“温和的马克思主义”。他对于第二次世界大战前后西方知识界的影响，最具有象征意义地说明了在 20 世纪 30 年代到 50 年代，由于社会主义运动的全球影响，整个世界如何曾经朝左转。中国著名的自由主义知识分子，如张奚若、钱昌照、罗隆基、储安平、吴恩裕等一大批人士，几乎都受到拉氏的深刻影响。正如我们在前面第五章已经讨论过的那样，此时中国的自由主义者，尽管也有人认为自由主义的价值排序是自由优先于平等，但是更强大的一派，是认为平等和自由同样重要。换成当时的标题：人人有饭吃，各自选路走。或者说，既要“人人一碗饭”，又要“每人一张票（选票）”。在政治上是在美国和苏联之间走出第三条道路，在价值上是政治自由和经济平等兼而有之。

自由主义在中国大陆再次浮出水面，是 20 世纪 90 年代以后。罗尔斯的《正义论》提供了一个基于契约论的协调平等与自由的偏左方案。按照罗尔斯的理论，正义的核心是平等。他对他所提出的两个正义原则的陈述，虽然兼顾了自由，但是总倾向是平等，或者说分配正义。在学院哲学内部，罗尔斯成为政治哲学和伦理学讨论的焦点。围绕着它们出现了一大批学术论文和若干著作。但是，就通俗哲学或社会影响而论，罗尔斯的对立面诺齐克所表达的保守的自由主义，其实更为重要。诺齐克反对国家以强制方式实行财产再分配来实现社会平等。这与哈耶克的自由主义经济理论有内在的重合。事实上，哈耶克的自由主义比诺齐克更为人熟知。尽管哈耶克之所以成为 20 世纪末的学术明星，有中国自由主义试图将自由主义与传统结合这一历史原因。[1]但是无论是哈耶克，还是像政治儒家

---

[1] 关于自由主义的这一转变，我受益于张世保教授的论文《“拉斯基”还是“哈耶克”？——中国自由主义思潮中的激进与保守》，见我主编的《中国思潮评论》第四辑，上海古籍出版社 2012 年版。

那样的保守主义，都同样拒斥平等的价值。我们知道哈耶克认为社会正义是空洞的毫无意义的概念。下面这一点也决非纯粹的巧合：在启蒙反思和对法国大革命的批评中，英国人柏克和他所写《法国革命论》为许多自由主义者所称道，柏克主张传统、秩序和权威，当然也赞成所谓在人的自然才能基础上形成的贵族制，所以不平等是人的德行、才能和气质乃至环境的自然反映，它表现为传统和制度。

总之，与20世纪上半叶中国的自由主义在“平等”与“自由”的矛盾关系中倾向于平等不同，20世纪末的中国自由主义在其价值排序中更钟情于自由优先，并且表现出与以传统主义面目出现的保守主义结盟的趋势。

四

在现代社会三种基本思想派别的争论中，来讨论平等在中国人的价值重建中的意义，是因为我把平等观念史的实际进程看作是一场不同思想之间的讨论。在这场旷日持久的争论中，主要有三种不同的思想派别。当然实际上平等观念的争论有更为复杂的向度，无论是激进主义、保守主义，还是自由主义，对于“平等”的理解和解释都没有那么规正齐一，但是这种类型学的方式还是可以大致描画这场讨论的总体画面。其原因之一，是中国的自由主义和激进主义（社会主义），都与西方发达国家的同类思想派别有直接的关联。中国的保守主义，在摆脱了最初单纯防守的困境以后，也很快从西方获得了理论说明。从这个意义上说，平等观念在现代中国的嬗变过程以及它所呈现出的种种困境，只是现代世界普遍的价值困境的一部分。

在不同思想派别的争论中探讨“平等”对于现代价值重建的意义，是意识到平等只是现代社会理想的一个向度或者一个要素。当现代社会将“平等”作为一个改造自身基本结构的原则的时候，不但由于社会体制所造成的深刻的不平等是不可能避免的，而且“基本结构和社会安排一般说来不但有正义或不正义的，还有效率高的或效率低的，开放的或不开放的，等等”。[1]更不用说，前面我们多次谈论到的自由也是现代社会理想的一个重要方面；而要维持一个社会的持续进

[1]〔美〕约翰·罗尔斯：《正义论》，第10页。

步，秩序一定是必不可少的。从民族价值的现代重建角度来看平等或不平等，就不能把平等观念与其他现代价值分离开来，视其为独立的理想，而应该注意到各个向度之间的平衡。

曾经有过一种“平等”的要求，使得中国近代几乎所有思想派别都暂时搁置分歧而取得一致，那就是“民族平等”。在“国家/民族平等”的要求后面，是民族社会共同体的生存危机和福祉祈求，是国家富强的目标。虽然我们现在讨论的主要是“民主的平等”即公民之间的平等，但是至少现代中国人的平等意识是随着现代民族意识和某种民族主义情感一起发展起来的。它更是随着现代产业制度和人的解放——包括各种欲望的解放——的潮流一起发展起来的。因此，在围绕着“平等”的争论中，甚至就在各种“平等”的背后，事实上有一个价值世界的诸神纷争。

由于中国人是在近代以来“古今中西”的大争论中逐渐展开平等观念的现代嬗变的，因此围绕着它的价值重建过程，实际上需要处理三个重要价值的排序问题：秩序（权威、传统）和自由、平等，它们分别为保守主义、自由主义和激进主义（社会主义）列为优先的价值。处于两端的是保守主义和激进主义，而当自由主义倾向于自由和平等并重时，他们实际上就倾向于社会主义，当自由主义倾向于与传统秩序结合，他们实际上就趋于保守。虽然我们通常会说，自由、平等都是现代社会的价值原则，但是秩序、权威和传统，也是一个健全的社会之所必需。从这个意义上说，以上三个文化—政治派别都有自己存在的理由。当然，正像自由、平等的具体内容是在历史中展开的，秩序、权威和传统，也需要在历史条件中获得其具体规定。换言之，随着自由、平等这类观念的现代嬗变，秩序、权威和传统，或早或迟地也要取得它们新的历史形态。章太炎所说的“因政教而成风俗，因风俗而成心理”，指出政治文化——一个民族处理其政治活动的心理——也是可以改变的。现代社会所需要的秩序、权威与传统，将在社会现代化进程中经过“创造性转化”，能够逐渐与自由、平等价值相匹配。它的一个较为乐观的前途是在深化改革的过程中，渐渐养成中国人参与型的政治文化，不再仅仅依赖得到一个权威垂直施与的平等对待，相信自己有参与政治生活的权力，相信自己的积极活动可以在某种程度上影响现实，相信使生活本身更加平等既是可欲的也是可能的，并且更进一步，能够将平等意识转变为德性。

五

将“平等”作为社会理想的一个重要的甚至基础的因素来看待，就意味着“平等”观念的现代嬗变过程实际上涉及现代价值观念系统的各个方面。在中国哲学的视野中，它涉及“天人”“群己”“义利”“理欲”“力命”等诸项关系，涉及处理这诸多关系的原则及其辩难。事实上，“平等”观念在现代中国的嬗变，很大程度上影响上述诸多辩难和争论，因而或多或少地改写了我们的价值理论。

现在人们一般都认为“天人合一”代表了中国文化精神，尤其代表了儒家文化的价值追求。它所讨论的“天人之际”，通常是中国传统哲学本体论或终极价值的论域，在它众多的论述脉络中，又大致可以分为天道观和人道观。按照“推天理以明人事”的传统思维方式，人道观通常要在天道观中获得不同程度的论证和说明。就权利平等为中心的现代观念主要是一种人道观而言，在现代社会的条件下，它已经通过“新知附益旧学”“异端翻为正统”“边缘进入中心”等渠道，与传统哲学的天道观建立起言说上的联系。

人道观本身又包含着第二序的“天人之辩”，即需要讨论“性”与“习”的关系。中国古代哲学在承认人的相同性上有着性善论的强大传统，“人皆可以为尧舜”和“众生是佛”等论式都强调人无例外地先验具备成为“人”的本质或潜能，通过后天的修养和教育（“习”）可以复归先验的“性”，或者“成身成性”。由此达到“天人合一”的境界。虽然其中有“复性”和“成性”的对立，但是抽离了等级制度的语境以后，以性善论为主要形态的“人的相同性”古典理论，与以权利平等为中心的现代平等观念，中间似乎只有一步之遥了。因此，无论是康有为那样从“性相近”来论证人皆平等，无所谓君子小人，以至于提出“去家界为天民”，[1]还是熊十力一系的新儒家一贯地从“天命之谓性”来讲所谓“性分平等”，都意在于“天人合一”的框架中，用平等的形上学来支持政治学和社会学

[1] 前者见康有为的《长兴学记》，“夫相近则平等之谓，故有性无学，人人相等，同是食味、别声、被色，无所谓小人，无所谓大人也”。“天民”一说见《大同书》己部。

的“平等”。

但是，现代社会对待“平等”，已经基本上放弃了从形上学的高度上给予论证的努力，而且“天人合一”的境界已经在生态危机中转变为人与自然和谐相处的主题。现代新儒家努力希望可以论证的“曲通”或者“良知自我坎陷”，不过表明包括“平等”在内的现代民主以及其整个思想体系，向传统的价值提出了何等重要的挑战。

“天人之辩”在传统哲学的框架内讨论“天命”和人的有意志的自觉活动（“人力”）的关系时，就转变为“力命之争”。由于“天”的释义的多样性，在自然界意义上的“天”之下，“人”是一个类的概念：人不是单独地面对自然界的。而在人生论的向度，“力命之争”讨论的是“命运”和个人的努力与奋斗之间的关系，它要解释的是不同的人何以有不同的处境，因而可以看作是对不平等现实——这种不平等是任何社会都难以完全避免的——的哲学思考之一。所谓“才高行洁，不可保以必尊贵，能薄操浊，不可保以必卑贱”。[1]古人通常都把这种不平等归结为“命”。故王充就说“凡人遇偶及遭累害，皆由命也。有死生寿夭之命，亦有贵贱贫富之命”。[2]哲学可以将对于“命运”的讨论深入到本体论的层面，展开为决定论和唯意志论、必然性和偶然性的争论。但是还原为世俗的问题，需要回答的是，特定的不平等结果纯粹是运气造成的？还是个人的努力可以改变自己的命运？平等给“力命之争”的现代诠释提供了新的动力：平等意味着每个人的意志、尊严和人格有同等的重要，尽管命运仍然会有不同，但是社会不但不能因此而取消某个不幸者的平等权利，而且为了保证人们的起点平等，社会体制应该做必要的调整。平等作为社会生活的基本规范意味着社会体制的变革本身是人的力量所及（应然），而不再是什么“天命”。在一个民主的社会里，对于那些享有平等权利的人们，很难再使他们相信，那些生活在严重不平等制度下的人们的不幸，完全出于超越的神秘力量决定了的“命运”。换言之，现代平等的价值与用神意、天命等来解释人生幸福是难以兼容的，它显然与鼓励普通人发挥

---

［1］王充：《论衡·逢遇》。
［2］王充：《论衡·命禄》。

自己的活力、实现自己的意志，更相配合。平等在中国近代多次成为社会动员的工具，与近代中国哲学的唯意志论思潮之间，有着深刻的关联。我们知道，唯意志论不但大大改写了“力命之争”的现代历史，而且一直以来都深刻影响着现时代的社会思潮。

“平等”就其是一种伦理原则而言，它必定讨论个人与社会、自我与他者的关系，在传统哲学中主要以“人我之辩”的形式出现，近代以来随着“群”（社会）的观念的兴起，“群己之辩”成为一个非常重要的主题，并把“人我之辩”包括在自身。无论是“人我”之辩还是“群己”之辩，都是“平等”话语的主要领域。就“群己之辩”的总倾向而言，近代以来中国思想界有着集体主义（群体为重）、个人主义（个人本位），以及“群己并重论”等三种主要的类型，其间不乏复杂的争论。但是个人在社会中应该享有平等的地位，因而应该享有同样的尊严，是现代“平等”观念给传统“群己之辩”注入的最积极的新要素。换言之，它们的分歧只是发生在群己发生冲突的情况下；就个体之间的关系应该贯彻平等原则这一点，主流意识是一致的。由于平等成为基本的伦理原则，“人我”关系从“自我”和“他者”的关系，转变为“自我”与“他我”的关系，主体性转变为主体间性。由此“小我”可以联合为“大我”。它不但指向了自由人的联合体这样的社会理想，即“个性解放”与“大同团结”相统一的社会生活共同体，可以成为政治哲学的价值论基础，而且指向了平民化理想人格，有广义认识论的根据。[1]

与平等主义的“群己（人我）之辩”相契合的，之所以是平民化的人格理想而不是圣贤人格理想，是因为按照本质平等（inrtrinsic equality）的假设，政治平等是这样一种道德判断，“认为所有人生而平等，没有人在本质上比别人更优越，以及每个人的善和利益都该被赋予相等的考虑”。[2]它当然直接导向这样一个结论：没有什么人一定比其他人更有做统治者的资格，因而可以获得完全凌驾于群体之上的权力。但是它同时是承认了这样一种预设：每一个人，不管他的成就、

[1] 关于平民化自由人格的概念，冯契先生有相当具体的论述，详见冯契：《人的自由与真善美》，第九章《理想人格的培养》，华东师范大学出版社 1996 年版，第 291—236 页。

[2] [美] 罗伯特 · 道尔：《论政治平等》，第 23 页。

地位、身份和道德取向如何，就其作为在社会共同体中能够理性地作出自己选择的合作者而言，他都应该得到同样的尊重。换言之，按照平等主义的“群己之辩”，理想人格同时是个性化的自由人格，应而多样化是其本然状态，所以又可以是“不齐而齐”。

我们知道儒家有仁智统一的传统，表示儒家总是不离开人伦关系来讨论认识问题，更遑论人格的培养。因而孔子“吾与点”之乐，蕴涵着平等的友爱关系，是培养理想人格的理想环境的意义，在经过启蒙主义——一种需要人们勇敢地自由运用自己的理性的理论——的洗礼以后，不但在处理“人我”关系中呈现为理想境界，而且成为以实践论为中心的广义认识论的价值偏好。在追求智慧——从无知到知识，又转识成智——的长途中，“平等”是“理性”最亲密的朋友。孔子说“当仁不让于师”，西谚云“我爱我师，我更爱真理”。只有在近代以后，它们才可能在真正意义上转变为社会共识，因为权威崇拜正逐渐被平等意识所取代。“科学以由真理观念指导的理性批评为特征”。[1]它表示，在追求真理的过程中，所有人作为理性的存在而同一，因而我们可以通过自由讨论和相互批评进达真理。认识论的主体间性，是在伦理学的主体间关系中才得以呈现的。由此可见，平等观念对于我们时代精神的影响，深入到使现代认识论带有了与其相配合的价值偏好。

关于善的价值在中国传统哲学中存在着功利论和道义论两种不同的学说，功利论说“义”即“利”，道义论说“义”即“宜”，由此形成了价值学说的“义利之辩”。总体上说，儒家是倾向于道义论的，正统儒家更是反功利主义的，而近代的一大转变是功利主义成为潮流。由于平等成为现代社会的一个规范性原则，“义利之辩”除了讨论集体主义还是个人主义的问题以外，转出了另一个主题“平等 vs.效率”，即经济学家所谓平等和效率何者优先的抉择。它反映的是现代社会政治原则与经济原则之间的紧张，实际上是权利平等与收入不平等之混合的紧张。20 世纪上半叶曾经出现过的“宁要社会主义的草，不要资本主义的苗”，是极端的平等压倒效率的价值排序方式；后来提出的“效率优先、兼顾公平”则是

---

［1］［英］卡尔·波普尔：《通过知识获得解放》，第 52 页。

另一种价值排序。正如对待“义利之辩”的常识态度是兼容论的一样，在效率和公平之间，常识也是取兼容论的。因为在“效率优先”引发的社会不平等危及社会安全时，人们会重新注意平等，而且注意到平等并不注定减低效率。

经济学家眼中的平等和效率之间的讨价还价，在自由主义政治学家眼中就是“平等 vs.自由”的权衡。用 20 世纪 40 年代中国自由主义的典型公式就是“一碗饭 vs.一张（选）票”，他们的理想是“每人一碗饭，各自选路走”，但是自由和平等兼容的路不容易走通。而所谓哈耶克式的新自由主义，则把“自由 vs.平等”，转变为“形式平等 vs.实质平等”的争论，实质平等将导向“奴役之路”。所以萨托利说：“民主主义者总是准备做一笔交易：少一些自由，多一些平等或更大的平等，但不能付出太高的自由代价。”[1]

平等主义认为每个人的善和利益都该被赋予相等的考虑，包括对人的物质欲望和情感等等的“考虑”。从这个侧面“义利之辩”就必然与“理欲之辩”形成某种交叉。“理欲之辩”在近代中国的展开，指向了人的全面发展原则。[2]与功利主义潮流相配合，“平等”观念对于近代“理欲之辩”的重要意义在于“欲”的解放。这里的“欲”，不但是物质欲望，同时是意志、情感等等人格中非理性的要素。平等原则使得普通人的“欲”获得了合法地位。物质欲望的解放既纠正了偏枯的理学对人性的禁锢，又与消费主义构成了某种文化脉络；情感意志的解放既可以导向人的全面发展和自由人格，也引起了弥漫性的意志主义思潮。上述两条同样都呈现出现代性的双面特征。

总之，“平等”对于中国现代价值学说的影响是全方位的，它不仅使得传统的价值争论具备了新的气质，也给它们注入了古代所不能有的政治和经济生活的内容，因而深刻地推动了 20 世纪中国哲学的变革。但是“平等”的任何进展都并没有终结价值学说之间的争论，正如在复杂的“平等”诉求后面隐蔽着的人性的悖论，都不断呈现出可以继续深究的巨大空间。

---

[1] [美] 乔万尼·萨托利：《民主新论》，第 357 页。

[2] 见冯契：《人的自由与真善美》，第四章《价值体系》，华东师范大学出版社 1996 年版。在本章中，冯先生将传统哲学的价值学说主要按照天人、理欲、群己等“三辩”来分析，是非常有启发性的。

参考文献举要

一

《王韬日记》，方行、汤志钧整理，中华书局，1987 年。

《校邠楼抗议》，冯桂芬著，上海书店出版社，2002 年。

《太平天国印书》，江苏人民出版社，1962 年影印。

《劝学篇》，张之洞著，上海书店出版社，2002 年。

《新政真诠——何启、胡礼垣集》，辽宁人民出版社，1994 年。

《康有为全集》，姜义华、张荣华编校，中国人民大学出版社，2007 年。

《谭嗣同全集》，中华书局，1981 年。

《饮冰室合集》，梁启超著，中华书局，1989 年。

《严复集》，中华书局，1986 年。

《章太炎全集》，上海人民出版社，1985 年。

《经学历史》，皮锡瑞著，中华书局，2004 年。

《性命古训辨证》，傅斯年著，广西师范大学出版社，2006 年。

《孙中山全集》，中华书局，1981 年。

《刘申叔遗书》，凤凰出版社，1997 年。

《刘申叔遗书补遗》，广陵书社，2008 年。

《陈独秀著作选》，上海人民出版社，1991 年。

《李大钊文集》，人民出版社，1984 年。

《鲁迅全集》，人民文学出版社，1989 年。

《吴虞集》，四川人民出版社，1985 年。

《吴虞文录》，上海书店，1999 年。

《谈虎集》，周作人著，北新书局，1936 年。

《胡适全集》，安徽教育出版社，2003 年。

《胡适文存》，远东图书公司，1921 年。

《梁漱溟全集》，山东人民出版社，1989 年。

《十力语要》，熊十力著，中华书局，1996 年。

《体用论》，熊十力著，中华书局，1994 年。

《金明馆丛稿二编》，陈寅恪著，上海古籍出版社，1982 年。

《中国文化史导论》，钱穆著，商务印书馆，1994 年。

《先秦诸子系年》，钱穆著，商务印书馆，2002 年。

《汤用彤全集》，河北人民出版社，1999 年。

《知识论》，金岳霖著，商务印书馆，1985 年。

《贞元六书》，冯友兰著，华东师范大学出版社，1996 年。

《中国哲学史新编》，冯友兰著，人民出版社，1988 年。

《牟宗三先生全集》，台北联经出版事业公司，2003 年。

《人文精神之重建》，唐君毅著，广西师范大学出版社，2005 年。

《中国人文精神之发展》，唐君毅著，广西师范大学出版社，2005 年。

《徐复观文存》，台湾学生书局，1991 年。

《徐复观文集》，李维武编，湖北人民出版社，2002 年。

《学术与政治之间》，徐复观著，台湾学生书局，1980 年。

《儒家思想开拓的尝试》，刘述先著，中国社会科学出版社，2001 年。

《杜维明文集》，武汉出版社，2002 年。

《毛泽东早期文稿》，中共中央文献研究室编，湖南出版社，1995 年。

《毛泽东选集》，人民出版社，1991 年。

《邓小平文选》，人民出版社，1994 年。

《破除资产阶级法权残余，扬共产主义精神》，上海高等学校干校政治理论资料工作协作组编，华东师范大学出版社，1958 年。

《新青年》。

《观察》。

《独立评论》。

《新路》。

二

《孟子正义》，焦循撰，中华书局，1987 年。

《庄子集释》，郭庆藩辑，1961 年。

《荀子集解》，王先谦撰，中华书局，1988 年。

《韩非子集释》，陈奇猷校注，上海人民出版社，1974 年。

《史记》，司马迁著，中华书局，1975 年。

《论衡》，王充著，上海人民出版社，1974 年。

《大乘起信论校释》，真谛译，高振龙校释，中华书局，1992 年。

《成唯识论校释》，玄奘译，中华书局，1998 年。

《太平经合校》，王明撰，中华书局，1960 年。

《太平经正读》，俞理明著，巴蜀书社，2001 年。

《张载集》，中华书局，1978 年。

《四书章句集注》，朱熹著，中华书局，1983 年。

《王阳明全集》，上海古籍出版社，1992 年。

《船山全书》，王夫之著，岳麓书社，1996 年。

三

《逻辑思维的辩证法》，冯契著，华东师范大学出版社，1996 年。

《认识世界和认识自己》，冯契著，华东师范大学出版社，1997 年。

《智慧的探索》，冯契著，华东师范大学出版社，1997 年。

《中国古代哲学的逻辑发展》，冯契著，华东师范大学出版社，1996 年。

《中国近代哲学的革命进程》，冯契著，华东师范大学出版社，1997 年。

《中国思想通史》，侯外庐等著，人民出版社，1957 年。

《中国佛教史》，任继愈主编，中国社会科学出版社，1985 年。

《希腊哲学史》，汪子嵩等著，人民出版社，1993 年。

《中国思想史》，韦政通著，上海书店出版社，2003 年。

《中国法律与中国社会》瞿同祖著，中华书局，2003 年。

《中国古代思想史》，杨荣国著，人民出版社，1954 年。

《中国古典哲学概念范畴要论》，张岱年著，中国社会科学出版社，1987 年。

《中华民国立法史》，谢扶民编著，正中书局，1948 年版。

《从爵本位到官本位：秦汉官僚品位结构研究》，阎步克著，生活·读书·新知三联书店，2009 年。

《选举社会及其终结：秦汉至晚清的一种社会学阐释》，何怀宏著，生活·读书·新知三联书店，1998 年。

《现代化的陷阱——当代中国的经济社会问题》，何清涟著，今日中国出版社，1998 年。

《儒家与现代民主——当代新儒家政治哲学研究》，何信全著，台湾“中央研究院”中国文哲研究所，2004 年。

《东亚儒学视域中的徐复观及其思想》，黄俊杰著，台湾大学出版中心，2009 年。

《一个被放弃的选择——梁启超调适思想之研究》，黄克武著，台湾“中央研究院”近代史研究所，1994 年。

《佛学与儒学》，赖永海著，浙江人民出版社，1992 年。

《公正平等人道——社会治理的道德原则体系》，王海明著，北京大学出版社，2000 年。

《〈齐物论〉及其影响》，陈少明著，北京大学出版社，2004 年。

《庄学研究》，崔大华著，人民出版社，1992 年。

《知识分子立场：激进与保守之间的动荡》，李世涛编，时代文艺出版社，2000 年。

《周作人的是非功过》，舒芜著，人民出版社，1993 年。

《陈独秀年谱》，唐宝林、林茂生编著，上海人民出版社，1988 年。

《儒家政治思想与自由民主人权》，萧欣义编，台湾学生书局，1988 年增订再版。

《佛教戒律与中国社会》，严耀中著，上海古籍出版社，2007 年。

《海市蜃楼与大漠绿洲——中国近代社会主义思潮研究》，杨奎松等著，上海人民出版社，1992 年。

《士与中国文化》，余英时著，上海人民出版社，1987 年。

《朱熹的历史世界——宋代士大夫政治文化的研究》，余英时著，生活·读书·新知三联书店，2004 年。

《幽暗意识与民主传统》，张灏著，新星出版社，2006 年。

《周作人年谱》，张菊香等编，天津人民出版社，2000 年。

《周予同经学史论著选集》，朱维铮编，上海人民出版社，1983 年。

四

《理想国》，柏拉图著，郭斌和、张竹朋译，商务印书馆，1986 年。

《尼各马可伦理学》，亚里士多德著，廖申白译注，商务印书馆，2003 年。

《法哲学原理》，黑格尔著，范扬等译，商务印书馆，1999 年。

《哲学史讲演录》，黑格尔著，贺麟，王太庆译，商务印书馆，1983 年。

《论法的精神》，孟德斯鸠著，张雁深译，商务印书馆，2005 年。

《人性论》，休谟著，关文运译，商务印书馆，1994 年。

《政府论》，洛克著，叶启芳、瞿菊农译，商务印书馆，1981 年。

《哲学史教程》，文德尔班著，罗达仁译，商务印书馆 1989 年。

《社会契约论》，卢梭著，何兆武译，商务印书馆，2003 年。

《论人类不平等的起源与基础》，卢梭著，李常山译，商务印书馆，1997 年。

《论平等》，皮埃尔·勒鲁著，王允道译，商务印书馆，2005 年。

《马克思恩格斯选集》，马克思、恩格斯著，人民出版社，1995 年。

《社会主义神髓》，幸德秋水著，马采译，商务印书馆，1997 年。

《不平等的发展》，萨米尔·阿明著，高铦译，商务印书馆，2000 年。

《论政治平等》，罗伯特·道尔著，张国书译，台湾五南图书出版有限公司，2009 年。

《平等》，亚历克斯·卡里尼克斯著，徐朝友译，江苏人民出版社，2003年。

《自由·平等·博爱——一个法学家对约翰·密尔的批判》，詹姆斯·斯蒂芬著，冯克利等译，广西师范大学出版社，2005年。

《不平等的痛苦——收入差距如何导致社会问题》，理查德·威尔金森等著，安鹏译，新华出版社，2010年。

《如果你是平等主义者，为何如此富有?》，G.A.柯亨著，霍政欣译，北京大学出版社，2009年。

《不平等的日本——告别“全民中产”社会》，佐藤俊树著，王奕红译，南京大学出版社，2008年。

《心的分析》，罗素著，贾可春译，商务印书馆，2009年。

《意识形态与乌托邦》，卡尔·曼海姆著，李步楼译，商务印书馆，2005年。

《保守主义》，卡尔·曼海姆著，李朝晖、牟建君译，译林出版社，2002年。

《存在与虚无》，萨特著，陈宣良译，生活·读书·新知三联书店，1987年。

《民主新论》，乔万尼·萨托利著，冯克利等译，上海人民出版社2009年。

《通过知识获得解放》，卡尔·波普尔著，范景中等译，中国美术学院出版社，1996年。

《实在论的多副面孔》，希拉里·普特南著，冯艳译，中国人民大学出版社，2005年。

《爱的艺术》，埃利希·弗洛姆著，孙依依译，工人出版社，1986年。

《六大观念》，艾德勒著，郗庆华、薛笙译，生活·读书·新知三联书店，1998年。

《反潮流：观念史论文集》，伯林著，冯克利译，译林出版社，2002年。

《自我的根源：现代认同的形成》，查尔斯·泰勒著，韩震等译，译林出版社，2000年。

《资本主义文化矛盾》，丹尼尔·贝尔著，赵一凡等译，生活·读书·新知三联书店，1989年。

《民族主义：走向现代的五条道路》，里亚·格林菲尔德著，王春华等译，上海三联书店，2010年。

《保守主义》，罗杰·史库顿著，王皖强译，台湾立绪文化事业有限公司，2005年。

《进步的观念》，约翰·伯瑞著，范祥涛译，上海三联书店，2005年。

《反对自由主义》，约翰·凯克斯著，应奇译，江苏人民出版社，2003年。

《正义论》，约翰·罗尔斯著，谢延光译，上海译文出版社，1991年。

五

《寻求富强：严复与西方》，本杰明·史华慈著，叶凤美译，江苏人民出版社，1989年。

《早期中国“人”的观念》，孟旦著，密歇根大学中国研究中心，2001年。

《从利马窦到汤若望：晚明的耶稣会传教士》，邓恩著，余三乐译，上海古籍出版社，2003年。

《先贤的民主》，郝大维、安乐哲著，何刚强译，江苏人民出版社，2004。

《汉哲学思维的文化探源》，郝大维、安乐哲著，施忠连译，江苏人民出版社，1999年。

《中国禅学思想史》，忽滑谷快天撰，朱谦之等译，上海古籍出版社，2002年。

《中国的现代化》，吉尔伯特·罗兹曼主编，国家社会科学基金“比较现代化”课题组译，江苏人民出版社，1988年。

《简明中国佛教史》，镰田茂雄著，郑彭年译，上海译文出版社，1986年。

《兄弟并不平等》，鲁比·沃森著，时丽娜译，上海译文出版社，2008年。

《革命中的中国：延安道路》，马克·塞尔登著，魏晓明、冯崇义译，社会科学文献出版社，2002年。

《古代中国的思想世界》，史华慈著，程钢译，江苏人民出版社，2004年。

《英使谒见乾隆纪实》，斯当东著，叶笃义译，上海书店出版社，1997年。

《中国与基督教——中西文化的首次撞击》，谢和耐著，耿昇译，上海古籍出版社，2003年。

《中国社会史》，谢和耐著，耿昇译，江苏人民出版社 1988 年。

《佛教征服中国》，许里和著，李四龙等译，江苏人民出版社，1998 年。

《危机中的中国知识分子：寻求秩序与意义》，张灏著，高力克、王跃译，新星出版社，2006 年。

《五四运动：现代中国的思想革命》，周策纵著，周子平译，江苏人民出版社，1996 年。

《利玛窦中文著译集》，朱维铮主编，复旦大学出版社，2007 年。

《万国公报文选》，朱维铮编，生活 · 读书 · 新知三联书店，1998 年。

《自西徂东》，花之安著，上海书店出版社，2002 年。

《佐治刍言》，钱伯斯兄弟（W. & R.Chambers）编，傅兰雅译，叶斌点校，上海书店出版社，2002 年。

初版后记

从最初将“平等”作为现代性批判的对象之一，到对中国人平等观念的历史作一项单独的研究，本项研究持续了四年多的时间。我一直相信，如果不能了解一个观念的历史，我们就无法真正了解这一观念自身。所以观念史研究的真实意义，还在于努力认识我们自己，认识我们的时代，认识我们的文化。当我开始这一项研究的时候，以贫富差距为标志的新的不平等已经引起了中国人的广泛关注，四年多过去了，社会对于平等的渴望似乎越发强烈了。在我校对出版社送来的清样的这段日子里，发生了几件大事：标普对美国主权信用的降级，加剧了全世界的金融动荡。曾经引领过世界现代化最初进程的英国，发生了让世人瞩目的伦敦大骚乱。今天的报纸说，英国警方已经逮捕了两千多人，大约一千多人受到指控，法庭加班加点，“24 小时审理案件，在英国尚属首次”。看来，西方世界的衰落也许要比预想的更快。而研究现代性和后现代问题的著名专家齐格蒙特·鲍曼（Bygmunt Bauman），把伦敦暴乱归结为社会不平等的主要产物——与以往人们把革命归结为阶级之间的不平衡不同——鲍曼称之为“雷区”。这个比喻很新鲜。由于我们不能确定雷区在哪里，何时爆炸，于是我们终日心绪不宁，人们确定地知道的只是前面有一个“雷区”，但是不仅不知道它的确切位置，而且不知道如何排雷。据说，比较安全的方法是由布雷的人们自己去排雷。但是，正在衰落的欧美资本主义可能做到这一点吗？他们给正在崛起的中国，是否提示了重要的教训？这些都不得而知。但是研究平等观念在现代中国嬗变的历史，让我们知道，至少 20 世纪中国的观念世界一定是受到全球性的思潮影响的，不过方式与程度各有不同而已。中国有自己的“雷区”，大大小小的。譬如，让无数中国人忧心的食品安全问题似乎愈演愈烈。许多人相信进口食品，但是进口这些食品的还是中国人，更何况我们绝大多数人不能靠进口货过日子。看来这个雷区只能由中国人自己排除。老百姓寄厚望于政府施以雷霆之力，社会学家则说，没有平等就没有安全，真正解决食品安全需要回到社会公正的起点。若干年前在中国文化论坛上，一个农民问题专家很平静地向大会说：“城里人不善待农民，就有农民会弄有毒的给你们吃。”有这么多的人关心着社会平等，这给我认真完成自己的研究以最大的动力。

本书的若干章节最初曾经作为单篇论文提交给国际国内各类学术会议，它们包括：“中国哲学史 2005 年年会暨中国哲学的现代化与世界化学术研讨会”（西安，2005 年 6 月）、“中国近现代报刊的自由的理念与实践”学术研讨会（香港城市大学，2007 年 4 月）、“西学东渐学术研讨会”（中山大学，2009 年 5 月）、“普遍主义与多元文化”国际学术研讨会（德国耶拿大学，2009 年 10 月）、“徐复观学术思想中的传统与现代”国际学术研讨会（台湾大学，2009 年 12 月）、“中国现代化视野中的教会与社会”学术研讨会（台湾中原大学，2010 年 10 月）、“辛亥革命与传统思想”国际学术研讨会（上海师范大学，2011 年 6 月）、“中蒙文化论坛”(国立蒙古大学，2011 年 7 月)。所有热心组织这些会议的朋友其实也给我的研究以许多鼓励，同时也使我有机会听到同行的批评和建议。

上述会议论文以及本书的其他部分内容曾经在不同的刊物上发表，有些以后又陆续被转摘，相关文章有：

1.《中国自由主义视阈中的平等观念：以〈观察〉杂志为中心的考察》，《南京大学学报（哲学社会科学版）》2008 年第 6 期，又载《文人论政：知识分子与报刊》，广西师范大学出版社 2008 年版。《文人论政：民国知识分子与报刊》，台湾政大出版社 2008 年版。人大复印资料《中国现代史》2009 年第 3 期全文转摘。

2.《论平等观念的儒家思想资源》，《社会科学》2009 年 4 期。

3.《自西徂东：平等观念史的西来脉络》，《中山大学学报》2009 年第 5 期。人大复印资料《宗教》2010 年第 2 期。

4.《儒家资本主义，还是儒家自由主义：从徐复观看现代新儒家平等观念的不同向度》，《学术月刊》2010 年第 6 期。

5.《价值普遍主义的冲动及其限度》，《河北学刊》2010 年第 4 期。人大复印资料《伦理学》2010 年 10 月。

6.《论〈庄子〉“物无贵贱”说之双重意蕴》，《社会科学》2010 年 10 月。《新华文摘》2011 年第一期论点摘编。

7.《平等观念在儒家系统中的四个解释向度》，《江苏社会科学》2010 年第 6 期。

8. "On the Concept of Equality and Its Source within Confucian Thought," *Frontiers of Philosophy in China*, Higher Education Press, Oct. 2010.

9.《观念史何为?》，《华东师范大学学报（哲学社会科学版）》2011 年第 2 期。

10.《高瑞泉谈平等观念》（黄晓峰），《东方早报·上海书评》2011 年 3 月 13 日。

11.《"平等"在现代嬗变中的佛教诠释》，《杭州师范大学学报（社会科学报）》2011 年第 3 期。

12.《辛亥革命与平等观念的现代嬗变——以两类革命派的思想为中心的考察》，《学术界》2011 年第 4 期。

13.《早期自由主义视域中的平等——以梁启超、严复为中心的考察》，《上海师范大学学报》2011 年第 4 期。

三年前，我曾经邀请研究宗教的学者在华东师范大学举行过一个小型会议，研讨的主题是"世界诸宗教的平等观"。参加会议的有华东师范大学哲学系刘仲宇教授、张晓林教授、上海社会科学院宗教所夏金华研究员和葛壮研究员，华东师范大学学报编辑部的唐忠毛编审，他们分别就道教、佛教、伊斯兰教和基督教的平等观念做了专题发言。后来以"世界诸宗教的平等观笔谈"的形式，一起发表在《华东师范大学学报（哲学社会科学版）》（2009 年第 3 期）上。所有这些报告，对我在研究工作中厘清问题都很有帮助，尤其是使我更明确了自己的基本目标，应该是探索古典思想在现代条件下如何嬗变，以及正确诊断当代中国人的观念世界，而不将主要精力投注于通过解释活动去重构古典思想自身的图景。

我的研究工作还得到过其他许多朋友的关注。中山大学哲学系的陈少明教授对我关于庄子"物无贵贱"说的研究所做的点评，鼓励我在中国哲学史研究中继续学习如何与先哲一起思考。华东师范大学社科处的许红珍处长一直关心我的工作，她邀请的两位不具名的专家审读了书稿，并提出了不少有益的意见与建议。哲学系的晋荣东教授、魏小巍博士、胡岩博士曾经在查找或核对资料方面给我提供过许多及时的帮助。本项研究曾经作为华东师范大学哲学系中国哲学专业的博士课程，参加讨论班的博士研究生以他们的方式给我的研究以推动。除了得到国家社会科学基金的资助以外，我的研究工作还得到上海市重点学科建设项目的资助。最后，由于上海人民出版社秦建洲先生的一片热心与专注工作，使本书得以顺利出版。

谨向所有这些朋友表示我诚挚的感谢。

高瑞泉

农历辛卯年立秋后七日于沪上

新版后跋

《平等观念史论略》初次出版于2011年末，时隔六年以后再出新的一版，有什么必要呢？在信息无限膨胀的今天，关于分配和财富不平等的全球性危机，几乎让人见怪不怪了；但是每一条富人如何巧取豪夺或贫民遭受困厄的新闻，又一定在加剧着弱势群体的怨愤。严重的不平等将让人类社会处于高度的风险之中。这个道理先贤早就明白了，故清人龚自珍曰："贫者轧，富者耀；贫者阽，富者安；贫者日愈倾，富者日愈壅……小不相齐，渐至大不相齐；大不相齐，即至丧天下。"（《平均篇》）本书的写作，如我在《初版后记》中所说，源于对现代化进程中出现的以贫富差距悬殊为标志的不平等现象的关切。我的研究不过是说明，"平等"观念在中国经历了现代嬗变，进入了"民主的平等"之列，经过现代化变革的社会动员，权利平等已经成为一种非常普遍、非常有力量的活泼的观念。其活力，既表现为它进入了社会主流价值，又部分地表现为今天它依然是充满着争论的场域，而未沦为僵死的教条。围绕着"平等"的争论，不仅存在于理论领域，更多的是在政治经济和社会生活的广泛实践之中。当代中国需要继续推进政治、经济和社会生活的改革。在人们认识到当代中国的主要矛盾是人民日益增长的美好生活需要与不平衡不充分的发展之间的矛盾，并且以国家意志的方式誓言努力解决这一矛盾——在不远的未来，使得人民平等参与、平等发展权利得到充分保障；在经济上，中等收入群体比例明显提高，城乡区域发展差距和居民生活水平差距显著缩小，包括政府正在大力推进的"精准扶贫"工程——的时候，一本通过追溯平等观念在中国如何经历古今之变，来认识国人实际上拥有此观念的具体而真实的面相，以及分析围绕平等观念的一般理论问题的学术著述，想必自有它的意义。

不过，在校订旧著后，我首先想到必须向各方面的朋友致谢。

一

作为一项国家社科基金项目"'平等'观念在现代中国的嬗变和价值"的最终成果，本书面世以后，得到若干家报刊的推荐和关注，包括中山大学郭忠华教授在《社会科学报》上发表《平等三相——评高瑞泉之〈平等观念史论略〉》对拙著作了引义；南京大学许苏民教授在《哲学分析》上发表题为《观念史研究如何求真——评高瑞泉的〈平等观念史论略〉》的长篇评论，着重在方法论上阐发观念史研究的意义，给我很大的鼓励。此前，2012年春，国家社会科学基金办公室将五位匿名评审专家的评审意见发回本人，各位专家对该项研究的肯定和批评，让我有信心在得知本书已经售罄的情况下，领受上海人民出版社再版本书的美意，也使我觉得有义务趁本书再版的机会，将它们一并发表，以表达我衷心的谢忱。

下面是国家社会科学基金办公室转发的原文，加粗字体也系原本所有：

专家一：

作为现代观念谱系中的基础性观念，"平等"一直受到近现代中国思想家们的充分重视，并且在近现代中国社会变革中发挥强有力的意识形态功能。在当今，中国的各阶层与社会力量仍然通过它来表达各种经济的、社会的乃至于政治的诉求。因此，研究"平等"观念在现代中国的嬗变，就不仅仅是一个书斋中的纯粹思辨性话题，而对于理解当代中国社会与政治思想的变化亦是有重要参考价值。该课题研究具有如下特色：

(1) 思想体系的完整性。课题通过对现代中国思想家们平等观念的梳理，一方面揭示了现代中国平等观念的传统思想渊源，另一方面重视研究古典的平等观念在近现代中国出现的突变。课题还通过对来华传教士传播观念的考察，揭示了现代中国平等观念的西学来源。在此基础上，论文将重点置于对现代中国有代表性的几种平等思想与思潮的细致分析，最后得出结论：现代中国关于平等的观念既成为现代性的动力，同时又表现为现代性的矛盾。总之，思想结构完整，是此课题的突出优点。

(2) 研究方法的创新。有别于一般的观念编年史或者单纯以“内在理路”来解读观念的思想史研究不同，该课题强调观念的批判，并注意观念史与社会史的结合。从纵的角度强调“思”与“史”的关系，解答观念的发生学和社会植根性问题；而从横的角度讲，则要回答特定观念在同时观念世界中的定位问题，观念史与其他学术研究形态之间的联系。为此，作者尝试用谱系学的方法对现代中国平等观念史进行研究，既注意平等观念的整体性，以及学院哲学与通俗哲学的谱系，又引入知识社会学的方法，对现代中国平等观念的思想谱系作了很好清理。

(3) 观念创新，问题剖析深入。在对现代中国平等观念的梳理中，该课题有不少观点上的创新，如用“异端翻为正统”“边缘进入中心”“新知附益旧学”的理论模式来对现代中国平等观念的嬗变加以解读。此外，对儒家平等观念的普遍价值的发掘及其限度的认识，对平等观念从中国文化连续性角度所作的考察，以及将平等作为一个重要的甚至是基础性的因素加以论述与研究，等等，都相当地深入。从而，使此课题不仅是一本有分量的关于现代中国平等观念史的研究，而且成为思考平等观念究竟为何物的重要理论思考性著作。

总之，此课题研究具有重要理论价值和学术价值，并且具有重要现实意义。课题对问题的研究具有理论深度，论证严密，观点创新，是近些年来关于现代中国平等观念研究的难得的优秀著作。

专家二：

“平等”观念或价值是中国哲学思想史主题之一，特别是到了现代社会，随着西方“平等”观念的输入，与中国传统“平等”观念发生交集，“平等”在现代中国哲学思想史中成为一个极为重要的观念。但是，学术界专门对现代中国思想中的平等观念作系统深入研究的极为少见，因此，本课题具有创新性。本课题从观念史的角度对“平等”观念进行了较为系统、深入的考察、分析与研究，纵横古今，旁涉中西，叙述论证十分可靠，本成果的主要建树在于将“平等”观念加以凸显，作为一个重要学术话题加以探讨，并提出诸多积极性意见。本成果学术价值主要表现在研究中国现代哲学思想史方法的开拓上，而理论价值在于确立了“平等”的评论体系，其应用价值则可成为现实生活中人们追求“平等”价值的参考。

感觉全文关于“平等”意义及价值的论述，讨论仍可更加清晰。

专家三：

平等观念对于近现代中国社会而言似乎是一个兼具“目的因”与“动力因”的观念，然而，这样一个观念，假如借用洛夫乔伊（A.O.Lovejoy）的话来说，既是一个“心照不宣的”观念，却又是一个“不完全清楚的”观念。1989年后，随着自由主义对“自由”观念的阐扬，人们在某种意义上忽略了对“平等”观念的探索，加之，谈论平等，常让人想起平均主义的历史伤痛，来回摇荡之下，随着对平等观念探讨的减少，自由、民主、权利等与此密切相关观念的探讨，也在相当程度上受到影响。

可以说，该课题“‘平等’观念在现代中国的嬗变及其价值”为我们了解这个看似自明而实际上未必明（确）的“平等”观念带来了新面，通读该课题的研究成果，给人一个较深的印象是，作者对该课题的主题有相当的浸润与体贴，比较而言，以下几个方面的特点尤为突出：

(1) 与以往的哲学史或思想史通常以代表人物或经典阐释为研究重点不同，该课题采取了观念史的写作方式，对平等观念进行了纵横交错的梳理和层层深入的剖析，在此一过程中，作者有难能可贵的自觉意识，既注意避免将平等观念作一种简单的编年史的撰述，也避免仅对平等观念作“内在理路”的爬梳，而是**取史论结合、内外兼顾的批判性立场，注重复杂多变的生活世界所具载的信息；**

(2) 可以看出，对极具理论与实践意义的平等观念，作者具有明确的问题意识，通过古今之变以观平等观念之递嬗，通过中西之别以见平等观念之胜义，作者在其间所展现出来的有关中国现代平等观念的图像，充满了曲折，读之给人启发，也让人沉思。

(3) 该课题虽重点在探讨平等观念的批判的观念史的写作，观念史的写作自然没有固定的成法，但它的确可以**扩大哲学史的范围**，这就要求作者有广博的知识，对各不同学科的发展有相当的了解，为更真切地呈现平等观念的发展，作者自觉到除了注重20世纪的哲学经典外，对具有代表性的期刊所传达的信息也纳入其中，这是值得肯定的。再苛刻一点，若书稿能更多地注意到文学（小说、诗歌、散文）和艺术所承载和表达的平等观念，甚至取一、二特定时期对平等观念作某种程度的计量分析，或可丰富和弥补思辨工作的某些不足。

要之，作者对该课题的主题，既有自觉的意识，也有相应的担当，完成了其当初所欲达成的目的和任务。在有关平等在社会主义的实验中，作者在论述上采取了点到为止，甚至是欲言又止的方式，此也点醒我们，我们民族改革开放的步子应再大一些，这是我们的共同期待。

专家四：

该成果对平等观念在现代中国的嬗变过程作出了翔实、系统、深入的描述和分析。这部**以观念史方式探讨平等问题**的研究成果，在勾勒平等理念的历史脉络的同时，总结了平等理念古今之变与中西之别的嬗变规律，也开发出平等理念的诸多路向，**为该领域的研究起到了奠基性作用，**属填补空白性质的创新性研究成果，具有很高的史料价值和理论价值。

此外，在研究的方法论方面，作者把平等观念的历史进程视作一场不同思想派别间的辩难，取类型学的方法，将现代中国思想史上关于平等观念的头绪纷杂的讨论放置在自由主义、保守主义与激进主义这三种现代社会基本思潮的框架中予以清晰勾勒，显示了作者对平等观念史的理论洞察力和学术驾驭能力。特别值得注意的是，该研究成果纵论古今、横贯东西，多视角多维度地展示了平等理念的丰富性和复杂性，凸显了作者深厚的学养、扎实的考证和高超的思辨。

两点建议：一，该成果在方法论上强调观念史与社会史的结合，但在具体行文中，似可进一步加强社会史层面的向度。二，在某种意义上，新中国前三十年的历史可以作为平等理念的一次激进主义实践，该成果在第五章第四节“社会主义的实验和曲折”中有所讨论，但仍留有深入探讨的空间。

专家五：

“‘平等’观念在现代中国的嬗变及其价值”是一项意义重大的研究成果。首先是选题重要。中国自近代以来经历了“数千年未有之变局”，从一个传统的等级社会开始向平权的现代社会转变，平等的观念是引导和促成这个转变的最重要的观念之一。现代的中国人久已熟悉了平等的观念，普遍接受平等是一个正面的价值，这容易让人误解，以为平等的观念毋庸深究，是一个自明的观念和一个普遍的价值。本课题的作者敏锐地看到平等的话语是20世纪发生持续争论和辩难的平台，所以他试图对平等的观念进行观念史的清理。作者声明，他所进行的观念史清理，不是编年史的清理，而是批判的观念史。这意味着，作者并不关心“平等”这个语词在何时何处出现，又如何成为平等观念的标准表达语词，在他的研究中果然也没有这个方面的内容。作者用了批判的眼光，关注平等的意识和观念如何从19世纪以来渐渐嬗变为政治、经济和社会的广泛诉求和基本价值，关注不同的思想者如何鼓吹他们各自肯认的平等观念，并**试图从这些历史性的讨论中反省当代中国人平等观念的内在结构。**并且，作者用“真观念”的概念把注意力转向实际的社会史，关注与平等观念相应的中国社会的实际运行，这也是本课题特别值得肯定的地方。总的来看，作者选择了一个重要的话题，进行了多方面具有重大意义的研究，**对于国人理解自身的现实处境及其历史原因，具有积极的启发作用。**

此项研究的重要，还在于它积极探索了平等观念的本土资源。在关于平等观念的研究上，往往可见一种自相矛盾的理解，即一方面将“平等”视为启蒙主义的舶来品，一方面又引用“人皆可以为尧舜”之类的话，说明平等的观念中国古已有之。作者正视了这个现象，特立“古典时代的遗产”一章，来讨论平等在儒家系统中的诠释向度，以及墨家、法家、道家和佛学对于平等的观点。由于作者并不以“平等”语词作为平等观念的标准表达，所以，中国古代没有平等语词并不妨碍作者对中国古代思想中的平等思想进行探讨。作者明确提出，尽管中国古代没有“平等”之说，但有表达平等意识的“齐”“一”“通”“同”等观念。作者认为，在中国，平等观念有一个古今之变，即从古代的围绕“人的相同性”而展开的平等的形上学论说，转变为以权利为中心的平等的政治学和社会学观念。而转变的路径，作者概括为异端翻为正统、边缘进入中心、新知附益旧学。作者指出，这三条既是变旧为新的路径，也是传统与现代连接的方式。作者的这些看法，表现了作者的洞识。

作者也没有忘记平等的西方来源，毕竟，平等和自由等重要观念在中国近现代的热传与西学的涌入有关。作者选择的论述角度，不是考察平等思想在西学自身的脉络上如何展开，而是关注这样的思想如何进入中国而对中国社会发生影响，所以作者选择的案例，例如耶稣会士传播的平等观念、太平天国的平等乌托邦、《万国公报》等，都**重视的是观念的传播，而不是观念自身的逻辑演进。**

传播带来的分歧也是作者关心的问题，所以作者考察了变革时代最有影响的思想家或者政治派别的平等观念。这方面的内容，也很丰富。

整体地看，这是一项优秀的研究成果。但是，作者的论述方式似乎仍可探讨。作者明确意识到了“思”与“史”的辩证关系，但是在自己的论述中，“思”的普遍性使得作者得以在古今中外的各种论说中自由遨游，而“史”的历史性线索却在很大程度上被作者忽略了。这样，读者在面对作者给予的大量洞见的启发时，有时候也会迷失在作者的丰富论述中，找不到作者的论述目标了。作者本来处理的是平等观念在现代的热传和流变，是有从 19 世纪后期到当下这样一个具体的时间段落的，但是由于作者比较忽视“史”的线索，一个相对明晰的历史框架没有显示。这样，作者丰富的论述又是略显凌乱。

二

新版和初版相比，除了校订误植和少数几处文字上的改动以外，没有大的更动。这一方面是我以为，再版旧著，除非万不得已，还是以维持原貌为好。另一方面，也是因为本书初版以后，我又陆续发表了几篇相关的文章，多少弥补了旧著的不足。有兴趣的读者可以查找下列文献：

(1)《何种正义？是否平等?》，《探索与争鸣》2012 年第 9 期。在当前的政治哲学热中，人们比较关心“正义”问题，而我以为，离开以权利平等为中心的“民主的平等”，将不能恰当地解决现代社会是否“正义”的问题。

(2) 向“沟通与创造：中西哲学对话国际学术研讨会”（杭州，2012 年）提交的论文《比较视野中的观念史研究：以美国学者论中国人“平等”观念为中心》，正式发表于《社会科学》2012 年第 11 期。此前已经发表的《自西徂东：平等观念的西来脉络》一文，被倪梁康兄收入中山大学西学东渐馆编的《西学东渐研究》第四辑（商务印书馆2013年版）。东西社会平等观念的比较不是本书研究的重点，但是这两篇文章多少扩展了比较研究的内容。

(3)《追寻平等的百年心路》，是我向“世界中国学论坛”（上海，2013年3月）提交的会议论文，正式发表于《澳门理工学报》2014年第4期，后来又被收入《中国学》第四辑（上海人民出版社2014年版）。在这篇文章中，我扼要地勾勒了平等观念在现代中国嬗变的历史，算是对第五位评审专家的批评一种回应和弥补。不耐烦阅读全书的读者可以通过该篇文章了解我所描述的平等观念嬗变简史。

(4) 向“多学科视野：蔡元培与中华民族伟大复兴——纪念蔡元培先生诞辰150周年学术研讨会”（上海，2018年1月）提交的论文《以“忠恕”之道行“平等”理想——简论蔡元培先生的平等观念与实践》，并以此题在上海市静安区图书馆作了公开讲演。全文由《上海文化》2018年第6期发表。该文涉及两个问题：其一，从实践的进路看，平等作为现代社会的价值共识，作为一项规范原理，应该由观念外化为行动（德行），进而习焉成性内化为平等待人的德性，这才是我们鉴定某人是否“有”某种观念的客观标准。这是从观念影响行动、塑造存在的高度去证实观念之真。其二，从平等观念的现代嬗变的传统渊源而论，蔡元培提供了另类个案：不是从抽象的“人皆可以为尧舜”或“人性善”的先验根据出发，而是从孔子的“忠恕之道”出发，去阐发平等原则。当然，其中之要点在于如何解释“忠恕之道”。孔子以“仁”为其学之要旨，所谓“仁”，简化些说，就是将人当作人看待，因而蕴含了“平等”的预设。仁道之具体化即为“忠恕”，消极地说是“己所不欲，勿施于人”即恕，进而通过有限的“以己所欲施诸人”，进达积极的“己欲立而立人，己欲达而达人”，乃至以人之所欲施之于人即“忠”。如此解释忠恕之道与现代平等观念之间的关系，在逻辑上是否毫无瑕疵，当然可以讨论。但是它至少表明，在历史的进程中，某一部分中国知识分子可以将传统的道德金律视为现代平等观念的本土渊源。本文作为个案研究大致形成了对本书第二章第一节的补充。

(5) 原来发表于《社会科学》2009年第4期的《论平等观念的儒家思想资源》一文，被姚大志教授收入他主编的《平等主义》，该书由中国社会科学出版社于

2018年4月出版。单单阅读该文章，容易给人以儒家思想与现代平等观念之间仅仅有相似性的印象，那未免是一种简单化的理解，甚至是误解。《平等观念史论略》的主体是讨论平等观念如何经历一场古今之变，用严复的话说，是从“消极平等”转变为“积极平等”。所谓“变”，即亦断亦常之过程，必定既有连续性，更有非连续性。其实，更能代表我对儒家思想与现代平等观念之间的复杂关系的单篇论文，应该是《平等观念在儒家系统中的四个解释向度》（《江苏社会科学》2010年第6期）。

这次再版，我曾考虑过将《追寻平等的百年心路》和《以“忠恕”之道行“平等”理想——简论蔡元培先生的平等观念与实践》作为两件附录列入本书，后唯恐过于臃肿而决定放弃。在阅读碎片化成为普遍现象的今天，能将一部谈论如“平等”这样似乎人尽皆知话题的学术著作读完，不啻是对作者的恩典了。而对于有心或另有所需的朋友，查阅期刊论文似乎是更为方便之举。谨在此向促成和鼓励我写作的朋友、组织相关会议的单位以及发表以上文章的刊物，表示我的谢意。

三

本书的中心线索是描述平等观念在中国的古今之变。它建立在“平等”有古今之别的预设之上。换言之，中国人与其他古老的民族一样早就具有了人类的普遍相同性意识，但是，单纯的“人的相同性”观念和权利平等的观念或者说平等的绝对化，显然是不同的两种平等。关于这一点，中国思想家严复有很敏锐的观察：

> 盖佛固言平等矣，而意指平等于用慈，亦言自由矣，而实明自由于解脱。即使求诸犹大之旧与夫基督之新经，固言于上帝前诸色人平等。然其平等者，平等于不完全，平等于无可比数。然则宗教之所谓平等者，乃皆消极之平等，而与卢梭民约所标积极之平等，倜乎相远，有必不可强同者矣。[1]

[1]《严复集》第二册，第338页。

严复把犹太—基督教和佛教视域中的“平等”与现代世俗的契约论传统中的“平等”视为两种不同的观念，并且用“消极平等”和“积极平等”来划分两者，不但指出两种观念所包含的具体意义不同，而且指出两种观念的意蕴及其所导致的行动倾向与动力性也大不相同。粗略地说，所谓“消极平等”，是指这类观念虽然也可能包含某种程度的抗议性和实践要求，但是其基本倾向是对世俗生活的现实不平等的解释和“解脱”，而不是如“积极平等”那样，从强烈的抗议性原则转变为建构性原则，转变为改造社会、重新安排社会制度的规范性原则。“消极平等”表示这样的观念在追求“平等”的驱动性上是一个相对较薄也较弱的概念，作为一个抽象的概念，主要作用于我们的主观世界；“积极平等”则显示为相对较厚也较强的概念，它在实践中不断扩张自己的领域，而且演化出一套复杂的话语。

按照严复两种平等的划分，我们大致可以肯定，平等观念在中国的“古今之变”，包含了从“消极平等”到“积极平等”的嬗变过程。这是中国现代哲学革命的重大成就，任何复古主义的寒风也难以真正成功“逆袭”，哪怕它们有时似乎显得声势浩大。

当然，观念世界真正实现传统的创造性转化也非一日之功。我在与黄晓峰做的一次对谈[1]中说过，古文“齐”本是个象形字，禾麦随地之高下而高下，其实长短相似。所以中国人早就意识到平等和不平等始终纠缠的道理。世界上没有相同的人和事物，全面的平等或者所谓彻底的平等是从来没有的。但是平等的理想并不注定是乌托邦，人类用平等作为规范来改变社会，已是历史大势所趋，无法违拗。因而总体而言，平等似乎是不断增长的，至少现在还没有走到尽头。

吊诡的是，“平等”是个多面的神祇，甚至可以说平等是只九头鸟。各个面向之间会互相冲突。常常是一种平等会造成另一种不平等。大家都赞成的机会平等，恰恰是为了实质不平等。发令枪响，大家同时起跑，是为了证明刘翔才是飞人。所以罗尔斯说，机会平等就是在个人影响和社会地位的竞争中把较不幸的人

[1] 见黄晓峰：《高瑞泉谈国人的平等观念》，《东方早报·上海书评》2011年3月13日。

丢在后面的平等机会。平等不同面向的冲突其实是平等与其他现代性价值如“自由”的冲突，也是平等和其他更恒久的价值的冲突，譬如福祉、权威和秩序。平等观念的发展史，多少是不同价值观念之间的博弈史。

从社会心理的视角看，在平等观念的背后，包含了人们太多的诉求，隐藏着人性的悖论。平等和经济增长一起，使人类的欲望获得空前的解放。阿兰·德波顿（Alian de Botton）有本书《身份的焦虑》（*Status Anxiety*），说富裕国家国民物质生活的水准不断提高，但是“地位焦虑”却比经济发展的速度增长得更快，相对被剥夺感使不平等的现实更不能忍受。台湾人直接把此书翻译成《我爱身份地位》，倒是道破了人性的某些真相。所以伦理学家注意到人们追求平等有时是出于嫉妒，一种具有破坏性的情感，它已经在一些描写现代社会运动的作品中得到了漫画式的描写。但是我们同时也可以说，人有追求卓越的本性，追求卓越就意味着不满足于与人相同。但是追求卓越并不注定与强者对弱者的同情和尊重互相排斥，譬如某些儒家赞许的“嘉孺子而哀妇人”，无异于显示出忠恕之道的高贵面相。即使是涉及什么是“体面”的生活和被尊重的感受，也通常既与历史条件相关，又与我们如何认识自己有关。一个良好的社会应该有一个相对合理的价值配置，能不断调整社会关系，但这种调整最需要所有人都能平等地参与社会生活，来决定社会生活的走向。当然也有赖于我们的理性和德性。当平等意识成为德性，才会有真的宽容，平等的社会才会更加可欲。无论如何，围绕着“平等”或隐或显的争论，首先必定影响到社会改革的路径选择，进而影响到中国现代化的未来进程和中国人民的福祉。这使人想起托克维尔所说的：

> 现代的各国将不能在国内使身份不平等了。但是，平等将导致奴役还是导致自由，导致文明还是野蛮，导致繁荣还是导致贫困，这就全靠各国自己了。[1]

最后，我必须提到在校订旧著时给我提供帮助的上海社会科学院哲学研究所

[1] [美] 托克维尔：《论美国的民主》，董果良译，商务印书馆 1996 年版，第 885 页。

鲍文欣博士和上海人民出版社沈骁驰女士。鲍文欣博士先我而校勘一过，并做了本书索引；责任编辑沈骁驰女士不但对书稿提出了若干有益的意见，还详细地核对引文，改正不少误植。对于他们给予我的热情帮助，在此谨致衷心的感谢。

高瑞泉

戊戌年小满后三日识于沪上

索 引*

* 索引条目按汉语拼音顺序排列，外国人名以其中译名进行排列。

M

N

Q

R

S

T

W

X

Y

Z

图书在版编目(CIP)数据

平等观念史论略/高瑞泉著.—上海:上海人民
出版社,2018
ISBN 978-7-208-15297-7

Ⅰ.①平… Ⅱ.①高… Ⅲ.①平等观-政治思想史-
中国 Ⅳ.①D092

中国版本图书馆CIP数据核字(2018)第150648号

责任编辑 沈骁驰
封面设计 汪 昊

平等观念史论略
高瑞泉 著

出 版 上海人民出版社
(200001 上海福建中路193号)
发 行 上海人民出版社发行中心
印 刷 常熟市新骅印刷有限公司
开 本 720×1000 1/16
印 张 22.25
插 页 5
字 数 339,000
版 次 2018年10月第1版
印 次 2018年10月第1次印刷
ISBN 978-7-208-15297-7/B·1348
定 价 78.00元